Vertiginous Life

Other Brazil Series Books
from
New London Librarium

Miss Dollar: Stories by Machado de Assis—Bilingual Edition

Ex Cathedra: Stories by Machado de Assis—Bilingual Edition

Religions in Rio—Bilingual Edition

Law of the Jungle:
Environmental Anarchy and the Tenharim People of Amazonia—
Bilingual Edition

Promised Land:
A nun's struggle against landlessness, lawlessness, slavery, poverty, corruption, injustice, and environmental devastation in Amazonia

Quilombo dos Palmares:
Brazil's Lost Nation of Fugitive Slaves

Journey on the Estrada Real:
Encounters in the Mountains of Brazil

The Best Chronicles of Rubem Alves

Tender Returns

Vertiginous Life

João do Rio

translated by

Ana Lessa-Schmidt

New London Librarium

Vertiginous Life—Bilingual Edition
(Original title: *Vida Vertiginosa*)
by João do Rio
Translated by
Ana Lessa-Schmidt

Edited by Glenn Alan Cheney

Published by
New London Librarium
Hanover, Conn. 06350
NLLibrarium.com

ISBNs
Paperback: 978-0-9982730-8-2
EBook: 978-0-9982730-9-9

Obra publicada com o apoio do Ministério da Cultura do Brasil/ Biblioteca Nacional.
Work published with the support of the Ministry of Culture of Brazil/ National Library Foundation.

The translator dedicates this book to those who,

like she, have a fascination for

Rio de Janeiro and its many characters.

A tradutora dedica este livro àqueles que,

como ela, têm um fascínio pelo

Rio de Janeiro e seus muitos personagens.

Conteúdo

Contents

Prefácio

Vida Vertiginosa. Tempos modernos. João do Rio escreve sobre a modernização caótica—automóveis, despertadores, bondes—num estilo telegráfico. Ele bajula, flerta, interroga. É ele apressado ao escrever nos parágrafos rotundos de seus antepassados? Sua prosa é enxuta e ágil como um galgo.

Ele possui dois personagens principais: ele próprio e a cidade. Ele mesmo *na* cidade. A cidade muda ao seu redor. Ela opera suas mudanças sobre ele. Esse é seu o assunto. A cidade é virada de dentro para fora e refeita, expondo um esqueleto que acaba de ser criado. Estradas para sedans lustrosos andarem à toda velocidade. Seus motoristas buzinam para a mula cansada que puxa o último bonde do Rio de Janeiro. João do Rio está fascinado, exausto. Ele olha para a direita, para a esquerda. Adentro o trânsito. Toma nota de suas cores, sons e odores enquanto este acelera ao seu seu redor.

Você captou a idéia: João do Rio transmite a pressa da vida moderna tanto em seu estilo como nos tópicos de suas crônicas curtas. Ao fazê-

Foreword

Vida Vertiginosa. Vertiginous life. Modern times. João do Rio writes about pell-mell modernization—automobiles, alarm clocks, electric trams—in a telegraphic style. He cajoles, winks, interrogates. Is he too rushed to write in the rotund paragraphs of his forebears? His prose is lean and agile as a greyhound.

He has two main characters: himself and the city. Himself *in* the city. The city changes around him. It works its changes upon him. That is his subject. The city is turned inside out and made new, exposing a skeleton it has just created. Roadways for sleek sedans to speed upon. Their drivers honk at the tired mule pulling Rio de Janeiro's last mule-drawn tram. João do Rio is fascinated, frazzled. He looks right, left. Steps into traffic. Takes note of its colors, sounds and odors as it rushes around him.

You get the idea: João do Rio conveys the rush of modern life as much in his style as in the topics of his short chronicles. In doing so he becomes the ideal guide to the frenzied, delightful, neurasthenic metropolis.

lo, ele se torna o guia ideal para a frenética, encantadora, neurastênica metrópole.

João do Rio é um pseudônimo e um personagem inventado pelo escritor João Paulo Alberto Coelho Barreto. O pseudônimo—João do Rio—define o personagem. Ele chega para retratar a cidade para nós, seus leitores. Ele supõe corretamente que estamos apressados, que temos encontros e compromissos profissionais e sociais. Ele não vai nos segurar por muito tempo. Mas ele sabe que acharemos essa observação, essa fatia de vida, esse objeto intrigante escavado do destroço e do refugo, tão intrigante quanto ele os acha. Pare por um momento e deixe-o contar-lhe sobre essas coisas.

João do Rio é aristocrático, mas inflexível. Ele está em demanda, mas não atormentado. Ele tem um olhar penetrante mas compassivo. Ele não tem medo de provocar, mas é mais provável que o faça para divertir. Ele tem a confiança fácil de um brilhante contador de histórias que conhece todos os melhores lugares e as formas mais interessantes para chegar lá.

Quanto João do Rio e Paulo Barreto, seu criador, têm em comum? Não muito, no início. Mais e mais à medida que co-habitam o mesmo corpo. Paulo Barreto nasceu em 1881, no Rio de Janeiro, ainda dominado pelas duas instituições que definiram o Brasil durante a maior parte do século dezenove: a escravidão e a monarquia. Mas ambas as instituições estavam desmoronando durante a infância de Barreto. A escravidão foi finalmente abolida em 1888, e no ano seguinte o Império Brasileiro (1821-1889) chegou ao fim, substituído pela modernizadora República do Brasil.

O pai de João do Rio era um professor de matemática, uma profissão que o marcava como um profissional educado, bem vestido, assalariado e, portanto, mais elevado do que os trabalhadores manuais na hierarquia social e econômica cuidadosamente calibrada do Rio. Mas era, no entanto, uma profissão que exigia diligência, pontualidade

Foreword

João do Rio is both a pseudonym and a character invented by the writer João Paulo Alberto Coelho Barreto. The pseudonym—literally, John from Rio—defines the character. He arrives to represent the city to us, his readers. He assumes correctly that we are rushing off, that we have dates and appointments professional and social. He won't keep us long. But he knows we will find this observation, this slice of life, this puzzling object lifted from the flotsam and jetsam, as intriguing as he does. Stop for a moment and let him tell you about it.

João do Rio is aristocratic but not hidebound. He is in demand but not harried. He is gimlet-eyed but compassionate. He is not afraid to provoke, but more likely to amuse. He has the easy confidence of a brilliant raconteur who knows all the best places and the most interesting ways to get there.

How much did João do Rio and Paulo Barreto, his creator, have in common? Not much, at first. More and more as they co-habited the same body. Paulo Barreto was born in 1881 in a Rio de Janeiro still dominated by the two institutions that defined Brazil for most of the nineteenth century: slavery and monarchy. But both those institutions were crumbling in Barreto's boyhood. Slavery was finally abolished in 1888, and the following year the Brazilian Empire (1821-1889) came to an end, replaced by the modernizing Republic of Brazil.

João do Rio's father was a math teacher, a profession that marked him as an educated, jacket-and-tie-wearing, salaried professional, and therefore higher in Rio's carefully calibrated social and economic hierarchy than manual laborers. But it was nonetheless a profession requiring diligence, punctuality, and the submission to bureaucratic requirements that passed beneath the notice of the Brazilian aristocracy. Barreto's father was a positivist, ascribing to a combined philosophical, political and spiritual program enormously influential in Brazil's transition from monarchy to republic, and particularly attractive to aspiring

e submissão às exigências burocráticas favoráveis à aristocracia brasileira. O pai de Barreto era um positivista, atribuindo a transição do Brasil da monarquia para a república a um programa filosófico, político e espiritual combinado enormemente influente, e particularmente atraente para aspirantes a profissionais de origens humildes. Os positivistas acreditavam na marcha constante da civilização iluminada em direção a um futuro glorioso.

Paulo Barreto atingiu a maioridade na capital modernizadora da nova república. A imprensa popular estava em plena expansão à medida que o número de assalariados alfabetizados cresciam dramaticamente e suas demandas de informações e entretenimento de todos os tipos acompanhavam o ritmo. Ele publicou em seis diferentes jornais e revistas antes de completar 23 anos. Ele começou a se tornar um homem sofisticado, um crítico de teatro, ópera e arquitetura, um aristocrata literário, não latifundiário.

João do Rio nasceu totalmente formado em 1903, quando Barreto usou esse pseudônimo pela primeira vez em uma coluna sobre preferências literárias locais. João do Rio era um dândi, vestindo ternos de lã tropical sob medida e uma gravata. A moda não se curvou ao calor carioca. As luvas de couro eram um acessório opcional. Uma bengala, que ele manejava e girava mais como um ponteiro e bastão do que como meio de apoio, era uma exigência. Com o passar dos anos, João do Rio cresceu corpulento, pilotando sua circunferência pelas ruas com a petulância de um cidadão confortável com seus apetites de prazer.

Nos primeiros meses de 1904, ele publicou uma série de crônicas sobre a mudança das práticas religiosas no Rio de Janeiro. Ele as publicou como uma coleção mais tarde naquele ano, sob o título *As Religiões no Rio*. O livro revelou uma cidade desconhecida para o típico leitor de jornais do Rio do início do século XX. Levou-os pelos becos e para os subúrbios distantes, onde os antigos escravos praticavam rituais afro-brasileiros caracterizados pela possessão espiritual. Ele os

professionals of humble backgrounds. The positivists believed in the steady march of enlightened civilization towards a glorious future.

Paulo Barreto came of age in the modernizing capital of the new republic. The popular press was in full expansion as the ranks of literate wage-earners grew dramatically and their demands for information and entertainment of all kinds kept pace. He published in six different newspapers and magazines before he turned 23. He started to become a man about town, a critic of theater, opera and architecture, an aristocrat of letters, not of landholding.

João do Rio was born fully formed in 1903, when Barreto used that pseudonym for the first time in a column on local literary preferences. João do Rio was a dandy, gadding about Rio in well-tailored suit of tropical-blend wool and a cravat. Fashion did not bend its knee to the *carioca* heat. Leather gloves were an optional accessory. A cane that he wielded and twirled more as a pointer and baton than as means of support was a requirement. As the years passed, João do Rio grew portly, piloting his girth about the streets with the easy panache of a citizen comfortable with his appetites for pleasure.

In the first few months of 1904, he published a series of chronicles on changing religious practices in Rio de Janeiro. He published them as a collection later that year, under the title *As Religiões no Rio* (*Religions in Rio*). The book revealed a city unfamiliar to the typical newspaper reader of early twentieth-century Rio. It took them down back alleys and out to distant suburbs, where former slaves practiced Afro-Brazilian rituals characterized by spirit possession. He introduced them to recent immigrants from northern Europe and their disciplined Protestant sects. He was particularly well-informed on positivism. Judaism, Islam, Maronite Christianity, etc., João do Rio reveled in a plural spiritual city. He did not bother chronicling mainstream Catholicism. What was the point? He wanted to show his readers the parts of Rio most of them had been missing.

apresentou a recente imigrantes do norte da Europa e suas disciplinadas seitas protestantes. Ele estava particularmente bem informado sobre o positivismo. O judaísmo, islamismo, cristianismo maronita, etc., João do Rio revelou-os numa cidade espiritualmente plural. Ele não se preocupou em relatar o catolicismo tradicional. Qual seria o interesse? Ele queria mostrar aos seus leitores as partes do Rio que a maioria deles andavam perdendo.

Isso estabeleceu o tom para a produção de João do Rio. Numa velocidade excepcionalmente prolífica, ele produziu crônicas de suas divagações urbanas. Estas eram principalmente reportagens, mas nunca fingiram de ser rigorosamente factuais. Personagens tanto verificáveis como explicitamente compostos povoavam suas colunas. Alguns eram pura invenção. João do Rio deu endereços precisos e indicações claras a seguir, em alguns casos. Em outros, ele era cuidadosamente vago.

Quando publicava uma quantidade adequada de crônicas que se conformavam vagamente a um determinado tema, ele compilava-os em uma coleção e publicava-a como livro. Desta forma, publicou cerca de vinte e cinco livros entre 1904 e 1921, mais de um por ano. Estes incluíram diários de excursões à Europa, duas traduções de Oscar Wilde e um romance epistolar na cidade termal brasileira de Poços de Caldas.

Três desses livros são mais conhecidos. *As Religiões no Rio* foi o primeiro. O segundo foi *A Alma Encantadora das Ruas* de 1908. Era desnecessário afirmar que as ruas encantadoras eram as do Rio de Janeiro. O terceiro é o livro que você tem diante de si, *Vida Vertiginosa*, de 1911, coletando crônicas da transformação urbana publicadas entre 1905 e 1911. Esses três livros estabeleceram os parâmetros para a influência duradoura de João do Rio. O primeiro revelou a espiritualidade profunda e multívoca da cidade moderna. O segundo foi mais romântico, um pouco nostálgico em relação aos encantos da cidade do século XIX que se desvaneciam, mas sem o saudosismo, ou

This set the tone for João do Rio's further production. At an exceptionally prolific rate, he cranked out chronicles of his urban divagations. These were mostly reportage but never pretended to be rigorously factual. Characters both verifiable and explicitly composite peopled his columns. Some were pure invention. João do Rio gave precise addresses and clear directions to follow, in some cases. In others, he was studiously vague.

When he had published an adequate quantity of chronicles conforming loosely to a given theme, he compiled them into a collection and published it as a book. In this way, he published some twenty-five books between 1904 and 1921, more than one every year. These included travelogues of excursions to Europe, two translations of Oscar Wilde, and an epistolary novel set in the Brazilian spa town of Poços de Caldas.

Three of these books are best known. *Religions in Rio* was the first. The second was *A Alma Encantadora das Ruas* (*The Enchanting Soul of the Streets*) of 1908. It was unnecessary to state that the enchanting streets were those of Rio de Janeiro. The third is the book you have before you, *Vida Vertiginosa*, of 1911, collecting chronicles of urban transformation published between 1905 and 1911. These three books set the parameters for João do Rio's enduring influence. The first revealed the deep, multivocal spirituality of the modern city. The second was more romantic, a touch nostalgic about the fading charms of the nineteenth-century city, but without the *saudosismo*, or lachrymose traditionalism, that marks much of the popular literature of early twentieth-century Brazil. The third is forward-looking, insouciant.

Taken together, these three works continue to provide not only a matchless portrait of Rio de Janeiro between 1900-1920, but much more than that. Like all the great essayists since Michel de Montaigne (1533-1592), João do Rio tells us how to live. In this case, he tells us how to live in Rio de Janeiro, then and now—how to experience the city

tradicionalismo lacrimoso, que marca grande parte da literatura popular do Brasil do início do século XX. O terceiro é prospectivo, descontraído.

Em conjunto, essas três obras continuam a fornecer não só um retrato inigualável do Rio de Janeiro entre 1900-1920, mas muito mais do que isso. Como todos os grandes ensaístas desde Michel de Montaigne (1533-1592), João do Rio nos diz como viver. Nesse caso, ele nos diz como viver no Rio de Janeiro, então e agora—como experimentar a cidade inteiramente, como se envolver com a cidade, como se deleitar em seus encantos e sentir empatia com seus oprimidos ao mesmo tempo.

Como é que *Vida Vertiginosa* nos ensina? A vida urbana é fragmentária. Sua coerência emerge de um caleidoscópio de impressões, ao invés de uma narrativa lógica. O amor moderno é casualmente paquerador, não eternamente romântico. As *modern girls* (e aqui João do Rio usa a frase inglesa, enfatizando sua perspectiva cosmopolita) são heróicas e vulneráveis em seu abraço às mudanças e suas oportunidades. O automóvel impulsiona a pressa e destrói a serenidade. A publicidade nos pega olhando para nós mesmos em um salão distorcido de espelhos. O cinema mata o espetáculo de marionetes (mas o caráter astuto no coração daquele espetáculo de fantoches tem uma vida mais profunda na imaginação da cidade). O telefone e o vapor transatlântico derrubam distâncias. "A vida nervosa e febril traz a transformação súbita dos hábitos urbanos," como afirma João do Rio no início de uma crônica sobre a moda do chá das cinco. Os cariocas começam a agir como ingleses, ou como eles acham que os ingleses agem, e ao fazê-lo revelam suas próprias preocupações e inseguranças. Os falsos patriotas revelam a ausência de seus companheiros de sentimento em sua fúria e antipatia. O Rio, em seu código de informalidade, é "a cidade da intimidade generalizada, dos íntimos desconhecidos."

Precisamos dizer mais?

Quando morreram em 1921, Paulo Barreto e João do Rio tornaram-se um, indivisíveis. João do Rio subsumiu Paulo Barreto. O primeiro é

fully, how to engage the city, how to take delight in its charms and feel empathy with its downtrodden at the same time.

How does *Vida Vertiginosa* instruct us? Urban life is fragmentary. Its coherence emerges from a kaleidoscope of impressions rather than a logical narrative. Modern love is casually flirtatious, not undyingly romantic. *Modern girls* (and here João do Rio uses the English phrase, emphasizing their cosmopolitan outlook) are heroic and vulnerable in their embrace of change and its opportunities. The automobile impels haste and destroys serenity. Advertising catches us looking at ourselves in a distorting hall of mirrors. Cinema kills the puppet show (but the wily character at the heart of that puppet show has a deeper life in the imagination of the city). The telephone and the transatlantic steamer collapse distances. "Nervous and feverish life prompts the sudden transformation of urban habits," as João do Rio asserts at the start of a chronicle on the fashion of five o'clock tea. *Cariocas* start acting like Englishmen, or as they think Englishmen act, and in so doing reveal their own preoccupations and insecurities. False patriots reveal the absence of their fellow-feeling in their bluster and antipathy. Rio, in its code of informality, is "the city of generalized intimacy, of intimate strangers."

Need we say more?

By the time of their death in 1921, Paulo Barreto and João do Rio had become one, indivisible. João do Rio subsumed Paulo Barreto. The former is widely known, celebrated as an icon of the city. The latter is remembered mostly by literary scholars. It is João do Rio who endures as the best companion through the streets of Rio.

The bilingual book before you enables you to read João do Rio's Portuguese and Ana Lessa-Schmidt's English translation side by side. João do Rio's prose is incisive, rhythmic, aphoristic. It poses challenges for the translator: how to capture the staccato interjections, the congenial asides, the pause for a well-turned aphorism, while still making sense of the prose? Lessa-Schmidt is loyal to João do Rio's voice. The

amplamente conhecido, celebrado como um ícone da cidade. O último é lembrado principalmente por estudiosos da literatura. É João do Rio que perdura como o melhor companheiro pelas ruas do Rio.

O livro bilíngue à sua frente permite-lhe ler lado a lado a tradução do Português de João do Rio para o Inglês, feita por Ana Lessa-Schmidt. A prosa de João do Rio é incisiva, rítmica, aforística. Ela coloca desafios para o tradutor: como capturar as interjeições desarticuladas, os apartes apropriados, a pausa para um aforismo bem-feito, e ainda fazer sentido da prosa? Lessa-Schmidt é leal à voz de João do Rio. A tradução é graciosa e direta, mantendo o tom do português carioca original. Notas explicativas judiciosas fornecem o pano de fundo em muitas das referências que João do Rio faz de passagem, assumindo que seus leitores estariam familiarizados com a maioria delas. A publicação do português e do inglês em páginas opostas permite ao leitor ver o trabalho do tradutor—mesmo aqueles com uma familiaridade passageira com o português podem se envolver com o processo. É um livro que, como as próprias crônicas de João do Rio, convida o leitor a participar, a acompanhar, unir forças.

Um lembrete: João do Rio, o escritor, encontrou diversão nas pretensões dos abastados. Mas João do Rio, o personagem, era ele mesmo um presunçoso. Ele se apresenta com ares de quem pode parecer esnobe e desdenhoso para o leitor do século XXI. Permaneçam com ele: geralmente está a caminho de uma investigação mais profunda da hipocrisia da vida moderna, como em Impressões do Bororó, onde a descrição inicialmente desprezível da vida indígena brasileira leva à percepção mórbida do Bororó sobre a banalidade da escalada social do carioca.

Nem sempre, é claro. A sensibilidade de João do Rio, por mais moderna que seja, difere da nossa. De uma forma surpreendente, a cidade que ele viu tomando forma em torno de si é o Rio de Janeiro de hoje. Embora a população tenha crescido mais de dez vezes e a rede

translation is graceful and direct, maintaining the tone of the original *carioca* Portuguese. Judicious explanatory footnotes provide the background on many of the references João do Rio makes in passing, assuming his readers would be familiar with most of them. Publication of the Portuguese and the English on facing pages allows readers to see the work of the translator—even those with a passing familiarity with Portuguese can engage with the process. It is a book that, like João do Rio's chronicles themselves, invites the reader to take part, to accompany, to join forces.

A reminder: João do Rio, the writer, found amusement in the pretensions of the well-to-do. But João do Rio, the character, was himself a fop. He puts on airs that may come across to the twenty-first century reader as snobbish and disdainful. Stay with him: he is usually on his way to a deeper inquiry into the hypocrisy of modern life, as in *The Bororó's Impressions*, where the initially dismissive depiction of Brazilian indigenous life leads to the Bororó's withering perceptions of the banality of *carioca* social-climbing.

Not always, of course. João do Rio's sensibility, modern as it is, differs from our own. To a surprising degree, the city he saw taking shape around him is the Rio de Janeiro of today. Although the population has grown more than tenfold and the urban network has grown exponentially, João do Rio would find most of twenty-first century life familiar. Catching the BRT from Penha to Bonsucesso would come naturally to him, and he would likely meet several inimitable *cariocas* along the way. At the same time, João do Rio's own sensibilities were shaped by the Rio de Janeiro he grew up in—one where the abolition of slavery was so recent that one could expect to encounter both former slaves and former slave-owners on every corner. Rio remains a city of social hierarchy and racial inequality, but not to anything like the degree that João do Rio accepted as a condition of everyday life.

urbana tenha crescido exponencialmente, João do Rio acharia familiar a maior parte da vida do século XXI. Apanhar um ônibus da Penha a Bonsucesso seria natural para ele, que provavelmente encontraria vários cariocas inimitáveis ao longo do caminho. Ao mesmo tempo, as próprias sensibilidades de João do Rio foram moldadas pelo Rio de Janeiro onde ele cresceu—um lugar onde a abolição da escravidão era tão recente que se poderia esperar encontrar tanto escravos como ex-donos de escravos em cada esquina. O Rio continua a ser uma cidade de hierarquia social e de desigualdade racial, mas nada com o grau que João do Rio aceitou como condição da vida cotidiana.

Sobre esse tema, vale ressaltar que Paulo Barreto foi ele mesmo de ascendência racial mista. Ele era também provavelmente homossexual, e se ele não proclamou publicamente essa identidade, a criação do dândi João do Rio como seu alter ego redundou na mesma coisa. Nos círculos literários do Rio do início do século XX, onde "entendido" era o código para o segredo público da masculinidade gay, João do Rio era um "entendido". Ele tinha a arrogância de um verdadeiro original. Mestiço, homossexual, de origem humilde, ensinou aos cidadãos do Rio o que significava ser moderno, urbano, carioca.

Bryan McCann
Georgetown University

On that topic, it bears noting that Paulo Barreto was himself of mixed racial ancestry. He was also likely homosexual, and if he did not publicly proclaim that identity, the creation of the dandy João do Rio as his alter ego amounted to much the same thing. In the literary circles of early twentieth-century Rio, where "entendido," or "understood," was code for the open secret of gay masculinity, João do Rio was an "entendido." He had the brash assuredness of a true original. A mixed-race, gay man of humble origins, he taught the citizens of Rio what it meant to be modern, urban, *carioca*.

Bryan McCann
Georgetown University

Vertiginous Life

A Era do Automóvel

E, subitamente, é a era do Automóvel. O monstro transformador irrompeu, bufando, por entre os dos escombros da cidade velha, e como nas mágicas e na natureza, aspérrima educadora, tudo transformou com aparências novas e novas aspirações. Quando, os meus olhos se abriram para as agruras e também para os prazeres da vida, a cidade, toda estreita e toda de mau piso, eriçava o pedregulho contra o animal de lenda, que acabava de ser inventado na França. Só pelas ruas esguias dois pequenos e lamentáveis corredores tinham tido a ousadia de aparecer. Um, o primeiro, de Patrocínio, quando chegou, foi motivo de escandalosa atenção. Gente de guarda chuva debaixo do braço, parava estarrecida como se tivesse visto um bicho de Marte ou um aparelho de morte imediata. Oito dias depois, o jornalista e alguns amigos, acreditando voar com três quilômetros por hora, rebentavam a máquina de encontro às arvores da rua da Passagem. O outro, tão lento e parado que mais parecia uma tartaruga bulhenta, deitava tanta fumaça que, ao vê–lo passar, várias damas sufocavam. A imprensa, arauto do progresso, e a elegância, modelo do esnobismo, eram os percursores da

The Era of the Automobile

And, suddenly, it's the era of the Automobile. The transformative monster burst, snorting, through the rubble of the old town, and like magic and nature, a very strict educator, it transformed everything with new appearances and aspirations. When my eyes opened to the hardships and also to the pleasures of life, the city, narrow and badly paved, bristled its boulders against the legendary animal, which had just been invented in France. Only through the narrow streets two small and pitiful racers had had the audacity to appear. One, the first, belonging to Patrocínio, on arrival was a source of scandalous attention. People with umbrellas under their arms stopped stunned as if they had seen a creature from Mars or an apparatus of immediate death. Eight days later, the journalist and some friends, believing they could fly at three kilometers per hour, crashed the machine against the trees at Rua da Passagem. The other one, so slow and dull that it looked like a noisy turtle, released so much smoke that it choked several ladies as they watched it pass by. The press, herald of progress and elegance, model of snobbery, were the precursors of the automotive era. But no

era automobilística. Mas ninguém adivinhava essa era. Quem poderia pensar na futura influência do Automóvel diante da máquina quebrada de Patrocínio? Quem imaginaria velocidades enormes na carriola dificultosa que o conde Guerra Duval cedia aos clubes infantis como um brinquedo idêntico aos baloiços e aos ponneys mansos? Ninguém! absolutamente ninguém.

— Ah! um automóvel, aquela máquina que cheira mal?

— Pois viajei nele.

— Infeliz!

Para que a era se firmasse fora precisa a transfiguração da cidade. E a transfiguração se fez como nas *féerias* fulgurantes, ao *tan–tan* de Satanás. Ruas arrasaram–se, avenidas surgiram, os impostos aduaneiros caíram, e triunfal e desabrido o automóvel entrou, arrastando desvairadamente uma catadupa de automóveis. Agora, nós vivemos positivamente nos momentos do automóvel, em que o *chauffeur* é rei, é soberano, é tirano.

Vivemos inteiramente presos ao Automóvel. O Automóvel ritmiza a vida vertiginosa, a ânsia das velocidades, o desvario de chegar ao fim, os nossos sentimentos de moral, de estética, de prazer, de economia, de amor.

Mirbeau escreveu:—O gosto que tenho pelo "auto" irmão menos gentil e mais sábio do barco, pelo patim, pelo balanço, pelos balões, pela febre também algumas vezes, por tudo que me leva e me arrasta, depressa, para além, mais longe, mais alto, além da minha pessoa, todos esses apetites são correlatos, têm a origem comum no instinto, refreado pela civilização, que nos leva a participar dos ritmos, de toda a vida, da vida livre, ardente, e vaga, vaga ai! como os nossos desejos e os nossos destinos...

Não, eu não penso assim. O meu amor, digo mal, a minha veneração pelo automóvel vem exatamente do tipo novo que Ele cria preciso e instantâneo, da ação começada e logo acabada que Ele desenvolve entre mil ações da civilização, obra Sua na vertigem geral. O automóvel é

one could decipher this era. Who would think of the future influence of the Automobile in view of Patrocínio's smashed machine? Who would imagine enormous speed in the laborious wain which Count Guerra Duval handed over to the children's clubs as if it were a toy, identical to the swings and tame ponies? No one! Absolutely no one.

"Ah! the Automobile, that machine that smells bad?"

"Well, I've traveled in it."

"You hotshot!"

For the era to solidify, a transfiguration of the city was necessary. And the transfiguration was done as in the sparkling *féeries*,[1] at the pace of Satan's *tan–tan*.[2] Streets were torn up, avenues emerged, customs taxes fell, and the Automobile arrived triumphantly and fiercely, wildly dragging a flood of Automobiles. Now we positively live within Automobile moments in which the driver is king, sovereign, and tyrant.

We live entirely trapped by the Automobile. The Automobile gives rhythm to the vertiginous life, to the craving for speed, to the madness of arrival, to our feelings of morality, aesthetics, pleasure, economy, love.

Mirbeau[3] wrote: "The liking I have for the "auto," the less gentle and wiser brother of the boat, for the roller skate, the swing, balloons, sometimes also for fever, for everything which takes and drags me, swiftly, beyond, further, higher, beyond my own person, all these appetites are correlated. They all have a common origin in the instinct, restrained by civilization, which leads us to participate in the rhythms, in the whole free life, fiery, and vague, vague life, oh! Like our desires and our fates...

No, I don't think like that. My love, I shall correct myself. My veneration of the Automobile comes exactly from the new type that it creates, precise and instantaneous, from the action started and suddenly finished, which it develops amongst thousands of acts of civilization, its work within

1. Theatrical productions, often opera or ballet, involving fantastic plots, scenes and landscapes, very popular in the 18th and 19th centuries.

2. A cylindrical hand drum from Brazil that is used in samba and pagode ensembles.

3. Octave Mirbeau (1848–1917) was a French journalist, art critic, travel writer, pamphleteer, novelist, and playwright.

um instrumento de precisão fenomenal, o grande reformador das formas lentas.

Sim, em tudo! A reforma começa, antes de andar, na linguagem e na ortografia. É a simplificação estupenda. Um simples mortal de há vinte anos passados seria incapaz de compreender, apesar de ter todas as letras e as palavras por inteiro, este período: "O Automóvel Club Brasil sem negócios com a Sociedade de Automóveis de Reims, na garage Excelsior." Hoje, nós ouvimos diálogos bizarros:

— Foste ao A.C.B.?

— Iéss.

— Marca da fábrica?

— F.I.A.T. 60–H.P. Tenho que escrever ao A.C.O.T.U.K.

O que em palestra diz–se ligando as letras em palavras de aspecto volapuckeano, mas que traduzido para o vulgar significa que o cavalheiro tem uma máquina da *Fábrica Italiana de Automóveis de Turim*, da força de 60 cavalos e que vai escrever para o Aeroclube do Reino Unido.

É ou não é prodigioso? É a língua do futuro, a língua das iniciais só entrevista segundo Bidon pelo genial José de Maistre, que fazia *cadaver* (mesmo credor) derivar de *corpus datus vermibus*.

Um artigo de duzentas linhas escreve–se em vinte quase estenografado. Assim como encurta tempo e distâncias no espaço, o Automóvel encurta tempo e papel na escrita. Encurta mesmo as palavras inúteis e a tagarelice. O monossílabo na carreira é a opinião do homem novo. A literatura é ócio, o discurso é o impossível.

Mas o automóvel não simplifica apenas a linguagem e a ortografia. Simplifica os negócios, simplifica o amor, liga todas as coisas vertiginosamente, desde as amizades necessárias que são a base das sociedades organizadas, até o idílio puro.

Um homem, antigamente, para fazer fortuna, precisava envelhecer. E a fortuna era lamentável de pequena. Hoje, rapazolas que ainda não

the general vertigo. The Automobile is a phenomenal precision instrument, the great reformer of the slow forms.

Yes, in everything! The reform begins, before moving, in language and spelling. It's the stupendous simplification. A mere mortal from twenty years ago would be incapable of understanding this sentence, even though it has all the letters and words: "The Automobile Club Brazil [ACB] with no business with the Reims Automobile Society, in the Excelsior garage." Today we hear bizarre dialogues:

"Did you go to the ACB?"

"Yesss."

"Trademark?"

"FIAT 60 HP. I have to write to the ACOTUK."[4]

This is what people say in conversation by connecting the letters into volapuckean[5] words, but when translated into the vulgar language, it means that the gentleman has a *Fabbrica Italiana Automobili Torino*[6] the 60 horsepower Automobile, and that he will write to the Aero Club of the United Kingdom.

Isn't that wonderful? It's the language of the future, the language of the initials, according to Bidon[7] and only glimpsed by the brilliant Joseph de Maistre,[8] who would derive corpse (same creditor) from *corpus datus vermibus*.[9]

A two–hundred line article is written in shorthand in about twenty. As much as it shortens time and distances in space, the Automobile shortens time and paper in writing. It even shortens the useless words and chattering. The opinion of the new man is expressed in the speeding monosyllable. Literature is idleness, discourse is the impossible.

4. Aero Club of the United Kingdom, founded in 1901, and renamed to Royal Aero Club of the United Kingdom (RAeC) in 1910.

5. From Volapük, a language created by Johann Martin Schleyer in 1879–1880 in Baden, Germany.

6. Nowadays, Fiatorino Automobiles S.p.A.

7. João do Rio is possibly referring to Bidon de Villemontez (17??–1839), a French librettist who wrote the opera Ovinska (1800).

8. Joseph–Marie, Comte de Maistre (1753–1821) was an Italian Savoyard philosopher, writer, lawyer, and diplomat.

9. Latin for "His body was full of worms."

tem trinta anos, são milionários. Porque? Por causa do automóvel, por causa da gasolina, que fazem os meninos nascerem banqueiros, deputados, ministros, diretores de jornal, reformadores de religião e da estética, aliás com muito mais acerto que os velhos.

Se não fossem os 120 quilômetros por hora dos Dietriche de *course* não se andaria moralmente tão depressa. O automóvel é o grande sugestionador. Todos os ministros têm automóveis, os presidentes de todas as coisas têm automóveis, os industriais e os financeiros correm de automóvel no desespero de acabar depressa, e andar de automóvel, é sem discussão, o ideal de toda a gente.

Vá qualquer sujeito que se preza à coisa de outro, de tilbury ou de carro. Com um pouco de intimidade o outro dirá fatalmente:

— Pobre criatura! Como deves estar moído! Levaste para aí uma infinidade de tempo! Despede o caranguejo e vem no meu *auto.*

Auto! Compreendam o quanto vai de misterioso, de primacial, de autônomo nesta palavra! Daí, de certo, o poder fascinador para concluir negócios da invenção vertiginosa. Chega–se com estrépito, stopa–se, salta–se.

— O sr. veio de automóvel?

— Para quem tem tanto que fazer!

— É uma bela máquina.

— É minha, e está às suas ordens.

— E o chauffeur?

— Também meu. Mas o chauffeuré sempre o que menos guia. Teria muito prazer em conduzi–lo...

No outro dia o negócio está feito, principalmente se o contratante não contrata por conta própria.

Para se ganhar dinheiro, acima do comum sedentário, é preciso ter um automóvel, conservá–lo, alugá–lo. A quimera ável dos idealistas não é outra senão o Automóvel. Nele, toda a quentura dos seus cilindros, a trepidação da sua máquina transfundem–se na pessoa. Não é possível

But the Automobile not only simplifies language and spelling. It simplifies business, simplifies love, and vertiginously binds all things, from necessary friendships, which are the basis of organized societies, to the purest idyll.

A man, in the past, to make his fortune, had to grow old. And that fortune was pitifully small. Today, young people, not yet thirty years old, are millionaires. Why? Because of the Automobile, because of gasoline, which make boys born bankers, MPs, ministers, newspaper directors, reformers of religion and aesthetics, indeed with much more success than their elders.

If it weren't for the Dietrich's racing at 120 mph we wouldn't move morally so quickly. The Automobile is the great suggester. All ministers have Automobiles, presidents of all sorts have Automobiles, industrialists and financiers race in Automobiles in desperation to finish quickly, and riding an Automobile is, without question, everyone's ideal.

Dare anyone of value go to someone's house by tilbury or carriage. With a little intimacy the other person will fatally say:

"Poor thing! How you must be crushed! Going there will take you infinite time! Dismiss the cab and come in my *auto*."

Auto! Please understand how mysterious, primal, autonomous this word is! Then, of course, the fascinating power of the vertiginous invention to wrap up business. One arrives with a racket, a blunt stop, and jumps out.

"Did you come by Automobile, Sir?"

"For those who have so much to do!"

"It's a beautiful machine."

"It's mine, and it's at your service."

"And the driver?"

"Also mine. But the driver is always the one who least drives. I would be happy to drive you..."

The next day the deal is done, especially if the contractor doesn't contract on his own behalf.

ter vontade de parar, não é possível deixar de desejar. A noção do mundo é inteiramente outra. Vê–se tudo fantasticamente em grande. Graças ao automóvel a paisagem, morreu—a paisagem, as árvores, as cascatas, os trechos bonitos da natureza. Passamos como um raio, de óculos enfumaçados por causa da poeira. Não vemos as árvores. São as árvores que olham para nós com inveja. Assim o Automóvel acabou com aquela modesta felicidade nossa de bater palmas aos trechos de floresta e mostrar ao estrangeiro *la naturaleza*. Não temos mais *la naturaleza*, o Corcovado, o Pão de Açúcar, as grandes árvores, porque não as vemos. A natureza recolhe–se humilhada. Em compensação temos palácios, altos palácios nascidos do fumo de gasolina dos primeiros automóveis e a febre do grande devora–nos. Febre insopitável e benfazeja! Não se lhe pode resistir. Quando os novos governos começam, com medo de perder a cabeça, logo no começo ministros e altas autoridades dizem sempre:

— Precisamos fazer economias.

Como? Cortando orçamentos? Reduzindo o pessoal? Fechando as secretarias? Diminuindo vencimentos?

Não. O primeiro momento é de susto. As autoridades dizem apenas.

— Vamos vender os automóveis.

Mas logo altas autoridades e funcionários sentem–se afastados, sentem–se recuados, tem a sensação penosa de um Rio incompreensível, de um Rio anterior ao Automóvel, em que eram precisos meses para realizar alguma coisa e horas para ir de um ponto a outro da cidade. E então o ministro, mesmo o mais retrógrado e velho revoga as economias e murmura:

— Vão buscar o Automóvel!

Oh! o Automóvel é o Criador da época vertiginosa em que tudo se faz depressa. Porque tudo se faz depressa, com o relógio na mão e, ganhando vertiginosamente tempo ao tempo. Que ideia fazemos do século passado? Uma ideia correlata a velocidade do cavalo e do carro. A corrida de um cavalo hoje, quando não se aposta nele e o dito cavalo

To make money, beyond the sedentary common, you must have an Automobile, keep it in shape, rent it out. The rideable chimera of idealists is none other than the Automobile. In it, all the heat of its cylinders, the vibration of its engine, transfuse into the person. It's impossible to want to stop it. You cannot help desiring it. Your notion about the world is entirely different. One sees everything fantastically huge. Thanks to the Automobile, landscape has died—the landscape, the trees, the waterfalls, the beautiful stretches of nature. We go by like lightning, wearing smoky glasses due to the dust. We don't see the trees. It's the trees that look at us with envy. Thereby the Automobile put an end to our modest happiness of clapping hands for the stretches of forest and showing *la naturaleza* to the foreigners. We have no more of *la naturaleza*, Corcovado,[10] Sugar Loaf, large trees, because we don't see them. Nature retreats humiliated. On the other hand we have palaces, tall palaces born from the smoke of petrol of the first Automobiles, and the fever of greatness devours us. Uncontrollable and beneficent fever! You cannot resist it. When the new governments begin, ministers and high authorities, afraid of losing their heads, always say:

"We need to make savings."

How? Cutting budgets? Reducing staff? Closing the departments? Decreasing salaries?

No. The first moment is of shock. The authorities only say, "Let's sell the Automobiles."

But soon high authorities and employees feel alienated, tardy, they have the painful feeling of an incomprehensible Rio, a Rio previous to the Automobile, in which it took months to make something happen and hours to get from one point of the city to another. And then the minister, even the most retrograde and oldest, revokes the savings and murmurs:

"Go get the Automobile!"

Oh! The Automobile is the Creator of the vertiginous era when everything is done quickly. Because everything is done quickly, with

10. The mountain where the statue of Christ the Redeemer stands overlooking Rio de Janeiro.

não corre numa raia, é simplesmente lamentável. Que ideia fazemos de ontem? Ideia de bonde elétrico, esse bonde elétrico, que deixamos longe em dois segundos. O Automóvel fez–nos ter uma apudorada pena do passado. Agora é correr para a frente. Morre–se depressa para ser esquecido dali a momentos; come–se rapidamente sem pensar no que se come; arranja–se a vida depressa, escreve–se, ama–se, goza–se como um raio; pensa–se sem pensar, no amanhã que se pode alcançar agora. Por isso o Automóvel é o grande tentador. Não há quem lhe resista. Desde o Dinheiro ao Amor. O Dinheiro precisa de automóveis para mostrar quem é. O Amor serve–se do automóvel para fingir Dinheiro e apressar as conquistas. Por São Patrício, patrono dos automóveis! Já reparastes que se julga os homens pelo Automóvel? Ouvi os comentários.

— Não. Ele está bem. Vi–o de automóvel.

— Lá vai aquele canalha de automóvel. Quanta ladroeira!

— Bravo! De automóvel...

— Os negócios dele são tantos que já comprou outro automóvel para dar–lhes andamento.

E no Amor?

As mulheres de hoje em dia, desde as *cocottes* às sogras problemáticas, resistem a tudo: a flores, a vestidos, a camarotes de teatro, a jantares caros. Só não resistem ao automóvel. O homem que consegue passear a dama dos seus sonhos nos quatro cilindros da sua máquina, está prestes a ver a realidade nos braços.

— Vamos passear de automóvel?

— De automóvel?...

Toda a sua fisionomia ilumina–se. Se a paixão é por damas alegres, antes da segunda velocidade, nós já vamos na reta da chegada. Se a paixão é difícil, há sempre a frase:

— Que bom automóvel! É seu?

— É nosso...

watch in hand and vertiginously buying time with time. What is our idea of the last century? An idea correlated to the speed of the horse and the carriage. The race of a horse today, when you don't bet on it and said horse doesn't stay in its lane, is simply unfortunate. What is our idea of yesterday? The idea of the electric tram, an electric tram we leave behind in two seconds. The Automobile made us feel a shy pity for the past. We need to run forwards. You die quickly only to be forgotten in a few moments; you eat quickly without thinking about what you eat; you organize life quickly, you write, love, take pleasure like lightning; you think without thinking about the tomorrow that can be achieved now. Therefore the Automobile is the great tempter. Nothing can resist it. From Money to Love. Money needs Automobiles to show what it really is. Love uses the Automobile to fake Money and to hasten conquests. By St. Patrick,[11] patron of the Automobiles! Have you noticed that men are judged for their Automobiles? I've heard such comments.

"No, he's fine. I saw him in an Automobile."

"There goes that scoundrel in an Automobile. How much thievery!"

"Bravo! In an Automobile..."

"His businesses are so big that he's bought another Automobile to keep them going."

And in Love?

Women of today, from the *cocottes*[12] to the problematic mothers–in–law, resist everything: flowers, dresses, theater boxes, expensive dinners. They just can't resist the Automobile. The man who can drive the lady of his dreams in the four cylinders of his machine is about to see reality in his arms.

"Let's go out by Automobile?"

"By Automobile...?"

11. Why João do Rio refers to St. Patrick here is not clear, as the saint of travelers, drivers, and automobiles is St. Christopher.

12. French for "prostitute, or promiscuous woman."

Então, com uma carrosseriede primeira ordem, chassislongo, motorista fardado, na terceira velocidade—pega–se.

— Ai que me magoas.

— Tu é que caíste...

Como o amor é o fim do mundo, num instante compreende–se que de automóvel lá se chegue com a rapidez instantânea. Compreende–se mesmo ser impossível a indiferença nas máquinas diabólicas. Quando se quer dar por concluída uma conquista, diz–se:

— Foi passear de automóvel com ele!

E para a mulher do Século XX todo o prazer da vida resume–se nesta delícia:

— Vou passear de automóvel!

Ah! o automóvel! Ele não criou apenas uma profissão nova: a de chauffeur; não nos satisfez apenas o desejo do vago. Ele precisou e acentuou uma época inteiramente Sua, a época do automóvel, a nossa delirante e inebriante época de fúria de viver, subir e gozar, porque, no fundo, nós somos todos chauffeurs morais, agarrados ao motor do engenho e tocando para a cobiça das posições e dos desejos satisfeitos, com velocidade máxima, sem importar com os guardas–civis, os desastres, os transeuntes, sem mesmo pensar que os bronzes podem vir a derreter na carreira doida do triunfo voraz!

Automóvel, Senhor da Era, Criador de uma nova vida, Ginete Encantado da transformação urbana, Cavalo de Ulysses posto em movimento por Satanás, Gênio inconsciente da nossa metamorfose!

Her whole face lights up. If you have a passion for happy ladies, before second gear you've arrived at the finish line. If passion is difficult, there is always the phrase:

"What a nice Automobile! Is it yours?"

"It's ours..."

Then, with a first–rate bodywork, long chassis, driver in uniform, in third gear—you get it.

"Ouch, here's where you hurt me."

"You're the one who has fallen for it..."

As love is the end of the world, in an instant it's understood that by Automobile you get there with instant speed. It's even understood to be impossible to ignore the diabolical machines. When you want to say a conquest has been achieved, you say:

"She went for a drive with him!"

And for the woman of the Twentieth Century all pleasure in life is summed up in this delight:

"I'm going out by Automobile!"

Ah! The Automobile! It hasn't just created a new profession: the chauffeur. It didn't just satisfy our desire for the vague. It defined and accented its own era, the era of the Automobile, our delirious and intoxicating days of fury for life, going up and taking pleasure. Because, deep down, we are all moral chauffeurs, clinging to the engine of a machine, heading to the covetousness of satisfied views and desires, with maximum speed, without caring about the civil guards, disasters, passers–by, without even thinking that the metals are likely to melt in the mad race for voracious triumph!

Automobile, Lord of the Era, Creator of a new life, Enchanted Stallion of urban transformation, Ulysses' Horse moved by Satan, unconscious Genius of our metamorphosis!

Original publication: *A Era do Automóvel, Vida Vertiginosa*, Rio de Janeiro: Garnier, 1911, pp.1–11.

O Povo e o Momento

A um estrangeiro inteligente que, havia meses aqui aportara, perguntei, como toda gente, por uma fatalidade de raça talvez, as suas impressões.

— A respeito?

— Do momento.

— Do momento e do povo?

— Naturalmente.

Ele conhecia um pouco da nossa história, falava bem português, lia os nossos jornais. Respondeu-me.

— O povo e o momento. Naturalmente. O povo das cidades varia segundo os momentos históricos. Esses momentos históricos duram às vezes muitos anos. O povo de Ieddo, há cinquenta anos não era positivamente o mesmo de hoje, depois da guerra, de Togo, depois que assiste às representações de Ibsen. O meio é entretanto o mesmo, e a raça é a mesma. É que os filósofos esqueceram o fator tempo. A vida

The People and the Moment

Like everyone else, due to a fatality of race perhaps, I asked an intelligent foreigner, who landed here four months ago, about his impressions.

"About?"

"About the moment."

"About the moment and the people?"

"Of course."

He knew a little of our history, spoke good Portuguese, read our newspapers. He replied:

"The people and the moment. Naturally. City people vary according to the historical moments. These historical moments sometimes last many years. Fifty years ago the people of Yeddo[1] were positively not the same as today, or after the war, after Togo, after attending the plays of Ibsen. The milieu is, however, the same, and the race is the same. It's that philosophers have forgotten the time factor. For the nations life

1. It may be a reference to Edo, the former name of Tokyo (until 1868), and its Anglicized forms Yeddo, Ieddo, Jeddo.

para as nações tem também um relógio que marca o giro do progresso. E, em cada um dos momentos desse dia imenso, as gerações mostram uma feição própria. Há povos que estão no momento da treva inicial. Há os que estão na treva de que se não volta. Há também outros que dão a sensação de crepúsculo, de um lento crepúsculo de verão prolongado; outros crepúsculo de inverno, rápidos, caindo como uma barra de ferro cinza. Se eu tivesse aqui aportado em qualquer ano do Segundo Império, teria visto o mesmo, exatamente o mesmo povo de hoje? Não! Absolutamente não! Os povos novos evoluem com uma rapidez espantosa. Este galopou. É como se tivessem posto uma pedra no aparelho do relógio para obrigá–lo a adiantar–se alguns segundos. E o curioso é que no momento, é o povo menos constituído da terra.

Foi no dia seguinte ao da minha chegada que ouvi pela primeira vez a clássica pergunta num clube militar.

— Que pensa do nosso Rio?

— Não penso nada.

— Ilustres viajantes, ao contrário...

— Sei disso.

— Têm até prometido livros.

— Devo dizer a verdade, então? Penso, penso da cidade coisas graves, gravíssimas, que não convém dizer.

Algumas fisionomias jovens perderam a afabilidade.

— Tão graves que se não possa dizer nenhuma?

— Se fosse um indiferente diria: *c'est charmant*! Mas não sou. É o maior crime humano, a indiferença. Viver é vibrar; viver é interessar–se com entusiasmo pelo assombroso espetáculo da vida. O verso de Terêncio, *Homo sum, et nihil humani a me alienum puto*, é a máxima guia do ser inteligente...

Houve um silêncio. Continuei então.

also has a clock that registers the spinning of progress. And in each one of the moments of this immense day, generations show a distinctive feature. There are peoples who are at the time of primal darkness. There are those who are in darkness from which there's no return. There are also others who give the feeling of twilight, of a lingering summer twilight; others a winter twilight, fast, falling like a gray iron bar. If I had landed here in any year of the Second Empire,[2] would I have seen the same, exactly the same people of today? No! Absolutely not! New peoples evolve at such astonishing speed. This one galloped. It's as if they had put a stone on the hands of the clock, forcing it to advance a few seconds. And the curious thing is that at the moment, it's the less well established people on Earth.

"It was the day after my arrival that I first heard the classic question in a military club."

"What do you think of our Rio?"

"I don't think anything."

"Illustrious travelers, on the other hand…"

"I know."

'They have even promised books."

"So, should I tell the truth? I think, I think serious things of the city, most serious, which shouldn't be said."

Some young faces lost their affability.

"Is it so serious that you cannot say anything?"

"If I were indifferent I would say: *c'est charmant!*[3] But I'm not. It's the greatest human crime, indifference. To live is to vibrate; to live is to be interested with enthusiasm for the amazing spectacle of life. Terence's[4] verse, *Homo sum, humani nihil a me alienum puto*,[5] is the ultimate guideline of the intelligent being…"

There was a silence.

---

2. Last period of Portuguese rule, between 1840 and 1889, which ended with the Proclamation of the Republic, 15th November.

3. French for "It's charming."

4. Publius Terentius Afer (195/185–c.159 BC), known as Terence, was a playwright of North African descent of the Roman Republic.

5. Latin for "I am a man, I consider nothing that is human alien to me."

— Por isso digo, por exemplo, que no Rio o povo é o menos constituído da terra. E, graças aos deuses, consegui explicar a impressão do cenário da multidão movediça.

O povo do Rio está em formação de um tipo definitivo. Por enquanto, dizem as estatísticas, há maioria de brasileiros e da colônia portuguesa na população. Será assim dentro de vinte anos?

Ele parece que espera com prazer outros elementos componentes. Os elementos de agora são o brasileiro na maioria filho ou neto de estrangeiro, o português vindo dos campos, das aldeias, e não das cidades, o espanhol, o inglês, o alemão, o francês, o sírio e cada vez em maior número, o italiano. Como o brasileiro é contrabalançado assim e tem ainda por cima o sangue do colono, segue–se que moralmente ele se sente inferior, elevando um protesto a dizer apenas:

— Estou na minha terra.

Sem aliás uma arraigada convicção a respeito.

Daí, em vez de se dar o caso da América do Norte em que se faz a absorção do imigrante, o fenômeno inverso da absorção do nativo pelo imigrante. E o nativo é de uma plasmaticidade espantosa. A primeira influência é a do português. O brasileiro adapta–se a ele. Há vínculos de sangue, há apegos de carne. Mas o português é também adaptabilíssimo. Resiste um pouco, mas cede. De modo que vem o alemão e impõe a cerveja e o choucroute; vem o inglês e impõe a língua; vem o italiano e impõe desde a língua à alimentação; vem o filho da Galiza e lança os seus hábitos também. Andei por diversos bairros, assisti a espetáculos, observei, fiz sempre o possível para não errar. Mas eu raramente erro numa observação e a que eu fazia, logo depois de chegar, era que em nenhum país do mundo o imigrante se conserva tão preso ao seu país forçando mesmo o nativo a amá–lo e respeitá–lo, e que também em nenhum país da terra o imigrante tem tanto direito, e está tanto na sua casa.

Then I continued.

"I therefore say, for example, that in Rio the people are the least established on Earth. And, thanks to the gods, I was able to explain my impression of the scenario of the shifting crowd.

"The people of Rio are developing a definite type. For now, say the statistics, there is a majority of Brazilians and people from the Portuguese colony in the population. Will this be the same in twenty years?

"It seems that the people expect other component elements with pleasure. Now the elements are made of the Brazilian, mostly the child or grandchild of foreigners; the Portuguese coming from the farms, villages, not from cities; Spanish; English; German; French; Syrian; and increasingly in higher numbers, Italian. As the Brazilians are thus counterbalanced and, above all, still have the blood of the settler, it follows that morally they feel inferior, raising an objection saying only:"

"I am in my own country."

Without indeed having a deep–seated conviction about it.

"So then, rather than follow the case of North America, where there's the absorption of the immigrant, the inverse—the absorption of the native by the immigrant—occurs. And the native is of staggering plasticity. The first influence is from the Portuguese. The Brazilian adapts to it. There are blood ties; there are bonds of the flesh. But the Portuguese is also extremely adaptable. He resists a bit but yields. Then the German comes and imposes beer and sauerkraut; the English comes and imposes the language; the Italian comes and imposes everything from language to food; the sons of Galicia come and cast their habits too. I've been to several neighborhoods. I attended performances. I observed. I've always done my best not to make mistakes. But I rarely get an observation wrong, and what I observed, shortly after arriving, was that in no other country in the world does the immigrant remain so attached to his country, even forcing the native to love and respect him; and also that in no other country on Earth does the immigrant have so many rights and feel so much at home."

"And Paris?"

— E Paris?

— Paris é uma cidade de prazer, onde se vai gastar dinheiro. Há touristes, há ricaços, não há imigrantes. Mesmo assim, sendo a cidade de todo mundo, não há artista estrangeiro que faça dinheiro e tenha o teatro cheio, e desde que se vai agir todas as portas se fecham. No Rio, há companhias alemãs, inglesas, italianas.

— E Nova York?

— Em Nova York o estrangeiro cai numa torrente para reaparecer americano. Desse domínio não consciente, premeditado, mas vindo naturalmente da fraqueza numérica e moral do nativo, em que a inteligência se casa a um cepticismo indolente e vagamente orgulhoso, desse domínio de colônias, presas aos países originários e por consequência apenas com um interesse sério: o lucro monetário da ajuda recíproca entre patrícios, segue–se que o Rio é uma cidade sem opiniões, sem convicções políticas, sociais ou artísticas, trocista sem haver razão, entusiástica quando ainda menos razão há, e oposicionista sistematicamente, como as crianças destruidoras.

Tem opiniões políticas? Nenhuma. Ou antes, é garotamente contra os governos, contra todos os homens de governo do Brasil, quando eles estão ocupando os cargos. Isso não é opinião. É uma teimosia. Se fosse um tipo definido seria uma idiossincrasia, cujo resultado era claro: a revolta. Sendo uma salada de frutas é uma pretensão ingênua—a que os governos podem não dar importância. Passei o período mais agudo da chamada campanha das candidaturas no Rio. Era a primeira vez que se dava a campanha—"porque o povo nunca antes se interessara pela eleição do seu presidente!" Os jornais vinham inflamados e incendiários. Ao lê–los parecia que o vulcão rebentaria. Ao passar pelas ruas, o menos avisado asseguraria a luta para dali a momentos. Gritos, aclamações, vaias, assobios, cavalarias, tiros, um horror.

"Paris is a city of pleasure, where you go to spend money. There are tourists, there are moneybags, there are no immigrants. Even though it's the city of the world, there are no foreign artists who make money and fill theaters, and even though you try to do something about it, all doors are closed to you. In Rio, there are German, English, Italian companies.

"And New York?"

"In New York foreigners fall in a torrent to resurface American. From this unconscious domination, premeditated but coming naturally from the numerical and moral weakness of the native, in which intelligence is coupled to a lazy and vaguely proud skepticism, from this domination of the colonies, which are attached to their original countries and consequently with a single serious interest: the monetary profit coming from the reciprocal help among countrymen. It follows that Rio is a city without opinions, without political, social or artistic convictions, scoffing with no reason, enthusiastic when there's even less reason, and systematically oppositionist, like destructive children.

"Do they have political opinions? None. Or rather, they're childishly against governments, against all government men in Brazil, when they are occupying positions. This is not opinion. It is stubbornness. If they were a defined type they would be an idiosyncrasy, with a clear result: the uprising. Being a fruit salad they're a naive pretense—one to which governments could give no importance. I spent the most acute period of the so–called campaign for applications in Rio. It was the first time that the campaign was organized 'because the people had never been interested in the election of a President before!' The newspapers were fiery and inflammatory. When you read them it seemed that the volcano would burst. When walking in the streets, the less informed would rest assured that the fighting was moments away. Shouting, cheering, booing, whistling, cavalries, shootings, a nightmare.

"The people were against the candidate of a powerful group that had seized the administration a long time ago, led by a kingpin of cunning stratagem. And they were in favor of the application of one of the greatest contemporary intellects, a worldwide talent, whose name is enough to remind all nations of a number of admirable acts. Brazil itself might

O povo era contra o candidato de um grupo poderoso que há muito se apossou da administração, chefiado por um caudilho de manha vulpina. E era pela candidatura de uma das maiores inteligências contemporâneas, um talento mundial, cujo nome basta para lembrar aos países uma série de atos admiráveis. O Brasil mesmo, de homens assim respeitados mundialmente, talvez só tenha um outro. Que pensar da opinião política desse povo? Uma das maiores aclamações que eu tenho visto foi a feita ao candidato civil.

Mas felizmente meti–me nessa multidão de barulho diário. E só tirei uma certeza: a aversão ao militarismo pelas próprias causas de internacionalismo do povo e do impatriotismo generalizado. Quanto aos resultados da campanha, o governo no dia suprimiu as eleições, fechando os colégios e o povo veio para a rua ver um jornal contra as suas opiniões içar um boneco com um número fantástico de votos.

Nem uma pedra, nem um gesto violento, desses que a menor manifestação política sacodem Paris, Londres ou mesmo a inenarrável corrupção de Nova York! No dia seguinte em vez da Comuna de que se falava—um frio glacial, um frio que eu ia escrever comercial.

Não era possível outra coisa? A antipatia à candidatura continuava, mas ao medo da ameaça do militar sucedia o receio do fato. Não podia haver patriotismo, noções de pátria, quando os interesses econômicos dominavam. E não haverá um "sentimento geral de patriotismo" enquanto a fusão imigratória não se der, criando um tipo perfeito que esteja na sua casa cuidando dos interesses dessa casa para o seu próprio interesse.

São possíveis e até comuns os rompantes, que em certo tempo formaram, segundo me dizem, até uma corrente denominada jacobina. Mas o "sentimento geral", esse falha. Diante das manifestações artísticas, as classes cultas querem o estrangeiro. Mas diante de outras

just have another of such man respected by the whole world. What to think of the political opinion of these people? One of the greatest cheering I've seen was addressed to the civilian candidate.

"But fortunately I got into this multitude of daily uproar. And I got only one certainty: the aversion to militarism because of the very causes of internationalism of the people and the widespread antipatriotism. As for the results of the campaign, that day the government suppressed the elections, closing the high schools, and the people came out into the street to see a newspaper that opposed their opinions raising a puppet with a fantastic number of votes.

"Not a stone, not a violent gesture, one of those that the smallest political manifestation shakes Paris, London or even the unspeakable corruption of New York! The next day, instead of the Commune which was spoken of—a glacial cold, such a cold that I would write advertisements about it.

"Wasn't something else possible? The dislike for the candidacy persisted, but the fear of the military threat was followed by the dread of that happening. There could be no patriotism, notions of a homeland, when economic interests dominated. And there won't be a 'general feeling of patriotism' while migratory fusion doesn't happen, creating a perfect type who is in his home taking care of the interests of his home for his own interest.

"The outbursts are possible and even common, that at a certain point they even constituted, I've been told, a political current called Jacobin. But the 'general feeling,' this fails. Faced with artistic manifestations, the educated classes want the foreign. But faced with other facets of life, from the basic needs to entertainment and carnal pleasure, the impulse is toward the foreign.

"In the developed countries what they want is for the foreigner to spend. In Rio the people want him to gain something, and give him all the privileges, all that he desires.

"Had they not been patriots—that is, simple men connected to their countries—they would inevitably occupy public offices. I went to several theaters. They were filled with foreigners. I questioned many

faces da vida, desde o gênero de primeira necessidade ao divertimento e ao prazer carnal, o ímpeto é para o estrangeiro.

Nos países feitos quer–se o estrangeiro para gastar. No Rio o povo deseja–o para ganhar, e dá–lhe logo todas as regalias, tudo quanto ele deseja.

Não fossem eles patriotas—isto é, homens simples ligados aos seus países—ocupariam fatalmente cargos públicos. Fui a vários teatros. Estavam cheios os estrangeiros. Interroguei vários negociantes—e o comércio começa a se tornar um dos mais adiantados do mundo quando já era um dos mais fortes—um negociante confessou–me:

— Vendo produto nacional, mas com a marca estrangeira. É preciso, para vender...

E o fenômeno claro não é percebido: a sugestão do imigrante que naturalmente, sem querer, zela pelos interesses econômicos do seu país, conservando os seus gostos e impondo–os ao nativo.

O estômago e a língua são sempre bases seguríssimas de observação. Pois bem. Em cem estrangeiros domiciliados no Rio talvez nem dez tolerem uma certa coisa chamada carne seca, prato nacional. Em cem brasileiros não haverá um que não goste de pratos espanhóis, italianos, portugueses, alemães. Há estrangeiros que passam uma existência sem falar o português. O brasileiro é verdadeiramente espantoso para falar línguas estrangeiras. Encontrei negros nos "schisphands" do cais falando inglês, e o inglês é, segundo me parece, a menor colônia do Rio. A menor colônia não. A menor é a francesa. Mas o francês toda gente fala. É a língua diplomática, a língua de quem recebe...

Assim, eu tive do povo do Rio uma impressão de uma confusão de elementos em caminho de cristalização. Do carioca antigo quase nada resta. O tipo de hoje é o perdulário sem fortuna, conservador, melancólico, achando tudo mal na sua terra, posto que vá ao inferno para que digam bem dela, sensual com um manto de hipocrisia colonial,

businessmen—and the market has started to become one of the most advanced in the world even when it was already one of the strongest—a businessman confessed to me:

'I sell national products, but with the foreign trademark. It's necessary, in order to sell…'

"And the clear phenomenon isn't noticed: the suggestion of the immigrant who naturally, unintentionally, ensures the economic interests of his country, keeping his likings and imposing them on the native.

"Stomach and language are always very safe bases of observation. Fair enough. Within a hundred foreigners domiciled in Rio, maybe not even ten tolerate a certain thing called jerky, a national dish. Among a hundred Brazilians there won't be one who doesn't like Spanish, Italian, Portuguese, or German dishes. There are foreigners who spend an existence without speaking Portuguese. The Brazilian is truly amazing at speaking foreign languages. I found black deckhands on the docks speaking English, and the English are, it seems to me, the smallest colony of Rio. Not the smallest colony. The smallest is the French. But everyone speaks French. It's the diplomatic language, the language of those who welcome…

"Thus, of the people of Rio, I had an impression of a disarray of elements on their way to crystallization. Almost nothing remains of the old *Carioca*.[6] Today's type is the spendthrift without wealth; conservative; melancholic; thinking everything is wrong in their land, since you have go to hell so they can say something good about it; sensual with a mantle of colonial hypocrisy which grows increasingly tapered, replacing the views that they should have for a debauchery that goes from the mischievous catcalls to the skeptical smile; extremely condescending, 'unconcerned and commercial.' And I put together these words, which contradict each other, to explain the exaggeration of the horse–trading in which amoral arrangement often replaces work.

"For a foreigner like me, and French in origin, such people are delightful because it's always good to be in a land where one is more at

6. Someone, or something, from the city of Rio de Janeiro. It's a mid–19th century Brazilian word derived from the Tupi (language spoken in Brazil by the Tupi Indians) word "kari'oka," meaning "house of the white man."

que cada vez se adelgaça mais, substituindo as opiniões que devia ter por um deboche que vai da vaia garota ao sorriso cético, condescendente em extremo "despreocupado e comercial". E junto essas palavras que se contradizem para explicar o exagero das negociatas em que o arranjo amoral substitui muitas vezes o trabalho.

Para o estrangeiro como eu, e francês de origem, é delicioso tal povo, porque é sempre bom estar numa terra onde se está mais à vontade do que na própria. Há uma verdade confidencial nas entrelinhas dos artigos de vazio louvor. É essa.

Eu abstive–me, porém, do louvor vazio. Assistia a uma agregação de elementos para uma força tão radiosa, que dominará o mundo. Nunca senti, nunca palpei tanto vigor. E essa agregação de futuro povo faz–se na base de uma grande e indestrutível esperança. É o momento, o momento inolvidável, o momento da definitiva transformação.

Mas têm todos o maravilhamento da própria obra?

— Certo.

Isso é dos povos crianças e dos povos decadentes. Os extremos tocam–se, e são crepúsculos ou da aurora e ou do ocaso. No meu caso é a ingenuidade do gigante menino que suspendeu uma montanha, e depois, admirado de o ter feito, exige o pasmo universal. Outrora dizem, que o estrangeiro só falava da natureza. Da natureza livre, selvagem e gloriosamente feroz. Era de certo porque mais não havia. Os argentinos levavam à impertinência essa amabilidade:

— Oh! la naturaleza!...

Os cariocas, enraivados, quase não mostravam ao estrangeiro a natureza, o Corcovado, o Pão de Açúcar, a Tijuca, as ilhas, a baia de Guanabara. Desde que, porém, o gigante acordou com as súbitas transformações materiais, o frenesi de ser admirado, passou a desejar o louvor pelo assombro da luz eléctrica, das avenidas, dos cais, de coisas que o europeu deve conhecer bem.

ease than in one's own. There is a confidential truth between the lines of the articles of empty praise. It's that.

"I abstained, however, from the empty praise. I was witnessing the aggregation of elements into a force so beaming that it will dominate the world. I've never felt, never sensed such vigor. And this aggregation of future people is made on the basis of a large and indestructible hope. It's the moment, the unforgettable moment, the moment of the definitive transformation.

"But do they all have a fascination for their own work?

'Right."

"That's for the infantile peoples and decadent peoples. Extremes meet and are the twilight of either dawn or sunset. In my case it's the ingenuity of the giant boy, who lifted a mountain, and then, astonished to have done it, requires universal astonishment. They say that in the past, foreigners only spoke of nature. Of free nature, wild and gloriously fierce. That was right because there wasn't much more than that. The Argentines made impertinence of this kindness:

'Oh! *La naturaleza*!'

The *Cariocas*, enraged, hardly showed nature to the foreigners—the Corcovado,[7] Sugar Loaf,[8] Tijuca,[9] the islands, Guanabara Bay.[10] However, since the giant[11] was awakened by the sudden material changes, the frenzy of being admired, he began to desire the praise for the wonder of electricity, avenues, docks, things that the Europeans must know well.

---

7. A landmark hunchback-shaped mountain in Rio de Janeiro.

8. Sugar Loaf Mountain, a peak in the city of Rio de Janeiro.

9. The Tijuca Forest, or Parque Nacional da Tijuca, the largest urban forest in the world (120 square kilometers), is what was left of the Atlantic rainforest which once surrounded Rio de Janeiro.

10. An inlet of the Atlantic Ocean on the southeast coast of Brazil. The city of Rio de Janeiro is on its southwest shore.

11. An allusion to the notion of Brazil as a giant (from the national hymn; gigante pela própria natureza, "giant by nature"), for its size and natural resources, and its promise of becoming a future world power once this sleeping giant is awakened from its eternal sleeping condition (also according to the hymn): *Deitado eternamente em berço esplêndido* (Eternally lying on a splendid cradle).

Dois meses depois de estar no Rio ainda não conhecia uma celebre pedra, que muito aparece em cartões postais e denominam Pedra de Itapuca. Nessa pedra de Itapuca de certo habitou algum mágico, índio, para que a fotografem, porque é de uma banalidade mórbida. Pedi, entretanto, a um jornalista para lá irmos.

— Vamos antes ver o cais.

— Mas a Pedra?

— Vamos antes ver a Avenida Beira–Mar.

Parecia ter medo que eu insistisse. Ao demais, eles têm a convicção realmente deliciosa de menineira, convicção de que são os primeiros do mundo, os maiores do mundo em tudo quanto começam a fazer ou mandam fazer. É uma feição bem americana do seu modo de ser, e já um começo de cristalização do futuro e definitivo tipo.

— Já viu a nossa Avenida Beira–Mar?

— Já.

— É a maior do mundo, pois não?

E outro logo:

— Dizem que mais bonita que a de Nice...

Creio que essa opinião tem o povo a respeito também da Avenida Central e das outras avenidas.

Mas a esse apego ao solo e à obra material tão acentuado no carioca corresponde o eterno desprezo pelo trabalho nacional e a maior irreverência pelos homens de mérito do seu país desde os políticos aos artistas. Os jornais que se vendem mais são os jornais que descompõem toda a gente. Não se pede a quem descompõe qualquer qualidade que o imponha. Basta descompor. Parece, aliás, que esse processo generalizado já não faz mal. Os políticos são todos ladrões, descarados, sem vergonhas desde o primeiro magistrado ao delegado de polícia. Quando deixam os cargos viram honestos aos olhos do povo e não raro dizem dos que os insultavam na véspera a mesmíssima coisa,

"After being in Rio for two months, I still didn't know a famous rock which often appears on postcards and is called Itapuca Rock.[12] A certain magician or Indian might have dwelt on this Itapuca Rock for it to be photographed, because it is of a morbid banality. However, I asked a journalist that we go there.

'Let's see the docks instead.'

"But the Rock?"

'Let's see Avenida Beira Mar[13] first.'

He seemed afraid I'd insist. Moreover, they have the really delightful infantile conviction, the conviction that they are the first in the world, the world's largest in everything they begin to build or order to be built. It's a very American feature of their way of being, and a start of the crystallization of the future and definitive type.

'Have you seen our Avenida Beira Mar?'

"Yes."

"It is the world's largest, isn't it?"

And someone else:

"They say it's prettier than the one in Nice..."

"I believe that the people also have this opinion about Avenida Central and other avenues.But in the *Carioca* this attachment to the land and to material works corresponds to the eternal contempt for national works and greater irreverence for the men of merit of their country, from politicians to artists. The newspapers which sell the most are the ones that scold everyone. The ones who scold are not asked to back themselves up with any qualification. Scolding is enough. It seems, actually, that this widespread process no longer hurts. The politicians are all thieves, bold, shameless, from the first magistrate to the police chief. When they leave their positions they become honest in the eyes of the people and not rarely say the very same thing about the ones who

12. Itapuca Rock is a natural monument located between the beaches of Icaraí and Flechas (in Niterói, a municipality of Rio de Janeiro, across Guanabara Bay). It gets its indigenous designation Itapuca (pierced stone) for having had, in its original form, a natural tunnel.

13. One the great symbols of modernization, it was inaugurated in 1906, connecting the neighborhood of Botafogo to Avenida Rio Branco (then Avenida Central). Its architect was Mário Roxo (1872–1937).

porque o povo é oposicionista. Oposicionista curioso pois, como todo o aglomerado rápido de raças diversas num terreno onde é fácil enriquecer, em matéria de negócios há uma condescendência de costumes mais ou menos californesca. O cavalheiro chamado de gatuno de fortunas, está certo de que a sua cotação sobe. E os seus títulos subiriam na praça, tal a convicção unânime do fato.

Mas é preciso dizer, é regalo para o povo clamar:

— A que estado chegamos! É o cúmulo da miséria moral. Súcia de ladrões que nos governam! Ah o suor do povo!

E esses excessos de linguagem são calmos, nas confeitarias, nos botequins. Entre os remediados corresponde a uma secreta pergunta:

— E se também arranjasse alguma coisa?

Entre operários, nas classes ínfimas, não corresponde nunca à ideia de rancor socialista. O que daria uma discurseira socialista em França não é motivo para zanga real entre os operários de diversas raças do Rio. Será que o socialismo não tenha raízes num país em que os canteiros ganham 15$ por dia? Será que o não compreendam? Será por não acharem de facto, verdade no que dizem? Talvez por isso. Ninguém pode de longe pensar que esses administradores patriotas e cheios de vaidade de fazer grandes obras, se comprometam em roubalheiras ao atirar o país na senda do progresso com uma velocidade de 120 quilômetros por hora. Não havendo convicções políticas, sendo o povo de ganhadores trocistas, capazes de denominar os negócios agricolamente de cavação e de qualificar o fato de receber dinheiro com a ajuda do verbo comer, a hostilidade é apenas de palavras. Pode–se caçoar, pode–se comer. Ninguém se afunda. Ou, se cai, é para ressurgir dentro em pouco com redobrado vigor.

— É apenas o esporte da difamação, dizia–me um senhor grave. Entretemo–nos com isso como com o *cricket*, o *lawn–tennis*, o *foot–ball*. A honra alheia é a bola. E, no fundo, amamos a bola.

insulted them the day before, because the people are oppositionists. Curious oppositionists because, in matters of business, as in any fast agglomerate of different races in a land where it's easy to get rich, there is a more or less Californian condescension of customs. The gentleman who's been called a thief of fortunes is assured that his ratings will rise. And his shares would soar in the market; such is the unanimous conviction on the fact.

But it must be said, it's a pleasure for the people to cry out:

"What have we come to! It's the height of moral misery. Band of thieves who govern us! Ah! The sweat of the people!'

And these excesses of the language are calm, in the patisseries, in the taverns. Among the better–offs it corresponds to a secret question:

"'And if I also wangled something?'

Among the workers in the lowest classes, that doesn't correspond to the idea of Socialist grudge. What in France would become socialist verbiage is no reason for real disagreement among the workers of various backgrounds in Rio. Is it possible that Socialism hasn't set its roots in a country where the stonemasons earn 15$000[14] per day? Don't they understand it? Is it because they don't deem what it says to be true? Maybe so. No one can can even think that these patriot administrators, full of vanity for doing great works, undertake shady dealings when they throw the country into the path of progress at 120 kilometers per hour. With no political convictions, with the people being made of sneering moneygrubbers, cunning enough to agriculturally name their business as "digging," and to label the receiving of money with the help of the verb *to eat*. The hostility is just in the words. You can scoff, you can *eat*. No one goes down. Or, if they do, it's to resurface in a little while with renewed vigor.

"'It's just the sport of defamation,' a serious gentleman told me. 'We entertain ourselves with this as we do with cricket, tennis, or football. Other people's honor is the ball. And, deep down, we love the ball.'

---

14. Fifteen thousand *réis* (plural of *real*), Brazilian currency of the period. One *conto de réis* was equivalent to 1,000.000 *réis*. Measured against the relative price of gold, one *conto de réis* would be equivalent to approximately USD 35,000 (December 2016).

Essa insolência estupenda com que se trata o homem de governo, insolência muito diversa da blague irreverente de Montmartre, é também uma liberdade a mais na imensa igualdade democrática. Ah! nunca vi, nunca absolutamente vi uma tal ausência de respeito de classe. Há gente que fala na Suíça. É porque nunca estiveram no Rio! É a cidade da intimidade generalizada, dos íntimos desconhecidos. Conhece-se o recém-chegado pela sua maneira respeitosa. Notando isso, disse-me alguém.

— Aqui a divisa é: tão bom como tão bom. Diante da autoridade: Não pode! Em frente ao mundo: sabe com quem está falando? De modo que todos são importantes, sem de longe pensar que há diferenças.

E, de fato, não há. Os caixeiros de botequim, os criados de restaurante, tratam com insolência, quando não são familiares com os fregueses. A maneira mais comum de mostrar deferência, de engrossar como aqui se diz, é dar um abraço. Os carregadores falam de boina à cabeça e os contínuos e os porteiros respondem sentados. Não há da parte dos maltrapilhos o menor receio de varar a turba e ladear um sujeito de posição. A sensibilidade ofendida é mesmo muito maior por parte da gentalha.

Um sujeito sem imputabilidade fica ofendido porque o trataram mal mais rapidamente que o homem importante:

— O senhor não me cumprimentou ontem.

— Não vi.

— É, não viu, os pobres são desprezados.. Mas tenho visto castelos mais altos caírem...

Castelos mais altos... Sabem o que é isso? É a ameaça vaga do Destino adverso, é o terror da praga, é como o fio que liga invisível o movimento tempestuoso da turba. Ah! a crendice, o fetichismo, esse fatalismo assustado do povo! Há muitas religiões, há mesmo um ressurgimento da fé católica entre várias religiões intelectuais, mas o

This stupendous insolence with which the government man is treated—a very different insolence from the irreverent *blague*[15] of Montmartre—is also another freedom within the immense democratic equality. Ah! I've never seen, I've absolutely never seen such a lack of respect for class. There are people who talk about Switzerland. It's because they've never been to Rio! It's the city of general intimacy, of intimate strangers. You get to recognize the newcomer for his respectful manners. Noting this, somebody told me:

'Here the motto is: *as good as so good.* In the face of authority: *You cannot!* In front of the world: *do you know who you're talking to?* So that everyone is important, not even remotely thinking that there are differences.

And indeed, there aren't. The tavern cashiers, the restaurant staff, are insolent when they are not familiar to the customers. The most common way of showing deference, of *cajoling* as they say here, is to give a hug. The porters speak with their hats on, and porters and doormen answer sitting. A person in rags has no fear of going through the crowd and walk side–by–side with an individual of position. The offended sensibility is actually much higher amongst the riffraff.

A person of no accountability gets offended because he was treated badly faster than the important man:

"You didn't greet me yesterday, sir."

"I didn't see you."

"Yes, you didn't see me, the poor are despised... But I have seen taller castles collapse..."

Taller castles... Do you know what this is? It's the vague threat of the adverse Fate, it's the horror of the curse, it's like the invisible thread that connects the stormy movement of the mob. Ah! Superstition, fetishism, this frightened fatalism of the people! There are many religions; there is indeed a revival of the Catholic faith among several intellectual religions, but the terror of the lower beliefs dominates, superstitions tiesevery creature down. It can be said that one religion is widespread: the fear of Fate. The city has more than three hundred fortune tellers and

15. French for "joke."

terror das crenças inferiores domina, a crendice amarra cada criatura. Pode–se dizer que uma religião é geral: o medo ao Destino. A cidade tem mais de trezentas cartomantes e outro tanto de videntes, archontes, espíritas que se encarregam de ler o futuro, de fazer receitas e rezas e mandingas e feitiços. As casas estão sempre cheias. A praga assusta, o mau olhado aterroriza, a sorte, o azar dominam.

E podia ser de outro modo? A imigração portuguesa vem na quase totalidade das províncias do norte, onde é desenvolvido mais do que em nenhum outro ponto de Portugal o que se chama o terror das velhas bruxas. A imigração italiana tem todo esse paganismo crente de figas e jetaturas. Os pretos importados da África infiltraram nas gerações a miséria das suas práticas. Junte–se a isso o estado de alma inquieta de cada tipo, a ambição de fazer fortuna, de ganhar muito depressa. Um homem nessa tensão de espírito é o terreno próprio para todas as crenças do Azar...

— Fui a uma cartomante que assegurou a realização de nosso negócio.

— Mas você acredita em cartomantes?

— Pelo menos dá–me esperanças, dá–me forças.

— E se ela dissesse o contrário?

— Eu tentava, a ver se é mesmo verdade...

Um pouco chocado com a intimidade geral, o "você" e o "tu" de desconhecidos de ontem, o ar dos criados cheios de importância, a verdadeira insolência com que as classes baixas passeiam, a competência que qualquer indivíduo se arroga para discutir os mais variados assuntos, o ar "je sais tout" que é fatal encontrar no barbeiro, no taberneiro, no sujeito pernóstico empregado de repartição, capoeira eleitoral ou copeiro, no tilbureiro, no carregador, no hoteleiro, no menino do comércio, no garoto descalço, nas damas, nos homens, essa convicção "Larousse"—fica–se um momento irritado. Caramba! É

as many seers, archontes,[16] spiritists who are responsible for telling the future, who prepare recipes and prayers and spells and witchcrafts. The houses are always full. The curse scares, evil eye terrifies, luck—bad luck—dominates.

And could it be otherwise? The Portuguese immigration comes almost totally from the Northern provinces, where the so–called terror of the old witches is more developed than in any other part of Portugal. The Italian immigration has all this Christian paganism, believing in *figas*[17] and *jettarutas*.[18] The Blacks imported from Africa seeped into generations with the wretchedness of their practices. Blend this into the restless state of mind of each individual, the ambition to make a fortune, to make money very quickly. A man with this spiritual tension is the perfect ground for all Hoodoo beliefs...

"I went to a fortune teller who assured me that our deal would work out."

"But do you believe in fortune tellers?"

""At least she gives me hope, gives me strength."

"And if she said the opposite?"

"I'd try it, to see if it is really true..."

A little shocked at the overall intimacy, the formal "*você*" and the informal "*tu*"[19] from yesterday's strangers, the air of servants full of importance, the true insolence with which the lower classes go about, the competence any individual arrogates to discuss the most varied issues, the air of "*je sais tout*"[20] which is inevitably found in the barber, the innkeeper, the pretentious individual employed at an office, the electoral

16. Plural form of archon in Greek (árkhontes). An archon (placed by God) is a foreign ruler, according to Byzantine historians.

17. Amulet in the shape of a thumb between the first two fingers, used to bring luck as in the English 'fingers crossed.'

18. Italian, *jettatura*, a curse of the evil eye, whereby all that the cursed looks upon will suffer bad luck.

19. Both *você* and *tu* mean "you" in Portuguese but in formal and informal or familiar senses, respectively.

20. French for "I know everything."

ousadia, é topete de mais! Mas logo depois é forçoso sorrir. Basta prestar atenção às discussões—porque em vez de conversar mais comumente se discute. As discussões terminam sempre por frases cortantes:

— Você não entende nada disso.

— E é você que entende? Ora não seja besta.

— Besta é você...

Realmente nem um nem outro são bestas. Realmente nem um nem outro conhecem o assunto que discutem: o vendeiro que fala de literatura, o estudante que dá opiniões musicais, o bombeiro que é positivista depois de assistir a umas conferências do Sr. Teixeira Mendes, o ator com decretos políticos. Mas esse ar de igualdade, esse mascarar de ignorância com o aspecto do "je sais tout", esse tom trepidante, os ímpetos do progresso por acessos febris—tudo isso é a ousadia, a divina ousadia da mocidade que na Europa perdemos. Falta método, uma anarquia colossal dá a impressão de pandemônio. Mas é a formação, e a formação com uma força de inteligência instintiva. Verdadeiramente inédita. É possível dizer:

— Que pessoal pernóstico!

Mas é justo assegurar:

— É uma das cidades inteligentes, das mais inteligentes.

Porque a inteligência de uma cidade é um dom que se avalia pelo seu interesse em querer saber. Só uma cidade aparece intelectual no mundo: é Roma.

Certo, não é possível esconder a muito forte simpatia que os caracteres principais do povo carioca me causaram. Não sei se seria pretensioso lembrando o prefácio de La Bruyère:

"Je rends au public ce qu'il m'a prêté, j'ai emprunté de lui la matière de cet ouvrage, il est juste que, l'ayant achevé avec toute l'attention pour la vérité dont je suis capable et qu'il mérite de moi, je lui en fasse la

capoeira[21] or the cupbearer, in the coachman, the porter, the hotelier, the office boy, the barefoot boy, the ladies, the men, this "Larousse" conviction is irritating. Damn it! It's daring, it's very impertinent! But then you have to laugh. You just have to pay attention to the arguments—because instead of talking, most people commonly argue. The arguments always end in biting phrases:

"You don't understand any of it."

"And you're the one who understands it? Now don't be a fool."

"You're the fool..."

Actually neither of them is a fool. Neither of them actually knows the issue they're discussing: the innkeeper who speaks of literature, the student who gives musical opinions, the firefighter who is a Positivist after attending one of Mr. Teixeira Mendes's[22] conferences, the actor with political decrees. But this air of equality, this masking of ignorance with the appearance of "*je sais tout,*" this faltering tone, the impulses of progress via feverish outburst—all this is the audacity, the divine audacity of youth we've lost in Europe. It lacks method. A colossal anarchy gives the impression of pandemonium. But it's the generation, with the strength of instinctive intelligence. Truly unprecedented. It's possible to say:

"'What pedantic people!'

But it's fair to assure:

"It's one of the smart cities, one of the smartest."

Because the intelligence of a city is a gift evaluated through its interest in wanting to know. Only one city in the world seems intellectual: it's Rome.

21. People who worked as both canvassers and capangas (henchmen), using Capoeira (a Brazilian type of martial art) during the physical struggles between political adversaries.

22. Raimundo Teixeira Mendes (1855–1927) was a Brazilian philosopher and mathematician, credited with the national motto, "Order and Progress," as well as the national flag where it appears.

restitution. Il peut regarder avec loisir ce portrait que j'ai fait de lui d'après nature, et, s'il se connait quelques–uns des défauts que je touche, s'en corriger."

Arrisco, entretanto a pretensão. Mesmo porque todos de cá, com raras exceções, são temivelmente pretensiosos, no bom sentido em geral. Apenas, se me perguntarem: "E o lado estético? É bonito o povo? A impressão?," eu direi com tristeza:

— Não. A impressão geral do povo é feia. Vi multidões e multidões de noite e de dia em manifestações políticas. É um povo misturado que se ressente da falta de exercícios físicos e do excesso de pince–nez. Em geral os homens vestem sem gosto, são curvados, pálidos. O brasileiro é mesmo magro, seco. Nas grandes massas, as caras suarentas em que os brancos são acentuados por caras pretas e amarelas, em que se vê uma quantidade de pés nus, de homens em tamancos ou em chinelas—não é agradável.

Mas ainda aí o momento é transformador, porque os exercícios físicos preocupam, os pince–nez diminuem, e até já se fala em obrigar os homens a andarem calçados contra a liberdade do "não pode!" geral.

E eu que pretendia partir dois dias depois de chegar, trato o gerente de "você", o criado de "tu", já abraço vários íntimos quase desconhecidos, acompanho um francês meu cicerone a uma secretaria onde tem um negócio muito complicado de usinas metalúrgicas para a utilização do ferro...

É a pátria jovem. Compreendo o calor. Não é de sol. É da multidão aquecida pelo torvelinho da vida intensa que vai produzir um grande país.

Ainda neste momento leio que um navio acabado de construir é o maior do mundo.

Sure, I cannot hide the very strong sympathy that the main characteristics of the *Carioca* people have caused me. I don't know if it would be pretentious to rmember the preface of La Bruyère:[23]

"Je rends au public ce qu'il m'a prêté; j'ai emprunté de lui la matière de cet ouvrage: il est juste que, l'ayant achevé avec toute l'attention pour la vérité dont je suis capable, et qu'il mérite de moi, je lui en fasse la restitution. Il peut regarder avec loisir ce portrait que j'ai fait de lui d'après nature, et s'il se connaît quelques–uns des défauts que je touche, s'en corriger"[24]

I risk pretension, though. Since everyone here is, with rare exceptions, fearfully pretentious, generally in a good way. Only, if you ask me: 'And the aesthetic side? Are the people beautiful? What's the impression?' I'll sadly say:

"No. The general impression of the people is ugly. I've seen crowds and crowds in political demonstrations night and day. They're a blended people who suffer from lack of physical exercise and excess of pince–nez. Men generally dress tastelessly, they have curved, pale bodies. The Brazilian is very thin, scrawny. In large masses, among sweaty faces, where white faces are stressed by black and yellow faces, where you see a quantity of bare feet, of men wearing clogs or sandals—is not pleasant.

But even then the moment is transformative because physical exercise preoccupies, the pince–nez are declining, and there is even talk of obliging men to go around shoed against the freedom of the general "You cannot!"

And I, who wanted to leave two days after arriving, address the manager as *'você'* and the servant as "*tu*." I already hug many close, almost unknown people. I follow a French cicerone of mine to a secretariat

23. Jean de La Bruyère (1645–1696), French moralist and satirical writer, best known for *Les Caractères de Theophraste Traduits du Grec, avec les Caractères ou les Moeurs de ce Siècle* [*The Characters of Theophrastus Translated from Greek, with Characters or the Manners of this Century*] (1688), considered one of the masterpieces of French literature.

24. As in the preface of *The Characters* by Jean de La Bruyère: "I now give back to it what it lent me; it is but right that having finished the whole work throughout with the utmost regard to truth I am capable of, and which it deserves from me, I should make restitution of it. The world may view at leisure its picture drawn from life, and may correct any of the faults I have touched upon, if conscious of them."

Pretensão? Não! Eles talvez não saibam que não é. Juventude! Juventude apenas, a glória da mocidade!

E o estrangeiro, a sorrir, concluiu:

— O grande momento em que se forma um povo!

where he has a very complicated business of metallurgical mills for the use of iron...

It's the young homeland. I understand the heat. It's not the sun. It's the crowd warmed by the whirlwind of the intense life which will produce a great country.

Right at this moment I read that a ship just finished is the largest in the world.

Pretension? No! They may not know that it's not. Youth! Just youth, the glory of youth!

And the stranger, smiling, concluded:

"The great moment when a people is formed!"

Original publication: *O Povo e o Momento. Vida Vertiginosa,* Rio de Janeiro: Garnier, 1911, pp.17–32.

O Amigo dos Estrangeiros

— Permite que o apresente?...

— Oh! por quem é!

— O Sr. Cicrano, um dos nossos homens mais apreciáveis. Estes cavalheiros e estas damas já devem ser seus conhecidos.

— Sim, talvez...

— Não há dúvida alguma. São mesmo. O capitão japonês Iro Kojú, a conferente finlandesa Hips Heps, o jovem pachá turco Muezim, el señor Gorostiaga nuestro amico del Plata, Mlle Clavein, la charmante virtuose des danses arabes, Miss Gunther, the admirable Miss Gunther...

É na rua. O Sr. Cicrano faz muito atrapalhado um gesto esquivo, de quem não sabe o que há de dizer. O grupinho internacional sacode a cabeça indeciso, com esses sorrisos de dançarina que nada exprimem. O amigo dos estrangeiros, o olho redondo, o gesto redondo, a boca

The Friend of Foreigners

"Allow me an introduction?..."

"Oh! Who is this!"

"Mr. Cicrano,[1] one of our most sensible men. These gentlemen and these ladies must already be your acquaintances.

"Yes maybe...

"There is no doubt at all. They are the same. The Japanese captain Iro Kojú, the Finnish lecturer Hips Heps, the young Turkish pasha Muezim, *el señor Gorostiaga nuestro amico del Plata, Mlle Clavein, la charmante virtuose des danses arabes, Miss Gunther, the admirable Miss Gunther...*

We're in the street. Mr. Cicrano, very fumblingly, makes an elusive gesture, like those who don't know what to say. The international coterie shakes their heads undecidedly, with these inexpressive danc-

1. João do Rio's use of *Fulano, Cicrano, Beltrano,* is the same as John Doe, referring to a random, unnamed person.

redonda, é o único à vontade. Esfrega as mãos, espera um segundo, e liga a conversação:

— Pois sim senhor! A Sra. Hips Heps gostou muito do Corcovado.

— Ah! muito bem.

— It is not, Miss?

— All right, very beautiful...

— E o Sr. Gorostiaga a Beira Mar...

— Es verdad. Me quede estático, señor!

— Ah! muito obrigado.

O amigo dos estrangeiros estala uma gargalhada feliz.

— Ah! senhor Cicrano, estou convencido que a nossa capital é uma das primeiras do mundo!

— Sin duda! exclama Gorostiaga.

— Mais naturellement... sorri a virtuose das danças árabes.

O amigo dos estrangeiros ainda está uns segundos. Depois dá o sinal da partida. O Sr. Cicrano, aliviado, aperta aquelas mãos que nunca mais apertará e já não sabem por quem são apertadas. Passos adiante, o amigo dos estrangeiros descobre Beltrano, outro amigo:

— Esperem que lhes vou apresentar Beltrano. Querem?

— ... prazer ! diz em massa e entre dentes o bloco dos *touristes*.

— Ainda temos tempo. Falta meia hora só para tomar o vapor e eu consegui duas lanchas com o inspetor da polícia marítima, a quem pretendo apresentá–los.

E inclemente, o amigo dos estrangeiros segura Beltrano pela aba do casaco.

Quem é esse curioso homem amável? Porque uma tal teimosia recreativa? É inútil indagar. O amigo dos estrangeiros representa um ponto de interferência entre a velha cidade patriarcal e hospitaleira e a nova cidade vertiginosa. Ele pode julgar–se como qualquer de nós um simples cavalheiro gentil, um pouco gentil de mais. Nós não poderemos ter essa modéstia de classificação. O amigo dos estrangeiros é uma

er's smiles. The friend of foreigners—round eye, round gesture, round mouth—is the only one at ease. He rubs his hands, waits a second, and connects the conversation:

"Well yes, Sir! Mrs. Hips Heps liked the Corcovado very much."

"Ah! Very well."

"*It is not, Miss?*"

"*All right, very beautiful...*"

"And Mr. Gorostiaga liked Avenida Beira Mar[2]..."

"*Es verdad. Me quede estático, señor!*"

"Ah! Thank you so much."

The friend of foreigners cackles a happy laugh.

"Ah! Mr. Cicrano, I am convinced that our capital is one of the tops in the world!"

"*Sin duda*!" exclaims Gorostiaga.

"*Mais naturellement...*" smiles the virtuoso of the Arabic dances.

The friend of foreigners still waits a few seconds. Then he gives a sign of departing. Mr. Cicrano, relieved, shakes those hands he'll never shake again and which no longer know whom they were shaken by. Some steps ahead, the friend of foreigners finds Beltrano, another friend:

"Wait, I will introduce you to Beltrano. Do you want to?"

"... pleasure!" The block of tourists say, en masse and between their teeth.

"We still have time. It's only half an hour until we take the steamboat, and I managed to get two motorboats from the Maritime Police Inspector, to whom I intend to introduce you."

And, inclemently, the friend of foreigners holds Beltrano by his jacket collar.

Who is this curious kind man? Why such amusing stubbornness? It's useless to inquire. The friend of foreigners is a point of interference

2. One of the great symbols of modernization, the Avenida Beira Mar was inaugurated in 1906, connecting the neighborhood of Botafogo to Avenida Rio Branco (then Avenida Central). Its architect was Mário Roxo (1872–1937).

figura social, criada num certo momento pelo Destino em pessoa. Ele só, sozinho, resume o acolhimento das cidades novas desejosas de serem gabadas pelos representantes das antigas civilizações: ele só exprime e condensa uma semana oficial; ele só explica aquele comentário do ironista francês após uma visita a América:

— *Ils sont charmants, mais qu'ils sont assommants!*

O amigo dos estrangeiros parece não viver como os mais, parece não ter afazeres, preocupações, necessidades, além do afazer, da preocupação, da necessidade de encontrar estrangeiros e de enchê–los de gentilezas. Também é prodigioso, é incomparável. O seu faro policial, o seu instinto Sherlockeano não poderão ter jamais rival. Numa cidade em que o brasileiro é apenas grande colônia, num porto demais visitado por centenas de navios de todas as procedências, ele sabe descobrir o estrangeiro recém–chegado, sabe apanhar o estrangeiro com cartão de visita, sabe encontrar nos hotéis, nas ruas, em outros lugares a vítima peregrina. Os estrangeiros hão de dizer:

— Mas que homem amável! E como ele conhece gente!

O amigo dos estrangeiros encontrou–os, trocou bilhetes de visita, pediu informações e apresenta–os sem mais perguntas a quantos topa.

Os nacionais, que com ele têm pouca intimidade e só o conhecem através daquelas imperativas apresentações, tiram–lhe o chapéu com imenso respeito.

— Diabo! um sujeito que conhece o mundo inteiro...

Ele entretanto é uma flor, obrando por bondade, agindo por instinto. Um poder superior exige do seu bom coração aquele esforço gratuito e mesmo dispendioso—porque para ser hospitaleiro às direitas o amigo dos estrangeiros paga jantares, paga almoços, paga ceias, paga automóveis. Há quem sorria da sua missão—os frívolos. Os observadores admiram–no. Uma conversa de meia hora com tão importante figura internacional dá bem a medida do progresso do Brasil, da corrente de curiosidade que pelo nosso país se faz no mundo. Nunca o encontramos

between the old hospitable patriarchal city and the new vertiginous city. He might think of himself just like any of us, a simple kind gentleman, a little bit too kind. We cannot have this modesty of classification. The friend of foreigners is a social figure, created in person at some point by Fate. He, single–handedly, alone, sums up the hospitality of new cities desirous of being vaunted by the representatives of the ancient civilizations; he alone expresses and condenses an official week; he alone explains the remark of the French ironist after a visit to America:

"*Ils sont charmants, mais qu'ils sont assommants!*"[3]

The friend of foreigners doesn't seem to live like most people. He seems to have no work to do, no concerns, no needs beyond the chore, the concern, the need to find the foreigners and surround them with favors. He's also prodigious, unparalleled. His detective flair, his Sherlockian instinct may not ever have rivalry. In a city where the Brazilian makes up just a large colony, in a port well–visited by hundreds of ships from all provenances, he knows how to find the foreign newcomer. He knows how to catch the foreigner with a business card. He knows how to find the pilgrim victim in hotels, on the streets, in other places. Foreigners will say:

"What a kind man! And how many people he knows!"

The friend of foreigners found them, exchanged business cards, asked for information and, with no questions asked, introduces them to as many people as he comes across.

The nationals, who have little intimacy with him, and only know him through those compelling introductions, take their hats off with great respect.

"Hell! A guy who knows everybody..."

However, he is a darling, doing things out of kindness, acting by instinct. A higher power demands that free and even costly effort of his good heart—because to be hospitable the right way, the friend of

3. French for "They are lovely, but they are boring!"

sem um cacho de estrangeiros de nome. São bacharéis de Coimbra, são oficiais de marinha, são filhos de milionários americanos, são doutores das universidades alemãs, são banqueiros russos, estudantes franceses, conferentes de várias nacionalidades, industriais de todas as terras, velhas damas literatas, atrizes com ou sem renome. Não diz bom dia sem despejar dos bolsos alguns estrangeiros, não nos aperta a mão sem nos deixar na companhia de alguma personalidade desejosa de conhecer o nosso país. Essa condição especial deu–lhe uma segurança, uma autoridade verdadeiramente brilhantes. Ele aparece pelos teatros guiando um bando cosmopolita, entra sem dar satisfação ao porteiro e dirige–se ao empresário.

— Trago aqui alguns estrangeiros ilustres que desejam visitar as nossas casas de espetáculo. Já de certo ouviu falar neles. É o célebre nadador P'loureus, campeão do mundo, é o senador da Libéria Gomide, é o chefe zulu Togomú. Meus senhores, o distinto empresário, um dos nossos mais distintos empresários.

O empresário aturdido cumprimenta. O amigo dos estrangeiros põe–lhe a mão no ombro.

— Vai ter a gentiliza de mandar–nos abrir um camarote para mostrar–lhes de como também temos teatro, não é? Os senhores vão ver uma opereta que aqui tem feito muito sucesso.

— Brasileira?

— Não, universal: a Viúva Alegre.

— Olé! muito interessante...

— Conhecem?

— Os nossos empresários são como este, encantadores.

— Não há duvida, dizem as vítimas, monologando internamente: raios o partam!

Mas a hospitalidade é isso, a hospitalidade é uma tradição aborrecidíssima, e o amigo dos estrangeiros é o mais caceteado e sempre a sorrir. Há cinco anos diariamente passeia de automóvel do

foreigners pays for dinners, lunches, suppers, cars. There are those who smile at his mission—the frivolous. The observers admire him. A half–hour conversation with such an important international figure shows the measure of Brazil's progress, of the current curiosity of the world towards our country. We never find him without a bunch of renowned foreigners. They are graduates from Coimbra, Navy officers, offspring of American millionaires, doctors of German universities, Russian bankers, French students, lecturers of various nationalities, industrialists of all lands, old bluestocking ladies, and actresses with or without renown. He doesn't say "good morning" without pouring some foreigners from his pockets; he doesn't shake our hand without letting us in the company of some personality eager to get to know our country. This special status has given him a truly brilliant security and authority. He shows up in the theaters guiding a cosmopolitan bunch. He enters without so much as by–your–leave to the doorman and goes to the manager.

"I bring here some illustrious foreigners who wish to visit our concert halls. You surely have heard of them. It's the celebrated swimmer P'loureus, world champion; the Senator Gomide from Liberia, the Zulu chief Togomú. Dear gentlemen, this is the distinguished businessman, one of our most distinguished businessmen."

The stunned businessman greets them. The friend of foreigners puts his hand on his shoulder.

"You'll be so kind as to have a box opened to show them that we, too, have theaters, won't you? Gentlemen, you'll see an operetta that has been very successful here."

"Brazilian?"

"No, universal: *The Merry Widow*."

"Olé! Very interesting..."

"Do you know it?"

The businessman has no other choice but to have the box opened for them. The foreigners have no remedy other than to listen once again to

Cais do Porto ao recinto da Exposição ouvindo em todas as línguas as mesmas frases de admiração pela beleza da paisagem. Há cinco anos diariamente mostra a Avenida Central e as novas avenidas. Há cinco anos, diariamente leva a teatros e a clubes personalidades de outras terras. São tantos que às vezes confunde.

— O príncipe magyar Za Konnine disse que a Avenida é a mais bela do mundo.

— Seriamente?

— Não sei ao certo se foi o príncipe Za Konnine, se a condessa russa Trepoff, se o bailarino exótico Balduino, se o encarregado de negócios do grão ducado de Baden.

— Grave problema hein?

— Se lhe parece! Mas foi um deles, foi uma pessoa estrangeira notável.

E sorri vagamente inquieto. Quantas complicações não poderão advir daquela falta de segurança!...

O amigo dos estrangeiros está convencido de que presta um alto serviço gratuito à pátria, que é o chefe e único funcionário da repartição de propaganda ainda por fundar. Por isso explica sempre mais ou menos o motivo porque conduz os desembarcados. Se são chilenos aperta os laços fraternais; se americanos do norte, canaliza para nós grandes. O empresário não tem remédio senão mandar abrir o camarote. Os estrangeiros não têm remédio, senão ouvir mais uma vez a valsa fatal que soa aos ouvidos da humanidade, cantada e guinchada há muitíssimos meses. O amigo dos estrangeiros, porém, irradia, tendo conseguido mais uma prova de hospitalidade, sem poupar sacrifícios, e subindo as escadas: capitães; se japoneses, mostra ao gigante do oriente que gigantes somos nós; se ingleses, alemães, franceses completa a obra de missão de expansão econômica realizada na Europa. Nada mais comovente do que vê–lo gozar as palavras de banal gentileza dos que ciceroneia. Os seus olhitos redondos acompanham os menores gestos,

the deadly waltz which tolls in the ears of humanity, sung and squeaked for many, many months. The friend of foreigners, however, radiates, having managed another proof of hospitality, sparing no sacrifice, and going up the stairs:

"Our businessmen are like this one, charming."

"There is no doubt," say the victims, saying to themselves: "For God's sake!"

But this is what hospitality is about. Hospitality is an exasperating tradition, and the friend of foreigners is the most wearisome, always smiling. Every day for five years he has ridden an automobile from the Quayside to the Exhibition grounds, hearing in all languages the same phrases of admiration for the beauty of the landscape. Every day for five years he has shown off the Avenida Central and the new avenues. Every day for five years he has taken personalities from other lands to theaters and clubs. They are so many that sometimes he gets confused.

"The Magyar Prince Za Konnine said that Avenida Central is the most beautiful in the world."

"Seriously?"

"I'm not sure if it was Prince Za Konnine, the Russian countess Trepoff, the exotic *ballerino* Balduino, or the chargé d'affaires of the Grand–Duchy of Baden."

"Serious problem, huh?"

"If you think so! But it was one of them, it was a remarkable foreign person."

And he smiles, vaguely restless. How many complications couldn't arise from that lack of confidence!...

The friend of foreigners is convinced that he provides a free high–quality service to the motherland, that he's the boss and only employee of the advertising division yet to be founded. That's the reason he more or less always explains why he guides the disembarked. If they're Chileans, he's tightening the fraternal bonds; if North Americans, he

surpreendem os mais breves movimentos, indagam com uma perpétua desconfiança logo excessivamente agradecida. À exclamação: como é lindo!—seja em que língua for, sorri, cheio de vaidade:

— Então, que lhes dizia eu?

Parece que os estrangeiros estão a gabar uma coisa sua. Em noventa e nove casos sobre cem os estrangeiros farejam o fácil negócio de ganhar dinheiro apenas com promessas de trabalhos demonstrativos da sua admiração crescente. Crédulo e bom, o amigo dos estrangeiros interessa–se por eles, leva–os aos jornais, aos ministérios, à sociedade.

E diz com convicção:

— Sabe que vamos ter um livro muito sincero a nosso respeito?— De quem?

— Daquele jornalista belga.

— Mas você é criança!

— Criança? Se ele me deu a sua palavra de honra!

O estrangeiro não escreve uma linha. O homem extraordinário conserva–se sorridente e puro, na sua missão superior. Se outros repetem a mesma história, o amigo dos estrangeiros continua a sorrir satisfeito e quando muito faz alusões vagas aos notáveis que por cá andaram sem escrever uma linha.

— O Sr. deve conhecer o Doumer?

— Muito bem, Mr. Doumer.

— Pois andou por cá, disse que ia fazer um livro em dois volumes.

— Não fez?

— E arranjou até—(eu não sei, é segundo dizem!)—uns bons cobres.

Para ele no fundo os estrangeiros são todos parentes e não tem vontade nenhuma de ofendê–los. Até aos argentinos faz amabilidades. Quando perde uma caravana fica cor de terra, perde a fala de raiva.

— Eu bem digo!... Levar os estrangeiros pelo Estácio a Tijuca.— Então?

channels great captains for us; if Japanese, he shows the Eastern giant that we're the giants; if English, German, French, he completes the work of the economic expansion mission carried out in Europe. Nothing more touching than seeing him enjoying the words of banal kindness from those he guides. His little round eyes follow the simplest gestures, become amazed by the slightest movements, inquire with a perpetual distrust that is soon exceedingly grateful. To the exclamation—"How beautiful!"—in whichever language, he smiles, full of pride:

"So, what did I tell you?"

It seems that the foreigners are bragging about something of his. In ninety–nine out of a hundred cases, the foreigners sniff the easy business of making money just by the solemn promise of works which demonstrate their growing admiration. Credulous and good, the friend of foreigners is interested in them. He takes them to the newspapers, to ministries, to society.

And he says with conviction:

"Do you know we're going to have a very honest book about us?"

"From whom?"

"From that Belgian journalist."

"But you're a child!"

"A child? If he has given me his word of honor!"

The foreigner doesn't write a single line. The extraordinary man remains smiling and pure in his top mission. If others repeat the same story, the friend of foreigners continues to smile with satisfaction and at best makes vague allusions to the notable who came around here without writing a line.

"*Sir, you must know Doumer*[4]*?*"

"Very well, Mr. Doumer."

4. Possibly a reference to Joseph Athanase Paul Doumer (1857–1932), 14th President of France, from 1931 until his assassination. He wrote *L'Indochine française* [The French of Indochina] (1903), and *Livre de mes fils* [*Book of My Sons*] (1906).

— Para ver ruas empoeiradas! Essa gente não entende mesmo. Depois, sorrindo com afetado desprezo:

— Eu por mim, não me importo. Sua alma, sua palma. Encontrei ontem o bom amigo dos estrangeiros. Vinha suando, redondo, acompanhado de cinco homens todos estrangeiros. Estava exausto.

— Mas então sempre na lida?

— Que se há de fazer? Estou que não posso mais.

— Descanse.

— Impossível. Acabo de receber cartas de recomendação que me tomam o tempo até o fim do ano.

— Como assim?

— É que os estrangeiros de passagem só encontrando aqui um homem amável, que sou eu, guardam o meu nome e recomendam–me depois os amigos.

— De modo que você fica uma espécie de cônsul universal?

—Mais ou menos. Como descansar? É impossível.

— Sim, é difícil. A menos que não queira morrer.

O amigo dos estrangeiros sorriu, desconsolado.

Os estrangeiros, os últimos cinco, estavam impacientes.

—Você permite que os apresente?

— Não.

— Por que?

— Porque não quero.

— Não me faça isso. É gente de primeira. Vou levá–los ao ministério! E sorrindo, o amigo curioso, ergueu a voz.

—Aqui este distinto periodista que já ouviu muito falar dos senhores.

—Oh! Monsieur...

— Monsieur...

— Merci, journaliste... Aqui o reverendo Schmidt de onde mesmo? Aqui o Sr... o Sr... o Sr. como é mesmo o seu nome?... O Sr. Berjanac,

"So he has been here, and he said he would write a book in two volumes."

"Didn't he?"

"And he even got—(I don't know, it's what they say!)—some good money."

For him, deep down, the foreigners are all relatives and he has no desire to offend them. Even the Argentines he surrounds with pleasantries. He gets red–faced when he misses a big group. He loses his speech out of anger.

"I tell you!... Taking the foreigners to Tijuca via Estácio."[5]

"So what?"

"For them to see dusty streets! These people don't understand anything."

Then, smiling with affected contempt:

"I personally don't care. It's your funeral. I met the good friend of foreigners yesterday. He was sweaty, round, and accompanied by five men, all foreigners. He was exhausted."

"So you're always hustling?"

"What can I do? I can barely handle it."

"Take a rest."

"Impossible. I have just received letters of recommendation, which will take my time until the end of the year."

"What do you mean?"

"It's that foreigners who have visited, finding only one kind man here, that's me, keep my name and recommend me to their friends later."

"So you're a kind of universal consul?"

"More or less. How can I rest? It's impossible."

"Yes, it's hard. Unless you don't want to die."

The friend of foreigners smiled, disconsolate.

---

5. Two neighborhoods in Rio de Janeiro.

é verdade. Tão conhecido! Já fomos às obras do Porto. Tiveram uma excelente impressão.

— Mais certainement...

Olhei o amigo dos estrangeiros. Ele dizia aquilo com a mesma cara com que há cinco anos o mesmo repete! Era uma vocação! Era um predestinado. Era espantoso! E mais uma vez eu o considerei na galeria dos representativos das tendências morais de um país, um tipo excepcional, um tipo que os deuses faziam único e simbólico.

The foreigners, the last five, were impatient.

"Allow me to introduce you?"

"No."

"Why not?"

"Because I don't want to."

"Don't do this to me. They're first class people. I will take them to the ministry!"

And, smiling, the curious friend raised his voice.

"And here this distinguished journalist who has heard much about you gentlemen."

"Oh! Monsieur..."

"Monsieur..."

"Merci, journaliste... Here is Rev. Schmidt, from where? Here Mr.... Mr.... Mr., what's your name again?... Mr. Berjanac, right? So well known! We have been to the works of the harbor. They had an excellent impression."

"Mais certainement..."

I looked at the friend of foreigners. He said that with the same face that has repeated it for the last five years! It was a vocation! It was predestined. It was amazing! And once again I put him in the gallery of the representative of the moral tendencies of a country, an exceptional type, a type that the gods made unique and symbolic.

Original publication: *O Amigo dos Estrangeiros. Vida Vertiginosa,* Rio de Janeiro: Garnier, 1911, pp.35–44.

O Chá e as Vistas

A vida nervosa e febril traz a transformação súbita dos hábitos urbanos. Desde que há mais dinheiro e mais probabilidades de ganhá–lo, há mais conforto e maior desejo de adaptar a elegância estrangeira. A ininterrupta estação de sol e chuva de todo ano é dividida de acordo com o protocolo mundano; o jantar passou irrevogavelmente para a noite. Todos tem muito que fazer e os deveres sociais são uma obrigação.

— Em que ocupará a minha amiga o seu dia e hoje?

— A massagista, às 9 horas, seguida de um banho tépido com essência de jasmim. Aula pratica de inglês às 10. *All right!* Almoço à inglesa. Muito chá. *Toilette.* Costureiro. Visita a Fulana. Dia de Cicrana. Chá de Beltrana. Conferência literária. Chá na Cavé. Casa. *Toilette* para o jantar. Teatro. Recepção seguida de baile na casa do general...

Não se pode dizer que uma carioca não tem ocupações no inverno. É uma vida de terceira velocidade extraurbana. Mas também todos os

Tea and Guests

The nervous and feverish life prompts the sudden transformation of urban habits. Since there's more money and we're more likely to make it, there's more comfort and greater desire to adapt to foreign elegance. The yearly uninterrupted season of sun and rain is divided according to mundane protocol. Dinner has irrevocably moved to the evening. Everyone has a lot to do, and social duties are a must.

"With what will my friend occupy her day today?"

"The masseuse, at 9 a.m., followed by a tepid bath with jasmine essence. English practice class at 10 a.m.. All right! Lunch à *la Anglaise*. A lot of tea. *Toilette*. Couturier. Visit to Fulana.[1] Cicrana's Day. Beltrana's tea. Literary conference. Tea at Cavé.[2] Home. *Toilette* for dinner. Theater. Reception followed by a ball at the General's house..."

---

1. João do Rio's use of *Fulana, Cicrana, Beltrana*, is the same as Jane Doe, referring to a random, unnamed person.

2. Casa Cavé is a patisserie in the Centre of Rio de Janeiro. It was founded by French immigrant Auguste Charles Felix Cavé in 1860.

velhos e todas as velhas que se permitem ainda existir, não contém a admiração e o pasmo pela transformação de mágica dos nossos costumes. E a transformação súbita, essa transformação que nós mesmos ainda não avaliamos bem, feita assim de repente no alçapão do Tempo, foi operada essencialmente pelo Chá e pelas Visitas.

Sim, no Chá e nas Visitas é que está toda a revolução dos costumes sociais da cidade neste interessantíssimo começo do século.

Há dez anos o Rio não tomava chá senão à noite, com torradas, em casa das famílias burguesas. Era quase sempre um chá detestável. Mas assim como conquistou Londres e tomou conta de Paris, o chá estava apenas à espera das avenidas para se apossar do carioca. Há dez anos, minutos depois de entrar numa casa era certo aparecer um moleque, tendo na salva de prata uma canequinha de café:

— É servido de um pouco de café?

O café era uma espécie de colchete da sociabilidade no lar e de incentivo na rua. Assim, como sem vontade o homem era obrigado a beber café em cada casa, o café servia nos botequins para quando estava suado, para quando estava fatigado, para quando não tinha o que fazer—para tudo enfim.

Foi então que apareceu o Chá, impondo–se hábito social. As mulheres—como em Londres, como em Paris—tomaram o partido do Chá. O amor é como o chá, escreveu Ibsen. O chá é o oriente exótico, escreveu Loti. As mulheres amam o amor e o exotismo. Amaram o chá, e obrigaram os homens a amá–lo. Hoje toma–se chá a toda a hora com creme, com essências fortes, com e sem açúcar, frio, quente, de toda a maneira, mas sempre chá. O chá excita a energia vital, facilita a palestra, dá espirito a quem não o tem—e são tantos!...—dizem mesmo que é indulgente, engana a fome e diminui o apetite. Quando as damas são gordas, o chá emagrece, quando as damas são magras dá–lhes com o

One cannot say that a *Carioca*[3] has no engagements in the winter. It's an exurban life in third gear. But also all old men and women who are still around don't repress their admiration and amazement with the transforming magic of our customs. And the sudden transformation, this transformation that we haven't evaluated very well, so suddenly happening at the trapdoor of Time, took effect primarily because of Tea and Guests.

Yes, in Tea and Guests is where the whole revolution of social customs of the city lies at this very interesting turn of century.

Ten years ago Rio didn't drink tea except at night, with toast, in the houses of bourgeois families. It was almost always a detestable tea. But as it conquered London and took over Paris, tea was just waiting for the avenues to get hold of the *Cariocas*. Ten years ago, minutes after one enters a house, a slave boy was sure to appear carrying a silver plate with a little coffee cup:

"Would you like some coffee?"

Coffee was a kind of bracket of sociability in the home and an incentive on the street. So, even unwillingly people were forced to drink coffee in every house. Coffee was served in the taverns when one was sweaty, when one was tired, when one had nothing to do—for everything anyway.

Then the Tea came, imposing itself as a social habit. Women—like in London, like in Paris—sided with Tea. Love is like Tea, Ibsen[4] wrote. Tea is the exotic East, Loti[5] wrote. Women love love and exoticism. They loved tea and forced men to love it. Today people drink tea all the time with cream, with strong essences, with or without sugar, cold, hot, in every way, but always tea. Tea excites the vital energy, facilitates

---

3. Someone, or something, from the city of Rio de Janeiro. It's a mid–19th century Brazilian word derived from the Tupi (language spoken in Brazil by the Tupi Indians) word "kari'oka," meaning "house of the white man."

4. Henrik Johan Ibsen (1828–1906) was a major 19th–century Norwegian playwright, theatre director, and poet, often referred to as "the father of realism" and is one of the founders of Modernism in theatre.

5. Pierre Loti, pseudonym of Louis Marie–Julien Viaud (1850–1923), was a French naval officer and novelist, known for his exotic novels.

seu abuso, sensações de frialdade cutânea, um vago mal estar nervoso, que é de um encanto ultra moderno. Por isso toda a gente toma chá.

— Onde vai?

— Tomar um pouco de chá. Estou esfomeado!

— Mas que pressa é esta?

— Quatro horas, meu filho, a hora do *five–o–clock* da condessa Adrianna!...

O chá é distinto, é elegante, favorece a conversa frívola e o amor que cada vez mais não passa de *flirt*. É inconcebível um idílio entre duas xícaras de café. Não houve romancista indígena, nem mesmo o falecido Alencar, nem mesmo o bom Macedo, com coragem de começar uma cena de amor diante de uma cafeteria. Entretanto o chá parece ter sido apanhado na China e servido a quatro ou cinco infusões de mandarins opulentos, especialmente para perfumar depois de modo vago o amor moderno. Por isso vale a pena ir a um chá, a um *tea room*.

Há ranchos de moças de vestes claras, rindo e gozando o chá; há mesas com estrangeiros e com velhas governantas estrangeiras, há lugares ocupados só por homens que vão namorar de longe, há rodas de *cocottes* cotadas ao lado da gente do escol. Tudo ri. Todos se conhecem. Todos falam mal uns dos outros. Às vezes fala–se de uma mesa para outra; às vezes há mesas com uma pessoa só, esperando mais alguém, e o que era impossível à porta de um botequim, ou à porta grosseira de uma confeitaria, é perfeitamente admissível à porta de um Chá.

— Dar–me–á V. Ex.ª a honra de oferecer–lhe o chá?

— Mas, com prazer. Morro de fome...

E dois dias depois, ele, que esperou vinte minutos, na esquina:

— Mas o Destino protege–me! Chegamos sempre à mesma hora para o nosso chá...

O nosso chá! O chá faz a reputação de uma dona de casa. Nos tempos de antanho, uma boa dona de casa era a senhora que sabia coser, lavar,

conversation, gives spirit to those who don't have it—and they are so many!...—It's even said that it's indulgent, deceives hunger and decreases appetite. When the ladies are fat, tea slims them down; when the ladies are slim and overdo it, it gives them the feeling of cold skin, a vague nervous malaise, which is charmingly ultra modern. That's why everyone drinks tea.

"Where are you going?

"To have some tea. I'm starving!

"What's the hurry?

"Four o'clock, my dear, the time of Countess Adrianna's *five–o–clock*...!»

Tea is distinct, elegant, favoring frivolous conversation and love, which more and more is nothing but flirting. An idyll between two cups of coffee is inconceivable. There was no *Indianista*[6] novelist, not even the late Alencar,[7] not even the good Macedo,[8] with the courage to start a love scene in front of a coffee shop. However the tea seems to have been taken from China and served to four or five infusions of opulent mandarins, especially to vaguely perfume the modern love. So it is worth going to a tea, a tearoom.

There bunches of girls in light–colored clothes, are laughing and enjoying tea. There are tables with foreigners, and with old foreign governesses. There are seats occupied only by men who flirt from a distance. There are circles of renowned *cocottes*[9] next to the people of the elite. They all laugh. Everybody knows everybody. They all speak ill of each other. Sometimes there is talk from one table to another. Some-

---

6. The *Indianista* novel can be described as a branch of Romanticism, where a native–Brazilian Indian, based on the "noble savage" myth, is chosen by the authors to represent the new national hero in a very patriotic and nationalistic way.

7. José de Alencar, shorter for José Martiniano de Alencar (1829—1877), Brazilian journalist, novelist, and playwright whose Indianista novel O Guarani [The Guarani Indian] (1857) became a classic of Brazilian literature.

8. Joaquim Manuel de Macedo (1820–1882) was a Brazilian Romantic novelist, doctor, teacher, poet, playwright and journalist, who wrote the famous A Moreninha (1844), where Indianismo is mainly represented by the love affair of the indigenous couple Ahy and Aoitin.

9. French for "prostitute, or promiscuous woman."

engomar e vestir as crianças. Hoje é a dama que serve melhor o chá, e que tem com mais *chic—son jour*, para reter um pouco mais as visitas.

Se acordássemos uma titular do império do repouso da tumba para passeá–la pelo Rio transformado—era quase certo que essa senhora, com tanto chá e tantos salões que recebem, morreria outra vez.

Há talvez mais salões que recebam do que gente para beber chá. Diariamente as seções mundanas dos jornais abrem notícias comunicando os dias de recepção de diversas senhoras, de Botafogo ao Cajú. Toda a dama que se preza—e não há dama ou cavalheiro sem uma alevantada noção da própria pessoa—tem o seu dia de recepção e a sua hora. Algumas concedem a tarde inteira, e outras dão dois dias na semana. Há pequenos grupos de amigos que se apropriam da semana e se distribuem mutuamente os dias e as horas. De modo que o elegante mundano com um círculo vasto de relações, isto é, tendo relações com alguns pequenos grupos, fica perplexo diante da obrigação de ir a três ou quatro salões à mesma hora, ficando um nas Laranjeiras, outro na Gávea, outro em São Cristóvão e outro em Paula Matos—bairro talvez modesto quando por lá não passava o eléctrico de Santa Tereza... Outrora só se davam o luxo de ter dias, o seu "dia" as damas altamente cotadas da corte.

O mesmo acontecia na França, antes de Luiz XVI. A visita era imprevista, e sem pose.

Ouvia–se bater à porta:

— Vai ver quem é?

— É Dona Zulmira, sim senhora, com toda a família.

Havia um alvoroço. Apenas dez da manhã e já a Zulmira! E entrava Dona Zulmira, esposa do negociante ou do funcionário Leitão, com as três filhas, os quatro filhos, o sobrinho, a cria, o cachorrinho.

— Você? Bons ventos a tragam! Que sumiço! Pensei que estivesse zangada.

times there are tables with one person waiting for someone else; and what was impossible at the door of a tavern, or at the vulgar door of a patisserie, is perfectly permissible at the door of a Tea.

"Would Your Excellency give me the honor of offering you tea?

"But, with pleasure. I am starving..."

And two days later, he, who waited twenty minutes on the corner:

"But Fate favors me! We always arrived at about the same time for our tea..."

Our tea! Tea makes the reputation of a housewife. In times gone by, a good housewife was the lady who knew how to sew, wash, iron and dress the children. Today she is the lady who best serves the tea, and who has got more *chic—son jour*,[10] to keep the guests a bit longer.

If we awakened a noble woman of the Empire from her rest in the tomb to walk her around this converted Rio, it would be almost certain that, with so much tea and so many tearooms, this lady would die again.

There are perhaps more tearooms serving than people drinking tea. Every day mundane sections of newspapers run news reporting the days of several ladies' receptions, from Botafogo to Cajú.[11] All worthy ladies—and there is no lady or gentleman without an elevated sense of self—have their reception day and time. Some bestow all afternoon, and others two days a week. There are small groups of friends who appropriate a week and mutually distribute the days and hours. So that the elegant mundane with a wide circle of relationships, that is, having relations with some small groups, is perplexed by the obligation to go to three or four tearooms at the same time, one being in Laranjeiras, another in Gávea, another in São Cristóvão, and another in Paula Matos—maybe a modest neighborhood when the Santa Teresa[12] tram didn't

10. French for "her chic day."

11. Both neighborhoods in Rio de Janeiro.

12. All five are neighborhoods in Rio de Janeiro.

— Qual, filha, trabalhos, os filhos. Mas hoje venho passar o dia, Leitão virá jantar...

E ficava tudo à vontade. As senhoras vestiam as *matinées* das pessoas de casa, as meninas faziam concursos de doces, os meninos tomavam banho juntos no tanque e indigestões coletivas. Às cinco chegava o Leitão com a roupa do trabalho e ia logo lavar–se à *toilette* da dona da casa, o quarto patriarcal da família brasileira, tão modesto e tão sem pretensões... Só às onze da noite o rancho partia ou pensava em partir porque às vezes a dona da casa indagava.

— E se vocês dormissem...

— Qual! Vamos desarranjar...

— Por nós, não! É até prazer.

E dormiam mesmo e passavam, um, dois, três dias, e as despedidas eram mais enternecidas do que para uma viagem.

Hoje só um doido pensa em passar dias na casa alheia. Passar dias com tanto trabalho e tantas visitas a fazer! Só a expressão, "passar dias" é impertinente. Não se passa dias nem se vai comer à casa alheia sem prévio convite. Adeus à bonomia primitiva, à babosa selvageria. Vai–se cumprir um dever de cortesia e manter uma relação de certo clã social que nos dá ambiente em público com as senhoras e prováveis negócios com os maridos. As damas elegantes tem o "seu dia". Há tempos ainda havia um criado bisonho para vir dizer.

— Está aí o Dr. Fulano.

Agora, o Dr. Fulano tem as portas abertas pelo criado sem palavras e entra no salão sem espalhafato. Os cumprimentos são breves. Raramente aperta–se a mão das damas. Há sempre chá, *petits fours,* e esse alucinante tormento mundano chamado *bridge.* Muitos prestam atenção ao *bridge.* Fala–se um pouco mal do próximo com o ar de quem está falando da temperatura e renovam–se três ou quatro repetições de ideias que agitam aqueles cerebrozinhos.

go... Once only the highly rated ladies of the court[13] had the luxury of having days, their "day."

The same was true in France before Louis XVI.[14] The visit was unexpected, and without posing.

A knocking was heard at the door:

"Go see who it is?"

"It's Dona[15] Zulmira, yes indeed, with the whole family."

There was uproar. Only ten in the morning and already Zulmira! And Dona Zulmira, the wife of a businessman or of the employee Leitão, would enter, with her three daughters, her four sons, her nephew, her puppy.

"You? What good winds brings you here! Long time no see! I thought you were angry."

"Well, daughter, work, children. But today I come to spend the day. Leitão will come for dinner..."

And everything was at ease. The ladies wore their familiar *matinee* clothes, the girls had contests for sweets, the boys bathed together in the washtub and had collective indigestion. At five o'clock Mr. Leitão arrived wearing his work clothes and would soon wash in the toilette of the hostess, the patriarchal bedroom of the Brazilian family, so modest and so unassuming... It would be only at eleven o'clock that the flock left or thought of leaving because sometimes the hostess inquired.

"What if you slept..."

"What! We're going to inconvenience..."

"For us, no! It's even a pleasure."

---

13. The word *corte* here can also be used to refer to a circle of flatterers who surround a figure of authority, or people who belonged to the upper classes, characterized as futile and superficial. This word has an ironical connotation in post–Monarchic works since Brazilian independence happened in 1822.

14. Born Louis–Auguste (1754–1793), was King of France from 1774 until his deposition in 1792. He and Marie Antoinette (1774–1793), his wife, were both guillotined for high treason.

15. The word *Dona*, and also its abbreviation D., is a respectful way of addressing widows and married women in Portuguese, as in Mrs.

Depois um cumprimento, um *shake–hands* perdido, ondulações de reposteiros. Quanto menos demora mais elegância. Vinte minutos são um encanto. Uma hora, o *chic*. Duas horas só para os íntimos, os que jogam bridge. Esses levam mesmo mais tempo. E sai–se satisfeito com o suficiente de *flirt*, de mundanice, de dever, de novidade para ir despejar tudo na outra recepção... Haverá quem tenha saudades da remotíssima época do Café e das Visitas que passavam dias? Oh! não! não é possível! Civilização quer dizer ser como a gente que se diz civilizada. Essa história de levar o tempo, sem correção, sem linha, numa desagradável bonacheirice, podia ser incomparável e era. Em nenhuma grande cidade com a consciência de o ser, se faziam visitas como no Rio nem se tomava café com tamanha insensatez. Mas não era *chic*, não tinha o brilho delicado da arte de cultivar os conhecimentos, erigir a conservação do conhecimento num trabalho sério e conservar a própria individualidade e a sua intimidade a salvo da invasão de todos os amigos.

Com o Chá e as Visitas modernas, ninguém se irrita, ninguém dorme a conversar, os cacetes são abolidos, a educação progride, há mais aparência e menos despesa, e um homem só pode queixar–se de fazer muitas visitas, isso com o recurso de morrer e exclamar como Ménage na hora do trespasse.

Dieu soit loué!
Je ne ferais plus de visites...

Temos aí o inverno, a *season* deliciosa. Em que ocupará a carioca o seu dia! Em fazer–se bela para tomar chá e ir aos "dias" das suas amigas. Não se pode dizer que não tenha ocupações e que assim não conduza com suma habilidade a reforma dos hábitos e dos costumes, reforma operada essencialmente pelo chá e pelas visitas...

Daí talvez esteja eu a teimar numa observação menos verdadeira. Em todo o caso o chá inspira esses pensamentos amáveis, e desde que

And they would indeed sleep there, and spend one, two, three days, and the goodbyes were more affectionate than if they were traveling somewhere.

Today only crazy people think about spending days at someone else's house. Spending days with so much work and so many visits to do! Just the expression "to spend days" is impertinent. One doesn't spend days, nor go to eat at someone else's house without an invitation. Goodbye to early bonhomie, to drooling savagery. One fulfills a complimentary duty and maintains a relationship with a certainly social clan that gives them the public ambience with the ladies and probable business with their husbands. The elegant ladies have "their day." For some time there was still an untrained servant to come and say.

"Dr. Fulano is here."

Now, Dr. Fulano gets the doors opened by the wordless servant and enters the room without a fuss. The greetings are brief. Rarely someone shakes the hand of the ladies. There is always tea, petit fours, and that maddening worldly torment called bridge. Many pay attention to bridge. There is a little talking ill about someone else, as if one is talking about the temperature, three or four repetitions of ideas are renewed and shake those little brains.

Then a greeting, a missed handshake, draperies flapping. The less one stays, the more elegance. Twenty minutes is a delight. One hour, chic. Two hours only for the closest friends, those who play bridge. They do take longer. And one goes away satisfied with enough flirt, mundanity, duty, all the news to dump in the other receptions... Are there those who miss that very remote time of Coffee and Guests who stayed for days? Oh! No! It's not possible! Civilization means to be like those who call themselves civilized. This story of passing time, without correctness, disheveled, in a nasty easygoingness, could have been unique, and it was. In no big city with an awareness of being big were there such visits like the ones in Rio, nor was coffee drunk with such insensitivity. But that wasn't chic didn't have the delicate glow of the art of cultivating acquaintanceship, of building the conservation of acquaintanceship in

tem o homem de ser dirigido pela mulher, em virtude de um fatalismo a que não escapam nem os livres pensadores—mais vale sê–lo por uma senhora bem vestida, que toma chá e demora pouco...

a serious work, and keeping one's own individuality and intimacy safe from the invasion of all friends.

With the modern Tea and Guests, no one gets angry, no one sleeps whilst talking, bludgeons are abolished, education progresses, there is more mien and less expense, and a man could only complain about making many visits, the resource being to die and to exclaim, like Ménage[16] at the time of passing.

Dieu soit loué!
Je ne ferai plus de visites...[17]

We will have winter, the delicious season. What will the *Carioca* women fill their days with?! Beautifying for tea and going to their friends "days." One cannot say they don't have occupations and thus don't drive the reform of habits and customs with extreme skill, a reform operated primarily by the tea and the guests...

Then perhaps I insist on a misleading remark. At any rate, tea inspires these amiable thoughts, and since men have to be directed by women due to a fatalism that not even freethinkers escape from—it's better to be directed by a well–dressed lady who drinks tea and doesn't take long...

Original publication: *O Chá e as Visitas*. Rio de Janeiro: *A Notícia*, 02.04.1908, p.3.

---

16. Gilles Ménage (1613–1692) was a French scholar.

17. A passage of Gilles Ménage's *Menagiana* (1693–4), which stands as: "God be praised! I will make no more visits..."

Os Sentimentos dos Estudantes D'Agora

— Parece–me que o Sr. não deseja ouvir a minha lição?

— Que estou cá a fazer então?

— O Sr. fala alto e interrompe–me.

— Estou comentando certas frases suas com que não concordo.

— O Sr. é um ignorante, e eu é que devo responder aos seus comentários.

— Está a provocar–me? Olhe que não tenho medo de caretas.

— Nem eu. Retire–se.

— Retiro–me sim.

Era um jovem reforçado. Ergueu–se, caminhou batendo com os pés. Dois outros estudantes fizeram o mesmo, arrogantemente. À porta o jovem reforçado berrou:

— Não tenho medo, não. Saia cá para fora, se é capaz!

The Feelings of Today's Students

"It seems to me that you don't want to hear my lesson, sir?"

"Then, what am I here for?"

"You speak loud and interrupt me, sir."

"I'm commenting on certain phrases of yours that I don't agree with."

"You're clueless, and I am the one who should respond to your comments, sir."

"Are you provoking me? See that I'm not afraid of grimaces."

"Me neither. Remove yourself."

"I will indeed remove myself."

He was a stocky young man. He stood up, stamping his feet as he walked. Two other students followed suit, proudly. At the door the stocky young man yelled:

"I'm not afraid. Get out here, if you're up to it!"

A esse desafio, o professor largou a brochura que folheava e voou, positivamente voou para cima do aluno. A aula inteira ergueu–se; contínuos, o pessoal da secretaria, outros estudantes como por encanto apareceram, impedindo a cena brutal de pugilato. O aluno, levado por outros colegas tinha um sorriso insolente de vitoria. O professor debatendo–se nos braços dos bedéis gritava:

— Larguem–me! Quero dar uma lição de educação a esse patife insolente!

Estávamos a ouvir uma aula interessantíssima. Aquele incidente fechava–a com um escândalo. Era aliás o terceiro em menos de um mês. O estabelecimento vibrava inteiro. Os estudantes, nem havia dúvidas, tomavam à entrada o partido do colega ou preparavam–se indiferentes para assistir como me disse um—“a impagável tourada”. Na secretaria, a direção deliberava, hesitante na expulsão dos três culpados.

— E se saem todos?...

— Preciso ser desagravado!

— É um escândalo!

Afinal o ato decisivo ficou adiado por vinte quatro horas e o professor saiu agitado com alguns amigos. Eu, nem ao menos pudera sorrir. A cena empolgava–me, e na rua, conversando com um filósofo, o filósofo comentou o fato.

— Que queres? A culpa é dos professores que, após as aulas, estabelecem uma camaradagem excessiva com os rapazes, vão com eles às cervejarias, contam–lhes anedotas picarescas. Foi–se o tempo do respeito ao lente. O lente é hoje um homem que tem sob a cabeça suspensa a bengala do estudante.

— E o Sr., que faz o senhor?

— Oh! eu acho isso muito mau, mas vou também às cervejarias com eles. Porque não quero granjear inimizades...

Estas palavras e a cena que acabava de assistir fizeram–me pensar. Pensar é fácil agora. O mundo tem o que se pode chamar uma

At this challenge, the teacher dropped the brochure he was flipping through and flew; he positively flew upon the student. The whole class stood up; office boys, the secretarial staff, other students appeared as if by magic, putting an end to the brutal pugilistic scene. The student, led by other colleagues, had a cheeky smile of victory. The teacher, struggling in the arms of the beadles, shouted:

"Let go of me! I want to give a lesson in education to this insolent scoundrel!"

We were attending a very interesting class. That incident finished it with a scandal. It was in fact the third in less than a month. The whole establishment was vibrating. Students, no doubt, initially sided with their classmate or were indifferently preparing to watch, as one told me, "the priceless bullfight." At the school office, the directors hesitantly deliberated the expulsion of the three culprits.

"And if they all go...?"

"It must be avenged!"

"It is a scandal!"

In the end, the decisive act was delayed for twenty–four hours, and the teacher, unsettled, left with some friends. I couldn't even smile. The scene excited me, and in the street, talking to a philosopher, he mentioned the fact.

"What do you expect? It's the fault of the teachers, who, after school, establish excessive camaraderie with the boys, go to the beer halls with them, tell them picaresque anecdotes. Long gone are the days of respect for the lector. These days the lector is a man with his head under the student's upheld cane."

"And what do you do, sir?"

"Oh! I think it's very bad, but I also go to the beer halls with them. For I don't want to garner enmities..."

These words and the scene that I had just watched made me think. Thinking is easy now. The world has what one might call an overabundance of ideas. There's a lot of thinking. There's too much thinking. I got into my automobile, distracted. The philosophy teacher preferred to walk. And only in the automobile did I recall, quickly, the transforma-

superabundância de ideias. Pensa–se muito. Pensa–se demais. Tomei o meu automóvel, abstrato. O professor de filosofia preferira ir a pé. E só no carro, com rapidez, fui relembrando a transformação da alma do estudante—não do estudante apenas nacional mas a do estudante universal.

O estudante era, há trinta anos, uma criatura que respeitava o saber como o inaccessível e por consequência o professor como o venerável instrumento da escalada do impossível. O professor era uma obsessão, a ideia fixa desde os tenros anos. Havia primeiro o feroz e tremendo professor de primeiras letras, armado de uma régua, de uma palmatória, de vários castigos vexatórios e de uma supina ignorância. Não era um professor, era um torcionário do espírito e do corpo. As crianças ficavam pálidas e tinham crises convulsivas de choro, quando se avizinhava a hora sinistra de ir para o colégio. O colégio se lhes afigurava o cárcere, onde um homem cruel era pago para torturá–los. Os pais levavam os meninos pelas orelhas. As mães aflitas soluçavam. As despedidas eram tremendamente cruéis, com gritos, desmaios, um ambiente de morte.

— Adeus, meu filho querido!

— Mamã!... Mamã!...

O pai severo—era no tempo em que os pais eram severos e não tinham quase nunca a amizade dos filhos—bradava:

— Nada de choros. Não quero maricas em casa! Precisa ser homem. Peralta!

O petiz passava a outros braços a chorar, e o seu último abraço era o de uma preta velha, que fatalmente o criara e a quem ele considerava como a sua mãe preta. Depois lá seguia para o monstro ou jesuíta ou civil e ainda ouvia o pai dizer:

— Inteira liberdade, Sr. professor. Quero meu filho homem. Bata–lhe sempre que for preciso.

O pequeno ficava. Batiam–lhe. Aprendia com dificuldade, acumulando ódios e almejando os preparatórios. O cérebro, violentado

tion of the soul of the student—not only of the national student but of the universal student.

The student was, thirty years ago, a creature that respected knowledge as inaccessible and therefore the teacher as the venerable instrument of the clamber of the impossible. The teacher was an obsession, a fixed idea since the early years. First there was the fierce and tremendous teacher of the Elementary School,[1] armed with a ruler, a ferule, several vexatious punishments of an excessive insensitivity. He wasn't a teacher; he was a scourger of mind and body. The children became pale and had convulsive crises of crying when the ominous time to go to school was approaching. To them, the school resembled jail, where a cruel man was paid to torture them. The fathers took the boys by the ears. The grieving mothers sobbed. The farewells were tremendously cruel, with screaming, fainting, an ambience of death.

"Goodbye, my dear son!"

"Mommy...! Mommy...!"

The strict father—that was in the days when fathers were severe and almost never had a friendship with the children—shouted:

"No crying. I don't want a sissy at home! You have to be a man. Dandy!"

The kid passed into other arms crying, and their last hug was that of an old black woman who had inevitably raised him and whom he regarded as his black mother. Then off he went to the monster, Jesuit or civil, and still heard his father say:

"Full freedom, Mr. Teacher. I want my son to be a man. Beat him whenever necessary."

The little one stayed. They beat him. He learned with difficulty, accumulating hatred and aiming for the preparatory. His brain, ravished by stupid study, scrambled up, at great cost, the notions of humanities given by smug and not at all brilliant teachers. Once they turned into

1. In the case of Brazil, these schools followed the Monitorial System implemented by the 'Lei do Ensino das Escolas de Primeiras Letras, de 15 de outubro de 1827.' It's also known as "mutual instruction method" or "Bell–Lancaster Method" after the British educators Dr. Andrew Bell (1753–1832) and Joseph Lancaster (1778–1838), who developed it independently.

por um estudo estúpido, trepava a custo nas noções de humanidades dadas por uns professores empoeirados e nada brilhantes. Já homens entravam com furor na pândega e nas academias. Os passados professores eram desprezados; os últimos venerados como os pontífices do saber, e rapazes de bigode tremiam ao interrogatório de um lente catedrático, ouviam as suas palavras como a da própria sapiência.

Esses rapazes, entretanto, são os pais e os lentes de hoje. Aos filhos transmitiram a herança de surdo ódio acumulado na raça uma porção de lustros contra o professor; esses rapazes fizeram a própria revolução do ensino e, sem querer—oh! sim!—infiltraram na geração futura a irreverência, a raiva, a hostilidade contra o professor. Hoje, graças a eles que ainda sofreram e penaram, levando varadas, castigos de jejuns, palmatoadas, ralhos de escravos, os pequenos têm o mimo fraternal, uma esplêndida falta de respeito pelos professores, e tratam o mestre de superior para inferior, vendo sempre no ex–monstro a injustiça.

Os pequenos, hoje, aos seis anos, já passeiam na rua sós, e têm namoradas. Quando, nessa pura idade, não são uns sabidos de marca, com dois anos de colégio, em geral, pedem a escola.

— Quando é que vou para o colégio, papá?

— Está com vontade de aprender?

— É que me aborreço muito em casa.

Vai. O pai paternalmente leva–o, recomenda–o. O colégio pensionista virou caserna em que mais ou menos se preparam os voluntários da campanha da vida. Os jesuítas tremem de medo diante desses petizes, porque, à menor censura, os pais logo resolvem tirá–los dos colégios e dar queixa aos jornais. Os professores leigos têm ginásios e são escravos dos Srs. alunos. Nos colégios não internos, é um divertimento. Os rapazes levam flores às professoras e às adjuntas, fumam cigarros, jogam o *football*, têm namoradas. A vida intensa, esta vida de vertigem, de ambição, de fúria e de velocidade incute–lhes o sentimento de que o professor é um inferior—porque limita a ambição a ensinar–lhes umas

men, they frantically delved into revelry and academies. Past teachers were despised; the last ones venerated as the pontiffs of knowledge, and mustachioed young men shook in the face of the expert lector's examination, they listen to his words as if coming from wisdom itself.

These young men, however, are today's fathers and lectors. To their children they've passed on the heritage of deaf hatred accumulated in their lineage, a slew of lustrums against the teacher. These young men started a proper educational revolution and, unintentionally—oh! yes!—they impregnated the future generation with irreverence, rage, hostility toward the teacher. Today, thanks to them—who had still suffered and toiled, being struck with rods, punished with fasting, feruling, scolded like slaves—the little ones have the brotherly treat, a splendid lack of respect for the teachers, and treat the master as superior to inferior, always seeing injustice in the former monster.

The little ones, today, six years old, stroll alone in the street and have girlfriends. When, at this pure age, they aren't distinguished sapient, with two years of high school they ask to go to school.

"When am I going to school, Papa?"

"Do you feel like learning?"

"It's that I get really bored at home."

They go. The father paternally takes him, recommends him. Boarding school has turned into a barrack which more or less prepares the volunteers of life's struggle. The Jesuits tremble in fear before these kids because at the slightest reproach, parents just decide to take them out of the schools and to file a complaint in the newspapers. The lay teachers have the elementary school and are slaves of the Mister Students. In non–boarding schools, it's all fun. The boys take flowers to their female teachers and adjuncts, smoke cigarettes, play football, have girlfriends. The intense life, this life of dizziness, ambition, fury and speed instills in them the feeling that the teacher is an inferior—because they limit their own ambition to teach them a few things that everyone should know. The boys are princes with the idea that the princes have of their preceptors. The preparatory exams become the extremely extensive field where examples of this formidable transformation of the student's

coisas que todo o mundo deve saber. Os meninos são príncipes com a ideia que os príncipes fazem dos preceptores. Os exames de preparatório tornam–se o campo extensíssimo onde os exemplos dessa formidável transformação da alma do estudante pululam. O ato do exame é tão comicamente ridículo como o de outrora. Os empenhos, a proteção, e a ignorância das matérias mais ou menos idênticas. Apenas o estudante passado era o nobre diabo cheio de medo, aterrado, sem confiança em si mesmo, e o estudante d'agora é o rapazola que discute teatro, frequenta o café cantante, fuma com o papá, confia cegamente no futuro e tem uma alta compreensão do seu valor pessoal. Quando chega às academias, os lentes têm apelidos, os comentários às suas falhas de saber e de moral são constantes, as aulas têm pouca frequência e o aluno considera o mestre seu igual, ou seu inferior. Os queridos mestres, quase sempre, os amigalhaços, são os que com eles saem em charola a conversar. O exame sem aprovação é considerado como um ato de desconsideração pessoal que precisa de ataque, que requer a vaia e, na maioria das vezes, o desforço físico. As perturbações dos colégios internos são constantes. No Ginásio, no ano em que meia dúzia de examinadores pretendeu agir com um pouco de severidade, foi a polícia para lá, o Largo do Depósito ficou em polvorosa e eram correrias de piquetes de cavalaria sob vaias monumentais a assobio e a batata.

— E o saber?

— É preciso saber para ser aprovado?

Nas escolas superiores a mesma concepção igualitária nivela o curso. O estudante vai ao extremo, e lentes, homens absolutamente notáveis, têm sido desacatados porque não aprovaram os alunos por ódio pessoal...

É só aqui o fenômeno? Não? Não. É em toda parte. Vejam o que se passa na França, em Paris, em países de tradição. As vaias na Sorbonne, os ataques aos lentes estão na memória de todos. E é assim na Áustria, na Alemanha, em Portugal e em Espanha, onde as universidades

soul swarms. The act of examining is as comically ridiculous as it once was. The efforts, protection, and ignorance towards the subjects studied are about the same. Therefore, the student of the past was a noble wretch full of fear, startled, without self–confidence; and the student of today is the young man who discusses theater, attends the *café cantante*,[2] smokes with daddy, has blind faith in the future and has a great understanding of his personal worth. When they get to the academies, the lectors get nicknames, the comments to their failure of knowledge and morals are constant, the classes have low attendance and the student considers the master his equal, or his inferior. The dear masters, almost always, the buddies, are those with whom they go out in caravan to talk. The failing of an examination is regarded as an act of personal disregard which needs to be attacked, which requires booing and, in most cases, physical revenge. Disturbances at boarding schools are constant. In the Elementary School, in the year half a dozen of examiners intended to act with some severity, the police went there, the Largo do Depósito[3] was in an uproar, and there were raids of pickets of cavalry under monumental booing, whistles and potatoes.

"And knowledge?"

"Does one need to know in order to pass?"

In the colleges the same egalitarian conception levels the course. The student goes to the extreme, and lectors, absolutely remarkable men, have been disrespected because they don't pass students due to personal hatred...

Is this phenomenon happening only here? Not? No. It's everywhere. Look what is happening in France, in Paris, in countries of tradition. The boos at the Sorbonne, the attacks to the lectors are in the memory of all. And that's the way it is in Austria, Germany, Portugal and Spain,

---

2. Spanish creation, originally from Seville, Malaga, and Madrid (Spain), they were typical taverns which had the novelty of *cuadros flamencos* (groups of *flamenco* dance performers).

3. Warehouse Square, today's Praça dos Estivadores (Dockers' Square), was an area in the port zone where slave warehouses were located in the Saúde neighbourhood between 1779, when the trade was transferred from Praça XV, and 1831, when it was abolished.

conservam um poder irradiante de conservadorismo, é assim na Itália. Na Itália os exemplos são tão frequentes como em França. Em 1903 um aluno da escola naval esbofeteou o lente em plena aula. Desde então é moda na península, país das artes. Ainda outro dia no Liceu Trapani dava–se um caso mais grave do que o visto por mim uma hora antes. O professor de francês, homem bom e fraco, tal era o barulho, exclamara:

— Calam–se ou não mal educados?

No fim da aula um dos interpelados aproximou–se do professor.

— Não sou mal educado. O Sr. vai retirar a palavra antes de sair.

O professor, pálido, explicou com subtileza:

— Não disse mal educado por julgar que os Srs. receberam má educação: disse porque no momento os Srs, pareciam mostrar tê–la esquecido.

Mas não acabou. O rapaz estendera–o com uma bofetada violenta...

Casos idênticos há uma porção a consignar. E a Europa basta para mostrar a crise típica de transformação, que deve ser é muito mais rápida no novo mundo. O estudante é outro. A vida moderna tem uma divisa:

Tout et pas plus

Tout est permis.

O respeito, a distância cronológica das idades são sentimentos desconhecidos. Foram os nossos ascendentes que prepararam a revolução, somos nós que estabelecendo a igualdade criamos a anarquia. O ímpeto juvenil é incomensuravelmente maior agora do que em qualquer outra época. Há sintomas generosos: o de amor ao trabalho, o de conquista vertiginosa, o apetite de vencer, a segurança com que rapazes são mestres e vencedores na idade com que outrora tremiam diante do professor, o desenvolvimento pasmoso da personalidade, do orgulho, a maravilhosa maneira porque se apreende, estando o conhecimento no próprio ar que se respira. Há também violências e erros. A mocidade despreza o passado e quer ser a única obedecida. O mestre passou a ser uma impertinência. O papel do mestre no futuro será o de conferente, o de conversador.

where the universities keep a radiant conservative power, it's the same in Italy. In Italy the examples are as frequent as in France. In 1903 a student of the naval school slapped the lector in the middle of a class. Since then it became a fashion in the peninsula, the country of the arts. Just the other day at Liceu Trapani there was a more severe case than seen by me an hour before. The noise was so bad that the French teacher, a good and weak man, exclaimed:

"Are you going to shut up or not, you rude people?"

At the end of the class one of the called upon students approached the teacher.

"I'm not rude. You're going to take it back before you leave, sir."

The teacher, pale, explained with subtlety:

"I didn't say rude by judging that you, Messrs., received a bad education. I said so because at that moment you, Messrs., appeared to have forgotten it."

But it wasn't over. The young man overthrew him with a violent slap...

There are loads of similar cases to be addressed. And Europe is enough to show the typical crisis of transformation, which might be much faster in the new world. The student is of a different kind. Modern life has a motto:

Tout et pas plus
Tout est permis.[4]

Respect, the chronological distance of the ages are [sic] unknown feelings. It was our ancestors who set the stage for the revolution; it's we who, establishing equality, create anarchy. The juvenile impetuosity is immeasurably greater now than at any other time. There are plenty of symptoms: the love of work; the dizzying achievement; the appetite to win; the confidence with which young men are masters and winners at the age where, in the past, they trembled before the teacher; the astounding development of personality, of pride; the wonderful way how one apprehends, with knowledge in the very air we breathe. There are

4. French for "Everything and nothing more, everything is allowed."

O exame é cada vez mais uma formalidade. Eu os assisti em vários países—os mestres. Brevemente, após as monografias lidas com arte, eles apenas conversarão com os assistentes—porque o aluno no mundo sábio será uma extravagância ridícula e vergonhosa. Um professor de primeiras letras mostrava–me há dias as provas de vários alunos seus que já não aprendiam a ler pelo processo antigo das letras, das sílabas e das palavras, mas que começavam pelas sílabas, com um processo de fotografia cerebral admirável. Já hoje não há aluno de qualquer curso superior que não critique ou não discorde do professor. Tempo virá em que o ensino não passe de série de conferências sucedidas de diálogos amáveis, em que os conferentes também aprendam um pouco com os assistentes e ao começar peçam desculpas do seu pouco saber... Não há mais crianças—é sabido. Há homens jovens que sabem tudo e são práticos. "A experiência imediata da vida resolve os problemas que mais desconcertam a inteligência pura" disse William James, professor da Universidade de Harvard. Não haverá mais gente idosa, gente velha senão para ser espectadora da vida intensa. Os velhos são fósseis. Os homens que querem se prestigiar com essa ex–importância são vaiados. É a juventude, a vida nova, a vida vertiginosa.

O meu automóvel, entretanto, parara. O motorista, a quem no dédalo das ruas confiara a minha vida, abrira o tampo da máquina para ver os cilindros. E eu a fazer reflexões sobre a diferença das gerações, a propósito de um conflito insignificante! Nada disso era verdade. Os estudantes são crianças, e como tal, entre os estudantes deve haver crianças teimosas. Apenas. Nada do que pretendera o meu apetite psicológico poderia ser provado. Ah! fantasia...

Saltei. Indaguei do motorista.

— Então o que há?

— Um pequeno desarranjo, nada de importância.

— Deixe ver.

— Fique tranquilo. O Sr. não entende disso.

also violence and errors. The youth despise the past and want to be the only one obeyed. The master has become an impertinence. The master's role in the future will be of a verifier, a conversationalist. The examination has increasingly become a formality. I've watched them in several countries—the masters. Soon, after the artfully read monographs, they'll only talk to the assistants—because a student in the wise world will be a ridiculous and shameful extravagance. An elementary school teacher showed me a few days ago the evidence of several of his students no longer learning to read by the old process of letters, syllables and words, but by the beginning syllables, with a remarkable process of brain photography. Today, there is no university student who doesn't criticize or disagree with the teacher. There will come a time when the teaching will be nothing more than a series of verifications followed by amiable dialogues, where the verifiers also learn a little with the assistants and start by apologizing for their little knowledge... There are no more children—they're connoisseurs. There are young men who know everything and are practical. "The immediate experience of life solves the problems which so baffle our conceptual intelligence," said William James,[5] professor at the University of Harvard. There will be no more elderly people; old people will only be spectators of the intense life. The elderly are fossils. Men who want to be honored with this former importance are booed. It is the youth, the new life, the vertiginous life.

My automobile, however, had stopped. The driver, to whom I had entrusted my life through the maze of the streets, opened the hood of the machine to check the cylinders. And I was making reflections about the difference between generations, apropos of an insignificant conflict! None of this was true. Students are children, and as such, among the students there might be stubborn children. That's all. Nothing that my psychological appetite meant could be proved. Ah! Fantasy...

I jumped out. I asked the driver.

"So what is it?"

---

5. The passage comes from *A Pluralistic Universe* (1909), by William James (1842–1910), an American philosopher and psychologist who was a leader of Pragmatism and Functionalism.

A resposta fez–me olhá–lo. Era um rapaz franzino, imberbe, com um vinco na testa.

— Que idade tem o rapaz?

— Quinze anos. Porque?

— Por nada.

— Pronto. Suba.

— Mas quinze anos mesmo?

— Ainda vou fazê–los.

O carro sacudiu–se numa convulsão, deslizou, partiu rápido. Então, como minha reflexão estava resolvida a continuar, tornei a pensar que tinha razão. O atestado–símbolo de quanto eu dissera ia comigo:—aquele menino de quinze anos a quem eu entregara a vida e que seguia orgulhoso sem me dar importância, inteiramente entregue a ebriedade de vencer as distâncias. Os estudantes tinham a mesma idade. Como compreender o Respeito no momento da Velocidade? E eu dei mentalmente razão aos estudantes, tremendo, com medo—porque se não desse, se duvidasse deles, se duvidasse, se não concordasse mesmo com os seus excessos universais não seria, oh! deuses imortais! já não seria moço, já teria horror de ser considerado velho, já não gozaria na vida breve o prazer de ser intensamente d'agora...

"A small breakdown, nothing of importance."

"Let me see."

"Don't worry. You don't know about this, sir."

The answer made me look at him. He was a skinny, beardless young man, with a crease on his forehead.

"How old are you, young man?"

"I'm fifteen. Why?"

"No reason."

"Ready. Jump in."

"But really fifteen?"

"I'm still turning fifteen."

The car shook in a convulsion, slipped, and drove off fast. So, as my reflection was determined to continue, I again thought that I was right. The certifying symbol of what I had said was with me: that fifteen–year old boy to whom I had surrendered my life and who drove proud without giving me importance, completely devoted to the inebriation of overcoming distances. The students were his same age. How to understand Respect in a time of Speed? And I mentally gave reason to the students, trembling with fear—because if I didn't give it, if I doubted them, if I doubted, if I really didn't agree with their universal excesses I wouldn't... oh! immortal gods! I would no longer be young, I would be horrified of being considered old, I would no longer enjoy, in this short life, the pleasure of being intensely here–and–now...

Original publication: *Os Sentimentos dos Estudantes d'Agora. Vida Vertiginosa,* Rio de Janeiro: Garnier, 1911, pp.57–67.

O Reclame Moderno

Eu saía precisamente de ver combinar várias empresas no escritório de um milionário, pobre há oito anos. O reclame! É preciso dar na vista, chamar a atenção. Foi–se o tempo da frase: "a boa qualidade impõe–se." Não há boas qualidades: há reclame, a concorrência, a intensidade de reclame do rumor. Todos nós estamos à porta de uma barraca de feira, ganindo a excelência dos nossos produtos. Liricamente magoado, ouvira durante meia hora a palavra entusiasmada do poeta Pedreira, que se fizera agente de anúncios e cheio de dinheiro desprezava agora os alexandrinos e os outros poetas. Pedreira, o primeiro dos agentes de anúncio, por direito de conquista e nascimento, falara cheio de verve.

— O Reclame, meu caro, é o aproveitamento de um mal contemporâneo—o mal de aparecer. É o mal devorador, é a epidemia, é o flagelo açoitando todos os nervos, todos os cérebros, como um castigo dos céus. Que queres tu que se faça na ânsia da vida moderna, na

The Modern Advertisement

I was just leaving from witnessing the merging of several companies in the office of a millionaire, poor for the past eight years. The advertisement! It's necessary to show off, to draw attention. Long gone are the days of the phrase: "good quality is a must." There are no good qualities: there is advertising, competition, the power of the rumor of the ad. We are all on the doorstep of a market stall, yelping the excellence of our products. Lyrically pained, I heard for half an hour the enthusiastic words of the poet Pedreira,[1] who became an advertising agent and full of money, now despising the Alexandrines[2] and other poets. Pedreira, the top ad agent by right of achievement and birth, spoke ravishingly.

1. One of João do Rio's characters who deserved a book of his own (*A Profissão de Jacques Pedreira/The Profession of Jacques Pedreira*—1911) after being incompletely serialized in the newspaper *Gazeta de Notícias*, starting in issue 163 on June 13, 1910, p.1–2.

2. A line of poetic meter constituted of 12 syllables, with major stresses on the 6th syllable, it's the leading measure in heroic French poetry born in the 12th Century.

nevrose da concorrência, no desespero de vencer? Aparecer! Aparecer! Não se pensa mais na filosofia amarga do desaparecimento: as legendas em bronze dos portões dos cemitérios perderam o sentido, a significação para o homem contemporâneo do automóvel, que julga a vida um *record* e só pensa em não ficar *en pane*, nem esquecido dos que olham.

Vê o mundo. O trabalho duplicou, decuplicou, centuplicou. O esforço para a evidência, para a personalização na grande feira humana, chupa os ossos, rasga os músculos, arranca os nervos, esgota, desvaira, enche os manicômios; mas a onda continua, impetuosa, irresistível, para além das forças concebíveis, atirando aos píncaros os vitoriosos—os vitoriosos de um instante que conseguiram aparecer. O reclame é o rochedo a que se agarram os salvados do desastre—o reclame gritado, estridente, reclame que é às vezes mentira, que é às vezes inconveniência, que chega a ser calúnia, mas que faz aparecer na mente alheia, com a brutalidade de um prego entre os olhos, o nosso nome, o nosso feito, a nossa ação individual...

Dize cá. Porque faz toda a gente conferências? Para ganhar dinheiro? Não só por isso, mas principalmente para gozar do reclame antes e depois. Foi um processo de galarim permanente dos aclamados para ser depois a falcatrua dos falhos, e para terminar em válvula de aparição para uma série de nomes desconhecidos. Por que escrevem as senhoras? Por que vão defender o divórcio e outras teorias ex–subversivas? Para armar o escândalo e dar mais na vista. É claro. Porque os escritores não se limitam mais ao livro único, e se esfalfam em originais para as gazetas, no desespero da produção? Dificuldades pecuniárias? Talvez. Mas de certo, fatal, irresistível, orgânica, a permanente vontade de se ver impresso, falado, discutido, citado. Já estiveste cinco minutos com um homem, sem que o visses falar do seu próprio valor? Se é *sportsman*, fala dos seus conhecimentos, do seu automóvel, do seu cavalo; se é dado a conquistas, é insuportavelmente vaidoso; se tem uma profissão na

"The Advertisement, my dear, is the use of a contemporary evil—the evil of display. It's the devouring evil, it's the epidemic, it's the scourge whipping every nerve, all brains, like punishment from heaven. What do you want to be done within the yearning of modern life, the neurosis of competition, the desperation to win? Display! Display! We no longer think in the bitter philosophy of disappearance: the bronze lettering of the cemetery gates have lost their sense, the significance for the contemporary automobile man, who sees life as a record and only thinks of not getting en pane,[3] nor forgotten by those who watch.

Look at the world. The work has doubled, increased tenfold, a hundredfold. The effort to be in evidence, for personalization in the large human fair, sucks the bones, tears the muscles, rips out the nerves, exhausts, maddens, fills the asylums. But the wave continues, impetuous, irresistible, beyond conceivable forces, shooting victors to the heights—the victors of an instant who managed to rise. The advertisement is the rock that those rescued from disaster cling to—the shouted, strident ad, the ad which is sometimes a lie, sometimes a hassle, comes to be slander, but which makes our name, our deeds, our individual action pop up in other people's minds with the brutality of a nail between the eyes...

Tell me. Why do all these people organize conferences? To make money? Not only for that, but mostly to enjoy the advertisement, before and after. It was a process of continuous apogee of the acclaimed, to then become the deceit of the flawed ones, to end as an apparition valve for a series of unknown names. Why do the ladies write? Because they will defend divorce and other former subversive theories? To make a scandal and show off, of course. Why are writers no longer limited to one book, and tire themselves over manuscripts for the gazettes? Pecuniary difficulties? Maybe. But for sure, the fatal, irresistible, organic, permanent volition to see his work printed, spoken about, discussed, quoted. Have you been five minutes with a man without him talking

3. French for "out of order."

classe, só há ele e os seus amigos muito depois. Os mais polidos, os mais amáveis, mesmo fazendo a outrem o elogio que reclama retribuição, não deixam de se elogiar aproveitando a forma comparativa. Diante da máquina humana: uma estrada atravancada de máquinas. No bojo de cada máquina, a movê–la, mola de aço substituta da alma: o *Eu* desesperador. E são todos! Aparecer! Aparecer! Cada sujeito cria uma atitude, cada ser fixa a personalidade de um gesto, cada tipo arvora uma certa mania, e não há quem não queira ser o primeiro da sua classe, o bem conhecido, o sem rival... Observa a sociedade, o torvelinho, o caos, o sorvedouro, o *fjord* humano que é uma grande cidade. Vês aquele cavalheiro? É um valdevinos admiravelmente bem vestido.

Não o era antes. A necessidade de posar, de conservar em evidência a sua fachada fê–lo descer a roubar ao jogo, a peitar *jockeys* em tribofes reles, a chumbar dados, a se degradar em alcovitismos, em proxenetismos infames. Mas, aparece!

Conheces *Mme.* Praxedes, a mulher mais elegante do Rio? Tem trinta e cinco anos e um filho de dezoito.

Suicidar–se–ia, se a proibissem de ir a uma *soirée fashion*, se faltasse a uma festa, a um *raout* qualquer de gente bem lançada. É preciso aparecer, não ser esquecida, conservar no público a ideia da sua beleza.

Estás atordoado. É pena. Não faço mais que dizer banalidades sobre observações palpitantes! Esta é que é a verdade.

Olha por exemplo, naquele carro a estrela fulgurante dos nossos teatros. Tem quarenta contos de dívidas, todas as suas jóias são falsas, são o clássico *double* das verdadeiras já até desaparecidas do prego. Pela manhã, antes de concertar a cara com clara de ovo dormida ao relento, tosse meia hora na crise asmática da velhice retardada. Mas conserva o seu inalterável sorriso de Vênus da ribalta e daria a última gota de sangue e sofre todas as humilhações para permanecer no palco,

about his own worth? If he's a sportsman, he speaks of his knowledge, his car, his horse. If he's given to achievements, he's insufferably vain. If he is in a professional class, there's only him and, long after him, his friends. The most polite, the most kind, even offering others praise that implores retribution, doesn't fail to praise himself by taking advantage of the comparison. Before the human machine: a cluttered road of machines. At the core of each machine, moving it, a steel spring substitute for the soul: the hopeless I. And it's all of them! Display! Display! Each individual creates an attitude, each being determines the personality of a gesture, each type sets a certain mania, and there is no one who doesn't want to be the first of his class, the well–known, the unrivaled... Observe society, the swirling, the chaos, the whirlpool, the human fjord which is a great city. Do you see that gentleman? He's a remarkably well–dressed scallywag.

He wasn't before. The need to pose, to keep his facade in evidence made him lower himself to swindle the game, to bribe jockeys in despicable collusions, to load dice, to degrade into panderisms, into infamous pimpings. But, he sticks out!

You know Mme. Praxedes, the most elegant woman in Rio? She's thirty–five and has an eighteen–year–old son.

She would commit suicide if she were forbidden to go to a fashion soiree, if she missed a party or a fete of any well–heeled people. She has to be noticed, not to be forgotten, to keep in the public the idea of her beauty.

You are stunned. It's pity. I do nothing more than to say banalities about throbbing observations! This is the truth.

Look for example, in that car the dazzling star of our theaters. She has got a forty *contos*[4] debt, all her jewels are fake, they're the classic double of the real which are even missing from the pawnshop. In the

4. Brazilian currency of the period, *réis* (plural of *real*). One *conto de réis* was equivalent to 1,000.000 *réis*. Measured against the relative price of gold, one *conto de réis* would be equivalent to approximately USD 35,000 (December 2016).

conservando na mente da cidade o seu nome, o seu gesto, o seu tipo que veio à tona

Ainda não te dás com aquela família que caminha a pé para o teatro ou para um baile? O pai já se esgotou; a mãe e as três deliciosas filhas permitem as mais perigosas intimidades a sujeitos com dinheiro—para obter cadeiras, vestidos, camarotes, no desespero de querer participar do grande luxo e de aparecer.

Estes são apagados exemplos urbanos. Na Detenção há gatunos que se suicidam de mentira para que os jornais falem; no hospício, a preocupação da totalidade dos doidos é a sua personalidade perante o público. Os mais audaciosos assassinos e desordeiros, quando são presos têm *reporters* da sua confiança aos quais mandam chamar para que a notícia seja verdadeira, bem clara, bem cheia de pormenores e bem com o seu nome. Bem considerada, a vida não é senão um penoso trabalho de dar na vista. Não há mais ninguém modesto. O sábio no laboratório arrisca a existência com o fim de ver o seu retrato em todos os jornais, o inventor inventa antes de tudo um meio de se destacar, e se passasses um dia na redação de um jornal é que verias o número de pessoas caridosas, inventoras, artistas, organizadoras de coisas, apenas para empurrar o nome. Que digo? Aparecer é uma questão nacional. Desde que a imprensa francesa deixou de amolar aos seus leitores com um *rataplan* desordenado em torno de Santos Dumont, o Brasil está todo comovido e já se fala em justa reivindicação.

Mas não pares agora, homem de Deus! não me interrompas! Lá vem o redator mundano de um jornal que dá o nome das pessoas. É um idiota. Mas que fazer? Tratemo–lo bem, como ele nos trata! Diabo! Lá parou a conversar. São os Azevedo loucos pelo reclame. Os coitados inventaram agora mais um grêmio: o *Dreams–Club*... Acabam no hospício! Enfim...

Reflete no número crescente de desfalques, não só aqui no Rio, mas em todo o mundo, desfalques perpetrados por gente quase sempre

morning, before she puts her face up with egg white left under dew overnight, she coughs for half an hour in an asthmatic crisis of delayed oldness. But she maintains her unalterable limelight Venus smile, and would give her last drop of blood, and suffer all humiliations, to stay on stage, keeping her name, her gesturing, her surfaced type in the mind of the city.

Aren't you yet in good terms with that family who walks to the theater or a ball? The father has already depleted himself. The mother and the three delicious daughters allow the most dangerous intimacy with individuals of money—for seats, dresses, theatre boxes, in the despair of wanting to participate in the great luxury and to stick out.

These are modest urban examples. At Detention there are prowlers who fake their suicide so that newspapers talk about them. In the madhouse, the concern of all the insane is for their personality before the public. The most audacious murderers and rioters, when arrested, have reporters they trust whom they send for so that the news is true, quite clear, and quite full of minutiae and very much with their name. If well considered, life is but a painful job of calling attention. No one is modest anymore. The savant in the laboratory risks his existence in order to see his picture in all the papers. The inventor invents primarily a way to stand out. And if you spent a day in the office of a newspaper, you'd see the number of generous, inventive, artistic people, organizers of things, just to push their name. What do I say? To make an appearance is a national issue. Since the French press has ceased to annoy its readers with a disorderly *rataplan* around Santos Dumont,[5] the whole of Brazil is moved and there is even talk of fair counterclaim.

But don't stop now, man of God! Don't interrupt me! Here comes the mundane editor of a newspaper that gives people's names. He's a fool. But what can one do? Let's treat him well, as he treats us! Devil!

5. Alberto Santos–Dumont (1873–1932), was a Brazilian aviator of zeppelins and airplanes who lived in France during João do Rio's time, and around whom there's a controversy about the first world aviation recorded in history.

considerada digna do nosso cumprimento. É a vertigem, a vertigem alucinadora, o medo, o pavor de não poder aparecer mais, aparecer sempre mais.

Oh! não se discutem os meios, os processos. A questão é outra. Sou um criminoso, um assassino, um ladrão tremendo? Venha o nome, olhem o meu perfil, assustem–se comigo. Sou eu! Sou eu! Levei a minha vida a fazer o bem, protegendo os miseráveis na sombra, constituindo hospitais? Inaugurem o meu retrato, falem de mim! Sou eu! O preciso é predominar, ultrapassar o comum e o anônimo. Arranjo dinheiro por meios ilícitos? Que te importa? Aparento mais luxo que os mais, mandei buscar uma vitória–automóvel como a da rainha de Espanha e os jornais falam!

Ufa! Admiras–te destas frases que te vou segredando? Olha a rua, homem paciente e amável. Que vês! O senhor do mundo inteiro o reclame no seu horrífico multiformismo. Passou um sujeito de *bonet*, deu–te um papel: faz–te a apologia de três ou quatro cantoras do Casino. Paramos há instantes diante de um carro iluminado cruamente: era um carro anúncio. Em cada praça, onde instintivamente demoramos os passos, nas janelas, do alto dos telhados, em mudos jogos de luz, os cinematógrafos e as lanternas mágicas gritam através do *écran* o reclame do melhor alfaiate, do melhor livro, do melhor teatro, do melhor revólver. Basta parar alguns minutos para ver o galope dos nomes. No alto das casas, o interesse e a nevrose, não só nas lanternas mágicas como em letras de fogo, azuis, vermelhas, verdes, enterram no público a pua do reclame; na praça, as feiras de música em que a luz elétrica incendeia os cartazes e galvaniza os apetites exaustos da multidão! Aparecer. É a moléstia da cidade, a moléstia do mundo.

E quantos faz ela ganhar, para quantos serve de sustento! São os artistas, são os eletricistas, são os ociosos, são os cavalheiros com boas ideias de fazer o produto dar na vista. Essa nevrose, meu caro amigo,

There he stopped talking. It's the Azevedos, they're crazy about advertisement. The poor creatures now invented another guild: The Dreams–Club... They end up in the loony bin! Anyway...

It is reflected in the growing number of embezzlements, not only here in Rio but around the world, embezzlements perpetrated by people almost always considered worthy of our greeting. It's the vertigo, hallucinating vertigo, the fear, fear of not being able to make an appearance anymore, to stick out more and more.

Oh! One doesn't discuss the means, the processes. The question is different. Am I a criminal, a murderer, an awful thief? Bring the name, look at my profile, be scared of me. It's me! It's me! Haven't I spent my life doing good, protecting the poor in the shadows, founding hospitals? Unveil a picture of me, talk about me! It's me! The need is to predominate, exceeding the ordinary and the anonymous. Do I muddle money through illegal means? Do you care? I feign more luxury than most people, I sent for a Victory–automobile[6] like the Queen of Spain's, and the newspapers talk!

Phew! Are you amazed by these phrases that I confide to you? Look at the street, patient and kind man. You see! The lord of the world, the advertisement, in its horrific multiformity. There went an individual wearing a cap. He gave you a paper: it makes an apologia to three or four singers of the Casino.[7] We've stopped for a moment in front of a crudely lit car. It was an advertisement car. In every square where we instinctively linger our steps, in the windows, from the rooftops, in mute lighting, the cinematographers and magic lanterns scream out from the screens the ads for the best tailors, the best book, the best theater, the

6. Possibly a reference to Victoria Eugenie of Battenberg (born Victoria Eugenie Julia Ena, 1887–1969), Queen Consort of Spain (1906-1931), wife of Alfonso XIII (1886–1941), and whose older and younger sons died in car crashes.

7. Possibly a reference to Cassino Fluminense, inaugurated in 1860, the most important hall in Rio de Janeiro during the Second Empire (1845). The building still stands situated at 90, Rua do Passeio; in 1924 it became the headquarters of the Automóvel Clube do Brasil (Brazil Automobile Club) which had been created in 1907.

fez perder definitivamente a vergonha a todos, arranjou dinheiro onde era impossível arranjá–lo, e criou uma repartição maior que todas as repartições pública com empregos desde diretor até contínuo: a Repartição do Reclame.

— És nessa repartição?...

— Chefe de seção. Na das musas, nem amanuense era...

Deixei–o bem impressionado. Mas tendo caminhado um pouco dei com um excelente rapaz.

— Franz? bom dia, caro...

— Bom dia. Que calor, hein?

— 35 graus á sombra. Um inferno!

— Se tomássemos uma cerveja?

— Com prazer.

Franz sentou–se, e alto:

— "*Garçon*, uma Teutonia *frappée.*" Se não fosse a Teutonia, com este calor, que seria de nós?

— Oh! Bebedor!

— Não morreríamos, porque teríamos a excepcional Bock–Ale...

Franz é um bom rapaz que eu encontrei num excelente grupo de ótimos rapazes bebedores de cerveja. Alguns já morreram. Um deles eu vira menino, e morreu com quatro corpos meus, ingerindo umas três dúzias de garrafas de cerveja por dia e gastando oitocentos mil réis dos seus vencimentos no licor de Gambrinus—como dizia por ouvir dizer.

Não sei qual o emprego de Franz. Vejo–o sempre bem vestido, rodeado de companheiros, a beber cerveja, hoje é com imenso espanto que o noto de luto fechado, quase triste apesar daqueles gritos, a chamar o *garçon*...

— Mas também você de preto!

— Então não sabe?

— De que?

best revolver. Just stop for a few minutes to see the gallop of names. On the top of houses, interest and neurosis, not only in magic lanterns but in letters of fire, blue, red, green, bury the prong of the advertisement in the public. In the square, the music fairs in which electricity enkindles posters and galvanizes the exhausted appetites of the crowd! To be on display. It's the disease of the city, the disease of the world.

And how much money does it make, to how many does it offer a livelihood! They are artists, electricians, they're idle, gentlemen with good ideas to make the product eye–catching. This neurosis, my dear friend, definitely made everyone shameless, found money where it was impossible to find it and created a department bigger than all the public offices with jobs from the director to the office–boy: the Bureau of Advertisement.

"In this department you are...?"

"Head of department. In the muses department, I wasn't even a scribe..."

I left him well impressed. But having walked a bit I came across an excellent young man.

"Franz? Good morning, my friend..."

"Good day. What heat, huh?"

"Thirty–five degrees in the shade. A hell!"

"And if we had a beer?"

"With pleasure."

Franz sat down, and loud:

"Garçon, a chilled Teutonia.'[8] Without Teutonia, with this heat, what would become of us?"

"Oh! Tippler!"

---

8. Cervajaria Teutonia (Brewery), owned by Preiss Haussler & Cia., opened its factory in Mendes (RJ) in 1895. In 1904 it merged with Georg Maschke & Cia Cervejaria Brahma. In 1999, it became one of the biggest breweries in South America through its merger with Companhia Antarctica Paulista becomig AmBev (Companhia de Bebidas das Américas/Beverage Company of the Americas).

— Venho de acompanhar o enterro de Guilherme Hopffer, aquele que teve um chopp...

— Morreu?

— Está enterrado.

— A moléstia?

Franz ficou sério. Uma nuvem passou–lhe pelos olhos.

— Do que eu vou morrer...

— A bebida?

— Sim, a bebida com que se ganha a vida...

Fiquei interrogativamente mudo. Franz empurrou o copo. Um silêncio tombou. Afinal, o pobre rapaz teve um arranco.

— Não sabe de que vivia Guilherme? Do mesmo que eu vivo. De beber cerveja. Foi ele, quando quebrou a casa, que imaginou, na luta das fábricas de cerveja, a instituição dos agentes reclames vivos. Nada do homem *sandwich*, mas o homem barril de cerveja. A fábrica a que se propôs, aceitou. Outra ofereceu–lhe logo o triplo. Ele tinha um conto de réis por mês e ordem ilimitada para beber em qualquer ponto quantas garrafas de cerveja quisesse. Formaram–se grupos desses reclamistas, com ordenados nunca inferiores a quatrocentos mil réis. Entrei nesses grupos, encarregados de expor indiretamente as marcas, de habituar os bebedores, de forçar a cerveja, mesmo grátis. Guilherme entretanto foi sempre o primeiro. Era espantoso. Não sei quantas dúzias de garrafas ingeria por dia. Tão hábil se tornou que, nas rodas de bebedores por ele formadas, os outros pagavam. Quando tinha o estômago cheio, erguia–se, ia ao *water–closet*, punha o dedo na garganta, vomitava tudo e voltava plácido, a beber. Passava neste exercício de uma hora da tarde às duas ou três da manhã. Deitava–se, dormia até às oito, ia para o banheiro, vomitava, e às nove estava lépido no escritório da companhia, a receber ordens. Sempre o julguei de ferro. Quase não comia. Não comia mesmo. E morreu em poucos dias, caiu desenganado pelo médico. Morria de

"We wouldn't die, because we would have the exceptional Bock–Ale..."[9]

Franz is a good young man that I met in a great group of great beer drinkers. Some have died. One of them I met as a boy, and he died four times bigger than me, drinking about three dozen bottles of beer a day and spending eight hundred thousand *réis* out of his salary in Elisir Gambrinus[10]—according to hearsay.

I don't know what Franz's job is. I always see him well dressed, surrounded by mates, drinking beer. Today I was very amazed to notice him in deep mourning, almost sad in spite of the shouting, calling the waiter...

"But you are also in black!"

"Don't you know?"

"Know what?"

"I come from attending Guilherme Hopffer's funeral, the one who had a *chopp*[11]...

"He died?"

"He's buried."

"The disease?"

Franz turned serious. A cloud passed across his eyes.

"What I'm going to die of..."

"The booze?"

"Yes, the booze with which one earns a living..."

I was questioningly speechless. Franz pushed his glass. A silence fell. At last, the poor young man jerked.

---

9. One of the brands produced by Georg Maschke & Cia. Cervejaria Brahma from 1902.

10. A liqueur made with Raboso Piave wine, produced by Gambrinus Winery since 1847. It was the choice for the inauguration of the 44th President of the United States, Barack Obama.

11. Short for *Schoppen* (German) in Brazil and other countries, meaning "half liter glass." Also spelled "chope" from the French.

beber cerveja. O doutor dizia que nunca vira um organismo em tal estado. Tudo: nervos, entranhas, coração—estragado. Pena tenho de não entender disso. Teria guardado o nome da moléstia—da moléstia de que talvez venha a morrer amanhã.

O pobre rapaz falava e eu recordava a figura de Guilherme Hopffer, magro, cabelo ralo, grandes mãos, andar ginástico, uma doçura alcoólica na pupila azul. Era macabramente amável, era extraordinário. Parecia com o frenesi da cerveja.

— Também vossemecê toma cerveja. *Pem pom*!

Surgia logo depois do almoço, alastrava–se numa *terrasse* de confeitaria, passava uma hora; seguia adiante. Certo dia encontrei–o umas dez vezes saindo de beber cerveja. A última, eram três da manhã, no Largo do Machado. E agora o que parecera uma extravagância aparecia–me em todo o seu horror de concorrência, de luta pela vida, de desespero heroico. Aqueles gestos, aquele ar, aquelas pilhérias que pareciam o feitio de um ser exótico, eram a consciente comédia de um negociante falido resolvido a cavar no mesmo ramo de negócio a subsistência.

Em casa havia mulher e filhos a dar comida. Que fazer? Arranjar dinheiro, não pouco, mas o bastante... Como? Ah! Como? Numa grande cidade, fechada aos infelizes; diante da indiferença que não se enternece...

Então germinou–lhe no cérebro naturalmente aquele atroz pensamento satânico de extinção para viver. A companhia não lhe daria, de certo, um conto de réis para ficar no seu escritório, mas deu–o sem trepidar para rebentar um homem como uma bomba de chopes, para se dilatar, para engolir a rival. E esse homem, absorvendo chopes e lançando–os nos cantos, arrastando a ingeri–los dezenas de sujeitos, tentando outros à profissão tremenda, ergue–se num elemento de

"Don't you know what Guilherme did for a living? The same as I do. Drink beer. It was him, when he went bankrupt, who thought up, in the struggle of the beer factories, the institution of live ad agents. Not the sandwich[12] man but the beer keg man. The brewery to which he proposed the idea accepted it. Another soon offered him triple pay. He earned one *conto de réis* per month and unlimited orders to drink, at any place, as many bottles of beer as he wanted. These advertisers formed groups, with earnings never under four hundred thousand *réis*. I joined these groups, in charge of indirectly pitching the brands, to get drinkers used to them, to force the beer down, even for free. Guilherme, however, was always the first. He was amazing. I don't know how many dozen of bottles he swallowed per day. He became so skilled that, in the circles of drinkers he formed, the others paid. When he had a full stomach, he'd stand, go to the toilet, put his finger in his throat, threw up everything and placidly return to drink. He would keep up this exercise from one in the afternoon until two or three o'clock next morning. He'd lie down, sleep until eight, go to the bathroom, vomit, and at nine o'clock he was full of energy in the company office, taking orders. I've always deemed him an iron man. He hardly ate. He didn't eat at all. And he died in a few days, he fell undeceived by the doctor. He died of drinking beer. The doctor said he'd never seen a body in such a state. Everything: nerves, guts, heart—rotten. Shame I don't know these things. I would have remembered the name of the disease—the disease that perhaps will kill me tomorrow."

The poor young man was talking, and I remembered Guilherme Hopffer's figure, slim, thinning hair, big hands, gymnastic gait, an inebriant sweetness in his blue pupils. He was macabrely kind, extraordinary. He was like the frenzy of beer.

"Y'all drink beer, too? *Pem pom!*

---

12. Referring to John Montagu (1718–1792), the 4th Earl of Sandwich, who allegedly ordered a slice of meat between slices of bread in order not to interrupt a gambling game (circa 1762).

devastação, convencido de que ele próprio seria uma das principais vítimas.

Que Poe, que Barbey imaginaria um conto de tal forma pavoroso? Qual de nós descobriria em Guilherme o niilista tremendo, o anarquista mais cruel, mais louco, mais perigoso? Logo aos primeiros dias dessa vida de destruição e sem o vício sustentáculo, devia ter sentido claro, já não digo o crime de criar regimentos de suicidas para viver, mas o pavor do próprio desastre. Não recuou, não tremeu. Antes foi atacado de um verdadeiro frenesi religioso. Bebia, bebia, bebia, bebia—sem ficar bêbedo, tendo que saber o que estava fazendo e o que devia continuar a fazer: beber.

Franz contava maquinalmente aquela existência, e eu sentia na espinha um calefrio de medo, de um medo vago e indizível, um medo maior que o dos espíritos timoratos à meia–noite num cemitério, o medo glacial da gente que passava, do *garçon* que servia, do pobre e lamentável Franz, das altas casas, das conduções rápidas. Era a civilização na sua frieza, era o *struggle for life* e a engrenagem mecânica da sociedade esmagando os mais fracos. Porque se dera aquela morte? Para reclame e supremacia de uma companhia. Tinha ela culpa? Absolutamente nenhuma. Aceitava o que julgava útil aos interesses dos seus acionistas. Para que mais seguro fosse o pão de centenas de operários, morriam alguns utensílios do gigantesco aparelho, e utensílios com instintos perigosos. A companhia devia ter mandado uma coroa. Nenhum dos diretores teria de saber a causa da morte, e quem a dissesse arriscar–se–ia, de certo, a perder o emprego, porque estaria a fazer obra de revolta cometendo injustiças contra as larguezas monetárias com que uma poderosa empresa recebera as originais propostas de ociosos bebedores de chopes. A verdade era essa para o mundo do interesse e também para os justos. O macabro reclame vivo estalara como um odre. Que últimos dias teria tido! Que grande ódio ao mundo na segurança da morte! E

He would show up after lunch, sprawl on the terrace of a patisserie, spend an hour, and move on. One day I met him some ten times leaving off from drinking beer. The last time was at three in the morning at Largo do Machado.[13] And now what seemed an extravagance appeared to me in all its horror of competition, of struggle for life, of heroic despair. Those gestures, that air, those jokes that seemed to be of an exotic nature, were the conscious comedy of a bankrupt businessman determined to dig up his subsistence in the same line of business.

At home there were women and children to feed. What to do? Find money, not a little, but enough... How? Ah! How? In a big city, closed to the hapless; before the indifference that doesn't console...

Then certainly that awful satanic thought of extinction from life germinated in his mind. The company wouldn't, of course, give him one *conto de réis* to stay in his office, but without hesitation it blew up a man like a draft beer pump, to expand, to swallow their rival. And this man, drinking beers and throwing them up in the corners, dragging dozens of individuals to swallow them, tempting others to the tremendous profession, rose up in a state of devastation, convinced that he himself would be one of the main victims.

Which Poe or Barbey[14] would have imagined such a dreadful story? Which of us would find in Guilherme the dreadful nihilist, the most ruthless anarchist, the craziest, the most dangerous? Since the first days of this life of destruction and without the prop of addiction, he might have clearly felt—I won't say the crime of creating living suicide regiments—but the fear of his own disaster. He didn't flinch, didn't tremble. Rather, he was attacked by a true religious frenzy. He drank, drank, drank, drank—without getting drunk, having to know what he was doing, and what he should continue to do: to drink.

---

13. A square in the neighborhood of Catete, Rio de Janeiro.

14. Edgar Allan Poe (1809–1849) an American writer, editor, and literary critic; and (Jules–Amédée) Barbey d'Aurevilly (1808–1889) a French novelist and short story writer; both writers of mysterious tales.

que entrevista com a Ceifadora, se é que a Morte nos vem regularmente buscar para apressar a extinção da Vida... Mas estava morto, estava enterrado, e outros reclames vivo, àquela hora, pela cidade vasta mostrariam a excelência de várias bebidas. Era a civilização.

Cheio de piedade, interroguei Franz.

— E você, que vai fazer?

— Eu?

— Sim. De certo, com tal exemplo, você não vai ficar na profissão de beber muita cerveja como reclame.

Ele estava admiradíssimo.

— E porque não?

— Porque morre. É o menos.

— Todos nós temos de morrer. Tanto faz hoje...

— Então continua?

— Eu digo. A companhia tem gasto um dinheiro louco em reclames. Nem pode imaginar. Depois, são tão gentis!... Chamaram-me para substituir o Guilherme.

— E aceitou?

— Nem tinha dúvidas. Um ordenadão! Olhe que isto é sempre melhor do que ser empregado público. Toma outra garrafa?

— Obrigado.

— Mas tomo eu.

— Porque vai você fazer isso, Franz, você, que já não pode ter sede?

De novo o seu semblante contraiu-se.

— Com este calor, há gente passando... Sempre lhes abre o apetite... "*Garçon!* Outra garrafa! Bem gelada! Está excelente."

Fazia realmente um calor de fornalha. O pobre reclame moderno ingeria o copo cor de topázio. Um diamantino brilhava-lhe no dedo mínimo. E em outras mesas havia cavalheiros bebendo cerveja. Reclame? Que sei eu? Havia de outras marcas. Eram as outras fábricas?

Franz mechanically told about that existence, and I felt a shiver of fear in my spine, a vague and unspeakable fear, a fear greater than that of half–hearted spirits at midnight in a cemetery, the glacial fear of people passing by, of the waiter serving, of the poor and unfortunate Franz, of the tall houses, of the fast transports. It was civilization in its coldness; it was the struggle for life and the mechanical gear of society crushing the weak. Why did that death happen? For the advertisement and supremacy of a company. Was it to be blamed? Absolutely not. It accepted what it thought useful in the interests of its shareholders. So that the bread of hundreds of workers was safer, some utensils of the gigantic machine died, utensils with dangerous instincts. The company should have sent a crown. None of the directors would have to know the cause of death, and who told would risk, of course, losing his job, because he would be doing the work of rebellion by committing injustices against the monetary lavishness with which a powerful company received the original proposals of truant beer drinkers. That was the truth for the world of profit and also for the righteous. The macabre live advertisement popped like a goatskin. What last days he would have had! What great hatred of the world in the safety of death! And what interview with the Reaper, if Death comes for us regularly to hasten the extinction of life... But he was dead, buried, and other advertisers who were alive at that time in the vast city would show the excellence of various beverages. It was civilization.

Full of pity, I asked Franz.

"And you, what are you going to do?"

"Me?"

"Yes. Of course, with such an example, you will not stay in the profession of drinking a lot of beer as an advertisement."

He was extremely surprised.

"And why not?"

"Because you'll die. At the least."

Talvez... Mas o meu coração confrangia–se ao lembrar que talvez no futuro verão já aquele Franz brilhante não estivesse ali, onde estivera o verão passado a figura macabramente alegre de Guilherme Hopffer...

"We all have to die. Be it today..."

"Then you're going to continue?"

"I say. The company has been spending crazy money on ads. You can't even imagine. Then, they are so kind…! They've called me to replace Guilherme."

"And did you accept?"

"Without reluctance. A massive salary! Think that this is always better than being a public employee. Will you drink another bottle?"

"Thank you."

"But I drink."

"Why do you do this, Franz, you; it can't be thirst?"

Again his face twitched.

"In this heat, there are people going by... It always opens their appetite... Garçon! Another bottle! Well chilled! It's excellent."

It was really the heat of a furnace. The poor modern advertisement drank the topaz glass. A diamantine sparkled on his little finger. And at other tables there were gentlemen drinking beer. Advertisement? What do I know? There were other brands. Were they from other breweries? Maybe... But my heart ached remembering that perhaps next summer that Franz wouldn't be there, where last summer there had been the macabre cheerful figure of Guilherme Hopffer...

Original publication: *Um Aspecto do Reclamo Moderno.* Rio de Janeiro: *Gazeta de Notícias*, 10.04.1910, N.101, p.1.

Modern Girls

— Xerez? *Cocktail?*

— Madeira.

Eram 7 horas da noite. Na sala cheia de espelhos da confeitaria, eu ouvia com prazer o Pessimista, esse encantador romântico, o último cavalheiro que sinceramente odeia o ouro, acredita na honra, compara as virgens aos lírios e está sempre de mal com a sociedade. O Pessimista falava com muito juízo de várias coisas, o que quer dizer: falava contra várias coisas. E eu ria, ria desabaladamente, porque as reflexões do Pessimista causavam-me a impressão dos humorismos de um *clown* americano. De repente, porém, houve um movimento dos criados, e entraram em pé de vento duas meninas, dois rapazes e uma senhora gorda. A mais velha das meninas devia ter quatorze anos. A outra teria doze no máximo. Tinha ainda vestido de saia entravada, presa às pernas, como uma bombacha. A cabeça de ambas desaparecia sob enormes chapéus de palha com flores e frutas. Ambas mostravam os braços

Modern Girls

"Sherry? Cocktail?"

"Madeira wine."

It was seven o'clock in the evening. In the room full of mirrors of the patisserie, I listened to the Pessimist with pleasure, this charming romantic, the last gentleman who sincerely hates gold, believes in honor, compares virgins to lilies, and is always on bad terms with society. The Pessimist spoke with much sense of various things, meaning: he spoke against various things. And I laughed, immeasurably, because the Pessimist's reflections caused in me the impression of humorousness of an American clown. Suddenly, however, there was a movement of servants, and two girls, two boys and a fat lady entered tempestuously. The older girl was about fourteen years old. The other was twelve at most. She still

desnudos, agitando as luvas nas mãos. Entraram rindo. A primeira atirou–se a uma cadeira.

— Ufa! que já não posso!...

— Mas que pandega!

— Não é, mamã?...

— Eu não sei, não. Se seu pai souber...

— Que tem? Simples passeio de automóvel.

A menor, rindo, aproximou–se do espelho.

— Mas que vento! Que vento! Estou toda despenteada...

Mirou–se. Instintivamente olhamos para o espelho. Era uma carita de criança. Apenas estava muito bem pintada. As olheiras exageradas, as sobrancelhas aumentadas, os lábios avivados a carmim líquido faziam–lhe uma apimentada máscara de vício. Era de certo do que gostava, porque sorriu à própria imagem, fez uma caretinha, lambeu o lábio superior e veio sentar–se, mas à inglesa, traçando a perna.

— Que toma?

— Um chopp.

A outra exclamou logo:

— Eu não, tomo *whiskey*, *whiskey and* caxambu.

— *All right.*

— E a mamã?

— Eu minha filha, tomaria um groselha. O Sr. tem?

— Esta mamã com os xaropes!

E voltou–se. Entrava um sujeito de cerca de quarenta anos, o olho vítreo, torcendo o bigode, nervoso. O sujeito sentou–se de frente, despachou o criado, rápido, e sem tirar os olhos do grupo, em que só a pequena olhava para ele, mostrou um envelope por baixo da mesa. A pequena deu uma gargalhada, fazendo com a mão um sinal de assentimento. E emborcou com galhardia o copo de cerveja.

Nem a mim, nem ao Pessimista aquela cena podia causar surpresa. Já a tínhamos visto várias vezes. Era mais um caso de precocidade

wore harem pants,[1] tight on the calves, like gaucho pants. Their heads disappeared under huge straw hats with flowers and fruits. Both showed bare arms, flapping their gloves in their hands. They entered laughing. The first threw herself to a chair.

"Phew! I can no longer!..."

"What a lark!"

"Isn't it, Mom...?"

"I don't know. If your father knows..."

"So what? A simple car ride."

The younger, laughing, approached the mirror.

"But what wind! What wind! I'm all disheveled..."

She looked at herself. Instinctively we look in the mirror. It was the face of a little child. It was just very well made–up. The exaggerated dark circles, the raised eyebrows, the lips revived by carmine liquid gave her a spicy mask of addiction. It was surely what she liked, because she smiled at her own image, she made a face, licked her upper lip and sat down, English–style, crossing her legs.

"What are you drinking?"

"A *chopp*."[2]

The other immediately exclaimed:

"Not me, I'll drink whiskey, whiskey and *caxambu*.[3]

"All right."

"And mom?"

"I, my daughter, would like a currant juice. Do you have it, sir?"

"Mom and her syrups!"

1. The first Harem Pants appeared in Western culture in the mid 1800's through the work of a women's rights activist named Amelia Bloomer (1818–1894). She used them as a uniform for Feminists who wanted to fight for their rights; the trousers represented freedom and liberation with their higher hemlines and masculine connotations.

2. Short for *Schoppen* (German) in Brazil and other countries, meaning "half liter glass." Also spelled "chope" from the French.

3. Mineral water from Caxambu, a city in the south of Minas Gerais, renowned for its alleged miraculous properties.

mórbida, em que entravam com parte iguais o calor dos trópicos e a anciã de luxo, e o desespero de prazer da cidade ainda pobre. Aqueles dois rapazes, aliás inteiramente vulgares, para apertar, palpar e debochar duas raparigas, tinham alugado um automóvel, mas tendo nele a mãe por contrapeso. A boa senhora, esposa de um sujeito de certo sem muito dinheiro, consentira pelo prazer de andar de automóvel, pelo desejo de casar as filhas, por uma série de razões obscuras em que predominaria de certo o desejo de gozar uma vida até então apenas invejada. O homem nervoso era um desses caçadores urbanos. A menina, a troco de vestidos e chapéus iria com ele talvez...

— É a perdição! bradou o Pessimista.

— É ávida...

— Você é de um cinismo revoltante.

— E você?

O Pessimista olhou–me:

— Eu, revolto–me!

— E o que adianta com isso?

— Satisfaço a consciência...

— Que é uma senhora cada vez mais complacente.

O Pessimista enrouqueceu de raiva. Eu, com um gesto familiar, tirei o chapéu às meninas—que imediatamente corresponderam ao cumprimento.

— Oh diabo! Conhecê–las!

— Nunca as vi mais gordas.

— E cumprimenta–as?

— Por isso mesmo: para as conhecer. É que essas duas meninas são, meu caro Pessimista, um caso social—um expoente da vida nova, a vida do automóvel e do velívolo. O homem brasileiro transforma–se, adaptando de bloco a civilização; os costumes transformam–se; as mulheres transformam–se. A civilização criou a suprema fúria das precocidades e dos apetites. Não há mais crianças. Há homens. As

She turned round. A man of about forty years of age was coming in, vitreous eye, twisting his mustache, nervously. The man sat facing them, dismissed the servant quickly, and without taking his eyes off the group, in which only the younger girl looked at him, showed an envelope under the table. The girl laughed, making a permission sign with her hand. And swilled the glass of beer with style.

That scene couldn't surprise me or the Pessimist. We had already seen it several times. It was one more case of morbid precocity which had equal parts of the heat of the tropics and the old lady of luxury, and the despair for pleasure of a still poor city. Those two young men, in fact entirely ordinary, had rented a car to pet, grope and debauch two girls; but they had the mother in the car as counterpoise. The good lady, wife of an individual with certainly not much money, acquiesced for the pleasure of riding a car, for the desire to marry her daughters, for a number of obscure reasons among which predominated certainly the desire to enjoy a life hitherto only envied. The nervous man was one of those urban hunters. The girl, in return for dresses and hats, might go with him...

"It is the perdition!" cried the Pessimist.

"It's eager..."

"You are of such revolting cynicism."

"And you?"

The Pessimist looked at me:

"Me, get angry!"

"And what's it worth?"

"I please my conscience..."

"Who is an increasingly complacent lady."

The Pessimist hoarsened with anger. I, with a familiar gesture, took off my hat to the girls—who immediately responded to the compliment.

"Oh hoity–toity! You know them!"

"I don't know them from Eve."

meninas, que aliás sempre se fizeram mais depressa mulheres que os meninos homens, seguem a vertigem. E o mal das civilizações, com o vício, o cansaço, o esgotamento, dá como resultado das crianças pervertidas. Pervertidas em todas as classes; nos pobres por miséria e fome; nos burgueses por ambição de luxo, nos ricos por vício e degeneração. Certo, há muitíssimas raparigas puras. Mas estas, que se transformaram com o Rio, estas que há dez anos tomariam sorvete, de olhos baixos e acanhadas, estas são as *modern girls*.

— Um termo inglês...

— Diga antes americano—porque americano é tudo que nos parece novo. Antigamente tremeríamos de horror. Hoje, estas duas pequenas são quase nada de grave. Semivirgens? Contaminadas de *flirt*? Sei lá! É preciso conhecer o Rio atual para apanhar o pavor imenso do que poderíamos denominar a prostituição infantil. Este é o caso bonito—não se aflija—bonito à vista dos outros, porque os outros são sinistros. O que Paris e Lisboa e Londres, enfim as cidades europeias oferecem tão naturalmente, prolifera agora no Rio. A miséria desonesta manda as meninas, as crianças, para a rua e explora-as. Há matronas que negociam com as filhas de modo alarmante. Há cavalheiros que fazem de colecionar crianças um *sport* tranquilo. A cidade tem mesmo, não uma só, mas muitas casas publicamente secretas, frequentadas por meninas dos doze aos dezesseis anos. Ainda outro dia vi uma menina, de madeixas cabidas e meia curta. Olhou-me com insolência e entrou numa casa secreta, que fica bem em frente ao ponto de carros elétricos em que me achava. Estas talvez não façam isso ainda, estas são as eternas pedidas.

— As eternas pedidas?...

— Criaturinhas com o trópico, o vício das ruas, o apetite do luxo que não podem ter, criaturinhas que desde o colégio, desde os dez anos, se enfeitam, põem pó de arroz, carmim, e namoram. O lar está aberto aos milhafres, como se diria antigamente nos dramalhões. Elas têm um

"And you greet them?"

"Exactly for that reason: to get to know them. It's that these two girls are, my dear Pessimist, a social event—an exponent of the new life, the life of the car and the clipper. The Brazilian men transform themselves, adapting in block to civilization; customs are transformed; women transform themselves. Civilization has created the ultimate fury of precociousness and appetites. There are no more children. There are men. The girls, who incidentally always made themselves into women faster than the boys, follow the vertigo. And the plague of the civilizations, with addiction, fatigue, exhaustion, brings perverted children as a result. Perverted in all classes; in the poor for poverty and hunger; in the bourgeois for ambition of luxury; in the rich by vice and degeneration. Sure, there are very many pure girls. But these, who transformed with Rio, these who ten years ago would have had ice cream, with low and timid eyes, these are the modern girls."

"An English term..."

"Better said, American—because American is all that seems new to us. In the past we would have trembled with horror. Today, these two girls are almost nothing serious. Semi–virgins? Contaminated with flirt? I don't know! You have to know the present Rio to understand the immense dread of what might be called child prostitution. This is a beautiful case—don't worry—beautiful in the view of others, because the others are sinister. What Paris and Lisbon and London, anyway, the European cities, offer so naturally now proliferates in Rio. The dishonest poverty sends girls, children, to the street and exploits them. There are matrons who deal in their daughters in alarming ways. There are gentlemen who are collecting children as a quiet sport. The city even has, not only one, but many publicly secret establishments, frequented by girls from twelve to sixteen years old. Just the other day I saw a girl, hair locks done up and short socks on. She looked at me insolently and went

noivo, quando deviam estar a pular a corda. É um rapaz alegre, que lhes ensina coisas, e pitorescamente lhes "dá o fora" tempos depois, desaparecendo. Logo aparece outro. As meninas, por vício e mesmo porque lhes pareceria deprimente não ter um apaixonado permanente, recebem esse e com ele contratam casamento. Ao cabo de dois ou três meses a cena repete–se e vem terceiro, de modo que é muito comum ouvir nas conversas das pobres mamãs: "— A minha filha vai casar.— Ah! já sei, com aquele rapaz alto, louro?—Não. Agora é com aquele baixo, moreno, que em tempos namorou a filha do Praxedes..."

— Você é imoral...

— Estou a descrever–lhe um mal social apenas. Não é assim? É. São as *modern girls*. E o mesmo fenômeno se reproduz na alta sociedade, com mais elegância, sem a declaração de noivado oficial, mas com um *flirt* tão íntimo que se teme pensar não ser muito mais... Quais as ideias dessas pobres criaturinhas, meu caro Pessimista? Coitaditas! Ingenuidade, a ingenuidade do mal espontâneo. Elas são antes vítimas do nome, da situação, do momento, da sociedade. Nenhuma delas tem plena convicção do que pratica. E algum de nós, neste instante vertiginoso da cidade, tem plena consciência, exata consciência do que faz?

— Estamos todos malucos.

— Di–lo você! O fato é que de repente nos atacou uma hiper–fúria de ação, um subitâneo desencadear de desejos, de apetites desaçaimados. Não é vida, é a convulsão de um mundo social que se forma. O cinismo dos homens é o cinismo das mulheres, seres um tanto inferiores, educados para agradar os homens—vendo os homens difíceis, os casamentos sérios, o futuro tenebroso. As *modern girls*! Não imagina você a minha pena quando as vejo sorrindo com impudência, copiando o andar das *cocottes* exagerando o desembaraço, aceitando o primeiro chegado para o *flirt*, numa maluqueira de sentidos só comparável às crises rituais do vício asiático!... Elas são modernas, elas são coquetes,

into a secret establishment, which is directly across from the streetcar stop where I was. These may not do so yet, these are the eternally lost."

"The eternally lost...?"

"Little creatures with the tropics, the addiction of the streets, the appetite of luxury they cannot have, little creatures that since high school, since the age of ten, preened themselves, put on face powder, blush; and go out on dates. The house is open to the philanderers, as one would say in the old melodramas. They have a boyfriend, when they should be jumping rope. He's a cheerful boy who teaches them things, and picturesquely dumps them some time later, disappearing. Soon, another one appears. The girls, by addiction and even because it seemed depressing not to have a permanent lover, accept this one and engage in marriage. After two or three months the scene is repeated and the third comes, so it's very common to hear the conversations of poor moms: 'My daughter is getting married.' 'Ah! I know, with the tall, blond young man?' 'No. Now it's with that short, dark one, who once dated Praxedes's daughter...'"

"You are immoral..."

"I'm only describing a social malaise. Isn't it like that? It is. They're the modern girls. And the same phenomenon is reproduced in high society, with more elegance, without the official engagement statement, but with a flirt so intimate that one fears to think that it isn't much more... What are the ideas of these poor creatures, my dear Pessimist? Poor things! Naivety, the naivety of spontaneous evil. They're essentially victims of the name, of the situation, of the moment, of society. None of them have full conviction of what they practice. And do any of us, in this vertiginous moment of the city, have full awareness, precise awareness of what we do?"

"We are all crazy."

"That's what you say! The fact is that suddenly we were attacked by a hyper–rage of action, a sudden trigger of desire, of unmuzzled ap-

elas querem aparecer, brilhar, superar. Elas pedem o louvor, o olhar concupiscente, como os artistas, os deputados, as *cocottes*; as palavras de desejo como os mais alucinados títeres da Luxuria. E tudo por imitação, por que o instante é esse, porque o momento desvairante é de um galope desenfreado de excessos sem termo, porque já não há juízo...

— Virou moralista?

— Como Diógenes, caro amigo.

Entretanto, o grupo das meninas e dos rapazes acabara as bebidas. Os rapazes estavam de certo com pressa de continuar os apertões nos automóveis.

— Vamos. Já vinte minutos.

— Não quer mais nada, mamã?

— Não, muito obrigada.

— Então, em marcha.

— Para a Beira–Mar!

— Nunca! interrompeu um dos rapazes. Vou mostrar–lhes agora o ponto mais escuro da cidade: o Jardim Botânico.

— Faz–se tarde. Olha teu pai, menina...

— Qual! Em dez minutos estamos lá! É um automóvel esplêndido.

— Partamos.

O bando ergueu–se. Houve um arrastar de cadeiras. Saiu a senhora gorda à frente. A menina mais velha seguia com um dos rapazes, que lhe segurava o braço. A menina menor também partia acompanhada pelo outro, que lhe dizia coisas ao ouvido. Ficamos sós—eu, o Pessimista e o homem nervoso da outra mesa, o tempo, aliás apenas para que o homem nervoso se levantasse, e, tomando de um lenço que ficara esquecido na mesa alegre, o embrulhasse com a sua carta... A menor das pequenas voltava, rindo, a dizer alto para fora:

— Esperem, é um segundo...

petites. It's not life, it's the convulsion of a social world in formation. Men's cynicism is the cynicism of women, much lower beings, trained to please men—watching difficult men, serious marriages, the gloomy future. Modern girls! I can't tell you my pity when I see them smiling with impudence, copying the manner of walking of the *cocottes*[4] exaggerating their confidence, accepting the first who comes to flirt, in a craziness of sense only comparable to the rituals crisis of Asian addiction! They are modern, they are coquettish, they want to show off, shine, surmount. They cry for praise, the lustful glance, like the artists, parliamentarians, the *cocottes*; they want the words of desire, like the most hallucinated puppets of Luxury. And all by imitation, because this is the time, because the bewildering time is galloping unbridled with indefinite excesses, because there is little common sense..."

"Have you become a moralist?"

"Like Diogenes, dear friend."

However, the group of girls and boys had finished their drinks. The boys were certainly in a hurry to continue petting in the cars.

"Let's go. It's been already twenty minutes."

"Don't you want anything else, Mom?"

"No, thank you."

"Then, off we go."

"To Avenida Beira–Mar!"[5]

"Never!" one of the boys interrupted. "I will now show you the darkest point of the city: the Botanical Garden."

"It's getting late. Watch out for your father, girl..."

"What! In ten minutes we're there! It's a splendid car."

4. French for "prostitute, or promiscuous woman."

5. Avenida Beira Mar was one of the great works of modernization along with Av. Central and the Docks in Rio de Janeiro, planned and executed, then federal capital, during the rule of President Rodrigues Alves (1848–1919) and the administration of Mayor Pereira Passos (1836–1913). The work had a first stretch opened three days before the end of Rodrigues Alves mandate on 12 November 1906, but work continued in 1907.

Correu à mesa, apanhou o lenço com a carta, lançou um olhar malicioso ao homem, e partiu lépida, sem se preocupar com o nosso juízo.

— Essas é que são as ingênuas? berrou o Pessimista.

— Há ingênuas e ingênuas. Ingênuas xarope de groselhas...

— E ingênuas *whiskey and* Caxambu?

— Exatamente. Esta, porém, é menos que *whiskey*, e mais que xarope—é o comum das *modern girls* o que se pode chamar...

— Uma ingênua *cocktail*?

— E com ovo, excelente amigo, e com ovo.

"Let's go."

The group rose. There was a dragging of chairs. The fat lady left first. The older girl followed with one of the boys, who held her by the arm. The younger girl also left accompanied by the other, who was telling her things in her ear. We were alone—me, the Pessimist and the nervous man at the other table, or rather just enough time so the nervous man could get up, and, taking a handkerchief that had been forgotten on the cheerful table, wrapped it with his letter... The younger of the girls was laughing, shouting to the outside:

"Wait, just a second..."

She ran to the table, picked up the handkerchief with the letter, casted a malicious glance at the man, and set off sprightly, without worrying about our judgment.

"These are the naive ones?" the Pessimist yelled.

"There are naive and naive. Currant syrup naive..."

"And ingénue whiskey and *Caxambu*?"

"Exactly. This, however, is less than whiskey, and more than syrup—it's what's common to modern girls, what we may call..."

"An ingénue cocktail?"

"And with egg, excellent friend, and with egg."

Original publication: *Modern Girls*. Rio de Janeiro: *Gazeta de Notícias*, 30.10.1910, N.303, p.1.

A Crise dos Criados

Recebo neste momento uma carta acompanhada do seguinte bilhete: "Lê estas linhas trágicas. Elas resumem o maior tormento contemporâneo das donas de casa e consequentemente dos pobres maridos das donas de casa. Lê e compenetra–te."

Desdobrei a missiva e li a seguinte longa historia de um tormento de que ninguém fala.

"Minha cara *Baby*. Afinal ficou ontem resolvido. Fábio consente em partir no próximo dia 15. Depois com os últimos calores e os temporais súbitos à Wanda mostrou os incômodos de garganta. Estamos em preparativos. Ufa! Partir! Partir é sempre bom, mesmo quando é apenas para outro bairro. Estou contentíssima! Ufa! Três longos meses de repouso, três longos meses na casa dos outros, três longos meses sem a preocupação, a absorvente preocupação, a ideia fixa, a angustiosa ideia fixa..."

Não te admires da minha face pálida, das olheiras cor d'agapanto, da magreza do meu todo, quando vires na estação esta tua amiga. É da

The Servants Crisis

I am receiving a letter right now, accompanied by the following note: "Read these tragic lines. They summarize the most contemporary torment of housewives, and consequently the poor husbands of housewives. Read and make yourself aware of it."

I unfolded the letter and read the following long history of a torment that no one speaks of.

"My dear Baby. Finally yesterday it was settled. Fábio consents to leave on the 15th of December. Then with the recent heat wave and sudden storms Wanda hand-signals an uncomfortable throat. We are in preparations. Phew! To leave! Leaving is always good, even when it's just to another neighborhood. I'm overjoyed! Phew! Three long months of rest, three long months in somebody else's house, three long months without worrying, the absorbing worry, the fixed idea, the agonizing fixed idea...

Do not marvel at my pale face, dark circles of agapanthus color, the thinness of my whole self, when you see this friend of yours in the sta-

ideia fixa. Sempre fui uma mulher feliz, nunca tive ciúmes, nem razões contra meu marido, tenho um lar encantador, dois filhos que são como duas flores novas, espelhos e costureiras que asseguram a continuação dos encantos que prenderam meu marido. Mas, oh! *Baby*, querida *Baby*, desde o primeiro dia do casamento o problema insolúvel rebentou aos meus olhos e foi crescendo, foi–se complicando, foi–se fazendo avatar, e nos liames da sua insolubilidade, só a pensar nele, como planta sugada, fui empalidecendo, afeiando, perdendo o viço.

Se não partir no dia 15, talvez não resista. Estou, ao mesmo tempo que sinto vontade de chorar, com ímpetos de quebrar a louça, quebrar a cara ao Fábio, puxar as orelhas à Wanda. E só isso porque são seis horas da tarde e estamos apenas, eu o marido e os dois filhos; e só isso porque para jantar ou terei de ir à cozinha ou terá o Fábio de sair a encomendá–lo ao hotel.

Adivinhaste de certo, minha *Baby*. A neurastenia da tua amiga é o angustioso problema dos criados, a razão de ser a causa das maiores desinteligências no nosso lar. Já não posso mais. Não posso! Não posso! Fábio, que odeia as gorduras dos hotéis já foi à cozinha umas seis vezes e suspirou olhando as unhas. O filho já indagou se não se jantava. São seis horas. Por que saíram as duas criadas? Não sei. É lá possível saber porque as criadas deixam as casas hoje em dia? Ela, a cozinheira, chegou–se a mim e disse pela manhã.

— Depois do almoço, tenho de sair.

A copeira apareceu então.

— A patroa deixava eu aproveitar a companhia para fazer umas compras?

Eu tinha de sair. Mas como negar qualquer coisa às criadas?

— Podem ir, mas não esqueçam que o Dr. Fábio janta às seis.

E dei–lhes dinheiro para os *bonds*, e fiquei. Infelizmente, porque elas estavam de combinação e deixavam a casa só, por sentimento de perversidade. De resto isto não me causou muita emoção, estou

tion. It's the fixed idea. I've always been a happy woman, was never jealous or had issues with my husband. I have a lovely home, two sons who are like two blooming flowers. I have mirrors and seamstresses to ensure the continuation of the charms that snagged my husband. But, oh! Baby, darling Baby, from the first day of marriage the insoluble problem burst in front of my eyes and has been growing, has being becoming an avatar; and in the bonds of its insolubility, just by thinking about it, I started to turn pale, getting disfigured, losing vigor like an embezzled plant.

If I don't leave on the 15th, I might not resist. I am, at the same time that I feel like crying, with an urge to break the dishes, smash Fábio's face, pull Wanda's ears. And that's because it's six o'clock and it's only me, my husband and two sons; and that's because to have dinner, I'll have to go to the kitchen or Fábio will have go out to order it at the hotel.

You guessed right, my Baby. Your friend's neurasthenia is due to the distressing problem of the servants, the reason for the cause of the greatest misunderstandings in our home. I can't any longer! I can't! I can't! Fábio, who hates the fat of the hotels was in the kitchen a good six times and sighed looking at his nails. The son has already asked if he's not dining. It's six o'clock. Why have the two maidservants gone out? I don' know. Is that even possible, to know why maidservants leave the houses these days? She, the cook, came up to me and said in the morning.

'After lunch, I have to go out.'

Then the serving–maid appeared.

'Would the boss let me make the most of the company to do some shopping?'

I had to go out. But how to deny anything to the maidservants?

'You can go, but don't forget that Dr. Fábio dines at six o'clock.'

And I gave them money for the trams and stayed home. Unfortunately, because they were conspiring and left the house alone, out of a sense of perversity. Otherwise this didn't cause me too much emotion;

acostumada. O que me admiraria era vê–las voltar. Imagina tu que este ano eu tive 96 criadas!

Sim, não rias nem julgues exagero, 96 criadas de janeiro a novembro. Recorremos a anúncios, a casas de comissão, a exploradores particulares, à inspetoria de imigração, ao subúrbio, à roça, ao diabo. Nunca conseguimos ter em regra uma criada mais de oito dias e tivemos as que duram um dia, meio dia, algumas horas e mesmo apenas minutos. Contando os dias sem criada, essas 96 dão a média no ano de uma criada para dois dias. No começo do ano eu e o Fábio a rir do problema apostamos, eu como havia de ser pior, ele como seria melhor e tomamos nota da primeira: uma alemã. Essa tinha um filho que todas as noites rebentava de indigestão porque a mulher o obrigava a comer demais durou até o dia 5 porque partia para Santa Catarina, onde o marido, dizia ela, tinha uma carroça e *una cavalla*. O dono da venda arranjou–nos outra muito boa, sua patrícia, chegada da terra, e de toda confiança. Era um desastre. Foi limpar o chapéu alto do Fábio e amarrotou–o todo. Tentou abotoar–me as botas e arrancou tantos botões que por último arrancou as botinas, não tendo mais que arrancar. A comida era horrível e apesar do calor a mulher tinha horror à água.

— É impossível! dizia eu.

— Mas fica! assegurava Fábio. Tem paciência.

Três dias depois a mulher fugia com o padeiro que também era da terra. Ah! *Baby*, que torre de Babel ancilar foi a minha casa este ano. Comecei por uma alemã, não? Pois a penúltima era árabe! São italianas, espanholas, húngaras, inglesas, francesas, mulatas, pretas, brancas, todo o mundo. E nenhuma fica!

Por que? indagarás tu a rir. Por que? Ah! esse é que o enigma. Por que? É o caso de dizer como aquele poeta sobre os colegas futuros:

Poétes à venir, qui saurez tant de choses.
Et les direz sans doute en un verbe plus beau...

I'm used to it. What would have surprised me was to see them coming back. Imagine that this year I had 96 maidservants!

Yes, don't laugh nor deem it an exaggeration, 96 maidservants from January to November. We've resorted to ads, to employment agencies, to headhunters, to the immigration inspectorate, to the suburbs, to the countryside, to the devil. In general we never managed to have a maid-servant for more than eight days, and we had those who lasted one day, half day, a few hours and even just minutes. Counting the days without a maidservant, these 96 provided the average of one maidservant every two days in a year. Earlier this year Fábio and I, laughing about the problem, bet; I bet it would get worse, he bet it would get better, and we took a note of the first: a German. This one, who had a son that every night burst of indigestion because the woman forced him to eat too much, lasted until the 5th because she was leaving for Santa Catarina, where her husband, she said, had a wagon and a mare. The owner of the grocery shop found us another very good maid, his fellow–countrywoman, a recent arrival, and reliable. She was a disaster. She tried to clean Fábio's top hat and creased the whole thing. She tried to button my boots and ripped off so many buttons that she finally took off the boots, no longer having anything to take off. Her food was awful, and despite the heat the woman was horrified by water.

'It's impossible!' I said.

'But she stays!' ensured Fábio. 'Be patient.'

Three days later the woman fled with the baker, who was also a fellow–countryman. Ah! Baby, what an ancillary Babel Tower was my house this year. I started with a German, right? For the next to last was an Arab! They are Italian, Spanish, Hungarian, English, French, mulatto, black, white, from around the world. And no one stays!

Why? You'll ask laughing. Why? Ah! This is the enigma. Why? This is a case for speaking like that poet about future colleagues:

Só as donas de casa do futuro, de certo mais inteligentes, poderão explicar as causas desse estado horrível. Por que elas saem? Se às vezes nem entram ou quase não entram! No mês de agosto contratei uma criada de nome Miquelina. Era preta, magra, óssea, feia.

— Sabe cozinhar?

— Pra mim; quanto ao paladar dos outros é preciso ver.

— Quanto ganha?

— Sessenta e com a condição de sair às 6 horas. Mas entro cedo.

— Pois bem, aceito.

— Venho amanhã.

No dia seguinte, às 5 da madrugada, fomos acordados com um barulho medonho. Quase que punham a porta em baixo. Fábio ergueu–se assustado e voltou satisfeito.

— É a cozinheira. Chegou cedo, hein? Teremos sorte?

Às 8 horas levantamo–nos e, indo à cozinha, encontrei no meio de um lago, diante da pia com a torneira aberta, de joelhos, mãos postas, a criada que rezava.

— Nossa Senhora da Consolação, por quem és...

— Que é isso, rapariga?

— Cala a boca, estou rezando a Nossa Senhora.

Ela estava apenas bêbeda, mas bêbeda de cair e teve de ir, com a ajuda da polícia, rezar no xadrez. Teria estado esta em minha casa? A que a substituiu era da roça, trazida por um agente explorador. Pura roça do Méier e da plataforma, como disse o Fábio.

Chegou, e todas as condições foram aceitas. Se dormia em casa! Mas, duas horas depois, ela vinha anunciar que, tendo esquecido a roupa, ia buscar e voltava já. Até hoje, *Baby*. Deixou–nos uma saia suja e um par de chinelas velhas! E não te admires. A terceira que apareceu era espanhola. Tinha estado na casa do Conselheiro Fulano, na do ministro Cicrano, era importante. Entrava às 9 horas e saía às 7.

— Quanto é o seu aluguel?

Poétes à venir, qui saurez tant de choses.
Et les direz sans doute en un verbe plus beau...[1]

Only the housewives of the future, certainly more intelligent, can explain the causes of this horrible state. Why do they quit? If sometimes they don't even start or hardly start! In August I hired a maidservant named Miquelina. She was black, thin, bony, ugly.

'Do you know how to cook?'

'For myself; as for the taste of others, we need to see."

'How much do you earn?"

'Sixty thousand *réis*,[2] with the condition that I finish at 6 pm. But I start early.'

'Well, I agree.'

'I come tomorrow.'

Next day, at five in the morning, we were awakened by a hideous noise. Someone almost broke the door down. Fábio got up alarmed and returned satisfied.

'It's the cook. She arrived early, huh? Will we be lucky?'

At 8 o'clock we got up and, going to the kitchen, found a lake in the middle, in front of the sink, with the water running; kneeling, hands clasped, the maid prayed.

'Our Lady of Consolation, for who you are...'

'What is this, girl?'

'Shut up, I'm praying the Our Lady.'

She was just drunk, falling–down drunk, and she had to go, with the help of the police, to pray in jail. Would this one have been in my house? The one who replaced her was from the countryside, brought by

1. "Future poets, who know so much. And say without doubt a most beautiful verb." [Lessa-Schmidt's translation] From the beginning of the poem *Au Poète Futurs* [The Future Poet] *in Les Vaines Tendresses* [The Vain Tenderness] (1874, p.161), by French poet and essayist Sully Prudhomme (1839–1907).

2. Brazilian currency of the period, *réis* (plural of real). One conto de réis was equivalent to 1,000.000 *réis*. Measured against the relative price of gold, one *conto de réis* would be equivalent to approximately USD 35,000 (December 2016).

— Conforme.

— Conforme o que?

— Se forem duas pessoas 80$000.

— E mais?

— Cada cabeça a mais, mais 10$000...

— Por que?

— *Sabe usted, mi señora*, que custa mais a fazer.

— E quando houver visitas?

— *Una gratification...*

Mas tive uma em agosto que impunha como condições o jantar às 4 ½ tarde e levar a comida para o "seu homem" que a viria buscar. Fábio estava perto e não aceitou, dizendo:

— Vai, filha, e não deixes de dar lembranças ao homem...

Que fazer? Que fazer? Já tive de pancada quatro criadas, a ver se alguma parava. É impossível. E neste momento, tendo de ir para a cozinha, já imagino o suplício habitual de amanhã, que é para mim o suplício de todos os dias quase.

— Estão batendo.

— Deve ser criada.

— Quem é?

— Foi aqui que anunciou?

— Foi. Você é cozinheira?

— Do trivial, sim, senhora; as minhas condições...

E dizem isso sujas, desdentadas, feias, bêbedas, bonitonas, todas, todas...

Ah! não, *Baby*. No dia 15 partimos. Não imaginas o meu contentamento. Três longos meses sem ouvir isso, sem pensar em criadas—o grande tormento de tantas casas. E, aqui em segredo: vou empregar esses dias a convencer Fábio que devemos ir para uma pensão, definitivamente. Não achas?

a headhunter. Deep Méier[3] countryside and of the platform, as Fábio said.

She arrived, and all conditions were accepted. She would sleep in the house! But two hours later, she announced that, having forgotten her clothes, she would get them and be right back. Never, Baby. She left us a dirty skirt and a pair of old slippers! And don't be surprised. The third that appeared was Spanish. She had been at the house of Councilman Fulano,[4] of Minister Cicrano; she was important. She started at nine o'clock and left at seven.

'How much is your pay?'

'It depends.'

'Depends on what?'

'If it's two people, 80$000.'[5]

'And more?'

'Each extra head, another 10$000...'

'Why?'

'*Sabe usted, mi señora*, there's more to do.'

'And when there are guests?'

'*Una gratification...*'

But I had one in August who imposed as conditions dinner at 4:30 in the afternoon and to take food to "her man" who would come to collect her. Fábio was close and didn't accept it, saying:

'Go, girl, and don't forget to send my regards to the man...'

What to do? What to do? I even had four maidservants at once, to see if any would stay. It's impossible. And now, having to go to the kitchen, I can imagine tomorrow's usual ordeal, which for me is the ordeal of almost every day.

'There's someone knocking.'

'It must be the maidservant.'

---

3. Neighborhood in the North of Rio de Janeiro.

4. João do Rio's use of *Fulano, Cicrano, Beltrano*, is the same as John Doe, referring to a random, unnamed person.

5. Eighty thousand *réis*.

Tua amiga, com coragem capaz de aturar 96 criadas em onze meses, e muito do coração. Eu fiquei a pensar e a sorrir.

Há, cada vez mais grave, entre nós, a crise dos bons criados. É uma crise como outra qualquer, e terrível para quem precisa conservar uma certa linha social na sua residência. Não há servidores domésticos nem mesmo regulares. Os cozinheiros são atrozes, as cozinheiras são indescriptíveis, os copeiros ignoram por completo o seu ofício, as damas de companhia, as mucamas, as criadas de quarto não têm qualificativos quanto ao cumprimento de sua obrigação. Há, porém, mais. Cozinheiras e cozinheiros são bêbados e ladrões, copeiros são gatuno, denunciadores, criminosos vulgares, a criadagem feminina participa de todos os vícios e de todos os desiquilíbrios. As queixas à policia são constantes. Um dos maiores problemas de um dono de casa, com a incúria geral, é escolher um criado depois de procurá–lo muito. Se acha um, tem de ficar com ele e dar graças aos deuses.

Outro dia, diziam–me:

— Nós pioramos de ano para ano. Veja você na Europa como os criados são baratos e bons, de toda confiança. Aqui, já houve tempo. Agora é um escândalo, é uma vergonha. Os ordenados são fantásticos, os criados bandidos, e nada mais arriscado do que fazer o que nós todos somos obrigados a fazer: abrir o lar à invasão dessa tropa de delinquentes e trapos sociais, e ser a vítima indefesa nas suas mãos.

Realmente. O criado entra para uma casa sem carteira, sem informação, sem indagações.

Exige várias coisas. O patrão nada exige; porque então não veria criados. Tem um copeiro que não sabe servir à mesa mas lhe pede dinheiro adiantado; tem um cozinheiro inaudito que, além de queimar a comida e insultá–lo na cozinha, exige vinho às refeições e o almoço tarde, porque não se levanta antes das 9 horas da manhã. Isso é, porém, o ideal—porque pode ter um ladrão, o membro de uma quadrilha de salteadores, um assassino, o que é evidentemente mais que as mais

'Who is it?'

'Was it here that someone advertised?'

'It was. Are you a cook?'

'Of the trivial, yes, ma'am; my terms...'

And they say it when they're dirty, toothless, ugly, drunk, beautiful, all of them, all them...

Ah! No, Baby. On the 15th we leave. You can't imagine my joy. Three long months without hearing this, without thinking of maidservants—the great torment of so many homes. And here in secret: I will use these days to convince Fábio that we should go to a guesthouse, for good. Don't you think?

Your friend, courageously able to put up with 96 maidservants in eleven months, and a lot of heart. I was thinking and smiling.

There is, more and more serious, amongst us, the crisis of good servants. It's a crisis like any other, and terrible for those needing to keep some social standards at her house. There are not even regular home servants. The male cooks are atrocious, the female cooks are unspeakable; the mess boys completely ignore their work; the chaperones, the *mucamas*,[6] the maids have no qualifications to fulfill their obligation. There is more, however. Female and male cooks and chefs are drunkards and thieves, mess boys are prowlers, whistleblowers, ordinary criminals; the handmaids participate in all vices and all intemperances. Complaints to the police are constant. One of the biggest problems of a house owner, with the general negligence, is to choose a servant after a long search. If you find one, you have to keep him and give thanks to the gods.

The other day, someone told me:

'We get worse off from year to year. Look at Europe, how the servants are cheap and good, trustworthy. Here, that time is long past. Now it's a disgrace, it's a shame. Wages are incredible, the servants are thugs, and there's nothing more risky than doing what we are all obliged

6. A female slave who assisted with domestic chores. By extension wet nurses, and sexual slaves or lovers.

absurdas exigências. E apesar das exigências e dos perigos, a maior angústia de quem precisa de criados é obtê–los e conservá–los, mesmo por curto espaço de tempo.

— Por que vai embora você?

— Não sei, não.

— Dou–lhe cem mil réis por mês. Você dorme fora, saindo às 7 e entrando às 8. Você tem vinho e sobremesa a cada refeição; você recebe as suas visitas todas as sextas–feiras. Você não paga a louça que quebra. Já lhe dei vestidos meus. Por que vai embora você, duas semanas depois de entrar?

— Vou falar com franqueza: não simpatizo com esta rua!

A questão dos criados é uma questão econômica e também uma questão social. Não há dúvidas possíveis a respeito. Outrora, o criado como crise social e econômica faria rir às velhas matronas marechalas, em casas enormes como quartéis, de um exército de servos. Hoje, só falar em criada demuda e vinca de tristeza as pobres donas de casas pequenas.

— Por que, senhores, por que não é como antigamente ou como na Europa?

Elas juntam as mãos nos salões, nervosas, sem ânimo, diante do horrível problema, e em cada casa a irregularidade, o desperdício, o cansaço, a falta de serviço regular ameaçam desastres, complicações, agonias.

Ora, a crise dos criados explica de um modo absoluto a vertigem de progresso de um povo jovem e só por esse progresso pode ser explicada. Há penúria de criados? Não havia há vinte e cinco anos? Mas há vinte e cinco anos tínhamos escravos. O criado tinha por ideal agradar e acabava fazendo parte da família, sem vencimentos. Depois de 13 de maio os criados estavam baratíssimos. Os escravos não sabiam o que fazer. Mas fez–se a corrente imigratória. De repente, a velha aldeia acordou cidade triunfal. A vida americana despertou nos nervos modorrentos dos

to do: open the house to the invasion of this troop of delinquents and social rags, and become the helpless victim in their hands.

Indeed. The servant comes to a house without a wallet, without information, without questions.

He demands several things. The boss demands nothing, because then he wouldn't find a servant. He has a mess boy who doesn't know how to wait on a table but asks up front for money; he has an unprecedented cook who, besides burning the food and insulting him in the kitchen, requires wine with meals and late lunch, because he doesn't get up before nine in the morning. This is, however, the ideal—because he can have a thief, a member of a gang of robbers, a murderer, which is obviously more than the most unreasonable demands. And despite the demands and dangers, the greatest anguish of those who need servants is to get and keep them, even for a short time.

'Why are you leaving?'

'I don't know.'

'I give you a hundred thousand *réis* per month. You can sleep out, finishing at seven and starting at 8. You have wine and dessert with every meal. You can welcome your guests every Friday. You don't pay for the dishware you break. I've given you my dresses already. Why are you leaving after two weeks?'

'I will speak frankly: I don't take a liking to this street!'

The issue of the servants is an economic and also a social issue. There is no possible doubt about it. Once, the servant as a social and economic crisis would make the old marshal matrons, in houses as huge as barracks, with an army of servants, laugh. Today, just speaking of maidservants transfigures and wrinkles the poor owners of small houses with sadness.

'Why, gentlemen, why isn't it like old times or Europe?'

They hold hands in the halls, nervous, listless, before the terrible problem, and in every home, irregularity, waste, fatigue, and a lack of regular service threatens disasters, complications, agonies.

sem ambições. Um desencadear de apetites, de desejos, de vontades irrompeu. À sementeira de fúria ambiciosa dos imigrantes correspondeu o terreno fertilíssimo do país novo em frondosas árvores de negociatas, de projetos, de realizações onde estava tudo à espera de realização. De Portugal, da Espanha, da Itália, de várias províncias da Península, do Levante, do Líbano, da Polônia, da Alemanha, o imigrante vinha. Eram bárbaros rurais, ávidos de dinheiro, de gozo, de satisfações pessoais, ignorantes e querendo ganhar. Não faziam questão de profissão. Tudo lhes servia, menos, para a maioria, ir trabalhar na terra, voltar a ser o que era lá. As crises sociais das cidades americanas terão sempre como origem esse vício da imigração que renega o campo e se urbaniza.

Com a sua atividade, com o seu egoísmo triunfal, as raças que fizeram o ambiente de progresso vertiginoso, tomando conta de várias profissões, expulsaram e quase liquidaram os negros livres e bêbados, raça de todo incapaz de resistir e hoje cada vez mais inútil. E o problema ficou nitidamente traçado. De um lado os criados negros que a abolição estragou dando–lhes a liberdade. Inferiores, alcoólicos, sem ambição, num país onde não é preciso trabalhar para viver, são torpemente carne para prostíbulos, manicômios, sarjetas, são o bagaço da canalha. De outro, os imigrantes, raças fortes, tendo sabido dos respetivos países evidentemente com o desejo sempre incontentado de enriquecer cada vez mais, e por consequência, transitórios sempre em diversas profissões. Como ter criados? Os negros não trabalham porque não precisam. Os brancos têm ambições demais, estão temporariamente na profissão de criados.

Tudo, de resto, num país que se plasma, é temporário. Eles têm a cada passo exemplos de que nada é mais possível do que mudar e ganhar muito. Os barões, seus patrões temporários, dizem:

— Comecei de tamancos, carregando cesto.

Imigrantes, chegados sem roupa e sem *nickel*, são milionários. É perigosíssimo julgar que um desses homens em mangas de camisa não

Well, the crisis of the servants explains in an absolute way the vertigo of progress of a young people and only by that progress can it be explained. Is there a shortage of servants? Wasn't there a shortage twenty–five years ago? But twenty–five years ago we had slaves. The servant had the ideal of pleasing and ended up being part of the family, without wages. After May 13th servants were dirt–cheap.[7] Slaves didn't know what to do. But a migration stream happened. Suddenly, the old village awoke as a triumphant city. The American life awakened the sluggish nerves of the unambitious. An unhampering of appetites, desires, wishes, erupted. The ambitious fury seeding of the immigrants corresponded to the extremely fertile soil of the new country with leafy trees of shady deals, of projects, of achievements where everything was waiting to be done. Immigrants came from Portugal, Spain, Italy, from various provinces of the Peninsula, of the Levant, Lebanon, Poland, Germany. They were rural barbarians, greedy for money, pleasure, personal satisfaction; they were ignorant and wanting to earn. They don't attach great importance to profession. Anything suited them, but, for the majority, to work on the land, going back to what they were there. The social crisis of American cities will always have as an origin this vice of immigration which is denied the countryside and gets urbanized.

With their activity, with their triumphant egoism, the races that made the environment of vertiginous progress, taking over many professions, banished and almost annihilated the freed and drunk blacks, a race completely unable to resist and more and more useless today. And the problem was clearly outlined. On one side the black servants that the abolition spoiled by giving them freedom. Inferior, alcoholics, unambitious, in a country where there's no need to work for a living. They are abject flesh for brothels, asylums, gutters; they are the dregs of the rabble. On the other side, the immigrants, strong races, who evidently learned about the respective countries, with their desire, ever unsatisfied, to enrich themselves ever more and therefore to always be transient

7. Slavery ended nationwide on that date in 1888 by the *Lei Áurea* (Golden Act), a legal act promulgated by Isabel (1846–1921), Princess Imperial of Brazil (1891–1921).

seja amanhã riquíssimo. O espírito que obriga ao nivelamento social e transforma o imigrante num insolente audaz, sapateando sobre as distâncias mundanas, é uma secreta indicação da Fatalidade. O meu engraxate de há cinco anos—ontem!—é o maior bicheiro da atualidade, já perdeu mil e quinhentos contos, tem uma fortuna de oitocentos, o maior brilhante do Brasil e várias condecorações. Trata todos, inclusive eu, como se fossem seus lacaios. Um copeiro de minha família, copeiro pequeno, que comigo brincava em criança, encontrei–o outro dia no teatro, de *smoking* e anel de brilhante. Fomos cear juntos, a seu convite. Ganhou já duzentos contos em construções. Fez–me confidências:

— Ganhei duzentos contos. E tu?

— Escrevi duas mil páginas.

— Que tolice!

Não lê jornais, assina mal o nome, pretende ser amante das senhoras do tom, é forte, é saudável, é simpático.

Nada menos inteligente que desprezar um desses homens. Na Europa, o criado é sempre criado. Nos países novos, o criado é criado de passagem. Amanhã o seu copeiro é dono de companhia, o seu cozinheiro tem um hotel, a sua criada de quarto é *cocotte.* Ainda outro dia encontrei o pequeno de um ascensor lendo um livro de física.

— Está a instruir–se? Bravo!

— Para não perder o tempo. A eletricidade é o que dá mais agora.

— E então?

— Pretendo ser eletricista, antes de ser milionário.

Apertei–lhe a mão. Aperto, de resto, a mão aos cocheiros, aos motoristas, ao meu criado de quarto, aos garçons de restaurante. Todos são meus iguais sociais em breve, elevados pelo Dinheiro. O meu criado de quarto é um espanhol de quarenta anos. Além desse já tem outros empregos. Ontem não me apareceu.

— Tive muito que fazer, informou–me. E preciso do seu auxílio.

— Que queres?

in several professions. How to have servants? The blacks don't work because they don't need to. The whites have too much ambition; they're temporarily in the profession of servants.

Incidentally, everything is temporary in a country being forged. They have at every step examples that nothing is more possible than to change and win big. The barons, their temporary employers, say:

'I've started in clogs, carrying baskets.'

Immigrants, who arrive naked and without a nickel, are millionaires. It's very dangerous to conclude that one of these men in shirt sleeves won't be very rich tomorrow. The spirit that compels social leveling and turns the immigrant into a daring insolent, jumping over the mundane distances, is a secret indication of Fatality. My shoeshiner from five years ago—just yesterday!—is the biggest *bicheiro*[8] today. He has already lost fifteen hundred *contos*, has a fortune of eight hundred *contos*, the biggest diamond in Brazil, and various distinctions. He treats everybody, including me, as his lackeys. A mess boy of my family's, a petty mess boy, who played with me as a child, I saw him the other day in the theater, in a tuxedo and diamond ring. We dined together, at his invitation. He has already made two hundred *contos* in construction. He confided some things to me:

'I've made two hundred *contos*. And you?'

'I wrote two thousand pages.'

'What nonsense!'

He doesn't read newspapers, barely signs his name, aims to be the lover of the fashion ladies; he's strong, he's healthy, he's nice.

Nothing less intelligent than to despise such a man. In Europe, the servant is always a servant. In the new countries, the servant is a servant in passing. Tomorrow your mess boy is the company owner, or your cook

8. A seller or banker of an popular numbers game called *jogo do bicho* [Animal Lottery], a type of numbers game with 25 sets of numbers each represented by a different animal (*bichos*). It has been made illegal since the end of the 1940s but is still common.

— Eu e a mulher montamos uma grande casa de engomar, com frente para a rua. Preciso que arranje um conto de réis. Damos–lhe sociedade. É negócio certo.

O caráter transitório de criado é ainda acentuado pelo sentimento de orgulho dos servos modernos. A dependência doméstica humilha–os, ofende–os. Daí o colocarem–se como inimigos. O dono de casa é um general em cidade pilhada e vencida. Os criados limitam–se estritamente às suas funções, não têm alma, não têm sentimentos, riem, troçam dos patrões, falam mal deles na vizinhança, roubam–nos com descaro, exigem sempre. E não os tratam senão pelo nome: D. Fulana; Sr. Cicrano. Por trás são os qualificativos pejorativos e a maneira mais amável de referência é um pronome pessoal sibilado com ira: "Ele" diz que é isso. "Ela" engana–o... Foi preciso ir à Europa, para ouvir com um tom humilde e doméstico um homem murmurar: Sim, meu senhor. E os gestos ancilares, os gestos de criadas passaram a ser usados apenas pelos parasitas políticos.

Não podia deixar de ser assim. Onde uma grande cidade de país novo que não tenha a escassez dos criados? Vejam os Estados Unidos e os excessos, as extravagâncias que eles se permitem. Vejam a Argentina. Pode–se mostrar o violento progresso de um país por pequenos fatos de uma cidade. O Brasil apresenta a crise do criado como uma prova de pletora de progresso. Nos velhos países cheios de tradições, as classes elevadas conservam as posições—porque, diz Ernest Charles, são as mais instruídas e as mais inteligentes. Na América não há tradições e quando as há elas são prejudiciais, como em várias repúblicas espanholas. Não há tradições e os elevados de hoje vieram dos campônios e do operariado europeu, com a mesma instrução. Têm a mesma energia, sabem mais ou menos o mesmo, têm o mesmo desejo, são perfeitamente iguais. E a vida é a batalha desesperada para a conquista do Dinheiro, para a escalada delirante da montanha de ouro, e o ideal, que faz o progresso,

owns a hotel, your chamber–maid is a *cocotte*.[9] Just the other day I saw the little elevator boy reading a physics book.

"Are you acquiring learning? Bravo!'

'Not to waste time. Electricity is what pays more now.'

'And then?'

'I intend to be an electrician, before being a millionaire.'

I shook his hand. I shake, by the way, the hand of the coachmen, drivers, my valet, restaurant waiters. They will be my social equals soon, elevated by money. My valet is a forty–year–old Spaniard. Besides this job he has others. Yesterday he didn't show up.

'I had a lot to do,' he informed me. 'And I need your help.'

'What do you want?'

'Me and the wife have set up a large ironing house, facing the street. I need you to get one *conto de réis*. We'll give you partnership. It's a great deal.'

The transitional character of a servant is further accentuated by the sense of pride of the modern vassals. Domestic dependence humiliates them, offends them. Hence their placing themselves as enemies. The owner of the house is a general in a pillaged and conquered city. The servants limit themselves strictly to their duties, have no soul, have no feelings, laugh, make fun of the bosses, speak ill of them in the neighborhood. They rob us shamelessly, always demanding. And they don't refer to you other than by name: Mrs. Fulana; Mr. Sicrano. In the background they use qualifying pejoratives, and the kindest way of reference is a personal pronoun hissed angrily: "He says this is it." "She betrays him..." I had to go to Europe, to hear, with a humble and domestic tone, a man mutter: 'Yes, my lord.' And the ancillary gestures, the maidservants' gestures, are now used only by the political parasites.

It couldn't be otherwise. Which big city of a new country doesn't have a shortage of servants? Look at the United States and the excesses, the extravagances they allow themselves. Look at Argentina. One can

9. French for "prostitute, or promiscuous woman."

que reanima o país, que estabelece o deslumbramento, é o mesmo de homens do mesmo valor.

Não há criados, há homens transitoriamente empregados ao serviço de outros, enquanto não arranjam coisa melhor. E a crise social do criado é uma das formas demonstrativas do progresso,—do progresso geral e da alma imperialista e bárbara do futuro brasileiro, que em todas as coisas quer ser o chefe.

Quaisquer que sejam as medidas municipais e policiais a respeito, o mal só tende a aumentar. Dentro de dez anos, os criados—ainda os haverá no Rio?

show the violent progress of a country through the small facts of a city. Brazil heralds the crisis of the servants as a proof of plethora of progress. In the old country, full of traditions, the upper classes retain their positions—because, says Ernest Charles, they are the smartest and most educated. In America there are no traditions, and when there are, they are harmful, as in several Spanish republics. There are no traditions, and today's elevated people came from the European hillbillies and the working class, with the same education. They have the same energy, know more or less the same, they have the same desire, they are perfectly equal. And life is the desperate battle to conquer Money, for the delirious climbing of the mountain of gold; and the ideal, which makes progress, which reinvigorates the country, which establishes the fascination, is the same as for men of the same rank.

There are no servants, there are men transitorily employed at the service of others, while they can't find anything better. And the social crisis of the servants is one of the demonstrative forms of progress—of overall progress, and of the imperialist and barbarian soul of future Brazilians, who want to be the boss of everything.

Whatever the municipal and police measures, evil only tends to grow. Within ten years, the servants—will there be any in Rio?

Original publication: *A Crise dos Creados. Vida Vertiginosa.* Rio de Janeiro: Garnier, 1911, p.97–112. First published as: *As 96: Carta sobre um suplício moderno e carioca.* Rio de Janeiro: *A Notícia,* 11–12.12.1909, N.288, p. 3.

O Muro da Vida Privada

Quando o pobre homem mais ou menos notável saltou no Cais do Pharoux, encontrou uma dupla fila de fotógrafos e de *reporters*. Os fotógrafos armados de Kodaks logo apanharam a sua fisionomia um pouco fatigada. Os *reporters* precipitaram–se perguntando coisas fúteis a que ele respondia de um modo solícito mas vago. Um dos jornalistas porém veio até a portinhola do automóvel.

— Faz obséquio, que idade tem?

— Cinquenta e dois.

— É casado?

— Sim senhor.

— Muitos filhos?

O homem mais ou menos notável respondeu sorrindo:

— Dois apenas... Sempre às suas ordens.

O carro pôde então partir. Era um automóvel aberto, e nós três ainda ríamos das perguntas do jovem repórter.

— Que se há de fazer? disse o homem mais ou menos notável.

The Wall of Private Life

When the poor somewhat remarkable man got out at the Pharoux Pier,[1] he found a double row of photographers and reporters. The photographers, armed with Kodaks, soon caught his slightly tired face. The reporters rushed forward, asking futile things to which he answered in a vague but thoughtful way. One of the journalists, however, came to the little door of the car.

"Excuse me, how old are you?"

"Fifty two."

"Are you married?"

"Yes, sir."

"Many children?"

The somewhat remarkable man answered smiling:

"Only two... Always at your service."

---

1. A pier located in the Center area of Rio de Janeiro, the main entrance to the city. Today it's called Praça 15, where a ferry connects the city to Niterói on the other side of Guanabara Bay.

Onde vou, aparecem–me logo esses rapazes. Já respondo sem sentir. Mas o pior é depois. Os jornais contam que eu cheguei e dão–me o retrato. O hoteleiro põe–me como cartaz. Os meus menores gestos são espiados. Os criados entram–me nos aposentos sem serem chamados. Há gente que se engana no número dos quartos para entrar no meu. Ao jantar, seguem a lista que eu escolho. Peço pimentas; há sempre reflexões: "como gosta de pimentas! não lhes farão mal?" Prefiro frutas aos doces. "Porque gosta mais de frutas?" Nas ruas olham–me como um animal raro. Tenho a sensação de estar sempre preso num aro de olhos. E a vida é para mim infinitamente triste porque não tenho a liberdade de fazer o que eu quero, porque estou sempre amarrado ao terror da opinião pública.

Então, um dos amigos do homem mais ou menos notável atirou fora o cigarro, e exclamou:

— Não tens razão de queixas.

— Porque?

— Porque és apenas uma vítima um pouco mais vítima de um mal da época. A curiosidade é tão excessiva que perdeu o pudor. A vertigem da vida é tão intensa que não pode mais separar a vida pública da vida particular. Antigamente havia o recesso do lar. O homem retirava–se para a sua casa e contra a má língua, a bisbilhotice malsã protegia o muro da vida privada. Hoje, a necessidade urgente é pular esse muro importante, é espiar o que se passa do lado de dentro. E não há quem ponha os intrusos para o lado de fora do muro porque estamos sempre a trepar nos muros vizinhos. É um mal particular e geral. Como mal particular, cada um o tem mais ou menos forte e mais ou menos o sofre conforme o ambiente. Conhece–se um homem, que é admirável pelas suas obras. Imediatamente recebemos informações quase sempre não verdadeiras sobre a sua vida íntima. Fulano? Vai semanalmente de carro a casa de uma *cocotte*. Cicrano? É um digno homem público? Pois há dois meses não paga ao jardineiro e aos domingos come uma vez

The car could then leave. It was an open car, and the three of us were still laughing at the young reporter's questions.

"What's to be done?" said the somewhat remarkable man. "Wherever I go, these young men soon appear. Now I answer without making much of it. But the worst comes later. The newspapers report that I arrived, and they print my picture. The hotel uses me as a poster. My smallest gestures are spied on. The servants come into my chambers without being called. There are people mistaking the room numbers so to enter mine. For dinner, they follow the menu that I choose. If I ask for chilies; there are always reflections: 'How do you like your chilies! Aren't they going to harm you?' I prefer fruits to sweets. 'Why do you like fruits better?' On the street they look at me like a rare animal. I have the feeling of always being stuck in a ring of eyes. And life is infinitely sad for me because I don't have the freedom to do what I want because I'm always tied to the horror of public opinion."

Then one of the friends of the somewhat remarkable man threw away his cigarette, and said:

"You have no reason to complain."

"Why?"

"Because you're just a victim just a little more victim of an evil of the times. Curiosity is so excessive that it has lost modesty. The vertigo of life is so intense that it can no longer separate public life from private. Previously there was the refuge of the house. The man withdrew to his house and, away from the tittle–tattle, the sickly snooping, he protected the wall of his private life. Today, the urgent need is to jump over this important wall, to spy on what is happening inside. And there is no one who throws the intruders outside of the wall because we're always climbing the neighboring walls. It is an individual and general evil. As an individual evil, each person has it more or less strong, and more or less suffers according to the surroundings. A man is known for his remarkable works. We almost always and immediately receive

só por economia. Beltrano? Mas Beltrano, que na vida pública é um benfeitor não passa de um tratante, filho de mãe incógnita. Um tal? Um tal, coitado! Tem a esposa, a linda esposa... Não há de quem não se fale mal. Outrora era preciso uma certa importância para ter disso. Hoje, qualquer mortal. Nesta capital do mexerico e da calúnia perdeu o seu prestígio porque uns e outros não fazem o dia inteiro senão estraçalhar a vida íntima do próximo e levar encarapitados sobre o muro da vida privada a gritar com exagero o que lá se passa.

— Nem todos gritam.

— Todos.

— E os amigos?

— Os amigos íntimos são os piores, porque inteiramente de dentro, sem precisar saltar o muro, inventam com mais foros de verdade e maior credulidade do público. E quem hoje tem amigos íntimos? Hoje, há apenas camaradas ligados pelo interesse, as conveniências ocasionais. Veja os homens. À primeira desinteligência, ao primeiro amuo do que explora menos e levanta a cerviz, imediatamente se tratam de bandalhos e ladravazes.

A simpatia moderna é leve e impalpável. Não assenta, não se solidifica. O muro da vida privada começou a perder o prestígio graças a ela.

— Pessimista!

— Oh! Não. Analiso apenas e com um certo carinho. Falaria uma hora a citar essas amizades que se rompem com escândalo, entre políticos, entre jornalistas, entre homens de posições muito diversas. “Oh! Meu caro,” equivale sempre a um interesse.

— Você inventa o termômetro das frases.

— Nesta época de arrivismo desenfreado, de egoísmo feroz tem de ser assim. Houve um homem ultimamente que quis inventar a expressão exata das sensações. As palavras não davam bem as nuances e o homem recorreu às matemáticas, aos números.

untrue information about his intimate life. Fulano?[2] Every week he goes by car to the house of a *cocotte*.[3] Cicrano? Is he a worthy public figure? Since two months he hasn't paid the gardener, and on Sundays he eats only once to save money. Beltrano? But Beltrano, who in public life is a benefactor, is just a rogue, the son of an unknown mother. A big shot? A big wretch! His wife, the beautiful wife... There is no one about whom evil is not spoken of. In the past, a certain importance was necessary for that to happen. Today, it happens to any mortal. In this capital of gossip and slander prestige is lost because all some people do all day is shred the intimate lives of others and perch on the wall of private life screaming with exaggeration what is going on in there."

"Not all of them scream."

"All of them."

"And friends?"

"Close friends are the worst, because entirely from within, without jumping the fence, they make things up on more truthful grounds and with more credulity from the public. And who nowadays has close friends? Today, there are only fellows bound by interest, the occasional conveniences. Look at men. At the first misunderstanding, at the first tiff from the one who exploits less and raises on, they immediately treat each other like scoundrels and thieves."

Modern affinity is light and impalpable. It doesn't settle, it doesn't solidify. The wall of private life has begun to lose prestige because of it.

"Pessimist!"

"Oh! No. I only analyze, and with a certain affection. I could talk for an hour citing the friendships which break up with a scandal, among politicians, journalists, men in very different positions. 'Oh! My dear,' is always equivalent to an interest."

"You invent the thermometer of phrases."

---

2. João do Rio's use of *Fulano, Cicrano, Beltrano,* is the same as John Doe, referring to a random, unnamed person.

3. French for "prostitute, or promiscuous woman."

Assim, tendo de dizer que o sol tinha um calor um pouco demasiado o homem diria: o sol tinha um calor mais ¾ do comum... Era um fantasista. Entretanto podemos estudar o valor das amabilidades pelas cifras, a inflexão pelo interesse qualquer que seja o interesse. O caso aliás já está no *Le Roi* de Caillavet e Flers, na cena da recepção...

— Você é desolador.

— Em glorificar o interesse e o senso prático da vida?

— Sim, porque há coisas que ninguém diz, apesar de todos pensarem de acordo.

— E nós pensamos de acordo, tacitamente achamos horrível o esboroamento do muro da vida privada, mas consentimos que dele em breve nada mais exista. Porque temos o apetite do escândalo, temos a raiva da destruição e o civilizado faz carnificinas morais apenas. Se todos prestam atenção malévola à vida dos outros—como uma resultante desse acúmulo de bisbilhotices perversas, como expoente moral dessa derrocada do velho símbolo que separava o homem público do homem privado surge a exasperante fúria de informação, a fome feroz do noticiário, a irresponsabilidade da calúnia lida com um prazer satânico. Não acredite você que só o homem de notoriedade sofre tais coisas. Sofre talvez mais porque subiu e tem maior sensibilidade. Mas de fato todos sofrem. Espiam as repartições públicas, espiam os quartos, as salas, lugares secretos, espiam as bodegas, as casas modestas, os anônimos. A uma simples palavra os jornais fazem juízos integrais. Contam–se adultérios com os nomes por extenso das três vítima, contam–se defloramentos com as notas do exame médico–legal por extenso. Homens medíocres vêem impressa a história da sua família, quase sempre mentirosa. Casos de honra não os há mais porque a publicidade nulifica a honra em teatralidade, espiando os bastidores da cena. Como o homem é um animal com dois sentimentos fundamentais: o amor do lucro e o amor do gozo, as baixezas do dinheiro e os desvarios da carne são o escândalo permanente aqui, como em toda parte.

"In this age of rampant opportunism, of fierce selfishness, it has to be like that. There was a man recently who wanted to invent the exact expression of feelings. Words didn't show the nuances well, and the man turned to mathematics, to numbers.

Thus, having to say that the sun had a little too much heat, the man would say: the sun had ¾ more heat than usual... He was a fantasist. But we can study the value of kindness by figures, the inflection by the interest, whatever the interest it might be. The case in fact is already in Caillavet and Flers's *Le Roi*,[4] in the reception scene..."

"You are distressing."

"For glorifying the interest and practical sense of life?"

"Yes, because there are things that no one says, although everyone thinks the same."

"And we think the same, tacitly finding the crumbling of the wall of private life horrible, but we allow that soon it will no longer exist. Because we have the appetite for scandal, we have the rage of destruction, and the civilized only make moral carnage. If everybody pays malevolent attention to the lives of others—as a result of this accumulation of perverse snooping; as a moral exponent of this downfall of the old symbol that separated the public man from the private man, the exasperating fury of information, the fierce hunger for news, and the irresponsibility of the slander read with a satanic pleasure arise. Don't believe that only the notorious man suffers such things. He might suffer more because he has risen and has greater sensibility. But in fact everybody suffers. There's prying into the public offices, bedrooms, lounges, secret places, bodegas, modest houses, anonymous people. From a simple word the newspapers make whole judgements. They report adulteries with the full names of the three victims, they tell of deflorations with full forensic

4. *Le Roi: comédie en quatre actes* [*The King: comedy in four acts*] (1908), written by French playwright Gaston Arman de Caillavet (1869–1915), French playwright, opera librettist and journalist Robert de Flers (1872–1927), and French politician and writer Emmanuel Arène (1856–1908).

Derrubado o muro da vida privada, há um sentimento de insegurança moral generalizado. Faz–se tudo às claras mesmo quando não se quer. E quando não se faça, a imaginação inventa como inventava contra Catão o antigo, que em Roma teve a tolice inútil de transformar o muro da vida privada numa casa de vidro.

— Encaras com má vontade o problema.

— Com a má vontade secreta de todos nós. Derrubado o muro, não se respeita nem a morte. O sujeito depois de morto tem retrato, tem noticiário e tem calúnias e serve para caluniar aos outros. O menos que dele se diz é que morreu por imprudência, pela sua vida má; o mais que se diz é que o pobre faleceu por causa dos médicos ou da incúria dos enfermeiros.

— Já via a vida assim *O Misantropo* de Molière.

— E a vida, apesar disso está cada vez melhor.

O cavalheiro pessimista que falava tanto irritou–se.

— Mas de certo. Secretamente, somos contra o esboroamento do muro, quando é para o mal, mas ficamos contentíssimos quando satisfaz o nosso desesperado exibicionismo, porque sem o muro os anônimos têm retrato jornais, os medíocres se afirmam pela insistência do nome impresso, as vaidades se aguçam pela publicidade. Você mesmo, tal o estado da nossa moral, se fosse Corneille.

— Não sou Corneile.

— Ou Lavoisier.

— Não sou Lavoisier.

— Não responderia ao repórter.

— Perdão. Nos tempos desses cavalheiros eram as próprias figuras de realce que aboliam o muro compondo autorretratos.

— Aboliam depois de arranjar a vida como os salões para os grandes bailes. Mas não me interrompa. Você mesmo fez um ar de vítima depois de responder ao repórter. Entretanto, se não houvesse *reporters* e fotógrafos você estaria furioso agora.

examination notes. Ordinary men see the story of their family printed, almost always untruthful. There are no more honor cases because the advertising nullifies the honor into theatricality, peeking at the backstage of the scene. As man is an animal with two fundamental feelings: love of profit and love of pleasure, the vileness of money and the madness of the flesh are the permanent scandal here, as everywhere else. With the wall of the private life knocked down, there is a widespread feeling of moral insecurity. Everything happens in the open, even when you don't want. And when you don't do so, imagination invents as it invented against the old Cato, who, in Rome, made the pointless foolery of turning the wall of the private life into a glass house."

"You face the problem grudgingly."

"With the grudge of us all. With the wall knocked down, not even death is respected. After death a man gets his picture taken, gets news reports, gets calumnies, and is used to defame others. The least that is said of him is that he died due to recklessness, his bad life. What is said more often is that the poor fellow died because of the doctors or the neglect of the nurses."

"*The Misanthrope* by Molière already saw life like that."

"And yet, life is getting better."

The pessimistic gentleman who spoke so much got angry.

"But of course. Secretly, we are against the crumbling of the wall, when it's for the worst, but we were overjoyed when it satisfies our desperate exhibitionism, because without the wall anonymous people have photos in the newspapers, the mediocre assert themselves by the persistence of the printed name, vanities are sharpened by the advertising. Yourself, such is the state of our moral, if you were Corneille.[5]

"I'm not Corneille."

5. Pierre Corneille (1606–1684) was a French tragedian, generally considered one of the great seventeenth-century French dramatists, along with Molière and Jean Racine.

— Maldizente!

— Verdadeiro.

O automóvel parara à porta do hotel. Saltamos. O gerente, sem ter sido advertido, agiu com indiferença.

Não havia ninguém à espera do homem mais ou menos notável. Senti que o homem procurava com os olhos alguma coisa. Subimos num ascensor ao terceiro andar. O semblante da criatura anuviara–se de repente. Fazia um grande esforço para sorrir e mostrar–se alegre. O gerente tratava–nos como toda gente.

— Que tem?

— Nada.

— Alguma dor? Saudades?

— Não, nada.

Ficou num quarto enorme e mal mobiliado, sentou–se à beira da cama.

— Que hotéis os nossos! Que horror!

Os quatro, meditativamente, exclamamos:

— Que miséria!

A tristeza envolvia–nos. Nisso bateram à porta. O homem mais ou menos notável virou a cabeça ansioso, gritou sôfrego:

— Entre!

A porta abriu–se, apareceu um menino armado de lápis e tiras de papel, nervoso por aparecer não à porta só mas também ao mundo.

— V. Ex.ª dá licença? É o ilustre escritor? Venho em nome do meu jornal cumprimentar V. Ex.ª e pedir algumas notas...

O gerente voltara–se rubro, com um olhar de quem pede perdão. O homem mais ou menos notável, de novo radiante, ergueu–se, estendeu a mão:

— Muito obrigado, meu caro amigo, o que quiser...

Então o nosso pessimista berrou com escândalo geral:

— Que dizia eu, meus senhores, que dizia eu? Não é o que eu dizia?

"Or Lavoisier."[6]

"I'm not Lavoisier."

"You wouldn't respond to the reporter."

"Excuse me. In the times of these gentlemen it was the very illustrious figures themselves who abolished the wall by composing self–portraits."

"They abolished it after making a living, like the halls for the big dances. But don't interrupt me. You even made the face of a victim after answering the reporter. But if there were no reporters and photographers, you would be furious now."

"Backbiter!"

"Truthful."

The car had stopped outside the hotel. We jumped out. The manager, without having been warned, acted with indifference.

There was no one waiting for the somewhat remarkable man. I felt that the man was looking for something. We went up on a lift to the third floor. Suddenly, the face of the creature turned sad. He was making a great effort to smile and show rejoice. The manager treated us like everyone.

"What's the problem?"

"Nothing."

"Any pain? Longing?"

"No, nothing."

He stayed in a huge, poorly furnished room, sat himself down at the edge of the bed.

"Such hotels ours are! How horrible!"

The four of us, meditatively, exclaimed:

"What misery!"

---

6. Antoine–Laurent de Lavoisier (1743–1794) was a chemist, considered the "father of modern chemistry."

O homem sorriu e para nós, como a confessar–se:

— Sim! Sim! Tem razão. Somos todos assim! Derrubar o muro da vida privada é horrível quando é para mal. Mas hoje, com a nossa vida vertiginosa, com a nossa ânsia de sol e de liberdade, de exibicionismo, de vaidade, do que quiseres, quando por alguns segundos o tal muro sentimos, é como se sentíssemos a asfixia, o vazio, a rarefação da vida. Não somos mais nada... O muro está felizmente acabado. Graças! Porque só a sua ilusão por segundos entenebrece a alma!

E acompanhado do gerente amabilíssimo o homem mais ou menos notável levou pelo braço o repórter, a picareta símbolo destruidor do velho e arrasado símbolo do muro da vida privada.

The sadness enveloped us. Then someone knocked on the door. The somewhat remarkable man turned his head anxiously, and eagerly shouted:

"Come in!"

The door opened. A boy armed with pencil and paper strips appeared, nervous about showing up not only at the door but also in the world.

"Excuse me, Your Excellency? Are you the illustrious writer? I come on behalf of my newspaper to greet Your Excellency and ask a few notes..."

The manager turned back reddened with the look of those who ask for forgiveness. The somewhat remarkable man, again radiant, stood up, stretched out his hand:

"Thank you, my dear friend, whatever you want..."

Then our pessimist shouted with general fuss:

"What was I saying, gentlemen, what was I saying? Wasn't that what I was saying?"

The man smiled, and to us, as if to confess, said:

"Yes! Yes! You are right. We are all like that! To tear down the wall of the private life is horrible when it is for the worst. But today, with our vertiginous life, with our yen for sun and freedom, for exhibitionism, for vanity, for what you want, when for a few seconds we feel such a wall, it's as if we felt the asphyxiation, the emptiness, the rarefaction of life. We are nothing any more... The wall is fortunately finished with. Thanks! Because just its illusion for a few seconds darkens the soul!"

And, accompanied by the very amiable manager, the somewhat remarkable man took the reporter, the pickax, destructive symbol of the old and devastated the wall of the private life, by the arm.

Original publication: *O Muro da Vida Privada*. Rio de Janeiro: *A Noite*, 04–05.08.1911, N.17, p.4.

Jogatina

De repente, sem que ninguém soubesse por que, todos nós, com afinco, conhecimentos práticos e mesmo erudição, tornamos a descobrir que a cidade continua a ser, não a terra dos cinematógrafos, não o país dos melômanos, não o paraíso das *cocottes*, mas apenas o reino da batota.

Sim, cá estamos numa desenfreada e arruinadora jogatina. Não é Monte Carlo. É pior. É incomparavelmente pior. Não é Cascais, não se assemelha a nenhuma cidade de cura e de passeio do mundo porque reúne todas as cidades de cura e as que adoecem a gente nesse apetite desenfreado do jogo. Joga–se nos cavalos, nos galos, na loteria, no bicho, na renda da Alfândega, no final da loteria, nas somas de diversas produções comerciais, nas flores, na eletricidade, na hipótese de ganhar; joga–se em todas as ruas, em cada canto; aposta–se no dado, no *bac*, no *pocker*, na roleta, no vermelhinha, no cometa de Halley, nas candidaturas, no reconhecimento, nos atos do governo, na possibilidade

Gambling

Suddenly, without anyone knowing why, all of us, persistently, with practical knowledge and even erudition, went back into discovering that the city continues to be, not the land of the cinematographers, not the country of music lovers, not the paradise of *cocottes*,[1] but only the kingdom of cheating.

Yes, here we are in rampant and ruinous gambling. It's not Monte Carlo. It's worse. It's incomparably worse. It's not Cascais.[2] It doesn't resemble any city of health cures and tours in the world because it brings together all the cities of health cures and those which make us ill within this unbridled appetite for betting. We bet on horses, roosters, lottery, *bicho*,[3] the income of Customs, the end of the lottery, on the sums of several commercial productions, flowers, electricity, the chance of win-

1. French for "prostitute, or promiscuous woman."

2. A coastal town in central western Portugal, near Lisbon, famous for its casino since the 19th Century.

3. Jogo do Bicho [Animal Lottery], is a type of numbers game with 25 sets of numbers each represented by a different animal (*bichos*). It has been made illegal since the end of the 1940s but is still common.

da morte de pessoas notáveis, na flutuação do câmbio, na honra alheia, no que fará o sentimental chefe de polícia...

— A mulher do Praxedes tem um amante: o Antunes.

— Lá amante tem. Agora o Antunes é que não.

— Afirmo-te. Vi-a entrar.

— Aposto.

— Caso como não é.

— O chefe de polícia vai proibir o jogo.

— Aposto como não.

— Um contra dez como vai.

— Vinte contra um como não vai...

É inteiramente o delírio. Vê-se um ajuntamento na rua. É talvez um conflito? Não. É apenas um grupo de jogadores que espera o resultado, pelo telefone, de uma das muitíssimas loterias que se extraem durante a noite. Vê-se uma casa iluminada. É uma festa? Não. É um *club* de jogo. Tudo é jogo, só jogo. E agora é que se compreende na sua extensão a influência dos costumes nas frases de calão.

— Bem conheço o teu jogo, já se pode dizer que é do Rio. Ele vê jogo em tudo. Quando uma senhora exclama:

— Cartas na mesa. Sr. meu marido, ninguém duvida que ele venha de um *club* de jogo e que ela saiba jogar o solo, ou pelo menos o sete e meio...

Quem estuda um pouco o movimento do jogo público fica principalmente admirado como há tempo e gente para tantos jogos. É quase inacreditável. Outrora nós jogávamos e bastante. Hoje é uma fúria, e uma fúria em que a inteligência para ganhar dinheiro toma proporções esplêndidas. Passei dois dias a saber de jogos, começando pela loteria, a Grande Inicial. Era um dia de semana, à Rua Visconde de Itaboraí. Havia uma densa aglomeração à espera do resultado: empregados de *bookmakers* equilibrados à beira da calçada; garotos, encarregados de comunicar o número da sorte grande aos pequenos

ning. We bet in every street, in every corner. We bet on dices, baccarat, poker, roulette, three–card Monte, Halley's Comet, candidacies, recognition, government acts, the possibility of death of notable people, exchange rate fluctuation, somebody else's honor, on what the sentimental chief of police will do...

"Praxedes's wife has a lover: Antunes."

"She does have a lover. Now, it can't be Antunes."

"I assure you. I saw her going in."

"I bet."

"I match your bet he's not."

"The chief of police will ban gambling."

"I bet he won't."

"Ten to one he will."

"Twenty to one he won't…"

It's total delirium. You see a gathering in the street. Is it a conflict perhaps? No. It's just a group of gamblers waiting for the results, over the phone, of one of the many, many lotteries that run at night. You see a lighted house. Is it a party? No. It's a gambling club. Everything is gambling, only gambling. And now one can understand, in its extent, the influence of customs in the slang phrases.

"I know your game well, one can already tell you're from Rio. He sees the game in everything… When a lady exclaims: 'Cards on the table, Mr. Husband,' no one doubts that he comes from a gambling club, and that she knows how to play solo whist, or at least seven and a half...'"

Those who study the movement of public gambling a little are mostly admired for how there is time and people for so many games. It's almost unbelievable. In the past we played considerably. Today it's a furor, and it's a furor in which intelligence goes to splendid proportions to make money. I spent two days learning about the games, starting with the lottery, the Great Starter. It was a weekday at Rua Visconde de Itaboraí. There was a dense agglomeration waiting for the result: bookmakers' employees keeping balance on the edge of the sidewalk; boys entrusted with communicating the jackpot number to small bankers; clambering

banqueiros; trepados nos portais; mulheres cobertas de trapos sórdidos, empregados da Alfândega, homens de mãos calejadas, marinheiros e soldados de polícia. Não era possível a entrada do público para a sala das extrações, devido a essa impenetrável muralha humana que se estendia pela calçada.

Os garotos aproveitavam os volumes retirados dos armazéns aduaneiros, que atravancavam a rua, para ficar em ponto mais alto.

Os ruídos secos das máquinas Fichet, ouvidos no recinto, eram de vez em quando perturbados pela passagem estrepitosa de pesados caminhões e pelos fortes gritos dos cocheiros indignados:

— Olha a frente, diabo!

Todos esperavam ansiosamente o número da sorte grande, que decidia o resultado do bicho. Lá dentro compassadamente, continuava a ser feita a extração da loteria.

— Cinquenta contos de réis... Cinquenta contos de réis!...

Houve um prolongado silêncio. Os que formavam a impenetrável muralha humana ficaram atentos, pareciam suspensos. Os ruídos ríspidos das máquinas Fichet, morriam aos poucos. A penúltima roda, tocada com mais força, ainda girava. Faziam–se cálculos. Lentamente o número da sorte grande apareceu.

— 32290.

A turba espalhou–se deixando a calçada livre e os garotos reuniram–se nas primeiras esquinas. Nas sacadas dos velhos prédios da Rua Visconde de Itaboraí apareceram pessoas a interrogar:

— Que bicho deu?

— Urso.

— Qual foi o final?

— 290.

Ficaram somente na sala das extrações os interessados pela loteria. A galeria destinada às famílias também esvaziara integralmente. Por que só interessa o jogo do bicho. O jogo do bicho!

the portals, women covered with sordid rags, Customs employees, callused–handed men, sailors and policemen. It was not possible for the public to enter the drawings room, due to this impenetrable human wall that stretched across the sidewalk.

The boys took advantage of the bundles taken out of customs warehouses, which cluttered the street, to stay at a higher spot.

The dry noises of the Fichet[4] lottery machines, heard in the enclosure, were occasionally disturbed by the resounding passage of heavy trucks and the loud cries of outraged coachmen:

"Look ahead, devil!"

All were anxiously awaiting the jackpot number, which determined the outcome of the *bicho* Inside, the drawing of the lottery continued to happen, rhythmically.

"Fifty *contos de réis...*[5] Fifty *contos de réis...*!"

There was a long silence. Those who formed the impenetrable human wall were attentive, they seemed in suspense. The harsh noises of the Fichet machines were dying slowly. The penultimate wheel, turned harder, was still spinning. People made calculations. Slowly the jackpot number appeared.

"32290."

The crowd broke up, leaving the sidewalk free, and the boys gathered on the first corners. In the balconies of the old buildings of Rua Visconde de Itaboraí people showed up to ask:

"What is the *bicho*?"

"The Bear."

"What was the end of the number?"

"290."

---

4. Possibly related to Alexandre Fichet (1799–1862), French inventor who designed a system to replace manual draws by using wheels with numbers from 1 to 9 around the rim, hence developing the technology for lotto drawings in France.

5. Brazilian currency of the period, *réis* (plural of *real*). One *conto de réis* was equivalent to 1,000.000 *réis*. Measured against the relative price of gold, one *conto de réis* would be equivalent to approximately USD 35,000 (December 2016).

Pouco tempo depois da Revolta da Armada, em 1893, o Barão de Drummond começou a explorar no Jardim Zoológico o famoso *jogo do bicho*, que se alastrou rapidamente pelo Brasil inteiro, como os tentáculos de um polvo colossal. Por essa ocasião o número de visitantes do jardim da Rua do Visconde de Santa Isabel, era diminuto. Mas, passados alguns meses, aumentou extraordinariamente. Os *bonds* da extinta companhia que serviam o bairro, partiam, desde o meio dia até às 5 horas da tarde, da Rua da Uruguaiana, estreita e cheia de curvas, repletos de passageiros. Os meses passavam e as autoridades não impediam a jogatina, que cada vez tomava maiores proporções. Um dia, mais de um ano após o aparecimento do famoso jogo, que já havia atingido ao delírio, o chefe de polícia lembrou–se de impedir a venda de *poules.* O jardim fechou. Os inúmeros *bookmakers*, que já haviam surgido em todos os pontos da cidade, suspenderam por alguns dias as operações. Depois cada banqueiro tomou a resolução de aceitar apostas para o bicho, antecipadamente colocado dentro de uma caixinha, que ficava pendurada no teto da sala em que eram vendidas as *poules.* Os apostadores que aceitaram o novo sistema não foram muitos. Poucos depositavam confiança nos proprietários de *bookmakers.* Estavam no princípio; havia hesitação. Foi então que apareceu o *jogo do bicho* pelos finais da sorte grande.

Mais tarde a casa *bancária* pertencente a M. Ribeiro, instalada na Rua do Ouvidor, próximo ao Largo de S. Francisco, começou a vender *poules* por um novo sistema denominado—o *moderno*, que ainda hoje existe. Para verificar–se o resultado deste sistema é preciso somar todos os números dos bilhetes premiados até 200$, inclusive.

Depois veio o *Rio* que consta da multiplicação do segundo prêmio pelo primeiro, desprezados os três últimos algarismos. Veio, o *Salteado*, veio tudo quanto a matemática podia facilitar, passando o primitivo sistema a ser distinguido pelo nome de *Antigo.*

Only the concerned people were in the lottery drawing room. The families' gallery was also completely emptied. Because the only interest is the *jogo do bicho*. The *jogo do bicho*!

Shortly after the Brazilian Naval Revolts in 1893, Barão de Drummond[6] began to exploit the famous *jogo do bicho* at the Zoo, which spread quickly throughout Brazil like the tentacles of a colossal octopus. At the time the number of visitors of the Zoo at Rua Visconde de Santa Isabel, was low. But, within a few months, it increased dramatically. The trams of the former company serving the district departed Rua Uruguaiana, a narrow and sinuous street, from noon until 5 p.m., full of passengers. Months went by, and the authorities didn't prevent the gambling that took on ever greater proportions. One day, over a year after the appearance of the famous game, which had already reached a frenzy, the chief of police remembered to prevent the sale of gambling pools. The Zoo closed. The numerous bookmakers, who had already popped up in all parts of the city, suspended operations for a few days. Then each banker took the resolution to accept bets for the *bicho* in advance, placing its name inside a box, which hung on the ceiling of the room where the pools were sold. The bettors who accepted the new system weren't many. Few put their trust in the bookmakers' owners. They were starting; there was hesitation. That's when the *jogo do bicho* appeared using the end of the numbers of the lottery.

Later the "bank" belonging to M. Ribeiro, located at Rua do Ouvidor, near the Largo de São Francisco, began selling *poules*[7] by a new system called—the *modern*, which still exists today. In order to check

6. João Batista Viana Drummond (1825–1897), was an abolitionist and entrepreneur. He received the title of Baron on August 19, 1888. Being fond of animals, he was allowed to create the first zoo of Rio de Janeiro, in Vila Isabel, in 1888. Struggling to keep the Zoo he drew up a lottery to fund it, where each number represented an animal, and each entry to zoo gave the right to a numbered ticket to compete in the draw of the *bicho* of the day at the end of the park's activities.

7. French word which gave origin to 'pool,' the total amount staked by a set of bettors, as on a race, to be awarded to the successful one(s).

De vez em quando uma autoridade policial, como que desperta de um profundo sono, lembra–se que o jogo é uma contravenção prevista pela lei, faz tentativas para reprimi–lo... Mas, diante da falta de provas para caracterizar o flagrante delito, as providências são integralmente inúteis.

Antigamente os grandes *bookmakers* eram instalados nas agências de bilhetes de loterias, e os pequenos nos botequins ordinários dos arrabaldes, nas casas de quitanda, e a venda do famoso jogo, em qualquer dos *bookmakers*, era feita reservadamente.

Hoje é exatamente ao contrário.

Nas ruas de maior trânsito da cidade há grandes *casas de bicho*, todas apresentando o aspeto característico das casas bancárias das cidades florescentes. Outras estão estabelecidas em estreitos corredores, tendo apenas uma *vitrine* na porta, onde se vêem espalhados ao acaso alguns cartões postais enroscados e esmaecidos pelos raios do sol, e vários cartazes, *reclamos* de loteria extraídas. Um pouco afastados do centro os *bicheiros* têm somente pequenos balcões de pinho, sob a guarda de um empregado, quase sempre criança; os proprietários desses *bookmakers* são, em sua maioria, vendedores ambulantes, que percorrem, de meio–dia às 2 horas da tarde, as estalagens, casas de cômodos e as oficinas que ficam nas proximidades.

Os *bookmakers* começam as suas operações às 11 horas da manhã. O movimento, à proporção que se vai aproximando a hora de *fechar o jogo* vai aumentando. Às 2 horas da tarde atinge a maior intensidade. Os empregados não descansam um minuto. É um sair e entrar de gente numa verdadeira agitação de colmeia. Muitas vezes as próprias autoridades policiais, que também vão atrás de ganhar no *bicho*, cruzam–se à porta com indivíduos bastante perigosos. Às 2.30 é *fechado o jogo* e conferida a féria.

the result of this system it's necessary to add up all the numbers of the winning tickets up to 200$000,[8] inclusively.

Then came *Rio,* which is the multiplying of the second prize by the first, ignoring the last three digits. Then came, *Salteado*, and everything which mathematics could provide, when the primitive system started called *Antigo*.

From time to time a police authority, as if awakened from deep sleep, remembers that gambling is a misdemeanor under the law, makes attempts to suppress it... But given the lack of evidence to characterize the *flagrante delicto*,[9] the measures are entirely useless.

In the old days the big bookmakers were established at the lottery ticket agencies, and small ones in the ordinary taverns in the suburbs, in the grocery shops, and the sale of the famous game, at any bookmakers, was done privately.

Today is exactly the opposite.

In busiest streets of the city there are huge *casas de bicho*, all featuring the characteristic aspect of the banking buildings of the flourishing cities. Others are set in narrow corridors, with the only window in the door, where one can see some postcards, curled and faded by the sunlight and scattered at random, and several posters with the results of the lottery draws. A little away from the center the bookies have only small pine desks under the care of an employee, often a child; the owners of these bookmakers are mostly street vendors, who, from noon to 2 p.m., roam the inns, hostels and shops located nearby.

The bookmakers begin their operations at 11 a.m. The activity grows as the game closure time approaches. At 2 p.m. it reaches the highest intensity. The employees don't rest a minute. It's a coming and going of people in a real hive of excitement. Often the police authorities themselves, who also go after winning the *bicho*, cross with very dangerous individuals at the door. At 2:30 p.m. the game is *closed* and the takings are checked.

---

8. Two hundred thousand *réis*.
9. Latin for "blazing offense," or, colloquially "caught in the act."

Depois há um intervalo de três horas começa o jogo da noite. Os *bookmakers* vendem, além dos quatro sistemas do jogo do bicho o dos quatro prêmios, loterias clandestinas e impagáveis.

Basta percorrer os olhos pelos anúncios dos jornais para ver a fabulosa quantidade de *loterias da última hora*, conforme dizem os apostadores, que são extraídas nos fundos dos *bookmakers*, depois do anoitecer. Outras há que não são extraídas em lugar algum, como o *Jardim da Floresta*, o *Globo Terrestre*. O resultado é feito a lápis, à vontade do *banqueiro*.

Quem não conhece as *loterias da noite*: *Popular*, *Caridade*, *Companhia Industrial Americana*, *Moderno Loto*, *Companhia Elegante*, *Garantia*, *Buraca*, *Nascente*, *Ocidente*, *Prosperidade*, *Quadra*, *Nascente da Sorte*, *Estrela do Destino*, *Museu das Flores*, *Segurança*, *Grêmio Fluminense*, *Industrial Mineira*, *Industrial Brasileira*, e outras?

A verificação de cada uma das referidas *loterias* clandestinas, *loterias* que o *freguês* não recebe nenhum bilhete contendo o número jogado, é feita de modo diverso.

Basta ler os prospectos para edificação própria. A *Caridade*, por exemplo, é assim:

CARIDADE

SOCIEDADE BENEFICENTE

De acordo com o artigo 31 dos estatutos ficou remido o sócio.

777

Aceitam–se encomendas

As *encomendas* são feitas nas agências onde se exibem os referidos prospectos e a verificação do número sorteado é feita, todos os dias, numa casa de bilhetes de loterias da Rua Gonçalves Dias, próximo ao Largo da Carioca.

COMPANHIA INDUSTRIAL MINEIRA

Foi apresentado hoje um memorândum que se acha registrado sob o numero:

Then there is a three–hour interval and the evening's game begins. The bookmakers sell, in addition to the four *jogo do bicho* systems, the game of four prizes, illegal and unpayable lotteries.

Just flip through the newspapers ads to see the fabulous number of last–minute lotteries, as the gamblers say, which are drawn at the back of the bookmakers after dark. There are others that aren't drawn anywhere, as the *Jardim da Floresta*, the *Globo Terrestre*. The result is written by pencil, at the bookie's whim.

Who doesn't know the evening lotteries: *Popular*, *Caridade*, *Companhia Industrial Americana*, *Moderno Lotto*, *Companhia Elegante*, *Garantia*, *Buraca*, *Nascente*, *Ocidente*, *Prosperidade*, *Quadra*, *Nascente da Sorte*, *Estrela do Destino*, *Museu das Flores*, *Segurança*, *Grêmio Fluminense*, *Industrial Mineira*, *Industrial Brasileira*, and others?

The conference of each of these clandestine *lotteries*, *lotteries* where the *customer* doesn't receive any ticket containing the number played, is done in various ways.

For your own edification, just read the leaflets. *Caridade*, for example, looks like this:

CARIDADE

CHARITABLE SOCIETY

According to Article 31 of the statutes the following associate was redeemed:

777

Orders accepted

The *orders* are made at the branches where such leaflets are displayed, and the checking of the drawn number is made, every day, at one of lottery ticket shops on Rua Gonçalves Dias, near Largo da Carioca.[10]

COMPANHIA INDUSTRIAL MINEIRA

10. Is a public space in the center of the city of Rio de Janeiro, considered its "heart," by most people.

567

Única que se verifica sob a fiscalização dos senhores agentes e sócios.

Dizem pertencer ao proprietário de uma agência de bilhetes de loterias, estabelecida no Largo de S. Francisco.

Esta é mais simples.

BRINDE AOS FREGUEZES DE CASA

TALISMAN DA SORTE

O numero é verificado pelos finais do grande prêmio da Loteria da Capital Federal. Pertence a uma casa da Rua da Assembleia, próxima à Rua Gonçalves Dias.

Numa casa do Cais dos Mineiros também se vende *jogo do bicho* em semelhantes condições.

QUADRO

SOCIEDADE ANÔNIMA

Foi resgatado hoje o debenture nº:

807

Realmente a sociedade é tão anônima, que ninguém sabe onde ela está instalada.

Outra:

COMPANHIA ELEGANTE

GARANTIA MÚTUA

De acordo com a cláusula V de nosso regulamento, foi bonificado o sócio inscrito sob o nº:

019

Ainda outra:

COMPANHIA INDUSTRIAL AMERICANA

De acordo com os nossos estatutos e nos termos do art. 6º do Dec. nº 177 A, de 15 de setembro de 1893, e o que preceituam as letras a e c *das condições do empréstimo publicado no* Jornal do Comércio *de 30 de maio e 9 de agosto de 1906. Esta Companhia resgatou os debentures:*

1.167

Today a Memorandum registered under the number was presented:

567

The only one, verified under the supervision of agents and partners.

It is said that it belongs to the owner of a lottery ticket agency established at Largo de São Francisco.

This is simpler.

DOOR PRIZE FOR CLIENTS OF THE HOUSE

TALISMAN DA SORTE

The number is verified by the ending of the grand prize of the Federal Capital Lottery. It belongs to an establishment at Rua da Assembleia, next to Rua Gonçalves Dias.

In one establishment at Cais dos Mineiros *jogo do bicho* is also sold under similar conditions.

QUADRO

ANONYMOUS SOCIETY

Today was redeemed the debenture[11] *number:*

807

The society is indeed so anonymous that no one knows where it's established.

Another:

ÇOMPANHIA ELEGANTE

MUTUAL GUARANTEE

According to clause V of our rules, a bonus payment was made to the associate registered under No.:

019

Yet another:

COMPANHIA INDUSTRIAL AMERICANA

According to our statutes and under Art. 6 of Decree No. 177A of 15 September 1893, and stipulated by letters *a* and *c* of the loan conditions published in the *Jornal do Comércio* of May 30 and August 9, 1906, this Company redeemed the debenture:

1.167

11. A certificate of indebtedness.

O suposto *empréstimo* pedido por esta companhia, que funciona na Rua Sete de Setembro, próximo à do Carmo, é da insignificante quantia de 1$, recebendo o acionista a importância de 20$, quando for sorteado.

Num *bookmaker* da Rua Visconde de Sapucaí, quase ao chegar à Rua Frei Caneca, há *loteria da noite* de hora em hora.

Às 7 horas—*Nascente da Sorte*.

Às 8 horas—*Ocidente da Sorte*.

Às 9 horas, última, o *Oriente*.

Desde o anoitecer até às 9 horas, a rua fica cheia de viciosos que esperam o resultado das três *loterias* clandestinas.

Ainda há outra *loteria* clandestina, cuja verificação do número premiado é feita de um modo bastante complicado.

Moderno Loto

Nº 397.. 600 000
Nº 97.. 60 000
Nº 79.. 30 000
Nº 25.. 20 000

100 000

397, 379, 793

739, 973, 937

Verificação Labanca, às 7.30 (nº 185)

Somando a importância de todos os prêmios distribuídos tem–se um resultado de 1:310$, enquanto que o *freguês*, jogando em todos os números, emprega a quantia de 1:000$000!...

Na mesma casa, que é na Rua do Ouvidor, cujo número está indicado na lista do sorteio, é verificada, às 8.30 da noite, uma hora depois do *Moderno Loto*, a *loteria* da *Companhia Elegante*.

Esse jogo de que apenas esboço alguns dos vagos planos, é o jogo da cidade inteira, o jogo global, o expoente zoológico e palpiteiro da vertigem urbana. Jogam todos, como que forçados por um sentimento misterioso e indominável. Há nessa torrente de exploração casos bruscos de engraxates virados em milionários, de fortunas queimadas em um mês, de roubos de *banqueiros* pelos próprios sócios, de *banqueiros* que

The alleged *loan* requested by this company, which operates at Rua Sete de Setembro, near Rua do Carmo, is on the insignificant amount of 1$000, having the shareholder receiving the amount of 20$000, when drawn.

At a bookmaker on Rua Visconde de Sapucai, almost at the corner of Rua Frei Caneca, there is a *night lottery* every hour.

At 7 pm—*Nascente da Sorte.*

8 pm—*Ocidente da Sorte.*

At 9 pm, last one, *Ocidente.*

From dusk until 9 am, the street is filled with vicious people awaiting the outcome of the three clandestine *lotteries.*

There is yet another illegal *lottery*, at which the verification of the winning number is done in a very complicated way.

Moderno Lotto

N. 397 .... 600$000
N. 97 .... 60$000
N. 79 .... 30$000
N. 25 .... 20$000

100$000

397, 379, 793

739, 973, 937

Labanca check at 7:30 pm at (No. 185)

Adding the amount of all the distributed awards the result is 1:310$000, whilst the *customer*, playing all the numbers, spends the amount of 1:000$000!...

In the same establishment, which is on Rua do Ouvidor, number of which is indicated on the drawing list, at 8:30 in the evening, an hour after Moderno Lotto, the Companhia Elegante lottery is checked.

This game, of which I only outline some vague schemes, is the game of the entire city, the global game, the zoological and tipster exponent of the urban vertigo. Everybody plays it, as if forced by a mysterious and indomitable sense. There are in this torrent of exploitation sudden cases of shoeshine boys turned into millionaires, of fortunes burnt in a

fazem mil contos e acabam sem vintém, de taberneiros analfabetos jogando com os maços de cem contos, de sujeitos que têm vinte e trinta *casas de bicho* espalhadas pela cidade, e além de explorar o povo, exploram os próprios vendedores.

Há, porém, os outros, os lugares onde se joga a roleta, o bac, o *pocker*, a vermelhinha, o dado, desde os chamados *clubs chics*, nevrálgicas salas de mistura social, até os outros—os dos malandros com escalas pelas salas de casa de família—que tiram barato para ajudar o chefe...

Quantas casas de jogo há na cidade? Seria impossível uma estatística, tantas há que os próprios jogadores profissionais não conhecem. Em nome da moral, dos princípios da moral, muita gente se revolta ou finge revoltar-se, pedindo aos chefes da segurança a perseguição—que extinguindo alguns focos fatalmente valoriza outros. A moral é uma qualidade que se exige nos outros. E é cada vez mais a mais elástica qualidade social. A maioria dos que clamam jogam morbidamente. Mas nem pode deixar de assim ser. O jogo é uma aventura. Num país novo o espírito da aventura prolifera e os aventureiros são em grande número. O ideal humano é o dinheiro. O principal é ter dinheiro, com pouco trabalho ou nenhum. Vem a negociata. Vem a jogatina. São as irmãs naturais da ladroeira—aristocráticas de processo. E a situação é tal no torvelinho vertiginoso da vida nova que, única cidade de mundo, a cidade tem uma classe privilegiada e considerada pelos fornecedores, pelas *cocottes*, pelas classes que dão consideração: a classe dos jogadores de primeira, enquanto eles são de primeira.

— Quem é aquele cavalheiro bem posto?

— Muito distinto. Tem as melhores mulheres do Rio.

— Ah!

— Veste, pagando, nos melhores alfaiates.

— Ah!

— Paga generosamente a todos.

— Mas afinal quem é?

month, of bookies robbed by their own partners, of bookies who make a thousand *contos de réis* and end up penniless, of illiterate innkeepers playing with bundles of hundred *contos*, of individuals who own twenty or thirty *casas de bicho* throughout the city, and beyond exploiting the people, exploit the vendors themselves.

There are, however, the others, the places where you can play roulette, baccarat, poker, *three–card Monte*, dices, from the so–called clubs chique, neuralgic rooms of social mix, to the others—of the rogues, stopovers through the living rooms of family houses—who compromise to help the boss...

How many gambling houses there are in the city? Statistics would be impossible. There are so many that even the professional players cannot tell. In the name of morality, of moral principles, many rebel, or pretend to rebel, calling security officials for persecution—which by extinguishing some hotspots inevitably adds value to others. Morality is a quality that is required in others. And it's increasingly the more elastic social quality. Most clamoring it play morbidly. But it couldn't be otherwise. The game is an adventure. In a young country the spirit of adventure thrives and adventurers exist in large numbers. The human ideal is money. The main thing is to have money, with little or no work. Then comes the swindles, the gambling. They're the natural sisters of thievery—aristocratic by process. And the situation is such in the maelstrom of the vertiginous new life that, only city in the world, the city has a class privileged and regarded by suppliers, *cocottes*, by the classes that give consideration: the class of topnotch players, whilst they are topnotch.

"Who is that well–dressed gentleman?"

"Very distinguished. He gets the best women in Rio."

"Ah!"

"He dresses, paying for it, from the best tailors."

"Ah!"

"He pays all of them generously."

"But who is he then?"

"Ah! Yes... he gambles."

— Ah! Sim... ele joga.

— Apenas?

— Tem um *club* e várias *casas de bicho*. Mas é muito distinto.

Jogo como profissão confessável, aqui apenas. Distinto é possível. As palavras têm a significação que lhes empresta a época. Distinto agora é o cidadão que se destaca pelo dinheiro—seu ou dos outros. E depois o jogo é visceral aqui. Ainda agora abro um jornal e leio:

> — "Foram presos ontem em plena rua dois garotos, um de 5, outro de 6 anos que jogavam a roleta. O mais velho era o inventor do instrumento, uma espécie de jaburu, tendo nos raios em vez de números nomes de animais. As fichas eram de metal e valiam um vintém ou meio vintém. O inventor, depois de chorar, agrediu furioso o guarda, dizendo que aquilo era sua propriedade e estava no seu direito."

"Only?"

"He owns a club and several *casas de bicho*. But he's very distinguished."

He gambles as a confessed profession, only here. Distinguished is possible. Words have the meaning time lends them. Distinguished now is the citizen who stands out through money—theirs or others'. Besides, the game is visceral here. Even now I open a newspaper and read:

> Two boys who played roulette were arrested in the street yesterday, one five years old, and the other six. The oldest was the inventor of the instrument, a kind of *jaburu*,[12] having animal names instead of numbers between its spokes. The chips were made of metal and worth one *vintém*[13] or a half *vintém*. The inventor, after crying, angrily assaulted the guard, saying that that was his property and he was in his rights.

Original publication: *A Satisfação da Moral*. Rio de Janeiro: *A Notícia*, 28–29.05.1910, N.125, p.3.

12. A portable roulette with 25 slots (subdivided into other 4 internal slots), each with a picture of one of the 25 animals of the *jogo do bicho* in place of numbers.

13. One *vintém*, a copper coin, was worth twenty *réis*.

Os Livres Acampamentos da Miséria

Certo já ouvira falar das habitações do morro de Santo Antônio, quando encontrei, depois da meia noite, aquele grupo curioso—um soldado sem número no *bonnet,* três ou quatro mulatos de violão em punho. Como olhasse com insistência tal gente, os mulatos que tocavam, de súbito emudeceram os pinhos, e o soldado, que era um rapazola gingante, ficou perplexo, com um evidente medo. Era no largo da Carioca. Alguns elegantes nefralgicamente conquistadores passavam de ouvir uma companhia de operetas italiana e paravam a ver os malandros que me olhavam e eu que olhava os malandros num evidente início de escandalosa simpatia. Acerquei–me.

— Vocês vão fazer uma "seresta"?

— Sim senhor.

— Mas aqui no largo?

The Free Camps of Misery

I'm sure I have heard of the dwellings of the Morro de Santo Antônio,[1] when I found, after midnight, that curious group—a soldier with no number on his cap, three or four mulattos with guitar in hand. As I looked insistently at such people, the mulattos who were playing suddenly silenced the "axe," and the soldier, who was a swaying lad, was perplexed, with obvious fear. It was at Largo da Carioca.[2] Some painstakingly elegant womanizer passersby, coming from listening to an Italian operetta company, stopped to see the loiterers who looked at me, and I looked at the loiterers in a clear outset of scandalous affinity. I approached.

"Will you do a 'serenade'?"

1. A hill in the center of Rio de Janeiro, where today still stands the Convento de Santo Antônio [Convent] (close to Largo da Carioca), it was mostly torn down in 1950 to become material for the embankment of Praia do Flamengo [Beach], near Santos Dumont Airport.

2. Is a public space in the center of the city of Rio de Janeiro, considered the heart of the city's by many.

— Aqui foi só para comprar um pouco de pão e queijo. Nós moramos lá em cima, no morro de Santo Antônio...

Eu tinha do morro de Santo Antônio a ideia de um logar onde pobres operários se aglomeravam à espera de habitações, e a tentação veio de acompanhar a "seresta" morro acima, em sítio tão laboriosamente grave. Dei o necessário para a ceia em perspetiva e declarei–me irresistivelmente preso ao violão. Graças aos céus não era admiração. Muita gente, no dizer do grupo, pensava do mesmo modo, indo visitar os seresteiros no alto da montanha.

— "Seu" tenente Juca, confidenciou o soldado, ainda ontem passou a noite inteira com a gente. E ele quando vem, não quer continência nem que se chame de "seu" tenente. É só Juca... V.S.ª também é tenente. Eu bem que sei...

Já por esse ponto da palestra nos íamos nas sombras do teatro Lyrico. Neguei fracamente o meu posto militar, e começamos de subir o celebrado morro, sob a infinita palpitação das estrelas. Eu ia à frente com o soldado jovem, que me assegurava do seu heroísmo. Atrás o resto do bando tentava cantar uma modinha a respeito de uns olhos fatais. O morro era como outro qualquer morro. Um caminho amplo e mal tratado, descobrindo de um lado, em planos que mais e mais se alargavam, a iluminação da cidade, no admirável noturno de sombras e de luzes, e apresentando de outro as fachadas dos prédios familiares ou as placas de edifícios públicos—um hospital, um posto astronômico. Bem no alto, aclarada ainda por um civilizado lampião de gás, a casa do Dr. Pereira Reis, o matemático professor.

O bando parou, afinando os violões. Essa operação foi difícil. O cabrocha que levava o embrulho do pão e do queijo, embrulho a desfazer–se, estava no começo de uma tranquila embriaguez, os outros discutiam para onde conduzir–me. O soldado tinha uma casa. Mas o Benedito era o presidente do Clube das Violetas, sociedade cantante e

"Yes sir."

"But here in the square?"

"This was just to buy some bread and cheese. We live up there, at Morro de Santo Antônio...

I had the idea of a Morro de Santo Antônio being a place where poor workers crowded, waiting for housing, and I had the temptation to follow the "serenade" uphill, at such a laboriously grievous place. I donated the necessary for the prospective supper and declared myself irresistibly attached to the acoustic guitar. Thank goodness it wasn't admiration. Many people, in the words of the group, thought the same way, going to visit the serenaders of the mountain.

"'Mr.' Lieutenant Juca," confided the soldier, "spent the whole evening with us yesterday. And when he comes over, he doesn't want a salute nor to be called 'Mr.' lieutenant. It's just Juca... You're also a lieutenant, Sir. I know that well..."

By that point of the talk we were already going on in the shadows of Teatro Lyrico.[3] I weakly denied my military post, and we began climbing the celebrated hill under the endless palpitation of the stars. I led the way with the young soldier, who assured me of his heroism. Behind us, the rest of the band tried to sing a popular song about fatal eyes. The hill was like any other hill. A broad and poorly maintained path, unveiling on one side, in a pattern which widened more and more, the lighting of the city in the striking night shadows and lights; and presenting on the other, facades of the residential buildings, or signs of public buildings—a hospital, an astronomy station. At the very top, still lit up by a civilized gas lamp, the house of Dr Pereira Reis, the professor mathematician.

The band stopped to tune the guitars. This operation was difficult. The young mulatto carrying the bundle of bread and cheese, which was falling apart, was at the beginning of a peaceful drunkenness. The others discussed where to take me. The soldier had a house. But Benedito was the president of the Clube das Violetas, a singing and dancing

3. Theatro Lyrico or Teatro Lírico (1871–1934), the main opera house in Rio de Janeiro at the time, was the name given to Teatro D. Pedro II, after independence.

dançante com sede lá em cima. Havia também a casa do João Rainha. E a casa da Maroca? Ah! Mulher! Por causa dela já o jovem praça levara três tiros... Eu olhava e não via a possibilidade de tais moradas.

— Você canta, tenente?

— Canto, mas vim especialmente para ouvir e para ver o samba.

— Bom. Então, entremos.

Desafinadamente, os violões vibraram. Benedito cuspiu, limpou a boca com as costas da mão, e abriu para o ar a sua voz áspera:

O morro de Santo Antônio
Já não é morro nem nada...

Vi, então, que eles se metiam por uma espécie de corredor encoberto pela erva alta e por algum arvoredo. Acompanhei–os, e dei num outro mundo. A iluminação desaparecera. Estávamos na roça, no sertão, longe da cidade. O caminho, que serpeava descendo, era ora estreito, ora largo, mas cheio de depressões e de buracos. De um lado e de outro casinhas estreitas, feitas de taboas de caixão com cercados, indicando quintais. A descida tornava–se difícil. Os passos falhavam, ora em bossas em relevo, ora em fundões perigosos. O próprio bando descia devagar. De repente parou, batendo à uma porta.

— Epa, Baiano! Abre isso...

— Que casa é esta?

— É um botequim.

Atentei. O estabelecimento, construído na escarpa, tinha vários andares, o primeiro à beira do caminho, o outro mais em baixo sustentado por uma árvore, o terceiro ainda mais abaixo, na treva. Ao lado uma cerca, defendendo a entrada geral dos tais casinhotos. De dentro, uma voz indagou quem era.

— É o Constanço, rapaz, abre isso. Quero cachaça.

Abriu–se a porta lateral e apareceu primeiro o braço de um negro, depois parte do tronco e finalmente o negro todo. Era um desses tipos

company with headquarters up there. There was also the home of João Rainha. And what about Maroca's house? Ah! Woman! Because of her the young soldier was shot three times... I looked and couldn't see the possibility of such dwellings.

"Do you sing, lieutenant?"

"I sing, but I came especially to hear and to see the samba."

"Well then, let's go in."

Tunelessly, the guitars vibrated. Benedito spat, wiped his lips with the back of his hand, and opened his rough voice to the air:

The Santo Antônio hill
Is no longer a hill or anything...

Then I saw that they were getting into a kind of corridor covered by tall grass and some grove of trees. I followed them, and I went into another world. The lighting disappeared. We were in the boondocks, in the hinterland, away from the city. The path, which meandered downhill, was sometimes narrow, sometimes wide, but full of depressions and potholes. On both sides narrow little houses, made of used wood planks with fences, indicating backyards. The descent became difficult. The footsteps foundered, sometimes in embossed bumps, sometimes in dangerous chasms. The band itself climbed down slowly. It suddenly stopped, knocking on a door.

"Hey, Baiano! Open up..."

"What house is this?"

"It's a tavern."

I looked it over. The establishment, built on the slope, had several floors, the first by the wayside, the next below, sustained by a tree, the third further below in the darkness. On its side a fence defended the general entry of these hutches. From inside, a voice asked who it was.

"It is Constanço, man, open it. I want *cachaça*."[4]

---

4. A Brazilian cane–sugar–based spirit, It has been produced in the country for over 400 years, and has over 5,000 brands. Similar to rum, which is traditionally made from processed cane (molasses), *cachaça* is made from fresh–pressed, unprocessed cane juice, lending it a distinctively clean, grassy flavor and a subtly herbaceous nose.

que se encontram nos maus lugares, muito amáveis, muito agradáveis, incapazes de brigar e levando vantagem sobre os valentes. A sua voz era dominada por uma voz de mulher, uma preta que de dentro, ao ver quem pagava, exigiu logo seiscentos réis pela garrafa.

— Mas, seiscentos, dona...

— À 1 hora da noite, fazer o homem levantar em ceroulas, em risco de uma constipação...

Mas, Benedito e os outros punham em grande destaque o pagador da passeata daquela noite, e, não resistindo à curiosidade, eles abriram a janela da barraca, que ao mesmo tempo serve de balcão. Dentro ardia sujamente, uma candeia, alumiando prateleiras com cervejas e vinhos. O soldadinho, cada vez mais tocado, emborcou o corpo para segredar coisas. O Baiano saudou com o ar de quem já foi criado de casa rica. E aí parados enquanto o pessoal tomava Paraty como quem bebe água, eu percebi, então, que estava numa cidade dentro da grande cidade.

Sim. É o fato. Como se criou ali aquela curiosa vila de miséria indolente? O certo é que hoje há, talvez, mais de quinhentas casas e cerca de mil e quinhentas pessoas abrigadas lá por cima. As casas não se alugam. Vendem–se. Alguns são construtores e habitantes, mas o preço de uma casa regula de quarenta a setenta mil réis. Todas são feitas sobre o chão, sem importar as depressões do terreno, com caixões de madeira, folhas de Flandres, taquaras. A grande artéria da *urbs* era precisamente a que nós atravessamos. Dessa, partiam várias ruas estreitas, caminhos curtos para casinhotos oscilantes, trepados uns por cima dos outros.

Tinha–se, na treva luminosa da noite estrelada, a impressão lida da entrada do arraial de Canudos, ou a funambulesca ideia de um vasto galinheiro multiforme. Aquela gente era operária? Não. A cidade tem um velho pescador, que habita a montanha há vários lustros, e parece ser ouvido. Esse pescador é um chefe. Há um intendente geral, o agente Guerra, que ordena a paz em nome do Dr. Reis. O resto é cidade. Só

The side door was opened, and the first thing to appear was the arm of a black man, then part of his torso, and finally the whole black man. He was one of those types one finds in bad places, very kind, very nice, unable to fight and having advantage over the valiant. His voice was overpowered by a woman's voice, of a black woman who, from inside, looking at who was paying, right away demanded six hundred *réis*[5] for the bottle.

"But, six, Dona..."[6]

"At one in the morning, to make a man get up in his trunks, at risk of catching a cold..."

But Benedito and the others put great emphasis on the payor of the night's jaunt, and not resisting their curiosity, they opened the window of the hut, which serves as a counter at the same time. Inside, a lamp burned nastily, illuminating shelves with beer and wine. The young soldier, increasingly tipsy, bent his body to confide things. Baiano greeted them with the air of one who has been a servant of a rich house. And standing there while they drank Paraty[7] as one would drink water, I realized I was in a city within the big city.

Yes. This is the fact. How was that curious village of indolent misery created there? The truth is that there are now, perhaps, more than five hundred houses and about fifteen hundred people sheltered up there. The houses are not rented. They are sold. Some are builders and inhabitants, but the price of a house ranges from forty to seventy thousand *réis*. All are built over the ground, regardless of the terrain depressions, with used wood formworks, tinplate, bamboo. The great artery of the *urbs*[8] was precisely what we were going through. From there many narrow

5. Brazilian currency of the period, *réis* (plural of real). One *conto de réis* was equivalent to 1,000.000 *réis*. Measured against the relative price of gold, one *conto de réis* would be equivalent to approximately USD 35,000 (December 2016).

6. The word *Dona*, and also its abbreviation D., is a respectful way of addressing widows and married women in Portuguese, as in Mrs.

7. A synonym of *cachaça* up to a century ago, it was named after one of its main producing places: the historical town of Paraty, on the border of Rio de Janeiro and São Paulo.

8. Latin for "city."

na grande rua que descemos encontramos mais dois botequins e uma casa de pasto, que dá ceias. Estão fechadas, mas basta bater, lá dentro abrem. Está tudo acordado, e o Paraty corre como não corre a água.

Nesta empolgante sociedade, onde cada homem é apenas um animal de instintos impulsivos, em que ora se é muito amigo e grande inimigo de um momento para outro, as amizades só se demonstram com uma exuberância de abraços e de pegações e de segredinhos assustadora—há o arremedo exato de uma sociedade constituída. A cidade tem mulheres perdidas, inteiramente da gandaia. Por causa delas tem havido dramas. O soldadinho vai–lhes à porta, bate:

— Ó Alice! Alice, cachorra, abre isso! Vai ver que está aí o cabo! Eu já andei com ela três meses.

— Que admiração, gente!... Todo o mundo!

Há casas de casais com união livre, mulheres tomadas. As serenatas param–lhes à porta, há raptos e, de vez em quando, os amantes surgem rugindo, com o revólver na mão. Benedito canta à porta de uma:

> Ai! Tem pena do Benedito
> Do Benedito Cabeleira.

Mas também há casas de famílias, com meninas decentes. Um dos seresteiros, de chapéu panamá, diz de vez em quando:

— Deixemos de palavrada, que aqui é família!

Sim, são famílias, e dormindo tarde porque tais casas parecem ter gente acordada, e a vida noturna ali é como uma permanente serenata. Pergunto a profissão de cada um. Quase todos são operários, "mas estão parados." Eles devem descer à cidade, e arranjar algum cobre. As mulheres, de certo também, descem a apanhar fitas nas casas de móveis, amostras de café na praça,—"troços por aí." E a vida lhes sorri e não querem mais e não almejam mais nada. Como Benedito fizesse questão, fui até à sua casa, sede também do Clube das Violetas, de que é presidente. Para não perder tempo, Benedito saltou a cerca do

streets started, short paths towards unsteady shacks perched on top of each other.

One had the slight impression, in the bright darkness of the starry night, of being at the entrance of the hamlet of Canudos,[9] or the extravagant idea of a vast multiform henhouse. Were those people workers? No. The city has an old fisherman who lives in the mountain for several lusters,[10] and who seems to be listened to. This fisherman is a boss. There is a general superintendent, the War officer, who orders peace on behalf of Dr. Reis. The rest is city. Only on the great street that we went down we found two more taverns, and one eating–house which serves suppers. They're closed, but all you have to do is knock, and they open. Everybody is awake, and Paraty runs like water doesn't.

In this exciting society, where each man is only an animal of impulsive instincts, where now one is a good friend, and suddenly a great enemy, friendships are only shown through a startlingly exuberance of hugs and heavy petting and little secrets—there is the exact mimicry of a constituted society. The city has lost women, entirely gallivanting about. Because of them there have been dramas. The young soldier goes to their door, knocks:

"Oh Alice! Alice, bitch, open up! You'll see that the corporal here! I've been going out with her for three months."

"What a marvel, people!... Everyone!"

There are houses with free union of couples, fallen women. The serenades stop at their doorsteps, there are abductions, and, on occasion, the lovers appear bellowing, with gun in hand. Benedito sings outside an:

> Ouch! Have pity on Benedito
> On Benedito Head of Hair.

But there are also family houses, with decent girls. One of the serenaders, wearing a Panama hat, says from time to time:

---

9. Canudos was a settlement founded in Bahia, a Brazilian northeastern state, in 1893 by Antônio (Conselheiro/Councelor) Vicente Mendes Maciel, spiritual leader who wandered through the backlands of the country from the 1870s. Canudos was also the scene of the deadliest civil war in Brazil (1897).

10. A luster or lustrum is a period of five years.

quintal e empurrou a porta, acendendo uma candeia. Eu vi, então, isso: um espaço de teto baixo, separado por uma cortina de saco. Por trás dessa parede de estopa, uma velha cama, onde dormiam várias damas. Benedito apresentou vagamente:

— Minha mulher.

Para cá da estopa, uma espécie de sala com algumas figurinhas nas paredes, o estandarte do clube, o vexilo das Violetas embrulhado em papel, uma pequena mesa, três homens moços roncando sobre a esteira na terra fria ao lado de dois cães, e, numa rede, tossindo e escarrando, inteiramente indiferente à nossa entrada, um mulato esquálido, que parecia tísico. Era simples. Benedito mudou o casaco e aproveitou a ocasião para mostrar–me quatro ou cinco sinais de facadas e de balaços no corpo seco e musculoso. Depois cuspiu:

— Epa, José, fecha...

Um dos machos que dormiam embrulhados em colchas de chita ergueu–se, e saímos os dois sem olhar para trás. Era tempo. Fora, afinando instrumentos, interminavelmente, os seresteiros estava mesmo como "paus d'água" e já se melindravam com referências à maneira de cantar de cada um. Então, resolvemos bater à porta da caverna de João Rainha, formando um barulho formidável. À porta—não era bem porta, porque abria apenas a parte inferior, obrigando as pessoas a entrarem curvadas, clareou uma luz, e entramos todos. Numa cama feita de taquaras dormiam dois desenvolvidos marmanjões, no chão João Rainha e um rapazola de dentes alvos. Nenhuma surpresa, nenhuma contrariedade. Estremunharam–se, perguntaram como eu ia indo, arranjaram com um velho sobretudo o lugar para sentar–me, hospitaleiros e tranquilos.

— Nós trouxemos ceia! gaguejou um modinheiro.

Aí é que lembramos o pão e o queijo, esmagados, amassados entre o braço e o torso do seresteiro. Havia, porém, cachaça—a alma daquilo—e comeu–se assim mesmo, bebendo aos copos o líquido ardente. O jovem

"Let's drop the swearing, this is a family place!"

Yes, they are families, and they are sleeping late because such houses seem to have people awaken, and the night life there is like a permanent serenade. I ask the profession of each of them. Almost all are workers, "but they're stopped." They should go down to the city, and get some copper. Women, as well, go downhill to get wood trimmings in the furniture shops, coffee samples in the square—"things around." And life smiles at them, and they don't want or yearn for anything else. As Benedito insisted, I went to his house, also the headquarters of the Clube das Violetas, of which he's president. To save time, Benedito jumped the backyard fence and pushed the door, lit a lamp. I then saw this: a low–ceilinged space, separated by a curtain of sacks. Behind this wall of waste cotton, an old bed, where several ladies slept. Benedito introduced vaguely:

"My wife."

In front of the pile of cotton was a kind of living room with some small cards on the walls, the banner of the club, the badge of the Violetas wrapped in paper, a small table, three young men snoring on the matting on the cold ground beside two dogs, and, in a hammock, coughing and spitting, entirely indifferent to our arrival, a squalid mulatto, who seemed consumptive. It was simple. Benedito changed his coat and used the occasion to show me four or five scars of stab wounds and gunshots on his dry and muscular body. Then he spat:

"Hey, José, close it..."

One of the males who slept wrapped in calico quilts arose, and we both left without looking back. It was time. Outside, tuning instruments endlessly, the serenaders were three sheets to the wind and already getting offended by the references to the way each sang. So, we decided to knock on João Rainha's cave door, making a formidable noise. At the door—it wasn't really a door, because only the bottom opened, forcing people to enter bent over—a light shined, and we all entered. On a bed made of bamboo slept two grown rascals. On the floor slept João Rainha and a lad with white teeth. No surprise, no opposition. They startled

soldadinho estirou–se na terra. Um outro deitou–se de papo para o ar. Todos riam, integralmente felizes, dizendo palavras pesadas, numa linguagem cheia de imprevistas imagens. João Rainha, com os braços muito tatuados, começou a cantar.

— O violão está no norte e você vai pro sul, comentou um da roda.

João Rainha esqueceu a modinha. E, enquanto o silêncio se fazia cheio de sono, o cabra de papo para o ar desfiou uma outra compridíssima modinha. Olhei o relógio: eram três e meia da manhã.

Então, despertei–os com três ou quatro safanões:

— Rapaziada, vou embora.

Era a ocasião grave. Todos, de um pulo, estavam de pé, querendo acompanhar–me. Saí só, subindo depressa o íngreme caminho, de súbito ingenuamente receoso que essa *tournée* noturna não acabasse mal. O soldadinho vinha logo atrás, lidando para quebrar o copo entre as mãos.

— Ó tenente, você vai hoje à Penha?

— Mas nem há dúvida.

— E logo vem ao samba das Violetas?

— Pois está claro.

Atrás, o bolo dos seresteiros berrava:

O morro de Santo Antônio
Já não é morro nem nada...

E quando de novo cheguei ao alto do morro, dando outra vez com os olhos na cidade, que embaixo dormia iluminada, imaginei chegar de uma longa viagem a um outro ponto da terra, de uma corrida pelo arraial da sordidez alegre, pelo horror inconsciente da miséria cantadeira, com a visão dos casinhotos e das caras daquele povo vigoroso, refestelado na indigência em vez de trabalhar, conseguindo bem no centro de uma grande cidade a construção inédita de um acampamento de indolência, livre de todas as leis. De repente, lembrei–me que a varíola caíra ali ferozmente, que talvez eu tivesse passado pela toca de variolosos.

from sleep, hospitable and quiet, asked how I was doing, arranged a place for me to sit with an overcoat.

"We brought supper!" a *modinheiro*[11] stammered.

Then we remembered the bread and the cheese, crushed, squashed between the arm and the torso of the serenader. However, there was *cachaça*—the soul of that—and they ate it anyway, drinking glasses and glasses of the burning liquid. The young little soldier stretched out on the ground. Another one lay down with his hands on his chest. Everyone laughed, entirely happy, saying heavy words in a language full of unforeseen pictures. João Rainha, with very tattooed arms, began to sing.

"The guitar is in the north and you are going south," said someone in the circle.

João Rainha forgot the *modinha*. And, whilst the silence was full of sleepiness, the quadroon with his hands on his chest, rattled off another very long *modinha*. I looked at my watch: it was half past three in the morning.

Then I woke them up with three or four shoves:

"Boys, I'm leaving."

It was a serious occasion. Everybody, jumping to their feet, stood, wanting to accompany me. I left alone, speedily climbing up the steep path, sudden naively afraid that this night tour could end badly. The young soldier was just behind me, struggling not to break the glass in his hands.

"Hey lieutenant, are you going to Penha today?"

"No doubt."

"And then you come to the Violeta samba?"

"Of course."

Behind, the crowd of serenaders shouted:

> The Santo Antônio hill
> Is no longer a hill or anything...

And when I got to the top of the hill again, catching sight of the city which slept floodlit down below, I imagined myself coming back from a

11. A person who sings or writes *modinhas* (popular songs).

Então, apressei o passo de todo. Vinham a empalidecer na pérola da madrugada as estrelas palpitantes e canoramente galos cantavam por trás das ervas altas, nos quintais vizinhos.

long journey to another point on Earth, from a ride through the hamlet of joyful squalor, the unconscious horror of the singing misery, with the vision of the shacks and faces of that vigorous people, lolling in indigence instead of working, managing, right in the middle of a big city, the unprecedented construction of an encampment of indolence, free of all laws. Suddenly, I remembered that smallpox had fallen fiercely there; maybe I had gone through the den of the variolous. Then I hurried my step at once. The pulsating stars blanching at the pearling of the morning, and melodious roosters crowed behind the tall grass in the neighboring yards.

Original publication: *A Cidade do Morro de Santo Antônio: Impressão Noturna*. Rio de Janeiro: *Gazeta de Notícias*, 05.11.1908, N.310, p.1.

O Bem das Viagens

— Faço–te as minhas despedidas.

— Que é isso?

— Parto para a Europa.

— Ora esta! Eu também.

— Que coincidência! Sabe que o Júlio parte também.

— E o César com toda a família...

Coincidência! Há seis ou sete anos seria uma coincidência e mesmo um acontecimento.

Duas pessoas conhecidas partirem assim para a Europa, sem ter tirado a sorte grande, sem pertencer a casas comerciais fortes, sem fazer ao menos testamento! Era impossível. As viagens eram combinadas, discutidas, participadas. O homem que viajava começava por se julgar um ser excepcional. Em seguida sentia o desejo de fazer íntimos e desconhecidos compartilharem desse modesto juízo. Quando o sujeito

The Goodness of Traveling

"I give you my farewells."

"What is this?"

"I'm leaving for Europe."

"Well now! Me too."

"What a coincidence! You know Júlio is leaving as well."

"And César with the whole family..."

Coincidence! Six or seven years ago it would be a coincidence and even an event.

Two acquaintances leaving for Europe without having hit the jackpot, without belonging to strong commercial businesses, without making at least a testament! It was impossible. The trips were arranged, discussed, announced. A man traveling began by believing to be an exceptional being. Then he felt the desire to make close people and strangers share this modest opinion. When the happy guy had a fully furnished house, he made an auction. The neighborhood—every city with neighborhoods is blabbing—commenting about it.

feliz tinha casa montada, fazia leilão. A vizinhança—toda cidade que se faz vizinhança tagarela—comentava.

— Fulano vai para a Europa!

— Também está em excelentes condições de fortuna...

— Dizem o contrário.

— Más línguas. Só a sogra, com a agradável lembrança de morrer, deixou–lhe trezentos contos. Agora como o coitado é muito idiota, talvez volte sem vintém.

— Qual! Quanto mais burro mais peixe...

Havia inveja. E as pessoas conhecidas pediam coisas, presentes, recordações. O homem não ia a Europa, ia às compras pelos conhecidos, anotando no seu *book–notes* desde vestidos para raparigas até bonecas para os bebês. Depois, processionalmente, iam levá–lo a bordo, onde quase sempre havia essa inútil expressão de mágoa a que denominam soluços. O transatlântico punha–se em marcha. O felizardo ou enjoava ou, encostado à amurada, com os olhos vermelhos, via, ralado de saudade fugirem a cidade, as fortalezas, o execrável Pão de Açúcar, Copacabana, a costa... Ai! S. Sebastião! Nem tão solenes foram a partida dos argonautas para a conquista do velo d'ouro e o arrojo de Colombo para descobrir o novo mundo. Os poetas mesmo não podendo fazer poemas épicos de fato não vulgares, se por acaso viajavam, escreviam sempre a respeito, e patriotas até ali, soluçavam:

> Nosso céu tem mais estrelas
> Nossos campos têm mais flores.

Era gravíssimo, e mentirosíssimo...

Hoje não. A coisa é inteiramente outra. Parte–se do princípio de que não é preciso ser rico para viajar. Com o que gasta aqui sem saber em que, arruinando–se nos restaurantes, nos botequins, nos maus teatros, qualquer cidadão passa com a sensação do conforto em qualquer parte do mundo, na Itália, no Japão, na Escandinávia, no Egito, incluindo, já

"Fulano[1] is going to Europe!"

"He's also in excellent financial condition..."

"Some say otherwise."

"Defamers. Only his mother–in–law, with the pleasant remembrance of dying, left him three hundred *contos*.[2] Now, since the poor man is very stupid, he might come back penniless."

"What! Fortune favors fools..."

There was envy. And acquaintances asked for things, gifts, souvenirs. The man wasn't going to Europe, he was going shopping for his acquaintances, noting in his notebooks everything from dresses for the girls to dolls for the babies. Then, processionally, they would take him on board, where almost always there was this useless expression of sorrow called sobbing. The transatlantic liner was set in motion. The lucky man would either get sick or, leaning against the railing, his eyes red, tormented by longing, would see the fading away of the city, the fortresses, the execrable Sugarloaf,[3] Copacabana, the coast... Ah! São Sebastião![4] Not even the departure of the Argonauts to the conquest of the Golden Fleece, and Columbus's audacity to discover the New World, were so solemn. The poets, even if they can't write epic poems about such vulgar fact, if by chance they traveled, always wrote about it, and patriots even there, they sobbed:

Our sky has more stars,
Our fields have more flowers.[5]

It was very serious and big lie.

1. Notice João do Rio's use of *Fulano, Cicrano, Beltrano,* is the same as John Doe, when referring to a random, unnamed person.

2. Brazilian currency of the period, *réis* (plural of *real*). One *conto de réis* was equivalent to 1,000.000 *réis*. Measured against the relative price of gold, one *conto de réis* would be equivalent to approximately USD 35,000 (December 2016).

3. The Sugarloaf Mountain is a peak situated in Rio de Janeiro, at the mouth of Guanabara Bay.

4. São Sebastião (Saint Sebastian) is the patron of the city of Rio de Janeiro, founded on the 1st March 1565 and named São Sebastião do Rio de Janeiro, capital of the country (replacing Salvador) between 1763 and 1960, when it moved to Brasília.

5. A reference to a famous poem by Gonçalves Dias (1823–1864), *Canção do Exílio* (in *Primeiros Cantos*—1847).

se vê, as passagens para todos esses lugares, porque, afinal, o bilhete de primeira de um transatlântico sai muito mais em conta que o mesmo número de dias mal hospedado no indescritível Hotel dos Estrangeiros.

Assim, se os ricos vão, vão também os remediados, a quase totalidade dos que ganham apenas para comer, desde o funcionário público ao simples bacharel da última fornada, desde o proprietário da casa até o simples caixeiro. Há a noção de que por estar na Europa, isso não é motivo para gastar mais. Ainda outro dia o garçom de um restaurante, ao servir–me a costeleta, participou–me:

— Parto para a Europa na semana próxima.

— Vai a Portugal?

— Vou diretamente a Paris. Tenho aprendido francês no Berlitz...

Depois já ninguém parte chorando, com saudades do Pão de Açúcar. A viagem fica resolvida, alguns amigos vão a bordo tomar *champagne*, o transatlântico põe–se em marcha e quando o fatal Pão de Açúcar desaparece, está toda gente contente.

Creio que nem mesmo se enjoa mais. A Europa está tão perto, os meios de comunicação são tão rápidos, os transatlânticos balançam tão pouco... E realmente é assim.

As chegadas logo também transformaram o velho molde.

Outrora o homem que ia a Europa era uma espécie rara. Também esse homem assim raro de uma espécie rara, tinha que contar a cada amigo por miúdo o que vira e o que não vira e dar uma série de comparações elucidativas.

— Vamos tomar café?

— É verdade. Que botequim ordinário!

— Então, em Paris?

— Em Paris são fechados, não tem essa infâmia do garçom com a cafeteira na mão.

— O café não é bom?...

Not today. The thing is entirely something else. It's assumed that no one needs to be rich to travel. With what you spend here not knowing on what, ruining yourself in restaurants, taverns, bad theaters, any citizen goes by with the feeling of comfort anywhere in the world, Italy, Japan, Scandinavia, Egypt, including, as it turns out, the tickets to all of these places, because, after all, the first–class ticket of a liner is much more reasonable then the same number of days poorly accommodated at the Hotel dos Estrangeiros.[6]

So if the rich go, so will the average Joe, those who make just to eat, from the civil servant to the simple graduate of the last batch, from the owner of the house to the simple cashier. There is the notion that being in Europe is no reason to spend more. Just the other day the waiter of a restaurant, serving me some ribs, informed me:

"I leave for Europe next week."

"Are you going to Portugal?"

"I'm going directly to Paris. I have been learning French at Berlitz..."

No one departs crying any longer, longing for Sugarloaf. The trip is arranged, some friends will have champagne on board, the liner is set in motion, and when the fateful Sugarloaf disappears, everyone is happy.

I believe that no one even gets sick anymore. Europe is so close, the means of communication are so quick, the liners rock so little... It's really so.

Soon the arrivals also transformed the old mold.

In the past the man who went to Europe was a rare species. Also, this man, so rare from a rare species, had to tell every friend what he had seen and what they hadn't seen in detail and give a series of instructive comparisons.

"Let's have a coffee?"

"It's true. What an ordinary tavern!"

"Then, in Paris?"

"In Paris they're closed, they don't have the infamy of the waiter with the coffee pot in his hand."

6. The "Foreigners' Hotel" (1849–1950) was located at Praça José de Alencar, 1, today's Catete neighborhood.

— Conforme... V.Sª. sabe, a situação do nosso café...

Porque um homem que vinha da Europa tinha a obrigação de saber tudo, de informar de tudo, da Sarah, das conferências da Sorbonne, do niilismo russo, do comércio amoroso e da filosofia dominante. Era o homem raro que vinha de além–mar!

Depois passou a ser *corpu chic* chegar da Europa como quem chega do Silvestre ou de Botafogo.

É que se chegava também da América do Norte onde tudo é natural. E o homem que voltava desses lugares, onde a Civilização deslumbra, saltava alegre sem abraços, indagando naturalmente:

— Olé! Como tens passado? Recebeste o meu último postal?

E seria uma falta de elegância, uma falta de tato, indagar desse homem:

— Então, que fizeste tu? Fiesole continua a ser divina? A torre de Pisa ainda inclinada? Montmartre sempre com *cabarets*?

Era logo tomar um automóvel, conversar. Um mesmo levou o seu excesso de *chic* a só me falar da Bahia e de um ataque à Bahia aparecido em latim num jornal do Vaticano, aliás não lido pelo Papa, que ignora as línguas mortas. E ao saltar da lancha, como quem salta de um *tramway* da *Botanical Garden*, estendendo a ponta dos dedos e depois de um curto; vais bem? logo bradou colérico:

— Aposto que vocês não viram num jornal do Vaticano o calunioso artigo sobre a Bahia, dizendo–a um país de negros? A Bahia, que a Dièterle, a rainha das operetas, acha interessante! A Bahia que tem o Severino e o Marcelino e o grande Tosta! Infame!

Para um espírito sem observação, a evolução do homem que chega da Europa, não teria e não tem um grande valor. Para os espíritos convencidos de que os pequenos fatos são a origem das grandes coisas essa evolução é um sinal importante no progresso urbano. Há vinte anos era um acontecimento viajar; hoje já não o é. Há vinte anos, o

"Coffee is not good...?"

"It depends... You know, the situation of our coffee..."

Because a man who came from Europe had a duty to know everything, to tell all, about Sarah, about the Sorbonne conferences, about Russian nihilism, about the love trade and the dominant philosophy. It was the rare man who came from overseas!

Later it became *copurchic*[7] to arrive from Europe as those arriving from Silvestre or Botafogo.

It's that people also came from North America where everything is natural. And the man who returned from these places, where Civilization dazzles, jumped out of the liner cheerful without hugging, naturally asking:

"Olé! How have you been? Did you get my last postcard?"

And it would be a lack of elegance, a gaucherie, to ask this man:

"So what did you do? Is Fiesole[8] still divine? Is the Tower of Pisa still leaning? Is Montmartre always with cabarets?"

You only had to take a car, chat. One even took his chic excess to only tell me about Bahia and an attack on Bahia which appeared in a Vatican newspaper in Latin, in fact not read by the Pope, who ignores the dead languages. And when jumping from the boat, as if jumping from a tramway from the Botanical Garden, stretching his fingertips and after a short 'are you doing well?', soon shouted angrily:

"I bet you haven't seen the libelous article about Bahia in a Vatican newspaper, calling it a country of blacks? Bahia, that Diéterle,[9] the queen of operettas, finds interesting! Bahia that has Severino and Marcelino and the great Tosta![10] Infamous!"

For a mindless spirit, the evolution of the man arriving from Europe wouldn't have, and doesn't have, great value. For the spirits convinced that small facts are the origin of great things, this evolution is an im-

---

7. French for "a very elegant person," stylish character, young fashionable man in the 19th Century.

8. A town and commune of the Metropolitan City of Florence, Italy.

9. Amélie Diértele (1871–1941), a famous 19th Century French actress.

10. Severino dos Santos Vieira (1849–1917), José Marcelino de Sousa (1848–1917), Joaquim Ignacio Tosta (1856–1919), were all Brazilian politicians from the state of Bahia, in the Northeast of the country.

homem que chegava da Europa tinha a sensação de ser novo, de trazer novidades. Hoje, se arriscasse crônicas informativas nas palestras teria a sensação de um enorme ridículo.

Como Civilização significa fazer como os outros e mostrar saber tudo, o homem viajado com o seu rápido evoluir dá–nos assim a absoluta certeza do seu absoluto refinamento nos costumes gerais. Não só isso. Desde que a elegância o obriga a desembarcar de Gênova como quem vem da Vila Guarany, com esta aparência que em pouco é realidade, o homem que vem da Europa consegue impor a sensação de universalidade de conhecimentos e a certeza certa de que o mundo, pequeno já para nós, não tem mais surpresas. E essa noção é um prolongamento evolutivo dos costumes, dá a cada um de nós a ideia que sabemos tudo, estamos na China como em Marrocos, em Marrocos como em Berlim, em Berlim como no Estácio de Sá. A nossa esfera de conhecimentos alarga–se nas intimidades desconhecidas. Não se pergunta simplesmente:

— Como está o papá? Por que não foi ao jantar das Gouveia?

Indaga–se:

— Você viu a última pilhéria do Jaurès?

— É verdade. E o caso do Mirbeau. A *Vie Parisiene* continua entretanto a dizer que o Anatole France é o amante...

— Homem, neste caso eu tenho a opinião de um último conferente.

E nós não citamos nem o Osório Duque nem o inexoravelmente humorista João Phoca. Dizemos com ar fino:

— Ai! Filho! Conferência... As do Doumer eram deploráveis.

É, ou não é civilização? É a mais completa, a mais perfeita, a mais acabada! Sentimo–nos à vontade, encurtamos o mundo e metemo–lo no rol das coisas que se conhecem comumente.

O homem que chega da Europa é o exemplo comprovativo, a cada etapa da sua evolução preciosa de que o Brasil sobe mais três palmos

portant sign within urban progress. Twenty years ago traveling was a happening; today it isn't. Twenty years ago, the man who arrived from Europe had the feeling of being new, of bringing news. Today, if he risked informative narratives in conversations he would have the feeling of huge ridicule.

As Civilization means doing as others and demonstrating knowledge of everything, the traveled man, with his fast evolution, gives us the absolute certainty of his absolute refinement in general customs. Not only that. Since elegance forces him to disembark from Genoa like those coming from Vila Guarani,[11] with this appearance which is far from the reality, the man who comes from Europe can impose the sense of universality of knowledge and the strong certainty that the world, already small for us, holds no more surprises. And this notion is an evolutionary extension of customs. It gives each of us the idea that we know everything, we are in China as in Morocco, in Morocco as in Berlin, in Berlin as in Estácio de Sá.[12] Our sphere of knowledge widens with the unknown intimacies. We don't simply ask:

"How's Dad? Why didn't you go for dinner at Gouveia's?"

We enquire:

"Did you see Jaurès's[13] last quip?"

"It's true. And Mirbeau's[14] affair. However, the *La Vie Parisienne*[15] continues to say that Anatole France[16] is the lover..."

"Man, in this case I have the opinion of a latest conferee."

---

11. A settlement where the neighbourhood of São Cristóvão is nowadays. It was connected to the city centre, since 1883, by trams of Empresa Ferro–Carril de Vila Guarani.

12. Neighborhood of Rio de Janeiro, it was named after the founder of the city, and known as the birthplace of *samba*.

13. Auguste Marie Joseph Jean Léon Jaurès (1859–1914), French Socialist leader

14. Octave Mirbeau (1848–1917), French journalist, playwright and novelist.

15. *La Vie Parisienne*, French weekly magazine, founded in 1863 in Paris and published until 1970.

16. François–Anatole Thibault (1844–1924), French journalist, poet, and novelist.

no seu próprio conceito. Ainda assim faltava o tom íntimo: o tom do Turot desembarcando aqui ou lá, e o tom da intriguinha. Esse último tom não faltou. Agora, o homem volta dizendo:

— Não te contaram o que sicrano, prêmio de pintura, acaba de fazer para ser recebido no *Salon*? Sabes que a bela baronesa engana o marido com um mariola vagamente *sportman*, enquanto o barão arruína–se em ramilhetes palermas para as cantoras dos cafés baratos. Os escultores pintores tem levado num conflito danado.

Partindo do assombro, o homem representativo passou pelo *chic* de não contar o que vira; interessou–se depois lá pelo que de nós se dizia, acabou achando natural estar lá como aqui e aqui como lá; ampliou os seus conhecimentos das terras e dos homens; falou dos nossos e dos alheios do mesmo modo, e, sem perder as suas condições intrínsecas de brasileiro acabou por desembarcar do paquete para contar a última intriguinha de *atelier*, nossa e insignificante.

Com isso mudam–se os hábitos—os hábitos, da sociedade, os hábitos administrativos. Outrora o verão era uma estação de infernal calor em que se fingia ir para várias cidades consideradas de clima fresco.

Por consequência o inverno era a estação paraíso das casas de modas, dos empresários de teatro, dos pequenos artistas das companhiazitas portuguesas e italianas que fazem benefícios, dos proprietários das casas de penhores, dos restaurantes, das cocheiras de carro, dos donos de garages. Era também o terror dos chefes de família.

— Que tem você, filhinha?

— Deixe–me; vim de casa da Cocotta...

— A mulher do Praxedes fez–te alguma desfeita?

— Por quem me toma você?

— Então que houve?

And we don't cite Osório Duque,[17] nor the inexorably funny João Phoca.[18] We say with a sophisticated air:

"Ah! Son!... Conference... Doumer's[19] were deplorable."

Is it civilization or not? It's the most complete, the most perfect, the most polished! We feel at ease, we've cut across the world and put it on the roll of things we commonly know.

The man who arrives from Europe is proof, at every stage of its precious evolution, that Brazil rises three handspans in its own opinion. But the intimate tone was still missing, the tone of Turot[20] landing here or there, and the tone of petty gossip. The latter tone was not missing. Now, a man comes back [from Europe] saying:

"Didn't they tell you what so–and–so, an renowned painter, has just done to be received at the *Salon*? Do you know that the beautiful Baroness deceives her husband with a vaguely sportsman knave, whilst the Baron ruins himself in foolish nosegays for the singers of cheap cafes. The painters and sculptors have been in a damned conflict.

Coming out of his daze, the representative man went through the chic of not telling what he had seen. He then became interested in what was said of us there, finally finding it just natural to be there like here and here like there. He expanded his knowledge of the land and of men. He spoke of our people and others in the same way, and, without losing his intrinsic Brazilian features, ended up disembarking from the liner to tell the latest workshop petty gossip, ours and insignificant.

This way customs are changed—customs, society, administrative practices. Long ago summer was a season of infernal heat in which people pretended to go to various cities considered to have cool climate.

17. Joaquim Osório Duque–Estrada (1870–1927), Brazilian poet, literary critic, teacher and essayist.

18. José Batista Coelho (1877–1916), also known as Victor Brazil, Brazilian writer and theater producer.

19. Joseph Athanase Gaston Paul Doumer (1857–1932), French President from June 1931 until his assassination....

20. Henri Turot (1865–1920) was a French journalist and amateur photographer, Socialist MP, and councillor of Paris, who in 1901 set an unsuccessful goal of travelling around the world in less time than Phineas Fogg, main character in Jules Verne's *Around the World in Eighty Days* (1873).

— É que a Cocotta já assinou a companhia francesa e a lírica. Sou muito infeliz! Para que deixei a casa de meus pais?

O marido, nervoso, podia responder:

— Para vires aborrecer um coitado que não tem culpa nenhuma do desastre de teres nascido.

Mas não dizia e procurava um prestamista a juro fabuloso, para fingir de rico. De modo que o inverno era também o paraíso dos prestamistas, o bom momento para os D. Juans, e definitivamente a grande hora da pose nacional. Vinham do Norte e vinham do Sul tabaréus metidos a sebo, os hotéis rebentavam de gente e o observador gozava.

Gozava sabendo o que ia gozar. Era como um guloso que conhecesse o cardápio antes. Podia–se degustar por antecipação até mesmo o aspeto da sala do Lyrico com os nomes em cada camarote e em cada *fauteuil.*

Agora não. Os tempos felizes tudo transformaram. A ânsia do mundo velho ligada a um prudente medo do frio estabeleceu a confusão. A sociedade carioca chega de Petrópolis. Costureiros, chapeleiros, empresários, fornecedores de todo gênero avidamente anunciam novidades, a sociedade faz um ar de enfado e prepara as malas. Vão partir. Para onde? Para a Europa. Vão todos para a Europa. Não é no verão que o Rio fica vazio; é em pleno inverno. Os jornais não dão o movimento dos costureiros, dão o movimento das partidas. Há a gente rica, ou que finge de rica e vai por conta própria; há os que podem arranjar comissões. Desses o número cresce espantosamente. Vai gente à Europa por conta do governo ver até se a Europa está no mesmo lugar. E além dessa gente feliz, partem, também os modestos, os modestíssimos. É um êxodo geral.

— Oh! Como vai?

— Arranjando as malas.

Consequently the winter was the paradise season of the fashion houses, theater entrepreneurs, petty artists from Portuguese and small Italian companies that make benefits, owners of pawnshops, restaurants, carriage stalls, garage owners. It was also the terror of the head of families.

"What is it with you, my dear?"

"Leave me. I came from Cocotta's house..."

"Did Praxedes's wife insult you?"

"Who do you think I am?"

"So what happened?

"Is that Cocotta has already signed for the French and the lyrical companies. I am very unhappy! Why did I ever leave my parents' house?"

Her husband, nervous, could answer:

"To annoy a poor man who cannot be blamed for the disaster of your birth."

But he wouldn't say it and would look for a moneylender, at fabulous interest rates, to pretend being rich. This way winter was also the paradise for moneylenders, a good time for Don Juans, and definitely the great hour of national pose. They came from the North and from the South, pretentious greenhorns. The hotels burst with people, and the observer enjoyed it.

I enjoyed knowing what I was going to enjoy. It was like being a glutton who knew the menu beforehand. You could savor in anticipation even the aspect of the room at Lyrico[21] with the names in each box and each *fauteuil*.[22]

Not anymore. The happy times transformed everything. The yearning for the old world tied to a prudent fear of the cold set the confusion. The *Carioca*[23] society arrives from Petrópolis. Dressmakers, hatters, entrepreneurs, all kinds of suppliers eagerly announce the latest fashions;

---

21. Theatro Lyrico or Teatro Lírico (1871–1934), the main opera house in Rio de Janeiro at the time, was the name given to Teatro D. Pedro II, after independence.

22. French for "armchair."

23. Someone, or something, from the city of Rio de Janeiro. It's a mid–19th century Brazilian word derived from the Tupic(language spoken in Brazil by the Tupi Indians) word "kari'oka," meaning "house of the white man."

— Parte?

— Para a Europa. Vou passar seis meses.

— E a estação teatral?

— Ora, filho, eu em Londres!

E as senhoras entrando nos costureiros:

— V. Ex.ª chegou a propósito. Deliciosas toiletes de teatro.

— Não fale nisso. Quero dois costumes de viagem. Dentro de vinte dias estarei na Rua de La Paix, *chez* Doucet ou *chez* Paquin, vendo as verdadeiras últimas novidades.

— E os teatros, excelentíssima.

— Os teatros? Em Paris.

Certo, um jacobino feroz achará tal desprendimento de mau efeito. Eu considero–o excelente. Cada viagem pessoal é um fator não só da propaganda do Brasil como de civilização interna. Da abundância de transatlânticos brasileiros nos últimos tempos, veio em algumas cidades da Europa a fixação de nosso tipo, a simpatia por uma espécie e um país até então mais ignorados do que o Congo. Nas cidades portuguesas espera–se a primavera como o momento da chegada dos brasileiros, o momento em que os hotéis ficam cheios, e há maior movimento. Em Paris, uma série de fornecedores e de restauradores tem a certeza de os ver chegar quando chegam as andorinhas e nos velhos troncos brotam de novo folhas tenras. Há sítios mesmo da divina cidade, onde se fala do brasileiro, como se fala do argentino. Há todas as raças do mundo no *boulevard*, mas há também muitos brasileiros e os brasileiros têm a simpatia.

Como excelência para a nossa civilização, então, as viagens ficam sempre acima dos nossos elogios. Em primeiro lugar o patriotismo longe de se perder transforma a mesquinhez do detalhe e a fatuidade do incomparável no amor da pátria integral, em bloco. O Brasil está muito mais perto do *boulevard* que o *boulevard* do Brasil. Uma pessoa ama a

society has an air of boredom and packs the suitcases. They will leave. Where to? To Europe. They all go to Europe. It's not in the summer that Rio is empty; it's in the heart of winter. The newspapers don't report on the activity of dressmakers, they report on the activity of departures. There are wealthy people, or people pretend to be rich and travel on their own; there are those who can get commissions. Of these the number grows astonishingly. People go to Europe on behalf of the government to see whether Europe is still in the same place. And, besides these happy people, the modest ones also depart, the super modest. It's a general exodus.

"Oh! How are you?"

"Packing the suitcases."

"Leaving?"

"For Europe. I'll spend six months there."

"And the theater season?"

"Well, boy, I'll be in London!"

And the ladies entering the dressmaker shops:

"Your Excellency arrived right on time. Dainty theater *toilettes*."[24]

"Don't say that. I want two travel outfits. Within twenty days I'll be on Rue de La Paix, with Doucet[25] or with Paquin,[26] looking at the truly latest fashion."

"And the theaters, Excellency."

"The theaters? In Paris."

Sure, a fierce Jacobin will find such detachment a bad effect. I consider it excellent. Each personal trip is an advertising factor not only for Brazil but also for internal civilization. From the abundance of Brazilian ocean liners in recent times came the establishment of our kind in some European cities, the sympathy for a species and a country until then less known than the Congo. In the Portuguese cities Spring is expected as the arrival season of the Brazilians, the time when the hotels are full, and there is more turnover. In Paris, a number of suppliers and restor-

24. French word for a formal or fashionable attire.

25. Jacques Doucet (1853–1929) famous French fashion designer and art collector.

26. Jeanne Paquin (1869–1936) French fashion designer famous for her modern style.

sua terra, não apenas a achar que como a nossa paisagem não há igual, como a nossa riqueza não tem o mundo outra, e quejandas tolices; mas para ver que é preciso fazer do Brasil um país como ele ainda não é.

Aqui, sem conhecer coisa melhor, o homem é insensivelmente rotineiro. O grande desastre do Brasil foi a estreiteza lamentável do 2° Império, com uma imigração lenta de gente simples das aldeias a perfazer a massa da população urbana, e um sentimento romântico de patriotismo lírico, que nos prendia a meia dúzia de sábios pesquisadores mas nos fazia julgar infinitamente distante a Europa e nos dava por satisfeitos apenas com as selvas, os pontos de vista, a *naturaleza*. Havia partidos políticos mas ninguém se lembrava de concertar as ruas, havia o amor da pátria, mas ninguém imaginava fazê–la prosperar por meios práticos. A República libertou moralmente um povo amarrado ao carrancismo de meia dúzia de ideias estabelecidas, e fez bem o Brasil novo, a era de progresso evidente que atravessamos. As viagens entram, fazem parte desse progresso. É vendo o estrangeiro que o brasileiro procura corrigir–se e melhorar; foi vendo as outras cidades que São Paulo se fez o que hoje é e o Rio tende a se tornar em alguns decênios um grande centro de civilização, de arte, de prazer e de vida febril. Um simples cidadão numa simples viagem vem tão transformado, tão mais apto à incentivar o desenvolvimento interno do país, tão mais útil à coletividade, que era caso de pedir ao governo a organização de caravanas de rapazes para ir fazer a viagem de instrução final, após os seus cursos oficiais.

Nós ainda temos—e muitas!—coisas que não passam de maus hábitos, de costumes de colônia ronceira. Ao observador não escapa o desencontro chocante da civilização de uns pontos, ao lado da persistência de defeitos antigos de outros.

Mas cada ano que se passa, a transmutação de valores se opera, e há cidades, há adaptações, há uma inumerável série de pequenos melhoramentos pessoais que redundam no melhoramento urbano. É a

ers are sure to see them arrive when the swallows arrive, and on the old trees sprout tender leaves again. There are even places in the divine city where they speak of the Brazilian as they speak of the Argentine. There are all races in the world in the boulevard, but there are also many Brazilians and the Brazilians have charisma.

As a show of excellence for our civilization, then, trips are always above and beyond our praise. First of all, patriotism, far from getting lost, transforms the pettiness of detail and the fatuity of the incomparable into love for the whole country, en masse. Brazil is much closer to the boulevard than the boulevard to Brazil. A person loves his land, not only thinking how our landscape is like no other, how there is no wealth like ours in the world; and similar such nonsense; but to make of Brazil a country which it still is not.

Here, without knowing anything better, man is callously humdrum. The great disaster of Brazil was the pitiful narrowness of the 2nd Empire, with a slow migration of ordinary people from the villages making up the mass of the urban population, and a romantic sense of lyrical patriotism, that bound us half a dozen wise scholars, but made us believe Europe infinitely distant, and made us content with just the jungles, the views, the *naturaleza*. There were political parties, but no one remembered to fix the streets. There was love of country, but no one imagined making it prosper by practical means. The Republic morally freed a people tied to the extreme conservativeness of half a dozen established ideas, and it made the new Brazil well, the era of evident progress we are going through. The trips make a differennce. They're part of this progress. By observing the foreigner, Brazilians seek to correct and improve themselves. It was by observing other cities that São Paulo became what is now; and in a few decades Rio tends to become a major center of civilization, art, pleasure and feverish life. A simple citizen on a simple trip returns so transformed, so much more apt to stimulate the internal development of the country, so much more useful to the community, that it was the case to ask the government to organize caravans of young men to go and have a final training trip after their official courses.

We still have things—and a lot!— which are just bad habits, typical of a sluggish colony. An observer cannot help but see the shocking clash

universalização do brasileiro exigindo que ele faça da sua capital, não apenas o museu do Corcovado, do Pão de Açúcar e de outras pedras mais ou menos altas e mais ou menos feias, mas o grande centro da América do Sul.

Os vapores vão cheios agora para a Europa. Tanta gente vai, que já os de volta não fingem mais de *snobs* e só desejam implantar aqui o que lá viram de bom. É o êxodo temporário que se acentua. Ainda bem. Criaturas felizes essas que partem a abeberar–se do Belo e a sugar no velho continente a Energia, primacial de todas as virtudes. Vão a passeio, vão gozar, vão divertir–se, vão mesmo, se quiserem, pandegar. Cada uma delas porém, inconscientemente, ao voltar, amando mais a sua terra, sem paspalhices balofas, será um agente propulsor do progresso e da civilização.

E a civilização que é, em suma, o conforto do corpo, o conforto da alma, o equilíbrio fundamental para a eclosão da beleza e das ideias criadoras, estende com estas viagens o seu gérmen imponderável sobre a cidade de São Sebastião, ainda ontem aldeia de procissões, estreita, sórdida e tolamente pretensiosa...

Um cavalheiro com quem outro dia conversava dizia–me:

— Meu amigo, do Rio verdadeiro dentro de dez anos não haverá senão a vaga recordação. As avenidas, a luz elétrica, o cais, tudo isso e mais o ímpeto com que o país novo acordou para o progresso, inteiramente modificaram os nossos hábitos que eram, com tanto encanto, hábitos coloniais, hábitos portugueses aclimatados. Dentro de dez anos, o Rio terá o dobro dos habitantes, umas quarenta companhias trabalhando diariamente e ninguém reparará nessas mudança de hábitos.

Amanhã seremos como esses tremendos transatlânticos em trânsito, e iguais a todas as cidades.

Eu espero ainda, quando alguém me perguntar se vou à Europa, poder muito em breve responder.

of civilization of some aspects next to the persistence of the old defects of other ones.

But each passing year, the transmutation of values happens, and there are cities, there are adaptations, there are countless numbers of small personal improvements that result in urban improvement. It's the universalization of the Brazilian urging him to make his capital not only the museum of Corcovado, Sugar Loaf and other more or less high and more or less ugly rocks, but the great center of South America.

Now the steamships go to Europe filled up. So many people go that the ones who are back cannot play the snob anymore, and they only wish to establish here the good things they saw there. It's the temporary exodus that is accentuated. Thank god. Happy are the creatures who imbibe the Beautiful and suck the old continent's Energy, primary of all virtues. They travel for pleasure, they relish, they go to have fun, they really go, if they want, to revel. Each of them, however, unconsciously, when they come back, loving their land more, without puffy foolishness, will be a propellant of progress and civilization.

And civilization which is, in short, the comfort of the body, the comfort of the soul, the fundamental balance to the eruption of beauty and creative ideas, extends through these trips its imponderable germ over the city of São Sebastião,[27] just yesterday a village of processions, narrow, sordid and foolishly pretentious...

A gentleman I was talking to the other day told me:

"My friend, of the true Rio within ten years will be but a vague recollection. The avenues, the electricity, the pier, all this plus the impetuosity with which the new country has awoken to progress, has completely changed our habits which were, with so much charm, colonial habits, acclimatized Portuguese habits. Within ten years, Rio will have twice as many inhabitants, about forty companies working daily, and no one will notice these changes of habits."

Tomorrow we will be like those tremendous ocean liners in transit, and similar to all cities.

---

27. São Sebastião do Rio de Janeiro was the first official name given by the Portuguese to the city upon its foundation in 1565.

— Impossível. Os meus criados acabaram de pedir um mês de descanso para ir a Gênova; o meu chacareiro seguiu em viagem de recreio para o Porto, e o cocheiro do fiacre (que eu tomava à noite para passear fingindo de particular) decidiu partir para a Espanha, a ouvir *malagueñas* e os discursos vermelhos de Barcelona.

Será o *record* da Civilização...

I still hope, when someone asks me if I'm going to Europe, to very soon answer.

"Impossible. My servants just asked for a month off to go to Genoa; my cottager went on a pleasure trip to Porto, and the hackney coachman (which I took at night to ride pretending to be a private one) decided to leave for Spain to listen to *malagueñas*[28] and the "red" speeches of Barcelona."

It will be the record of Civilization...

Original publication: *O Bem das Viagens*. Rio de Janeiro: *A Notícia*, 23–24.04.1909, N.90, p.3.

28. A Spanish folk tune and dance for couples that is similar to a fandango, a lively dance in triple time that is usually performed by a man and a woman to the accompaniment of guitar and castanets.

Esplendor e Miséria do Jornalismo

Um jovem, chegado do norte, apareceu na redação do jornal. Era noite. A sala estava cheia. As secretarias especiais todas ocupadas, a grande mesa do centro repleta de *reporters*, de cabeça baixa, escrevendo, enchendo tiras. Às janelas jornalistas conversavam. À mesa do secretário, dois sujeitos pendiam súplices. As perguntas, os risos, as gargalhadas cruzavam-se.

De instante a instante, o retinir do telefone ligava à administração, às delegacias distantes, à tipografia. O redator principal deixava o seu gabinete, com o sorriso nos lábios. Estava admirável e era tratado com deferências especiais. O carro esperava-o, um carro muito bem posto. Um literato em plena apoteose da crônica aclamada paradoxava num grupo, com ares íntimos e superiores. A média tinha o traje impecável. A alegria inundava as faces, e o secretário, erguendo um pouco a voz, depunha na mesa um grande maço de convites para bailes, para jantares,

The Splendor and Misery of Journalism

A young man, arriving from the north, appeared at the newspaper newsroom. It was night. The room was full. The special secretaries were all occupied, the large table full of reporters, head down, writing, filling strips. The journalists talked at the windows. At the secretary's table, two fellows leaned pleading. The questions, the smiles, the laughter crossed back and forth.

All the time, the clinking of the phone called the administration, the distant police stations, the typography. The main editor left his office, with a smile on his lips. He was admirable and was treated with special deference. The car was waiting for him, a very well spruced up car. A literary in full apotheosis of the acclaimed chronicle uttered paradoxes in a group, with close and superior air. The average wore impeccable attire. Joy flooded the faces, and the secretary, raising his voice slightly, laid on the table a large bundle of invitations to balls, dinners, theaters, picnics, lunches, dinners, formal sessions, and said:

para teatros, para *picnics*, para almoços, para ceias, para sessões solenes e dizia:

— Escolham!

O jovem chegado do norte foi até o cronista. Que criatura deliciosa e feliz esse homem!

De uma delicadeza de veludo, achando tudo fácil, o mundo um jardim encantado, onde se colhe a flor que se quer, e a vida um sonho cor de rosa. Oh! Estava desvanecido!

Então conheciam–no no Norte! Oh! A futilidade, o hoje que o amanhã esquece!... E o que vinha fazer? Trabalhar? Mas os ministros eram uns anjos à procura de homens de talento, mas os empregos choviam... Queria aceitar do seu pobre jantar? Depois dar–lhe–ia um dos seus cartões permanentes para o *music hall*, para a opereta, para o drama ou para o circo de cavalinhos—tudo a mesma coisa igual a circo. O rapaz chegado do norte aceitou por um excessivo acanhamento, e como a conversa se generalizasse, gaguejou:

— Mas que força! Mas que potência que é uma empresa jornalística!

— Apenas a infância, estamos na infância, porque relativamente aos outros países as nossas tiragens são insignificantes. Mas é uma empresa esta que tem cerca de dois mil contos de material e que sustenta seiscentas pessoas mais ou menos.

— Nunca vi um jornal por dentro...

— Nunca? indagaram várias vozes de rapazes.

— É fácil. Quer vê–lo agora?

Deram–lhe explicações: a reportagem, a redação, a colaboração; mostraram–lhe gabinetes, livros de assinantes em cofres fortes para não se perderem em caso de incêndio, os imensos *halls* da tipografia e das *linotypes*, a sala da clichagem, a sala da fotografia, a sala da gravura, a estereotipia, as máquinas, seis ou sete máquinas enormes, espécies de monstros conscientes.

"Choose!"

The young man from the north went to the chronicler. What a delightful creature and happy this man is!

Of velvet gentleness, he found everything easy, the world an enchanted garden where one takes the flower one wants, and life a pink dream. Oh! He was vainglorious!

So they knew him in the North! Oh! The futility, the today that tomorrow forgets!... And what did he come to do? To work? But the ministers were angels looking for men of talent, but the jobs rained... Would he like to accept his poor dinner? Then he would be given one of his permanent entry cards to the music hall, to the operetta, to the theater, or the circus of horses—all the same like the circus. The young man from the north accepted due to excessive shyness, and as the conversation was generalized, he stammered:

"What strength! But what power a journalistic company is!"

"It's only tender age; we are in the tender age, because in comparison to other countries our print runs are insignificant. But this is a company that owns about two thousand *contos*[1] in material, and supports six hundred people or so.

"I've never seen a newspaper from the inside..."

"Never?" inquired several voices of young men.

"It's easy. You want to see it now?"

They gave him explanations: the reporting, the newsroom, the collaboration. They showed him offices, subscriber books in safes to avoid losing them in the event of fire, the huge halls of typography and linotypes, the stereotyping room, the picture room, the printing room, the stereotypy, the machines, six or seven huge machines, a species of conscious monsters.

1. Brazilian currency of the period, *réis* (plural of *real*). One *conto de réis* was equivalent to 1,000.000 réis. Measured against the relative price of gold, one *conto de réis* would be equivalent to approximately USD 35,000 (December 2016).

— Um jornal que custa 100 réis ao público fica num número comum, somando as diárias de todos os vencimentos, por quase três contos. Só a grande tiragem pode compensar...

— E esta obra tremenda faz–se hoje para recomeçar amanhã?

— Se nós não temos ontem? Vai achar inútil que um batalhão de gente se esbofe de trabalho para uma obra que já não serve amanhã? Que quer? A civilização! A ânsia da novidade, da notícia, da mentira, do *bluff*...

— É espantoso!

— E se fossemos jantar?

Meio atordoado, o jovem chegado do norte acompanhou o cronista, participando um pouco do brilho do homem célebre. Cumprimentos respeitosos, abraços, perguntas, gente que se voltava. Na Avenida um ministro que ia tomar o seu automóvel parou, conversou. Mais adiante o chefe de polícia rasgou um cumprimento que parecia de delegado para o chefe. No restaurante foi um *brouhaha*. O proprietário em pessoa veio espalhar pétalas de rosa na mesa. Das outras mesas, nomes de cotação na política, na finança, na indústria cumprimentavam.

— V. Ex.ª toma como sempre?...

— *Champagne brut Imperiale*, *Apollinaris*...

O jantar foi delicado e agradável. O cronista falava com desprendimento de contos de réis, da sua amizade com o presidente da República. O jovem indagava de certos nomes cuja fama até à sua província chegara.

— Ah! Está muito bem. Tem talvez uns trezentos contos.

— E Fulano?

— Fulano é inteligentíssimo. Há dez anos dormia em rolos de jornais. Hoje tem carro, tem automóvel e comprou esta semana uma casa para a amante no valor de 100 contos.

— E Beltrano, o grande poeta?

— Parte para Paris, a ver a primeira do *Chantecler*...

"A newspaper which costs the public 100 *réis* is a common thing, adding daily wages of all the salaries, it's almost three *contos*. Only a wide circulation can compensate..."

"And this tremendous work is done today only to start again tomorrow?"

"If we don't have yesterday? You'll find it useless that a battalion of people get worn out by work that no longer serves tomorrow? What do you want? Civilization! The craving for novelty, news, lies, bluff..."

"It's amazing!"

"And if we went for dinner?"

Half stunned, the young man from the north accompanied the chronicler, taking part in some of the luster of the great man. Respectful greetings, hugs, questions, people who returned back. In the avenue a minister who was getting into his car stopped, talked. Further ahead the police chief lavished appraisals that seemed from a commissioner to the boss. The restaurant was a commotion. The owner himself came to spread rose petals on the table. From the other tables, big names in politics, finance, industry, greeted him.

"Your Excellency drinks the usual...?"

"Champagne Brut Impérial, Apollinaris..."

Dinner was exquisite and pleasant. The chronicler spoke with detachment of *contos de réis*, of his friendship with the president. The young man inquired of certain names whose fame had come even to his province.

"Ah! He is very well. He might have some three hundred *contos*.

"And *Fulano*?"[2]

"*Fulano* is very intelligent. Ten years ago he slept on newspaper. Today he owns a coach, a car, and this week bought a house for his mistress worth 100 *contos*."

"And *Beltrano*, the great poet?"

---

2. João do Rio's use of *Fulano, Cicrano, Beltrano,* is the same as John Doe, when referring to a random, unnamed person.

No fim do jantar, elegantemente, o cronista facilitou ao jovem dois ou três ingressos de casa de espetáculo, mandou buscar um carro, despediu–se cheio de ternura e partiu. O carro era de praça mas esse final foi a gota d'água para o transbordamento da admiração. O jovem chegado do norte, à meia–noite, estava no seu quarto, pensando. Tinha vinte anos, queria subir, rapidamente. Que melhor profissão a adotar? O jornalismo leva a tudo, mas é, especialmente, a profissão sonhada: glória, fama, dinheiro, tudo fácil! Que outra profissão poderia ter tanto esplendor? E essa gente não tinha assim tanto talento, afinal. Ao contrário! Oh! Pertencer a um jornal, fazer a chuva e o bom tempo para uma porção de gente, dominar, ganhar dinheiro, ter as mulheres a seus pés, os homens no bolso, vir talvez a ser dono de um grande diário, privando na intimidade das potências políticas...

No dia seguinte estava resolvido. Entraria para um jornal. Levou um mês para consegui–lo. Nenhuma capacidade de dentro das gazetas servia como empenho. Arranjou um industrial muito rico e um senador. O jornal estava na gaveta de ambos. Entrou e foi repórter.

Então ele viu a ânsia perdulária por dinheiro dos jornais; ele viu que as remunerações secretas dos governos são regateadas e pagas mal como as contas de um particular em apuros; ele viu que o não compreendiam sincero e bom senão com o fito de gorjetas vergonhosas, ele compreendeu o trabalho dilacerante e exaustivo dos que tinham subido, e a fúria com que se agarravam às posições, atacados violentamente pelos invejosos da mesma profissão.

Não era um esplendor. Era a miséria infernal. Ele repórter, tinha um ordenado que seria irrisório se o secretário não ganhasse uma soma mensal perfeitamente cômica, e se o poeta admirável não tivesse por cada crônica, assinada com o seu grande nome, o que qualquer barbeiro faz por dia. A qualquer parte onde fosse era traduzido por notícia. Não era homem, era um futuro número de linhas não pagas. Nem simpatias nem afeições na vida dos profissionais. Inveja, maledicência, calúnia,

"He's leaving for Pàris to attend the first performance of the *Chantecler...*[3]

At the end of dinner, elegantly, the chronicler provided the young man with two or three concert hall tickets, sent for a car, said a goodbye full of tenderness and left. The car was a taxi, but this finale was the last straw for the overflowing of admiration. The young man from north, at midnight, was in his room, thinking. He was twenty years old; he wanted to climb quickly. What better profession to adopt? Journalism leads to everything, but it is, especially, the dream profession: glory, fame, money, everything easy! What other profession could have such splendor? And this people didn't have that much talent, after all. On the contrary! Oh! Belonging to a newspaper, making rain and good weather for a lot of people, dominating, making money, having women at your feet, men in your pocket, perhaps becoming the owner of a great newspaper, to closely consort with political powers...

The next day he was resolute. He would start at a newspaper. It took him a month to get it. No ability within the gazettes served as commitment. He found a very wealthy industrialist and a senator. The newspaper was in their drawers. He came in and became a reporter.

Then he saw the newspapers' wasteful eagerness for money. He saw that the secret government salaries are bargained and badly paid like the bills of someone in trouble. He saw that they didn't understand him being sincere and good but with the aim of shameful gratuities. He understood the harrowing and exhausting work of those who had climbed up, and the fury with which they clung to positions, violently attacked by the envious in the same profession.

It wasn't splendor. It was hellish misery. As a reporter he had a paycheck that would be scornful if the secretary didn't make a perfectly comical monthly sum; and if the wonderful poet didn't make for each chronicle, signed with his great name, what any barber makes per day. Wherever he went he was taken as news. He wasn't a man, he was a

3. João do Rio is possibly talking about the play, premiered in 1910, by Edmond Rostand (1868–1918), who also wrote *Cyrano de Bergerac.*

o horror, e o interesse relativamente fraco diante da gula voraz de fora, querendo o jornal para agente de todas as suas pretensões. A todas as autoridades servia esperando ser servido num empreguinho que não vinha. A quantos se aproximavam punha–se ponte de passagem para uma gratidão que não surgia. Andava atrasado, endividado, perseguido pelo alfaiate. E tinha diante de si essa coisa aflitiva e atroz que se chama: a boemia de trabalho. Trabalha hoje pela manhã; trabalha amanhã imprevistamente, até de madrugada. Não almoça hoje por falta de tempo; ceia amanhã em vez de jantar.

Ao cabo de um ano tinha duzentos e cinquenta mil réis por mês e já assinara uma *enquête* sobre costureiras. Não abrira mais um livro. Sentia–se sem saber nada e entretanto, capaz de compreender e de tratar imediatamente de qualquer assunto. Era uma espécie de ignorância enciclopédica, ao serviço de uma porção de gente, que dele se servia para trepar, para subir, para ganhar, com carinho e cinismo.

— O jornalismo leva a tudo, com a condição de dele sair a tempo...

Mas sair como? Com ele dera–se um conto de fadas. Vira um palácio rutilante. Entrara. Dentro havia principalmente contrariedades e as portas para sair tinham desaparecido. Oh! Passar toda a vida a fazer notícias, a ser uma parte de gazeta que se repete todos os dias!... Quis ver se lhe aumentavam o ordenado. Mas se havia na casa *reporters* de sessenta mil réis por mês? A única posição conveniente era no jornal a de diretor. Diretor ou gerente. Quanto dinheiro! Quanta honra! Mas também como essa honra era relativa de uns maganões políticos que lisonjeavam para obter o nome impresso com elogio! Como em dinheiro o arroto mentia! Uma vez disseram–lhe que o seu jornal recebera sessenta contos para defender um negócio complicado. Junto aos sujeitos que fingiam ter pago, ele ouviu as frases normais.

— Não podemos fazer mais... estes jornais... temos sido muito gentis.

— Seis dezenas de contos...

future number of unpaid lines. There was no congeniality or affection in the lives of the professionals. Envy, slander, calumny, horror, and the relatively weak interest in the face of voracious greed from outside, wanting the newspaper as an agent of all their pretensions. He served all authorities expecting to be served to a little job that didn't come. To all those who neared him he made himself a bridge to a gratitude that didn't arise. He was late, in debt, pursued by the tailor. And before him he had this distressing and atrocious thing called: the working bohemia. He works this morning; works unexpectedly tomorrow, until dawn. No lunch today for lack of time; he suppers instead of dining tomorrow.

After a year he had made two hundred and fifty thousand *réis* a month, and had already signed up for a survey on seamstresses. He didn't open another book. He felt like he knew nothing and yet was able to understand and to immediately deal with any subject. He was a kind of encyclopedic ignorance, serving a lot of people who used him to climb, to ascend, to win, with tenderness and cynicism.

"Journalism leads to everything, on the condition one get out of it on time..."

But how to get out? A fairy tale had happen to him. He saw a glittering palace. He entered. Inside there were mainly setbacks and the doors to exit were gone. Oh! Spend a lifetime making news, to be a part of a gazette that is repeated every day!... He wanted to see if they would increase his salary. But if there were sixty–thousand–*réis*–a–month reporters in the house? The only convenient position in the newspaper was that of director. Director or manager. How much money! How much honor! But also how this honor was related to some political scoundrels who flattered so as to get their name printed with praise! Bragging lies as much as money does! Once they said that his newspaper had received sixty *contos* to defend a complicated business. From the fellows who pretended to have paid, he heard the usual phrases.

"We cannot do anything else… these newspapers ... ... we have been very kind."

— Oh! Não falemos nessas ninharias.

As ninharias de seis dezenas de contos limitavam–se ao pagamento à linha das publicações feitas por eles, e pagamento regateado e atrasado.

Isso deu–lhe um grande desgosto. Os jornais barateavam–se. Grandes torres levantadas à vaidade humana eram aproveitadas barato demais. Se as opiniões não existiam, se um sujeito querendo uma nota na primeira página estava certo de a obter, porque dá–la por um preço irrisório e as mais das vezes grátis, tudo quanto há de mais grátis? Essa barateza geral era em tudo. O jornal desconhecia a sua força fenomenal, a força que ele sentia onde estivesse.

— É do jornal.

— É repórter!

Certo havia um vago receio. Mas podia fazer tudo; era tratado com considerações especiais de primeira figura.

— Arranjas–me isso?

— Eu? Não posso...

— Você, do jornal tal!...

Poderia ele? Não poderia? Podia às vezes, pedindo a toda gente que conhecia.

Alguns atendiam, quando indiretamente iam receber um grande obséquio por seu intermédio. Assim, fez–se correspondente telegráfico, com os políticos de alguns Estados na mão, telegrafando tudo quanto o jornal ia dar. Com o pescoço comprido viveria das ramas. E as ramas deram–lhe redobrado serviço, fizeram–no mentir com desassombro. Ao cabo de um ano, convencido do seu valor para a galeria, tinha uma sinecura de oitocentos mil réis do governo, recebia avisos reservados do ministério em que exercia o jornalismo, ganhava um conto e tanto de jornal.

A ambição, as preocupações, os interesses, os negócios tomavam–lhe a alma. Queria ter mais, queria ter muito mais—e o jornalismo chegando a um certo ponto não dá mais. Muita vez pensando, ele não

"Six tens of *contos*..."

"Oh! Let's not talk about such trifles."

The six tens of *contos* trifles were limited to the payment of a line of publications produced by them, a bargained and belated payment.

This gave him great grief. Newspapers cheapened. High towers raised for human vanity were sold off too cheap. If opinions didn't exist, if a fellow wanting a note on the first page was sure to get it, why give for a bargain price, and most of the time for free, all that is most free? This general cheapness was in everything. The newspaper was unaware of its phenomenal strength, the strength that he felt wherever he was.

"He's from the newspaper."

"He's a reporter!"

Of course there was a vague fear. But he could do everything; he was treated with special consideration of the first class figure.

"Can you get me that?"

"Me? I cannot..."

"You, from such–and–such newspaper...!"

Could he? Couldn't he? He could sometimes, asking everyone he knew.

Some agreed, when they would indirectly receive a great favor through him. Thus, he made himself a telegraphic correspondent, with politicians of some states in his hand, wiring everything the newspaper was going to publish. With a long neck he would live off branches. And the branches gave him renewed work, made him lie boldly. After a year, convinced of his value to the gallery, he had an eight hundred thousand *réis* government sinecure; he received reserved warnings from the ministry where he practiced journalism; he made about one *conto* in the newspaper.

Ambition, concerns, interests, the business took his soul. He wanted more, he wanted much more—and journalism, getting at a certain point, doesn't give more. Often, thinking, he couldn't tell his situation. It was poorly defined. It could sink the next day...

sabia dizer a sua situação. Era pouco definida. Poderia sossobrar no dia seguinte...

Mas com elegância comia nos primeiros restaurantes, com 20% de abatimento, posava grátis nas confeitarias para levar concorrência, conseguia que os que lhe pediam favores correspondessem com o máximo.

— Grande cavador, você!

— Cavador, o homem que trabalha forçando o seu temperamento...

Deu um balanço na alma; viu quanto tinha piorado em tudo, sentiu mesmo a inanidade de uns dinheirinhos. E entrou na redação, onde já era redator.

E sucedia que outro jovem chegado do norte aparecera.

— Então, o Sr. quer ser jornalista?

— Eu desejava...

— Não caia nessa. É uma vida infernal! De cem vence a metade de um. Tudo isto é a ilusão. Vire estes rapazes! Não sai *nickel*. Examine–os. Estão todos doentes. Não é vida; é uma torrente!

— Mas o Sr.... murmurou o recém–vindo.

— Eu cheguei há alguns anos. Mas se fosse a recomeçar preferiria quebrar pedra. Seja empregado público!

— Não, eu vou ser jornalista.

— A atração, o inferno...

E o jovem que tinha chegado do norte alguns anos antes, vendo a resolução do que chegara ontem, já temendo a vitória desse, já temendo uma antipatia, já temendo o ataque de jornal de que tinha um louco medo, covarde, assustado, neurastênico, insincero, sorriu, abrandou a voz.

— Que se há de fazer? Com estas disposições vence–se. Estou às suas ordens para ajudá–lo a colocar–se...

But with elegance he ate at the best restaurants, with a 20% discount; he posed for free in the patisseries to drive competition; he managed that those who asked him for favors corresponded to the maximum.

"Great barterer, you are!"

"Barterer, the man who works pushing his temperament..."

He took stock of his soul; he saw how he had gotten worse in everything, he even felt the hollowness of some 'little money.' And he entered the newsroom, where he was already editor.

And it happened that another young man coming from the north appeared.

"So Senhor, you want to be a journalist?"

"I wished..."

"Don't fall for it. It is a living hell! Out of a hundred, half of one wins. All this is an illusion. Flip these young men over! Not a nickel falls. Examine them. They are all ill. This is not life; it's a torrent!"

"But Senhor..." murmured the new–comer.

"I arrived a few years ago. But if I was to start it over I'd rather break stone. Be a civil servant!"

"No, I will be a journalist."

"The attraction, the hell..."

And the young man who had arrived from the north a few years before, seeing the resolution of the one who had arrived yesterday, already fearing his victory, already fearing a dislike, already dreading the attack from a newspaper of which he had a crazy fear, he cowardly, frightened, neurasthenic, insincere, smiled, softened his voice.

"What is to be done? With this eagerness one goes further. I am at your service to help you get started..."

Original publication: *Esplendor e Miséria do Jornalismo*. Rio de Janeiro: *Gazeta de Notícias*, 13.03.1910, N.72, p.1.

Cabotinos

No gabinete, àquela hora da noite, havia apenas o velho e importante homem político em companhia do jovem e desconhecido jornalista. A casa ficava no alto da montanha a pique—uma casa com colunas mouriscas e páteos internos forrados de mosaico policolor. Era noite, e das janelas do gabinete por onde entrava o cheiro apaziguante do arvoredo, via–se no diamante líquido do luar o desdobrar infindável da cidade enorme embaixo, no mar, e na linha vaga do horizonte o mar e o céu confundidos... O homem político estava de pijama. O jovem jornalista de *frack.* O homem político quase não se via, porque havia apenas o candeeiro protegido pelo pára–luz de seda rubra e ele ficava recostado longe, na *rocking.*

O jovem jornalista mostrava a face ambiciosa banhada no halo do luar—porque estava apoiado à janela.

Era muito tarde.

— Mas V. Ex.ª será ministro?

Rogues

In the office, at that time of night, there was only the old and important politician in the company of the young and unknown journalist. The house was at the top of the mountain steeply—a house with Moorish columns and internal patios lined with polychrome mosaic. It was night, and from the office windows, through which came the soothing smell of the trees, one could see the endless unfolding of the huge city below in the liquid moonlight diamond, in the sea and in the vague line of the horizon, the sea and the sky mixed up. The politician was wearing pajamas. The young journalist wore a tailcoat. The politician could hardly be seen, because there was only the oil lamp protected by the light–crimson silk and he was leaning in the rocking chair, far away.

The young journalist showed the ambitious face bathed in the moonlight halo—because he was leaning against the window.

It was very late.

"But will Your Excellency be minister?"

"Who knows?"

— Quem sabe?

— É certo.

— Depende do candidato. Nada é certo, neste mundo.

— Quem pode prever até que o não apontem ao supremo cargo?

Houve um longo silêncio. O político ergueu–se; acendeu o charuto, pegou de um livro.

— Sabe com que me entretive estes últimos dias? Com um livro interessantíssimo.

— Algum trabalho de sociologia?

— Exatamente: o volume de um cômico Pedro Hitemans. Chama–se: *Memorias d'um Cabotino.*

— Oh! Excelência!

— Mas sim, meu caro, um livro excelente e encantador, um livro que veio mais uma vez trazer–me a documentação às minhas ideias sobre a organização da sociedade moderna.

— Deve ser então bom mesmo...

— É. Deve lê–lo. Nunca se tem o curso completo e o meu amigo inicia apenas a sua carreira.

O jornalista, um pouco desconcertado, deixou a janela, vindo até à mesa; o político baforou o fumo do charuto com infinito tédio.

— Menino, não se ofenda. Também eu não tenho o curso completo. E lá embaixo na cidade há mais discípulos que mestres.

De fato porém o mundo tende a ser cada vez mais—a Federação Cabotinal das Cabotinópolis... Como jornalista moderno, preocupado com o documento exato talvez você não tenha olhado com olhos de olhar a evolução do viver urbano.

Se olhasse verificaria, imediatamente, primeiro: que o trabalho honrado não dá fortuna a ninguém; segundo: que todos nós somos refinadíssimos malandrins; terceiro: que não nos esganamos fisicamente

"It's certain."

"It depends on the candidate. Nothing is certain in this world."

"Who can predict that they don't even appoint you to the top job?"

There was a long silence. The politician rose, lit his cigar, took up a book."

"Do you know what I've entertained myself with these last few days? With a very interesting book."

"Some sociology work?"

"Exactly: the volume of a comic, Peter Hitemans. It's called: *Memoirs of a Rogue*."

"Oh! Excellency!"

"But yes, my dear, a great and charming book, a book that brought me once again the documentation to my ideas about the organization of modern society."

"It must be very good then..."

"It is. You should read it. One never completes his path, and my friend has just started his career."

The journalist, a little bewildered, left the window, coming to the table. The politician puffed cigar smoke with infinite boredom.

"Boy, don't be offended. I also don't have the full path. And down in the city there are more disciples than teachers."

But in fact the world tends to be more and more the Rogue Federation of Rogueopolis... As a modern journalist, concerned about the exact document you may not have looked with looking eyes at the evolution of urban living.

If you looked you would see, immediately, first: that decent work doesn't make anybody money; second: that we are all very refined scoundrels; third: that we don't physically strangle each other but stab and murder each other morally and monetarily all the time. The most villain, the most cruel, the most underhanded is the winner.

"When they don't go to jail."

mas nos esfaqueamos e nos assassinamos moral e monetariamente a cada instante. O mais bandido, o mais cruel, o mais patife é quem vence.

— Quando não vai para a cadeia.

— Está enganado. Vão para a cadeia criaturas vulgares, sem energia e sem resistência, vão para a cadeia os malandrins do pano do fundo que não estudaram o papel, os fracos, os sentimentais, os desperdiçadores, isto é as anomalias, as aberrações, o menor número. Os patifes, os gatunos, os verdadeiros ladrões e os assassinos magníficos, esses todos respeitam, consideram e veneram. Para dominar, para vencer, é preciso praticar com afoiteza o que a moral e o código condenam quando se pratica covardemente. Veja você Napoleão—matava gente aos milhares e ninguém se atrevia a metê–lo no xilindró como qualquer facadista reles da Saúde. Veja você os grandes banqueiros ou os chamados reis de várias indústrias. Os primeiros representam a fome, a miséria, a desgraça de uma porção de criaturas roubadas em honra das transações comerciais; os segundos afirmam a escravidão branca e cegam o mundo com o dinheiro amassado no suor de exércitos colossais de desgraçados. Veja você os políticos.

Nenhum deles venceu verdadeiramente senão sendo ingrato, hipócrita, velhaco, falso.

A vida é como uma batota lôbrega. Já entrou alguma vez nesses estabelecimentos, onde a polícia só não entra para cumprir o seu dever? Pois nessas tavolagens sórdidas há diversos jogos proibidos e roubados que se denominam de azar: a vermelhinha, o jaburu, a roleta, o monte. Em torno de cada mesa acotovela–se uma roda famélica, de revólver no bolso e alma fria como um *iceberg*.

Não há mútua confiança; há certeza geral de roubalheira e patifaria. Nós estamos numa batota maior. O dado é a política, a roleta é o comércio; a vermelhinha é a arte; o jornalismo é o monte...

— V. Ex.ª hoje está deliciosamente pessimista...

"You are wrong. The vulgar creatures without energy and without resistance go to jail.The scoundrels in the background who haven't studied the role, the weak, the sentimental, the wastrels, that is, the anomalies, aberrations, the smallest number, they go to jail. The scoundrels, the prowlers, the real thieves and magnificent killers, those everybody respects, hold in high regard, and worship. To dominate, to win, you need to boldly practice what morals and code condemn when cowardly committing. Look at Napoleon—he killed people by the thousands and no one dared to put him in the hoosegow like any paltry stabber from Saúde.[1] Look at the big bankers or the so–called kings of several industries. The first represent hunger, misery, the misfortune of a lot of creatures robbed in honor of commercial transactions; the second assert white slavery and blind the world with money crumpled in the sweat of colossal armies of the hapless. Look at the politicians.

None of them truly won unless being ungrateful, hypocritical, rogue, fake.

Life is like a lugubrious cheating. Have you ever entered these establishments, where the police don't come in just to do their duty? For there are several prohibited and filched games that are called bad luck in these sordid gambling houses: *vermelhinha*,[2] *jaburu*,[3] roulette, *monte*.[4] Around each table a ravenous circle elbowed each other, revolver in their pockets and iceberg–cold souls.

There is no mutual trust; there's a general certainty of thievery and knavery. We are in a major gambling hell. The dice is politics, roulette is commerce; *vermelhinha* is art; journalism is *monte*...

"Your Excellency is delightfully pessimistic today..."

1. Neighborhood in Rio de Janeiro, at the margins of Guanabara Bay.

2. Game played with three cards, one red suit and two black suits, turned and slightly bent widthwise. The cards are moved around quickly before the gullible, who then has to point out the red one, the *Vermelhinha*.

3. A portable roulette with 25 slots subdivided into other 4 internal slots, each with a picture of one of the 25 animals of the *jogo do bicho* in place of numbers.

4. Possibly similar to Spanish *monte*, also known as 'monte bank', it's a 'banking game', played with a pack of 40 cards omitting the 10s, 9s and 8s.

— Estou a dizer coisas velhas com um certo pejo de as repetir.

O homem moderno não tem nem pessimismo nem otimismo, porque não tem alma. O homem moderno trata da sua vida, vê se não perde a ocasião de apanhar o seu, que é quase sempre o dos outros, livre e desembaraçadamente. Repare, meu caro, já não digo para o mundo, que é um exemplo muito grande, mas para uma cidade apenas. Porque fez Fulano fortuna? Porque roubou. Porque Cicrano está numa posição brilhante? Porque embrulhou os seus companheiros mais próximos.

Engano, dolo, violência, a bolsa ou a vida, honrada malandragem de alto a baixo. Eu que aqui estou falando estou certo de que você é um malandro...

— Oh! Excelência...

— E faço–lhe este elogio porque o considero um tipo com probabilidade de vencer e porque eu próprio tenho–me na conta de um espertalhão de primeira ordem. Até mesmo o ser que limita a sua ambição explora os bons sentimentos. Sou padrinho do filho de um amanuense paupérrimo com oito filhos. O amanuense não tinha coragem de pedir o que fosse. Um dia encontrei–o furioso: "Imagine V. Ex.ª que morreu o barão Antônio, meu compadre quatro vezes, e nada deixou para os pequenos! Se soubesse, tê–lo–ia mandado à fava! Não era padrinho nem do primeiro!" Era puríssimo esse compadre, era honestíssimo... Jogava com os filhos contra a morte dos compadres...

— Molière estudou a sua moléstia no Alceste...

— Deixemos de frases... Alceste seríamos todos nós se não quiséssemos aproveitar o mundo tal qual está. A tavolagem tem uma porção de tabuletas para encobrir–lhe o fim. Mas deve ter notado que, sinceramente, ninguém se queixa de que não haja dentro o que a tabuleta anuncia. Assim com a vida. Todos mais ou menos sabem das tabuletas, conservam–nas, exageram–nas e cuidam, com elas a tapar–lhes as faces, de arranjar a vida da maneira mais suave.

"I'm saying old things with a certain shame of repeating them."

Modern man has neither pessimism nor optimism because he has no soul. Modern man takes care of his own life, ensures not to lose the opportunity to take what is his, which almost always belong to others, freely and unhindered. Note, my dear, I'm no longer talking about the world, which is a very huge example, but only of a city. Why did Fulano make a fortune? Because he stole. Why is Cicrano in a brilliant position? Because he deceived his closest companions.

Deception, deceit, violence, money, or your life, honored roguery from top to bottom. I'm here talking certain that you are a scoundrel...

"Oh! Excellency..."

"And I give you this compliment because I think you are a type likely to win, and because I have myself been, on account of the first order, sly. Even the one who limits his ambition exploits the good feelings. I'm godfather of the son of a penniless scribe with eight children. The scribe didn't dare ask for anything. One day I found him furious: 'Imagine, Your Excellency, that Baron Antonio died, my *compadre*[5] four times over, and left nothing for the little ones! If I knew it, I would have told him to get lost! He wouldn't be godfather even of the first one!' He was a very pure man, extremely honest... He played the children against the death of his *compadres*..."

"Moliere studied your malady in Alceste..."[6]

"Let's stop the hollow phrases... We would all be Alceste if we didn't want to avail the world as it is. The gambling house has got many signboards to cover up its purpose. But you might have noticed that, frankly, no one complains that inside there isn't what the signboard advertises. It's the same with life. Everybody more or less knows of the signboards, keeps them, exaggerates them and, covering their faces with them, look to make a good living in the smoothest way possible."

5. Godfather to one's children.

6. Alceste is the main character in *The Misanthrope*, or the *Cantankerous Lover* (1666), by Molière (Jean-Baptiste Poquelin—1622–1673), who criticizes everybody's flaws, including his own.

— Realmente...

— É o caso do verso do Hugo! Hein?

Montaigne eût dit: "Que–sais–je?" et Rabelais: "Peut être!"

Está meio convencido? Nesta existência porém, assim constituída, a tabuleta preocupa cada vez mais. Não há como os jogadores para ocultarem e negar o vício. A humanidade é assim, de forma que nós temos nas cidades modernas um sentimento geral de evolução espantosamente rápida: o cabotinismo.

Foi o orgulho que fez o homem firmar–se nas patas traseiras e apoiar–se a um pedaço d'árvore, ao descer da árvore. O orgulho transformou–se em vaidade como o pedaço d'árvore em bengala. A vaidade, por falta de elementos fortes em que se firmar, fez–se exibicionismo: o exibicionismo à outrance é o cabotinismo geral.

O homem arranja a vida, e faz–se por dinheiro titular; a dama manda fazer uma *toilette* e quer que todos saibam; o filantropo oferta grandes somas, anunciando previamente a dádiva. Ninguém duvida das próprias forças e todos querem dar na vista: velhos, mulheres, homens, crianças, filósofos e estudantes da escola primária, *cocottes* e damas protetoras de caridade, homens notáveis e vis anônimos. Por cabotinismo faz–se tudo; por cabotinismo nada se recusa. Estou mesmo convencido de que ao globo terráqueo não acontece o que aconteceu à lua, pela cabotinagem com que persiste em fazer de satélite do sol esta pobre terra...

— Cabotinos é uma palavra francesa.

— Que não vale a pena traduzir em vernáculo. Cabotinos, como sabe, chamaram aos atores medíocres e exibicionistas de uma origem ferozmente agressiva. Mas cabotinos são toda gente. É impossível encontrar um homem absolutamente notável que não seja cabotino. E assim são os outros, a grande espécie humana. No dia que desejar ver o cabotinismo inconsciente vá com uma máquina fotográfica para a rua. Verá como terá a rua inteira com vontade de sair fotografada.

"Indeed..."

"This is the case of Hugo's verse! Huh?"

Montaigne eût dit: "Que sais–je?" et Rabelais: "Peut être!"[7]

Are you half convinced? In this lifetime, however, constituted this way, the signboard is an increasing cause of concern. There is nothing like the players to hide and deny their addiction. Humanity is like that, so that in modern cities we have a general feeling of astonishingly rapid evolution: the roguery.

It was pride that made men stand up on his hind legs and hold himself up with a piece of tree when descending the tree. Pride turned into vanity as the piece of tree into a cane. Vanity, for lack of strong evidence on which to steady itself, became exhibitionism: exhibitionism *à outrance*[8] is the general roguery.

The man makes a good living, and with money makes himself a titleholder. The lady orders a *toilette* and wants everyone to know. The philanthropist donates large sums, announcing his largess in advance. No one doubts their own strength and everyone wants to show off: elders, women, men, children, philosophers and primary school students, *cocottes*[9] and lady protectors of charity, remarkable men and vile anonymous men. All is done for roguery. Nothing is refused for roguery. I'm really convinced that it doesn't happen to the earthling globe what happened to the moon, which by roguery persists in making this poor land into the sun's satellite...

"*Cabotin* is a French word."

"That's not worth translating into the vernacular. They're called rogues, as you know, mediocre actors and exhibitionists of a fiercely aggressive nature. But rogues are all people. It's impossible to find an absolutely remarkable man who's not a rogue. And so are the others, the great human species. The day you want to see the unconscious roguery,

7. From *Marion Delorme* (1831) by Victor Hugo (1802–1885), "Montaigne would have said, 'What do I know?' and Rabelais: 'Perhaps!'"

8. French for "excessive."

9. French for "prostitute, or promiscuous woman."

Individualmente cada uma das pessoas que aparece julga ser o tipo saliente e o foco das atenções. Se desejar particularizar essa observação geral, estude diversas classes sociais, vá indo de cima para baixo, e encontrará cabotinos desde os políticos dominantes até os copeiros, cabotinos posando com descaro a sua importância, e subindo e ganhando mais a vida exatamente por isso...

— Cáspite!

— Mesmo só, ainda encontrará cabotinismo, apenas cabotinismo, olhando o espelho ou fazendo um exame de consciência.

— Sr., sou um homem puro.

— Deixe de cabotinismo. De manhã, antes de me aparecer o criado, acontece–me o mesmo...

E se estou a falar com esta franqueza—é que precisamente, por condições curiosas, por curiosas condições de raça e de meio, o Rio é o maior centro de cabotinismo, de cabotinismo as mais das vezes infantil, ingênuo, mas cabotinismo.

— Como assim?

O político ergueu–se.

— Porque somos um país de chefes.

A desorganização capital do nosso sistema político, a anarquia da nossa arte, a oscilação dos nossos costumes, tudo isso vem de um fenômeno moral verdadeiramente espantoso: o Brasil é um país de revoltados em que todos, entretanto, são tratados de chefes.

— Chefes?

— Mas, meu caro, não se faça de ingênuo. Aqui os homens ou são doutores ou coronéis, mas todos, irrevogavelmente, são chefes. Chefes de que, não sei bem, mas chefes, homens compenetrados de que têm influência, de que dispõem de um amplo círculo de admiradores e de escravos. Ainda há pouco, acompanhei as eleições municipais. Eram

take a camera to the street. You will see how you'll have the whole street wanting to be photographed. Individually each person who turns up deems himself to be the outstanding type and the focus of attention. If you want to individualize this general observation, study different social classes. Keep going up and down, and you'll find rogues, from leading politicians to cupbearers, rogues shamelessly posing their importance and rising and making a better life exactly because of that..."

"Gosh!"

"Even alone, you'll still find roguery, only roguery, looking at the mirror or doing some soul–searching."

"Sir, I am a pure man."

"Cut the roguery. In the morning, before the servant shows up, the same happens to me..."

And if I'm talking with this straightforwardness—it's that, for curious conditions, curious conditions of race and half, Rio is precisely the largest center of roguery, of most often childish and naive roguery, but roguery.

"What do you mean?"

The politician rose.

"Because we are a country of bosses."

The capital disorganization of our political system, the anarchy of our art, the oscillation of our customs, all this comes from a truly amazing moral phenomenon: Brazil is a country of anger where everyone is, however, treated like bosses.

"Bosses?"

"But, my dear, don't be naive. These men are either doctors or colonels, but all, irrevocably, are bosses. Bosses of what, I don't know, but bosses, men deeply convinced they have influence, that they have a wide circle of admirers and slaves. Just now I followed the municipal elections. They were all bosses of different values, but you couldn't count from one to the highest because they were in a complete mess.

todos chefes de diferentes valores mas que não se podia contar de um ao maior, porque estavam numa completa confusão.

Um jornalista estrangeiro perguntou–me um dia onde estavam os comandados desses chefes. Ri amarelo, com uma certa dose de patriotismo exacerbado (e o patriotismo, como diria o filósofo, é a bílis da humanidade) mas concordei.

Com efeito. Nós vivemos numa época de chefes. Todos são chefes. Por que? Ninguém sabe. Mas são. Os jornais noticiam a chegada de um coronel. O coronel hoje pode não ser fazendeiro, mas é chefe político de real influência no seu distrito, lá longe, onde ninguém vai. Um cidadão faz anos. É possível que o cidadão tenha defeito, mas domina uma porção de gente. Somos quase bizantinos nesta qualificação. Tudo é chefe, desde o Grande Chefe José Gomes Pinheiro Machado até os cozinheiros que são chefes da cozinha, digo mal, até os capoeiras que são *seu chefe*...

É um desejo de consideração que assim impele os homens a serem todos chefes?

Camille Doucet, secretário da Academia Francesa, já escreveu dois versos que não são bons mas valem por sinceros:

Considération! Considération!
Ma seule passion! Ma seule passion!

Há de ser certamente, por isso. Chefe é uma palavra bonita, soa bem.

— Chefe!

— Eminente chefe!

Não se sabe de que, mas é de efeito. Depois nós vivemos numa verdadeira parada, com a alma no bolso e o risinho da cavação nos lábios. Chefe é um qualificativo agradabilíssimo e que não compromete a ninguém. Para um pedido, nada mais simpático.

— Meu caro chefe, peço–lhe a fineza...

A foreign journalist asked me one day where those who commanded these bosses were. I forcedly smiled with a certain dose of exacerbated patriotism (and patriotism, as the philosopher would say, is the gall of humanity), but I agreed.

Indeed. We live in a time of bosses. All are bosses. Why? Nobody knows. But they are. The newspapers report the arrival of a colonel. The colonel today may not be a farmer, but he's a political head of real influence in his district, far away, where no one goes. A citizen for many years. It's possible that the citizen is flawed, but he rules over a lot of people. We are almost Byzantine in this qualification. Everybody is boss, from the Great Leader Pinheiro Machado[10] to the cooks who are kitchen chefs, I speak ill, to the *capoeiras*[11] who are *your boss*...

Is it a hunger for consideration that so drives us all to be bosses?

Camille Doucet,[12] secretary of the French Academy, has written two verses which are not good but are worthwhile for being sincere:

Considération! Considération!
Ma seule passion! Ma seule passion!

It shall certainly be so. Boss is a beautiful word. It sounds good.

"Boss!"

"Eminent boss!"

It's not known boss of what, but it works. Besides, we live in a real parade, with our soul in the pocket and the chuckle of scheming on our lips. Boss is a very pleasant qualification, and it doesn't compromise anyone. To make a request, there's nothing more warm–hearted.

---

10. José Gomes Pinheiro Machado (1851–1915) was a Brazilian republican politician who fought for the establishment of the Republic in the country within the Federalist Revolution (1893–95). He was also a senator of Rio Grande do Sul until his assassination.

11. Trickster who, in the late nineteenth century and the first decades of the twentieth century, created great fights, riots and confusion on the streets and was also mercenarily as politicians henchman, to set ambushes, commit murder etc.; street fighter, bully, troublemaker.

12. Charles Camille Doucet (1812–1895) was a French poet and playwright. The quote below is from his most famous theatre play, *La Considération* (1860), and it means "Consideration! Consideration! My only passion! My only passion!"

Chefe de que? Pode ser do que pede e pode ser da sua estribaria.

— Ah! Sempre militei ao lado deste chefe!

O militar aqui é a maneira de embrulhar uns aos outros, que é o que se faz em eleições entre nós, com toda a violência dos partidos. De um momento para outro, após muitos sacrifícios de dinheiro, o chefe vê–se como o senador Vasconcelos sem nada, nem mesmo o seu delicioso sorriso de louça da Casa Vieitas. Mas, apesar de compreender isso, melhor dos raros que não o são, os chefes são incapazes de resistir à força do qualificativo. Ainda outro dia vinha no *tramway* com um deputado do Distrito. Na primeira parada, um sujeito, de cor encardida, naturalmente chefe eleitoral, trepou no estribo, gritando:

— Meu chefe, dá licença?

O homem sorriu. Chefe! O cavalheiro pendeu–lhe no ouvido. Chefe! S. Ex.ª tornou a meter os dedos no bolso. Chefe! A sua mão apertou a mão do soldado fiel com uma nota que ficou na do soldado fiel. O carro partiu, os baleiros ficaram; o cavalheiro balançou o corpo para trás na mais elegante prova de cinemática capadoçal que eu tenho visto, e caiu no mundo, gritando:

— Sempre às ordens de V. Ex.ª, meu chefe!

E todo o bonde ficou olhando o simpático cidadão, que era chefe.

Quem, entretanto, não foi, com ou sem vontade, um dia chefe? Há os que são empregados modestos e vem para a rua contar histórias.

— Aquilo estava uma balbúrdia. Foi um trabalhão! Felizmente, com um pouco de esforço, consegui fazer voltar a ordem...

É uma grande mentira, mas eles passam por chefe. Quantos secretários de redação há por aí que não poderiam ser nem contínuos, secretários de língua, posando reformas na calçada? Quantos diretores gerentes ondulam por esta cidade, que não passam de reles agentes sem outra importância? Quantos cavalheiros que nem eleitores são, asseguram aos candidatos ingênuos os "seus homens" para o voto?

"My dear boss, I ask you the finesse..."

Boss of that? It may be of what you order and it may be of your horse stable.

"Ah! I've always fought beside this boss!"

To fight here is a way of deceiving each other, which is what is done during elections among us, with all the violence of the parties. From time to time, after many financial sacrifices, the boss sees himself as a Senator Vasconcelos,[13] with nothing, not even his delicious porcelain smile from Casa Vieitas.[14] But despite understanding this, the best amongst the few who aren't bosses are unable to resist the power of qualification. Just the other day I was in the tramway with a district deputy. At the first stop, a fellow of grimy color, naturally an electoral leader, climbed on the running–board, shouting:

"My boss, excuse me?"

The man smiled. Boss! The gentleman leaned to his ear. Boss! His Excellency put his fingers in his pocket again. Boss! His hand shook hands with the faithful soldier with a note that remained in the faithful soldier's hand. The tram drove off, the candy street vendors got off. The gentleman rocked back in the most elegant evidence of roguish kinematic I've seen, and went away, crying:

"Always at Your Excellency's orders, my boss!"

And all the tram looked at the friendly citizen, who was boss.

But who was not, with or without intention, someday a boss? There are those who are modest employees and come into the street to tell stories.

"That was a shambles. It was a lot of work! Fortunately, with a little effort, I could return the order..."

It's a big lie, but they pass as bosses. How many newsrooms secretaries are there out there that could not even be office–boys, language

13. Augusto de Vasconcelos (1853–1915), was a politician of the Conservative Republican Party in Rio de Janeiro.

14. Belonging to Carlos Vieitas & Co., it was a space where several Brazilian painters such as João Batista Castagneto (1851–1900), exhibited and sold their work at the end of the nineteenth century, it was considered a 'veritable museum of works of art.'

Há os que abominam o qualificativo, mas pela circunstância têm de ser alegoricamente chefe de alguma coisa, porque em certas reuniões a doença é tão definitiva, que acham pouco apresentar um sujeito que não seja chefe.

— Tenho o prazer de apresentar–lhe o Theodorico, rapaz muito sério. Já é chefe na casa em que está empregado.

— Oh! Bondade de seu Bonifácio, que é um chefe bondoso.

— Não senhor! Justiça.

— O Sr. é?

— Caixeiro da Sapataria Esperança. Sou eu e o patrão só. Mas como o patrão sai fico a tomar conta. Qual chefe! Modesto gerente!

Todos esses chefes de fato parecem–se. Foi a mania da chefia política que nos arranjou esta angustiosa situação política em que o Sr. Pinheiro faz a reprise dos seus ares estranhos de pitonisa dos pampas, com erros de gramática e facalhão na cava do colete. E não se pode dizer que o maior dos chefes, a Grande Ursa, o Dalai Lama, tenha uma só razão para mandar na política de vinte milhões de habitantes...

Mas, a opinião do jornalista estrangeiro fizera–me refletir. Não. Ele tinha razão. Talvez o modo de explicar o fenômeno não fosse muito exato. Mas como explicá–lo? Megalomania, inconsciência, costume? Em todo o caso falta de equilíbrio social, falta de sobriedade. Esta é terra em que os homens quando se encontram dão quase sempre exclamações e não deixam de abraçar–se. Esta terra é o país em que as damas vinte vezes que se despeçam dão–se sempre reciprocamente um par de beijos nas bochechas; este país é o lugar onde ainda há bem pouco tempo os cidadãos se tratavam de: amigo, correligionário e quase parente; este Rio é o Rio dos exageros.

— Dos chefes!

— E consequentemente, meu amigo é Cabotinópolis.

— Está a brincar...

secretaries, posing reforms on the sidewalk? How many managing directors sway through this city who are nothing but petty agents with no other significance? How many gentlemen who aren't even voters ensure the naive candidates "his men" their votes?

There are those who abhor qualifications but due to the circumstances have to be allegorically the boss of something, because at certain meetings the disease is so definitive that they think it's poor to present a person who isn't a boss.

"I am pleased to present you Theodorico, a very serious young man. He's already the boss in the business where he is employed."

"Oh! That's the kindness of Mr. Bonifácio's, who's a good boss."

"No sir! It's justice."

"What are you, sir?"

"I'm a salesclerk at Hope Shoe shop. It's me and the boss alone. But when the boss is out, I take over. Like the boss! A modest manager!"

Indeed all these bosses resemble each other. It was the political leadership mania that gave us this distressing political situation whereby Mr. Pinheiro makes a reprise of his strange air of a python of the pampas, with grammar errors and a machete in the armhole of his vest. And one cannot say that the greatest boss, the Great Bear, the Dalai Lama, doesn't have even one reason to command the policy of twenty million...

But the view of the foreign journalist made me reflect. No. He was right. Perhaps the way to explain the phenomenon wasn't very accurate. But how to explain it? Megalomania, unconsciousness, customs? In any case, a lack of social balance, lack of sobriety. This is a land where, when men meet, they always make exclamations and never fail to embrace each other. This land is the country where the ladies say farewell twenty times to always give each other a couple of kisses on the cheeks. This country is the place where until not long ago citizens addressed each other as friend, coreligionist and almost relatives. This Rio is the Rio of exaggerations.

— E sabe a causa do desenvolvimento dessa nevrose aguda, sabe o eixo dessa roda de pose alucinante, meu caro e jovem amigo? O jornal, o jornal que elogia e ataca, glorifica e atassalha; o jornal que estampa o retrato, o jornal que publica o nosso nome no dia em que um homem vai afirmar ao registro civil ser nosso pai, marcando–nos para sempre com o desejo de ver repetido e precedido e seguido de adjetivos esse nosso nome; o jornal, trombeta do cabotinismo que agita com o mesmo espalhafato o nome do homem que matou, do homem que salvou cinco outros, do homem que toca ou dança, ou pula, ou canta ou descobre a navegação aérea, da dama que usa plumas grandes, do ladrão, do advogado, da senhora séria, da barregã, do sabão da moda, do depurativo, do sapateiro, da atriz—o jornal, essa grande alavanca de levantar o mundo que o filósofo antigo já tentara adivinhar...

— Para vencer pois, V. Ex.ª aconselha–me que aprenda a ser cabotino de primeira classe?

— Não; aconselho–o apenas a ficar jornalista. O jornalista é o tirano da Federação das Cabotinópolis. Fique no jornal.

— E se V. Ex.ª for ministro?

— Não o empregarei.

— Já vê que não é o que diz.

— Não, meu caro, farei apenas o que fez o Marquês de Pombal ao seu melhor amigo. Não sabe? O seu melhor amigo estava arruinado e foi dizê–lo ao formidável primeiro ministro. O primeiro ministro sorriu, puxou–o para a janela, e com o braço no seu ombro disse: "Vem amanhã." No dia seguinte fez o mesmo. Oito dias depois o amigo estava contente: renascera–lhe o crédito, porque toda gente o sabia íntimo do grande primeiro ministro...

Cabotino, hein, o Pombal? É de três assobios!

— Assim, V. Ex.ª levar–me–á à janela?

"Of the bosses!"

"And therefore, my friend it's Rogueopolis."

"You're kidding..."

"And do you know the cause of the development of this acute neurosis? Do you know the axis of this incredible, mind–bending pose, my dear, young friend? The newspaper, the newspaper that praises and attacks, glorifies and slanders. The newspaper that prints the picture, the newspaper that publishes our name on the day that a man will assert to the registrar that he's our father, marking us forever with the desire to see this name of ours repeated and preceded and followed by adjectives. The newspaper—roguery's trumpet that stirs, with the same fuss, the name of the man who killed, of the man who saved five others, the man who plays or dances, or skips, or sings or discovers aeronavigation, of the lady who uses large feathers, the thief, the lawyer, the serious lady, the mistress, the fashionable soap, the depurative, the shoemaker, the actress—the newspaper, this big lever that lifts the world that the old philosopher had tried to prophesy..."

"So, to win, Your Excellency advises me to learn to be a first–class rogue?"

"No; I advise you just to be a journalist. The journalist is the tyrant of the Federation of Rogueopolis. Stay in the newspaper business."

"What if Your Excellency become a minister?"

"I won't employ you."

"I can see that you aren't what you say."

"No, my dear, I'll do just what Marquis of Pombal[15] did to his best friend. Don't you know? His best friend was ruined and went to tell the formidable prime minister. The prime minister smiled, pulled him to the window, and with his arm on his shoulder said, "Come tomorrow." The next day he did the same. Eight days later the friend was happy. His reputation was reborn because everyone knew him to be close to the great Prime Minister..."

15. Sebastião José de Carvalho e Mello, Marquês de Pombal, also called (1759–69) Conde de Oeiras, was born in Lisbon in 1699, and died in 1782, in Pombal, Portugal. He was a Portuguese reformer and virtual ruler of Portugal from 1750 to 1777.

— Não; chamá–lo–ei para o meu carro às vezes. Você terá tantos negócios e tantas advocacias administrativas que não se lembrará de emprego. E eu, pequeno ingênuo, serei assim, dupla e espertamente cabotino: fecho a possível hostilidade de seu jornal e finjo de democrata, com o trabalho apenas de transportá–lo ao meu lado nos carros do Estado...

Era muito tarde. O velho político olhou a face do jornalista moço e viu uma tal expressão de êxtase admirativo que ia a acreditar ter dito coisas estranhas, lembrando que tudo neste mundo foi, é, e cada vez mais será cabotinismo, se o jornalista moço, abrindo os braços e trêmulo de comoção não murmurasse maquinalmente:

— Grande chefe!...

A rogue, huh, the Marquis? He's fantastic!

"So, will Your Excellency take me to the window?"

"No; I will call you into my carriage sometimes. You will have so much business and so many administrative advocacies that you won't remember employment. And I, a little naive, will be so, doubly and cleverly a rogue: I end the possible hostility of your newspaper and pretend to be a democrat, with my only trouble of carrying you by my side me in the carriages of the State..."

It was too late. The old politician looked at the face of the young journalist and saw such an admiringly ecstatic expression that he was about to believe himself to have said strange things, remembering that everything in this world was, is, and will increasingly be roguery if the young journalist, opening his arms and trembling with commotion, hadn't murmured mechanically:

"Great boss!..."

Original publication: *Cabotinos*. Rio de Janeiro: *A Notícia*, 31.07–01.08.1909, N.175, p.3.

A Má Língua

O nosso farisaísmo era naquela noite diabólico. O grupo formara–se dos receios mútuos da má língua de cada um. Dois conversavam estraçalhando a honra de uma senhora honesta, ou pelo menos tida como tal. O terceiro chegado tivera receio de sair sabendo que o iam passar pelo cadinho da infâmia logo após vê–lo dar as costas. O quarto fora assim fraco. Estavam uns seis ou oito nas mesmas condições e naturalmente ferozes contra toda a gente. A perversidade com o exercício exacerba–se, de modo que, ao cabo de um certo tempo naquele canto de confeitaria, o grupo a falar parecia uma desesperada matilha de cães em fúria.

O honesto magistrado Diogo Guimarães? Honesto? Um malandrão, encontrado certa vez num alcouce infeto, após um voto caro. A esposa do Hortêncio? Mas, o Hortêncio saía, especialmente, para levá–la a estabelecimentos suspeitos. E os filhos do Goulart? Mistério. O Goulart ia tirar a sorte entre vinte dos seus mais íntimos amigos. Ninguém escapava daquele esmurramento bárbaro da maledicência, ninguém era

Slander

Our pharisaism was devilish that night. The group had formed from the mutual fears of each other's slandering. Two of them were talking, shattering the honor of an honest lady, or one at least seen as such. The third to arrive was afraid to leave, knowing that they would go through the crucible of infamy after seeing him turn his back on them. The room was so weak. They were about six or eight under the same conditions, and naturally fierce against everybody. Wickedness exacerbates with exercise, so that after spending a certain time in that corner of the patisserie, the talking group seemed like a hopeless pack of dogs in fury.

The honest magistrate Diogo Guimarães? Honest? A great scoundrel, once found in an infected brothel after a costly election. Hortêncio's wife? But Hortêncio went out, especially, to take her to suspicious establishments. And Goulart's children? Mystery. Goulart would draw lots among twenty of his closest friends. No one escaped that barbaric scandalmonger thrashing, no one was serious or worthy, no one had a

sério, era digno, ninguém tinha uma qualidade boa. Em compensação havia qualidades más de sobra e invenções integralmente infernais. A acreditar naquele grupo desaçaimado, a sociedade seria um conjunto de forçados da penitenciária e do hospício de alienados, tripudiando nas primeiras posições, para dar pasto à perversidade envenenada de tanta frase má. O desespero era tal, a onda varria tanta gente, que já um, ao atacar mais alguém, punha a antepara: "Não sei se há aqui alguém amigo de Cicrano." E as legendas mais estranhas, as invenções mais infames ensopavam de lama os nomes mais conhecidos.

Um dos maledicentes habituais estava contando, sem nada saber de positivo, as razões do divórcio do casal Garcia Pedreira.

— Dizem, que a culpa é dele. Não vou defender um gatuno advogado administrativo, como o Garcia Pedreira. Mas a causa é a mulher. Combinou ir passar com a mãe, em Friburgo, meteu–se com um cocheiro de praça e passou os três dias de Carnaval vestida de homem, com um gabão de borracha, fazendo de "secretário" e sentada na boleia. Messalina na pele de uma exótica.

A roda ria quando Américo de Souza, que chegara por último e ouvia todo o horror como quem assiste ao vômito intérmino de um vulcão lamacento disse frio:

— Essa senhora extravagante não passou os três dias de Carnaval nem em Friburgo nem na boleia de um carro de praça. Passou–os no leito, com febre de quarenta graus, depois de uma forte comoção. É nobre e honesta.

Houve um silêncio inquieto. Américo sorriu:

— O mesmo acontece à esposa do Hortêncio, o mesmo acontece ao Diogo Guimarães, o mesmo acontece ao Goulart. Tudo o que vocês dizem por aí, há meia hora, com *verve* e *entrain* é calunia, indignidade, mentira. Mas também que diriam vocês sem ter o que fazer obrigados a perambular pelas confeitarias? Vocês são, por obrigação do ofício de ociosos, os criadores de legendas. Nada mais fértil, do que a preguiça.

good quality. On the other hand there were bad qualities to spare and completely infernal inventions. If believing that enraged group, society would be a set of evildoers in prison and a lunatic asylum, rejoicing in the top positions, feeding the poisoned perversity of so many ill sentences. The despair was such, the wave swept so many people, that someone attacking someone else, took precautions: "I don't know if there is anyone here who is a friend of Cicrano."[1] And the strangest fables, the most infamous inventions drenched the best known names in mud.

One of the usual backbiters was talking about, without knowing anything for sure, the reasons for the Garcia Pedreira's divorce.

"They say that it's his fault. I won't defend a thieving administrative lawyer thief like Garcia Pedreira. But the cause is the woman. She arranged to go to her mother's, in Friburgo,[2] got involved with a taxi coachman, and spent the three days of Carnival dressed as a man, with a rubber gabardine, playing 'secretary' and sitting in the passenger–seat. Licentious woman disguised as exotic."

The circle laughed when Américo de Souza, who arrived last and heard all the horror as one watches the borderless vomit of a muddy volcano, coldly said:

"This extravagant lady didn't spend the three days of Carnival in Friburgo nor in the passenger–seat of a taxi. She spent them in bed, with a forty–degree fever, after a strong commotion. She's noble and honest."

There was an uneasy silence. Américo smiled:

"The same applies to Hortêncio's wife, the same applies to Diogo Guimarães, the same applies to Goulart. Everything you are saying, for half an hour, with verve and liveliness, is slander, indignity, lie. But then again, what else would you say, having nothing to do, obliged to wander through the patisseries? You are, by obligation of the craft of

1. João do Rio's use of *Fulano, Cicrano, Beltrano*, is the same as John Doe, when referring to a random, unnamed person.

2. Officially named Nova Friburgo, it is a municipality located in the mountain region of state of Rio de Janeiro, 85 miles from the capital.

Todas as legendas envenenadas são obra vossa, e essas legendas por mais cheias de peçonha raramente prostram as vítimas.

— Pelos modos, interessa–te muito a mulher do Garcia Pedreira.

— Nem a conheço pessoalmente. Interessa–me, apenas, acentuar, aqui, nesta pequena roda de apaches amadores da virtude alheia, um princípio—o princípio da falsificação das personalidades. Descansem. Não é uma agressão à vocês. Seria idiota. Neste momento, em outras confeitarias, em vários botequins em plena rua, há uma infinidade de rodinhas de frustes, de "frutos secos", de pretensiosos sem força, a falar mal, a caluniar, a não ter uma ideia generosa. Atacar vocês, seria reproduzir a velha imagem de D. Quixote, contra os moinhos de vento.

— Estás a dizer–nos desaforos.

— De que vocês se desforrarão, quando eu sair, inventando três ou quatro histórias, bem atrozes e bem infames. Mas, eu tenho um princípio.

— É preciso que o digas...

— Um princípio reservado a estabelecer entre vocês e é que a má língua é a maior idiotice do orbe. Em primeiro lugar, a má língua tem por fim criar uma legenda que tisna, uma calúnia que se torna a sombra fantasista de uma vida. Basta que a vida seja exemplar, para que a legenda má só a realce. Alguém que escutasse o caso da Garcia aqui, só ficaria respeitando mais essa senhora. Por esse lado, e esse lado é a base inconsciente dos *virtuosi* da calúnia urbana, a má língua é inofensiva. Eu conheci, durante dez anos, uma alma de artista a quem a calúnia dava, no mínimo, os vícios de Heliogabalus, e que a sociedade respeitou sempre porque era a sombra falsa—a legenda.

Por outra, meus camaradas, a legenda caluniosa é um propulsor da popularidade nessas épocas de nervosismo e de atração do mal, e neste caso, os má línguas são os patetas encarregados, com todo o seu ódio, de conservar o fogo sagrado. Um homem esperto, fadado pelos deuses a preocupar os seus contemporâneos, se quiser criar uma atitude ou modificá–la, é fazer um gesto e deixar o resto ao cuidado da legenda.

idleness, the creators of fables. Nothing is more fertile than sloth. All poisoned fables are your doing, and these fables, as venom–filled as they are, rarely knock the victims down."

"Judging by your manners, you're very interested in Garcia Pedreira's wife."

"I don't even know her personally. I'm only interested in accentuating, here, in this small circle of amateur assassins of others' virtue, a principle—the principle of counterfeiting personalities. Take a break. It's not an assault on you. It would be foolish. At this time, in other patisseries, in various taverns on the street, there are plenty of little circles of ordinary people, of 'dried fruits,' nerveless pretentious fops, speaking evil, slandering, having not even a single generous idea. To attack you, would be to reenact the old image of Don Quixote against the windmills.

"You are insulting us."

"Which you'll avenge when I leave, making up three or four stories, very atrocious and infamous. But, I have a principle."

"You need to tell it..."

"A principle reserved to establish amongst you, and it's that slandering is the biggest idiocy of the orb. First, slandering is intended to create a legend that darkens, a calumny that becomes the fanciful shadow of a lifetime. All a life has to do is be exemplary for the bad fable just to highlight it. Someone who listened to the case of Garcia here would only pay more respect to this lady. From this angle—and this angle is the unconscious basis of the virtuosi of urban calumny—slander is harmless. I knew, for ten years, an artistic soul on whom slander bestowed at least the vices of Heliogabalus,[3] and who society has always respected because it was the false shadow—the fable.

Likewise, my fellows, the slanderous fable is a propeller of popularity in these times of nervousness and the attraction of evil, in which

3. Heliogabalus or Elagabalus (c.205–22), was a Roman emperor (218–22) who shocked and disgusted Rome with his shameful vices involving detestable sensual pleasure and the indecency of his religious rites.

Sempre que eu ouço um de vocês contar que fulano é um Menelau cínico e um tal gatuno imoral, começo por pensar imediatamente o contrário, e no teatro, nas festas, nas grandes aglomerações dos nomes em vista, quer das mulheres quer dos homens, faço o meu julgamento de qualidades más pelo que vocês não dizem e de qualidades boas pelo que vocês afirmam de horrível. Quando alguém me assegura: "Tens ali um canalha de sorte!", a minha simpatia vai logo para um homem inteligente. E se não fosse assim, eu teria uma opinião horrenda da família, da sociedade, dos homens, e do país que é o meu.

Talvez vocês assegurem que isso é uma teimosia paradoxal. Não é. Vocês são úteis. Utilíssimos. Nada se perde na natureza. Vocês são os portadores das mentiras que a gente quer, e quando são das mentiras que a gente não quer (raramente porque o talento do má língua é apenas feito para desenvolver e exagerar) integralmente inócuos. Ainda não tive um exemplo falho. Para conseguir uma atitude basta, com certa publicidade, carregar um pouco num gesto. Dias depois a psicologia perversa já arranjou uma legenda fantástica e como a credulidade pública é inaudita, fica você como um ser estranho. Quando quiser mudar, mudar o gesto basta. A má língua encarrega-se de tudo o mais. Eu conheci um homem puro e honesto, que nem a tão comum perversidade cerebral possuía. Esse homem era conhecido como o maior devasso dos meus amigos. Eu já lancei como poeta novo, poeta do "sensitismo", autor de um soneto ideal de forma, certo indivíduo que nunca perpetrou sequer uma quadra e que com grande riso seu foi considerado o Revoltado durante anos, sem que fosse preciso, ao menos, passar das primeiras palavras do fantástico soneto:

"A sensação! Na vida..."

Com estas quatro palavras, ele foi espalhado, apontado e injuriado. Para ser importante nos tempos que correm é quanto basta. Assim, a má língua que diz: aquele sujeito é um rico avaro! Desenvolve-lhe o crédito como obriga a confiança do vendedor, que recebe a conta de outro tido

case the slanderers are the idiots in charge, with all their hatred, of preserving the sacred fire. A smart man, doomed by the gods to worry his contemporaries, if willing to create an attitude or modify it, just needs to make a movement and leave the rest to the care of the fable. Whenever I hear one of you saying that *Fulano* is a cynical Menelaus and such an immoral prowler, I begin to immediately think otherwise, and in the theater, at parties, in large agglomerations of names in view, both women and men, I make my judgment of bad qualities for what you don't say and of good qualities for what you say is horrible. When someone assures me: "There you have a lucky bastard!," my sympathy goes immediately to a clever man. And if it wasn't this way, I would have a horrendous opinion of my family, society, men, and country.

Perhaps you affirm that this is a paradoxical stubbornness. It's not. You are useful. Very useful. Nothing is lost in nature. You are the bearers of the lies we want, and when you're bearers of the lies that we don't want (rarely because the talent of the slanderer is only to build up and exaggerate), you're completely innocuous. I haven't had a single flawed example. To get an attitude all you have to do, with some publicity, is to exaggerate your manners a little. Days later the perverse psychology has got a fantastic fable, and as the public credulity is unprecedented, you're like a strange being. When you want to change, changing the manners is enough. The slander takes care of everything else. I met a pure and honest man who didn't possess even the most common cerebral perversity. This man was known as the most libertine of my friends. I've launched as a new poet, the poet of "sensitivism," author of a perfect sonnet form, a certain individual who has never even perpetrated a quartet, and for his great laughter was considered the Rebel for years, even without so much as going beyond the first words of the great sonnet:

"The feeling! In life..."

With these four words, he was destroyed, pointed at and reviled. To be important in these times is enough. So the slander that says: "this guy

por caloteiro. Assim, a má língua cria a curiosidade dos ingênuos e torna mais respeitosa a simpatia dos que percebem a sua calúnia. Assim, a má língua mesmo quando deturpa um fato e arrasta o homem por essas ruas, que são bem nascidas da grande "rua da Amargura", conserva o seu nome vivo, o seu nome na atenção geral, o seu nome falado.

— Mas quando há provas, fatos, documentos?

— Quando há isso não é má língua, é verdade, e é inteiramente um caso diverso. Mas nenhum de vocês prova com documentos na mão, posto que não tenham nada com o fato de ordem particular, que a senhora do Goulart tenha amantes nem que a senhora do Garcia passasse os três dias de Carnaval com um cocheiro de praça, fazendo de "secretário". A calúnia é infame, mas a má língua forma–se exatamente de calúnias que não se provam e que, ao contrário, é fácil, quando se tem vontade, desmentir. Fica a fama como um vago rumor e às vezes o tempo, longe de estabelecer o princípio que a calúnia ao menos tisna, modifica a opinião e transforma criaturas consideradas horrivelmente, em santas martirizadas pela babugem da perversidade social.

Nessa ocasião, um rapazola estridente aproximou–se do grupo e logo para quem falava:

— Parabéns! Não negues! Já toda a gente sabe. Que devasso e que felizardo este homem. Foi ontem com a Lola Prates para casa. E viram–no numa posição no carro, que posição!...

Américo sorriu.

— Ora, aqui têm vocês a má língua agradável! A Lola é hoje a mulher mais formosa do Rio. Com ela, todas as posições seriam para causar inveja. Ontem, fui, com efeito, levar essa criatura à casa, mas apenas com as dores de uma apendicite que a obrigou a ser operada hoje. Fui por compaixão. As nossas relações não passam de apertos de mão sem desejo. Pois já hoje eu sou da Lola, em posição curiosa no carro. E amanhã, serão ditos horrores!

is a rich miser!" They build his credit line as required by the trust of the seller, who gets the bill of someone else who is taken for a deadbeat. So the slander creates the curiosity of the naïve, and makes those who sympathize with the calumny more respectful. So the slander, even when it misrepresents a fact and drags a man through these streets, well–heeled among the down and out, retains his name alive, his name in the general attention, his name spoken of.

"But when there are evidence, facts, documents?"

"Then it's not slander, it's truth, and it's an entirely different case. But none of you prove with documents in hand, since you have nothing to prove the special kind fact that Goulart's wife has lovers or that Mrs. Garcia spent the three days of Carnival with a taxi coachman posing as "secretary." Calumny is infamous, but slander is formed exactly of calumnies which aren't proved and which, conversely, are easy, when you have the will, to deny. Repute keeps as a vague rumor, and sometimes time, far from establishing the principle that slander at least darkens, modifies the opinion and transforms creatures considered horribly into saints martyred by the drivel of social perversity.

On that occasion, a shrill lad approached the group and then the speaker:

"Congratulations! Don't deny it! Already everyone knows. What debauched and lucky man he is. Went home with Lola Prates yesterday. And people saw him in a position in the coach, what position!..."

Américo smiled.

"Well, here you have the agreeable slander! Lola is now the most beautiful woman in Rio. With her, all the positions would cause envy. Yesterday, I took, in fact, this creature home, but only with the pain of appendicitis that forced her to be operated on today. I went out of compassion. Our relations are nothing but handshakes without desire. But now, today, I am Lola's, in a curious position in the car. And tomorrow, horrors will be told!"

A má língua é isso—a deturpação, o exagero do nosso gesto. Se eu quisesse passar por conquistador, aí estava a convencer vocês com quatro ou cinco frases evasivas e com certeza de que cinco—ou mais senhoras me olhariam já de outro modo.

A má língua! Não há nada de positivamente ruim no mundo. Esta ação ignóbil, que vocês fazem quase profissionalmente, e que toda a gente, mais ou menos, pratica, é o eco da fama e a criação da legenda, que empolga como uma grande sombra, a multidão. Para as senhoras, para os fracos essa calúnia não chega a produzir o desastre. Para os homens públicos é um acréscimo de renome atual, porque no futuro o que importa é o gesto, a obra, a ação. E eu só tenho pena que graças a vocês e às calunias e às piadas dos cafés e dos *bars*, muita criatura idiota tenha ficado à tona tanto tempo...

E Américo levantou–se. Então, o que estava a falar da honra de *Mme.* Garcia, teve uma exclamação alegre.

— Continuemos, meus senhores, a praticar a boa ação. Este Américo que posa o paradoxo porque dizem dele coisas atrozes, estava, há um mês...

E todos, com afinco, para ocupar o não que fazer, continuaram a estraçalhar a reputação alheia, nesse prazer curioso que é uma das feições mais acentuadas das conversas cariocas.

This is slander—the misrepresentation, the exaggeration of our manners. If I wanted to pass for a womanizer, then I would convince you with four or five evasive phrases and certainly five—or more ladies would then look at me in a different way. Slander! There is nothing so positively bad in the world. This ignoble action, which you perform almost professionally, and which everyone, more or less, practices, is the echo of fame and the creation of the fable, which excites the crowd like a great shadow. For the ladies, for the weak, that calumny isn't enough to produce disaster. For public men, it's an addition to their current reputation, because in the future what matters is the manners, the work, the action. And I just feel sorry that thanks to you and to the calumnies and jokes at cafes and bars, many stupid creatures have stayed afloat for so long...

And Américo rose. So, the one who was talking about the honor of Mrs. Garcia, made a joyful exclamation.

"Let us continue, gentlemen, to practice the good deed. This Américo, who poses the paradox because they say atrocious things of him, was, a month ago..."

And all, diligently, to occupy their lack of anything to do, continued to shred someone else's reputation in this curious pleasure which is one of the most marked features of *Carioca*[4] conversations.

Original publication: *A Má Língua*. Rio de Janeiro: *Gazeta de Notícias*, 20.04.1908, N.111, p.2.

4. Someone, or something, from the city of Rio de Janeiro. It's a mid–19th century Brazilian word derived from the Tupi (language spoken in Brazil by the Tupi Indians) word "kari'oka," meaning "house of the white man."

Feminismo Ativo

— V. Ex.ª deseja?

A dama de uma beleza grave, modestamente vestida, sorriu sem tristeza.

— Excelência é talvez exagerado. Eu sou apenas Mme. Teixeira, uma criatura a que a necessidade acompanha e que não tolera a ociosidade. E desejava trabalhar, trabalhar como um rapaz trabalhador. É possível?

— Mas perfeitamente.

— E o Sr. seria capaz de interessar–se por mim?

— De boa vontade.

— Então dê–me uma carta. Quero ser caixeira.

Não tive a menor surpresa. Sentei–me, escrevi um bilhete para certo grande armazém, entreguei–lho. Mme. Teixeira agradeceu sem excesso e sem requebros equívocos, saudou, desapareceu no corredor. Ia muito bem e muito superior.

Active Feminism

"What does Your Excellency desire?"

The lady of severe beauty, modestly dressed, smiled without sorrow.

"Excellency is perhaps exaggerated. I'm just Mme. Teixeira, a creature whom necessity follows, and who doesn't tolerate idleness. And I'd like to work, to work like a worker boy. Is it possible?"

"But of course."

"And would you be able to take an interest in me, Sir?"

"With good will."

"So give me a letter. I want to be a cashier."

I wasn't surprised in the least. I sat down, wrote a note for a certain big storehouse, handed it to her. Mme. Teixeira thanked me without excess and without dalliance, excused herself, disappeared down the hall. She walked well and with much superiority.

Ten years ago, this lady's action would be an event. Today—thanks to the gods!—it's natural amongst natural things. Our old prejudice—the Lusitanian prejudice of withdrawing a woman from activities, forc-

Há dez anos, o ato dessa senhora seria um acontecimento. Hoje—graças aos deuses!—é natural entre as coisas naturais. O nosso antigo preconceito, o preconceito lusitano de afastar a mulher da atividade, obrigando–a à vida de parasitismo quando não de serralhos abertos, pelo menos de gineceu romano, onde a matrona era a augusta, o respeitável fabricante do prolongamento das famílias—desaparece. É propriamente a libertação definitiva do sexo. E de modo lento e engenhoso.

Essas criaturas que Proudhon definia como "um meio termo entre o homem e o animal," e Schopenhauer aconselhava a "bater, dar de comer, e fechar," começaram pela independência mundana. Uma senhora mundana é um ornamento social, representa um papel, pertence mais ao programa do dia que ao lar. Depois tivemos, mesmo na monarquia, senhoras libertas, que chegaram à literatura e fizeram versos. Eram vistas com terror sagrado pelas matronas e com um ar de ironia invejosa pelos homens. Conheci uma dessas senhoras que se chamou a Baronesa de Mamanguape, cuja vida de agonias íntimas daria para uma novela fantástica de tormentos.

Mas a situação de obrigar a mulher à escravidão social com o argumento da sua fragilidade fechando–a no limite de ou a ser dona de casa, mantida pelo homem como um aparelho do lar, mais ou menos estimável, ou virar a esquina da honra com a dor maior de ser ainda mantida pelo homem, devia acabar. Devia acabar pelo desenvolvimento social da terra, pela corrente permanente das ideias estrangeiras, pela invasão imigratória, pelas necessidade urgente da vida intensa. No tempo em que uma senhora só saía à rua nos dias solenes com o esposo, a filharada e as criadas, no tempo em que as *cocottes* revolucionavam a cidade como animais diabólicos encarregados de perder os pais de família, e as atrizes eram essas damas, era possível que uma mulher achasse natural, sem fundo de exploração e de parasitismo, viver à custa do senhor seu marido.

ing her into a life of parasitism, if not of open seraglios, at least a Roman gynaeceum, where the matron was august, the respectable manufacturer of the extension of families—disappears. She's precisely the definitive liberation of sex. And in a slow and ingenious way.

Proudhon[1] defined these creatures, who started through mundane independence as "a happy medium between man and animal;" whom Schopenhauer[2] advised to "beat, feed, and close." A mundane lady is a social ornament, plays a role, belongs more to the agenda of the day than to the home. Afterward we had, even in the time of the monarchy, liberated ladies, who reached literature and wrote verses. They were seen with holy terror by matrons, and with an air of envious irony by men. I met one of those ladies, called Baroness of Mamanguape,[3] whose life of intimate agonies would make a fantastic novel of torments.

But the situation of compelling women to social slavery on the grounds of their fragility, enclosing her on the edge of either being a housewife, kept by man as house equipment, more or less estimable, or turning the corner of honor with the greater pain of being still maintained by men, should end. It should end with the social development of land, the steady stream of foreign ideas, the migratory invasion, the urgent need of intense life. Back when a lady could only go out into the streets on ceremonial days with her husband and their many children and servants, back when the *cocottes* revolutionized the city as evil animals entrusted to lead family men astray, and the actresses were these ladies, it was possible that a woman thought natural, without being considered exploitation and parasitism, to live at the expense of her husband.

---

1. Pierre–Joseph Proudhon (1809–1865) was a French politician and the founder of the mutualist philosophy, which is an economic theory that advocates a society where each person might possess a means of production.

2. Arthur Schopenhauer (1788–1860) a German philosopher, often called the "philosopher of pessimism," who was primarily important as the exponent of a metaphysical doctrine of the will in immediate reaction against Hegelian idealism. His writings influenced later existential philosophy and Freudian psychology.

3. Carmem Freire (1855–1891) was the wife of Baron of Mamanguape, Flávio Clementino da Silva Freire (1816–1900), Brazilian landowner and politician.

— Mulher,—dizia–me um conselheiro—mulher é para ficar em casa. Se eu tivesse uma filha querendo ser como lá fora médica ou advogada, matava–a!

— É mesmo,—acrescentava a conselheira—até parece incrível uma moça séria aprendendo em livros de homens!

E, fenômeno curioso!, só os pobres, a gente pobre que faz mais filhos e trabalha mais estabelecera no casal o comunismo do trabalho para o direito igual à despesa—porque as mulheres dos trabalhadores braçais sempre trabalharam tanto quanto os maridos.

A República, isto é a ação de Benjamin Constant e de seus discípulos mesmo anterior à República, fez a carreira liberal das professoras públicas. Meninas que não contavam certo o casamento, famílias modestas sentiram o bem de dar instrução às filhas garantindo–lhes o futuro. Esta carreira abriu horizontes. A primeira médica causou espanto. Os homens foram os que mais a guerrearam no seu egoísmo de tudo querer. A primeira advogada foi chasqueada. A totalidade dos cérebros masculinos não pensa no outro sexo sem um desejo de humilhação sexual. Essas, porém, eram casos excepcionais de aspiração grande. Havia também a necessidade, e a sinceridade envergonhada e que não tinha coragem de se ir propor aos patrões para trabalhar honradamente.

Como resolver o problema?

A civilização resolveu–o naturalmente. Não estamos ainda na cidade inglesa de High Wycombe, em que Miss Ethel Dove foi eleita, unanimemente pelo conselho municipal, prefeita. Não estamos no Cincinnati, em que uma senhora arquiteta foi encarregada de construir um teatro modelo. Não estamos em Londres, em que as mulheres fazem *meetings* querendo ocupar um lugar na representação nacional. Não estamos em Paris, onde as mulheres são cocheiras e lutam pela vida, guiando os carros da praça pelos *boulevards*. Ainda não temos

"Women," a counselor told me, "women are to stay at home. If I had a daughter wanting to be a doctor or a lawyer as they do abroad, I'd kill her!"

"That's true," added the female counselor. "It seems amazing an earnest young woman learning in men's books!"

And—curious phenomenon!—only the poor, the poor people who make more children and work more, established a communism in the couple's labor in order to have an equal right to expenditure—because women of laborers have always worked as much as their husbands.

The Republic, that is, the action of Benjamin Constant[4] and his disciples even before the Republic, established the liberal careers of public teachers. Girls who weren't sure about marriage—families of modest means felt good about giving education to their daughters to guarantee their future. This career opened horizons. The first female doctor astonished people. Men were the ones who fought the most in their selfishness of wanting it all. The first lawyer was mocked. All male brains don't think about the other sex without a desire for sexual humiliation. These, however, were exceptional cases of great aspiration. There was also the need, and the embarrassed sincerity, not daring to propose to their employers to work honorably.

How to fix it?

Civilization fixed it naturally. We're still not in the English town of High Wycombe, where Miss Dove[5] was unanimously elected mayor by the city council. We're not in Cincinnati, where a woman architect was commissioned to build a model theater. We're not in London, where women organize meetings with the desire to occupy a place in the national legislation. We're not in Paris, where women are coach drivers

4. Benjamin Constant Botelho de Magalhães (1836–1891) was a Brazilian military officer, engineer, teacher, and statesman. A follower of Auguste Comte and the positivist Religion of Humanity, he believed that feminine values embodied the triumph of sentiment and morality.

5. Dame Jane Frances Dove (1847–1942) was an English Suffragette, founder of Wycombe Abbey and other girls' schools. She was elected in 1907 to High Wycombe Borough Council. In 1928 she was made Dame Commander of the Order of the British Empire.

a mulher–*sandwich*. Mas iremos lá necessariamente e honestamente, abolindo velhos preconceitos.

Qual a situação da mulher atualmente? Há a mulher sociedade, mulher salão, bela, mundana influente. Não existia outrora. Hoje veste no Paquin, mantém um salão com recepções e *five–o–clock*. É em muitos casos, posto que não pareça, a associada do homem político. Um diretor de jornal dizia–me outro dia de um ministro.

— Este X está insuportável! Mas eu dei a minha palavra de honra a Mme. Z que o não atacaria.

E era verdade. Há em seguida a literata.

Eu sempre tive pelas senhoras que fazem literatura—um atemorado respeito.

As relações com uma poetisa são verdadeiros desastres impossíveis de remediar, mas que o galanteio social obriga a acoroçoar. Quando a *femme des letres* deixa o verso e embarafusta por outras dependências da complicada arte de escrever, as relações passam à calamidade. No último congresso científico, uma dessas damas, metida numa roupa semi–masculina, apanhou–me certa vez de supetão, e eu passei um dia inteiro a vê–la manejar o *lorgnon*, recitar, com pedroiços na voz, um ensaio sobre o feminismo no Brasil e pedir, entre suspiros languidos, um pouco d'água com açúcar. Desde então o meu respeito transformou–se em terror e é bem de crer que este terror aumente, dada as evidentes manifestações de epidemia literária, que ora convulsione os cérebros femininos. Hoje a cidade tem uma infinita serie de modalidades do proteu: há poetisas, há rivais de Maupassant, há advogadas escritoras sociais, há ensaístas, há romancistas, há comediógrafas, literatas profissionais, literatas mundanas, literatas de cartões postais... É preciso um cuidado enorme para andar na rua, estar num baile, entrar num café, assistir a uma exposição da arte, ir a uma conferência; é preciso uma pesquisa adunca para escapar à literatura das damas, mesmo no namoro

and fight for life, driving taxis through the boulevards. We don't have the sandwich–woman.[6] But we're heading that way, necessarily and honestly, abolishing old prejudices.

What is the situation of women today? There is the society woman, ballroom woman, beautiful, influential and worldly. It didn't exist in the past. Today she dresses from Paquin,[7] keeps a lounge with receptions and *five–o–clock* teatimes.[8] She's in many cases, even if it doesn't seem to be, the associate of the political man. A newspaper editor was telling me about a minister the other day.

"This X is unbearable! But I gave my word to Mme. Z that I would not attack him."

And it was true. Next there is the literary woman.

I always had a daunting respect for the ladies who make literature.

Relations with a poetess are true disaster that are impossible to remedy but which social gallantry requires us to stimulate. When the *femme des letres* leaves the verses and bursts into other areas of the complicated art of writing, relationships become calamity. In the last scientific congress, one of these ladies, tucked into semi–menswear, caught me by surprise, and I spent a whole day watching her handling the lorgnette, reciting, with a heap of stones in her voice, an essay on feminism in Brazil and asking, between languid sighs, for a little water with sugar. Since then my respect has turned into horror, and it's easy to believe that this horror will increase, given the obvious manifestations of literary epidemic, which now convulses female brains. Today the city has an endless series of Proteus[9] types: there are poetesses,

---

6. João do Rio is possibly referring to the suffragettes carrying sandwich–boards as a form of advertisement, very common in the period.

7. Jeanne Paquin (1869–1936) was a leading French fashion designer, known for her resolutely modern and innovative designs.

8. By "five–o'clock" (the original word) João do Rio is possibly referring to the English 'afternoon tea' which was popularized in the 1660s by King Charles II and his wife, the Portuguese Infanta Catherine de Braganza.

9. I.e. protean, referring to a person or thing that readily changes appearance, character, principles, etc.

sério ou no *flirt* adiador. A dama literata lá está, a dama literata está em toda a parte.

Mas, porque esse terror? Porque, em primeiro lugar e por via de regra, essas senhoras são de uma absoluta mediocridade; porque, em segundo lugar e como consequência da postiçaria espiritual, as mesmas senhoras deixam de ser mulheres para tomar atitudes incompatíveis, vestuários reclames e fazer em torno, com algumas ideias impraticáveis, um barulho maior que o homem bólido. Ninguém pode deixar de respeitar D. Júlia Lopes de Almeida, um talento engastado na mais pura alma de mulher, ou Mme. Faure que quer continuar a ser mulher quando as suas colegas desistem do sexo, mas hão de concordar intolerável uma matrona de casabeque e punhos, dizendo tolices no 5º congresso científico, em vez de ficar em casa a remendar lucrativamente as peúgas do esposo...

Por que escrevem essas senhoras? Ninguém o soube; ninguém o saberá. Com certeza porque não tinham mais o que fazer, como a Duquesa de Dino. Mas elas escrevem, escrevem, escrevem. E é uma atividade, é um trabalho, um trabalho liberal, tanto que uma senhora chamada Jane Misine já fez uma conferência com o seguinte título afirmativo, apesar da interrogação: É a mulher de letras um tipo social?

Mas ao lado do exibicionismo irritante e da vaidade ativa, há o labor contínuo e modesto que as iguala ao homem.

Nos grandes armazéns, o caixa é sempre uma senhora, várias seções são ocupadas especialmente por mulheres. Nos botequins, nos restaurantes, elas lá estão fazendo trocos. Senhoras belas e distintas são agentes de seguro, andam a trabalhar desde cedo, agentes de anúncios, *reporters* reclamistas, professoras de línguas. No correio e nos telégrafos, as novas agências são ocupadas por meninas. Ninguém mais fica admirado que uma senhora tenha o que fazer, trabalhe, colabore na vida social, esteja ao lado do homem, capaz de ter ideias pessoais e de

rivals of Maupassant,[10] social writer lawyers, essayists, novelists, comedy writers, professional literati, mundane literati, postcards literati... One needs to be careful walking in the street, be at a ball, enter a café, attend an art exhibition, go to a conference. It takes an aquiline search to escape women's literature, even within serious dating or deferring flirtation. The literary lady is there, the literary lady is everywhere.

But, why this horror? Because, firstly and as a general rule, these ladies are an absolute mediocrity; because, secondly and as a result of the spiritual counterfeit, the same ladies have stopped being women in order to take incompatible attitudes, appealing garments and go around making, with some impractical ideas, greater noise than the fireball–man. No one can fail to respect Dona Júlia Lopes de Almeida,[11] a talent encased in the purest woman's soul; or Mme. Faure[12] who wants to remain a woman when her peers give up sex, but would agree that it's intolerable for a matron to wear short coats and cuffs, talking nonsense at the 5th Scientific Conference instead of staying home profitably mending her husband's socks...

Why do these ladies write? No one knew; no one will know. Surely because they had nothing else to do, like the Duchess of Dino.[13] But they write, write, write. And it's an activity, it's a job, a liberal job, so much that a lady called Jane Misine already gave a lecture with this headline, affirmative despite the question mark: Are literary women a social type?

But next to the annoying exhibitionism and active vanity there is the continuous and modest work that equates them to men.

---

10. Henri René Albert Guy de Maupassant (1850–1893) was a French writer, a master of the short story form, and a representative of the naturalist school of writers, who depicted human lives and destinies and social forces in a disillusioned and often pessimistic way.

11. Júlia Valentim da Silveira Lopes de Almeida (1862–1934) was a Brazilian writer and abolitionist.

12. João do Rio is possibly referring to Berthe Faure (1842–1920), born Marie–Berthe Mathilde Belluot, the wife of Felix Faure (1841–1899), President of the French Republic from 1895 to his death.

13. Dorothea von Biron (1792–1862), Princess of Courland, Talleyrand, and Sagan, known as Dorothée de Courlande or Dorothé de Dino, was a Baltic German noblewoman.

existir sem o auxílio pecuniário. O dono de um grande armazém dava-me conta das suas impressões:

— Você não imagina como eu mesmo me admiro da rapidez da assimilação. Essas meninas sem prática, colocadas no balcão são em primeiro lugar muito mais amáveis que os homens. Depois...

— Depois?

— Depois vendem mais, sabem envolver a freguesia, entendem seriamente, dois dias após a entrada, da ciência do negócio. Sou forçado a admitir novas e ainda não despedi nenhuma. O comércio a varejo, como uma série de outras profissões, devia ser feito por mulheres.

Que diria a esse homem prático o espírito conservador? Que responderia ao negociante o padre Bouvier, que afirmava, segundo Ernest Charles, ser a mulher um "misto do burro pela teimosia, da gata pela preguiça, da galinha pelo cacarejar, de macaco pela lábia" e que rematava a violência assegurando: "quanto à lascívia e à maldade a mulher só a ela própria pode ser comparada"? Ficaria furioso, bradando contra a imoralidade—porque a imoralidade é socialmente apenas aquilo que não é uso fazer e pensar no momento.

Eu estou, porém, convencido de que adquirindo a mulher a posição a que tem direito na sociedade, mas adquirindo como um homem, pelo seu esforço, pelo seu trabalho, pela sua inteligência, a vida será muito mais nobre, muito mais doce, muito mais graciosa, muito mais bela. Dizem que o amor maternal enfraquece e os laços do lar desatam. Mas há pais extremosíssimos, que toda a sua vida trabalharam, e há mães que vivem em casa e batem nos filhos. Dizem que o amor será diverso. Ah! Este sim! Este mudará! As meninas não esperarão um marido apenas para continuar sem fazer nada, nem os pais impingirão as filhas como um bicho dispendioso. É o amor pelo amor, sem interesse, convencidos ambos de que são iguais e que neste mundo quem não deixa o sulco da atividade é indigno de viver.

In the large department stores, the cashier is always a lady, and several sections are held especially by women. In the taverns, restaurants, they are making change. Beautiful and distinguished ladies are insurance agents. They go to work at an early age, are advertisement agents, advertising reporters, language teachers. In the post office and the telegraph, the new branches are held by girls. Nobody else is surprised that a lady has something to do, working, collaborating in social life, being beside her man, being able to have personal ideas and existing without financial support. The owner of a large department store told me of his impressions:

"You can't imagine how I'm astonished with the speed of their assimilation. These girls, placed at the counter without training, are, first of all, much kinder than men. Then..."

"Then?"

"Then they sell more. They know they involve the clientele. They seriously understand, two days after starting, the science of the business. I'm forced to hire new ones and haven't yet fired any. The retail trade, as a number of other professions, should be done by women.

What would a conservative soul say to this practical man? What would the dealer respond to Priest Bouvier, who claimed, according to Ernest Charles,[14] that women are a "mix of a donkey for their stubbornness, a cat for their laziness, a chicken for their chattering, a monkey for their cunning," and who completed the assault ensuring that "as for their lust and wickedness, women can only be compared to themselves"? I would be furious, shouting against immorality—because socially, immorality is just what is not usually done and thought at the time.

I am, however, convinced that when women obtain the position which they're entitled to in society, but obtaining it like a man does, for their efforts, for their work, for their intelligence, life will be much nobler, much sweeter, much more graceful, much more beautiful. They say that maternal love weakens and the family ties unbind. But there are devoted fathers who worked all their lives, and there are mothers who

14. João do Rio is possibly referring to Ernest Charles Jones (1819–1869), an English poet, novelist, and chartist.

Certo, a minha fantasia vê esse futuro muito próximo diante de alguns casos de feminismo racional sem literatura. Mas o meu entusiasmo é cada vez mais vivo quando, ao visitar uma fábrica, vejo a mulher e o marido trabalhando igualmente em teares idênticos enquanto os filhos estão ou no colégio de mulheres ou já na oficina como aprendizes, mostrando o mesmo valor dos pais; a minha alegria é grande quando converso com uma senhora que, longe de trinar insignificâncias, diz profundamente coisas sérias; o meu contentamento de civilizado aumenta quando corajosamente vejo uma rapariga preferir ao concubinato, ao mau casamento ou à perdição, um posto honrado de trabalho, em que o dinheiro lhe vem às mãos limpo e digno.

Romantismo! Dirão. O homem, pelos hábitos de sociedade, aliena-se gentilmente diante das raparigas... A reforma dos costumes é mais um assalto feminino.

Conforme. Eu considero-as minhas iguais. No mesmo dia em que dei o cartão a Mme. Teixeira, recusara amavelmente cartas de recomendação para uma das muitas senhoras, medíocres que como tantos outros homens medíocres fazem conferências circulares pelo interior. E recusei como recusaria a um homem. É que há trabalho e trabalho, honestidade e honestidade, no dizer do venerando Quintino. E há também para mim a certeza de que o feminismo ativo não é dizer bobagens e fazer livros idiotas, captando complacências e lucros por ser mulher. Mas corajosamente pôr-se ao lado do homem e ser a sua companheira e a sua igual na vida, utilizando as suas qualidades no aperfeiçoamento da sociedade. Renan disse que os homens devem ter todas as opiniões para saber qual a melhor. Tenho essa opinião há vários anos. É talvez a mais velha opinião adquirida que possui o meu cérebro. E até agora não vejo a necessidade senão de conservá-la na medida do possível...

Dias depois de dar o cartão para o grande armazém, encontrei o proprietário:

stay at home and beat their children. They say love is diverse. Ah! This indeed! This will change! Girls won't expect a husband just so that they can continue doing nothing, nor will their parents impose their daughters as an expensive animal. It's love for love, without self–interest, both convinced that they're equal and that in this world those who don't leave a track of activity are unworthy to live.

Sure, my fantasy sees this future very near in the face of some cases of rational feminism without literature. But my enthusiasm is increasingly alive when, while visiting a factory, I see a woman and her husband working equally on identical looms whilst their children are at girls´ schools or already in the workshop as apprentices, demonstrating the same value as their parents. My joy is great when I talk to a lady who, far from insignificant trills, says deeply serious things. My civilized contentment increases when I see a girl boldly preferring concubinage to bad marriage or perdition, or an honorable job, where the money comes to her hands clean and decent.

Romanticism! Some will say. Men, through social habits, are gently alienated in the face of girls... The reform of customs is another female assault.

Accordingly. I consider them my equals. On the same day I gave the card to Mme. Teixeira, she kindly refused letters of recommendation for one of the many ladies, who were as mediocre as the many mediocre men who give series of lectures in the countryside. And I refused as I'd refuse a man. It's that there's work and there's work, honesty and honesty, in the words of the venerable Quintino.[15]And there's also for me the assurance that active feminism isn't saying nonsense and writing stupid books, capturing complacency and making profits for being a woman. But to boldly put herself next to the man and be his partner and his equal in life, using their qualities in the improvement of society. Renan said that men should have all the opinions to know which one is the best. I have had this opinion for several years. It's perhaps the oldest

15. Quintino Bocaiuva Antonio Ferreira de Sousa (1836–1912) was a Brazilian journalist and politician, known for his performance in the process of the Proclamation of the Republic.

— Já está empregada a sua protegida. Excelente e com duas filhas muito inteligentes.

— Quem é?

— Homem leviano, que apresenta sem conhecer! Mme. Teixeira é uma viúva que só achou aquela solução à vida. Como as meninas iam vê–la, dei–lhes um *rayon* de confecções de crianças. Ganham honestamente o seu dinheiro.

— E estão contentes?

— Como quem tem a convicção de ser sério.

Não. As mulheres, que tem servido sempre as transformações lerdas da civilização masculina são no século da atividade febril, desejosas de se igualar ao homem. E com esplendidas qualidades, inclusive a falta de noção do tempo. O Dr. McDougall, da Universidade de Harvard, reuniu duzentas e cinquenta raparigas e fez uma descoberta sensacional. Perguntou–lhes—umas lendo, outras trabalhando, outras desocupadas—quanto tempo tinha passado, entre trinta e cem segundos. Todas deram um tempo muito maior. Uma chegou a afirmar que passara dez minutos. Não tinham a noção do tempo? Não. Tinham a noção do tempo moderno, da lentidão do tempo e da vertigem do momento. E cada uma delas avaliava o segundo por minutos e os minutos por horas...

acquired opinion that my brain has. And so far I don't see other need but to keep it as much as possible...

Days after giving the card to the large department store, I met the owner:

"Your protégée is already hired. She's excellent, and she has two very intelligent daughters."

"Who is?"

"Frivolous man, who introduces without knowing! Mme. Teixeira is a widow who only found one solution to life. As the girls would come to see her, I offered them a children's clothing line. They earn their money honestly."

"And are they happy?"

"As anyone who has the conviction of being serious."

No. Women, who have always served the sluggish transformation of male civilization, are, in the century of feverish activity, willing to match men. And with splendid qualities, including the lack of sense of time. Dr. McDougall,[16] from Harvard University, brought together two hundred and fifty girls and made a sensational discovery. He asked them—some were reading, some working, others unoccupied—how much time had passed, between thirty and one hundred seconds. All gave a much longer time. One even claimed it had been ten minutes. Had they no sense of time? No. They had the notion of the modern time, of the sluggishness of time and the vertigo of the moment. And each of them estimated seconds as minutes and minutes as hours...

Original publication: *Lugar Para As Mulheres!* Rio de Janeiro: *A Notícia*, 26–27.02.1910, N.48, p.3.

---

16. William McDougall (1871–1938) was an early 20th century psychologist who spent the first part of his career in the United Kingdom and the latter part in the United States.

O Trabalho e os Parasitas

A civilização traz a multiplicidade das profissões. Numa aldeia, que recursos tem uma mulher para ganhar a sua vida? Numa cidade pequena, cidade que se diga de segunda ordem mas seja mesmo de quarta, que recursos tem um homem? Todos se conhecem, tudo se sabe, e por isso mesmo tudo é feio. A honestidade é uma qualidade de que fazemos questão nos outros. Nas aldeias, nas pequenas cidades, e mesmo nas grandes. Apenas nas grandes tudo é torrencial, excessivo, abundante, e na torrente vão arrastados os menos dotados. Daí a multiplicidade de profissões de que as grandes capitais são ninho acalentador. Há profissões de deixar um homem ingênuo de queixo cabido, há profissões subitamente, profissões tão originais que os mais cépticos têm de curvar–se.

Eu vinha precisamente a pensar na soma enorme de trabalho contemporâneo. Vivemos melhor? Há mais dinheiro? É verdade. Mas cada um na sua profissão trabalha mais. É o estadista com a soma de responsabilidades acrescidas, querendo impor–se ao povo; é o industrial,

Work and Parasites

Civilization brings a multitude of professions. In a village, what resources does a woman have to earn a living? In a small city, which is said to be of second rank but it's even fourth, what resources does a man have? Everyone knows everybody, everything is known, and therefore everything is ugly. Honesty is a quality that we insist on in others. In the villages, small cities, and even in large cities. The only thing is, in big cities everything is torrential, excessive, plentiful, and the less gifted are dragged away in the torrent. Hence the multitude of professions for which great capitals are nurturing nests. There are professions to blow the mind of a naïve person; suddenly there are professions, professions so unique that the more skeptical have to bow down.

I came to think precisely of the huge amount of contemporary work. Are we better off? Is there more money? It's true. But everyone works harder in their profession. It's the statesman with the amount of responsibilities increased, wanting to impose himself on the people; it's the

é o escritor compondo livros sucessivos, é o jornalista estalando de trabalho, são os artistas e os artesãos sem descanso, multiplicando–se, é o comerciante, é o operário dobrando o serviço. O desejo do dinheiro e do confortável multiplica o trabalho. Até os empregados públicos são outros na vertigem da vida intensa. Até as mulheres e as crianças atiram–se resolutamente à conquista do bem estar pelo trabalho. Não é possível compreender a vida de hoje na boemia espectadora ou na ociosidade. A cidades são grandes forjas de atividade.

Vinha a pensar no magnífico espetáculo quando encontrei, após longa ausência, de certo na Detenção, um estimável amigo, o incorrigível ladrão Agostinho Batata, o criador da "gravata *modern style*" no mundo dos larápios. Apertei–lhe a mão leal,—leal para ele, porque nunca o deixou mal—exclamei:

— Há quanto tempo!

— É verdade. Há uns anos.

— Então que se faz?

— Eu saí há seis meses de cumprir a sentença. E o senhor? No mesmo, continua na mesma profissão? Olhe que deve ser aborrecido...

— Aborrecidíssimo, principalmente porque há uma porção de pessoas desejosas de dela fazerem parte sem saber ler e que se vingam descompondo a gente. É isso. Uma complicação! E você, continua gatuno? Também tem seus contras...

— Oh! Está fazendo pouco no seu criado.

— Já não és gatuno?

— Olhe bem para mim...

Reparei então que Agostinho Batata tinha uma roupa modesta e um ar de violeta vergonhosa. Era atraente quase.

— Regeneraste–te?

O conhecido "gravateiro" sorriu.

— O senhor acredita que alguém se regenere no mundo? Não me regenerei. Mudei de profissão. A profissão de gatuno é cada vez mais

industrialist; it's the writer composing successive books; it's the journalist bursting with work; it's the artists and craftsmen relentlessly, multiplying; it's the merchant; it's the workman doubling the work. The desire of money and comfort multiplies the work. Even civil servants are different with the vertigo of the intense life. Even women and children throw themselves resolutely into the achievement of well–being through work. You cannot understand today's life as spectator bohemian or in idleness. The cities are great forges of activity.

I came to think of the magnificent spectacle when I met, after a long absence, certainly in jail, an estimable friend, the incorrigible thief Agostinho Batata, the creator of "modern style headlock" in the world of crooks. I shook his loyal hand—loyal to him because it has never failed him—and said:

"Long time no see!"

"It's true. It's been a few years."

"So, what are you doing?"

"I came out six months ago after finishing my sentence. And you, Sir? The same, do you keep the same profession? It might be boring..."

"Very boring, mainly because there are a lot of people who want to be part of it without knowing how to read, and take revenge by reviling us. That's it. A complication! And you, still a thief? It also has its cons..."

"Oh! You're belittling your servant."

"You are no longer thief?"

"Look at me..."

Then I noticed that Agostinho Batata was wearing modest clothes and had a shameful violet air. He was almost attractive.

"Are you reformed?"

The known "headlocker" smiled.

"Do you believe that someone reforms in this world? I haven't reformed. I've changed profession. The profession of a thief is increas-

arriscada. Uma pessoa empenha a vida e às vezes não tira nada, ou tira uns anos de prisão. Bonita não há dúvida, inteligente, valente, porque é a única em que o roubo é crime—lá isso bem. Mas arriscadíssima. Quando saí da Detenção, pensei muito tempo. Que apito tocarei eu agora?

— Era difícil.

— Mais do que imagina. Era preciso escolher entre as profissões em que não se faz nada.

— Oh! Criança louca! São as abundantes no Rio. Como protegido de Maomé dos Levitas, o formidável Pinheiro, você, Agostinho Batata, tinha logo um desses trabalhosos empregos...

— Não preciso de protetores. Assim, triste e filosoficamente, pus-me a palmilhar a Avenida. Montaria um jornal para edições únicas com vários títulos e várias primeiras páginas após publicações oficiais? Faria chantagens? Seria amante de velha rica ou meretriz abonada? Serviria de secretário a algum político influente? Apresentaria a minha candidatura a intendente ou a deputado? Tudo isso leva tempo...

— E custa um pouco de dinheiro para começar.

— Eu estava a nenhum...

— Doloroso estacionamento.

— Passei um dia sem comer. Mas resisti ao apetite que, para satisfazer o outro, tinha de bater algumas carteiras. Não! Roubar nunca! O Rio não precisa que se use desses meios violentos: o Rio é grande, e a cadeia é pequena.

— Foi então?...

— Foi então que descobri a profissão cômoda agora em moda mais do que nunca: pedir dinheiro, morder...

Recuei prudentemente. Agostinho sorriu avançando.

— Não se assuste. É comum, é mais que comum, é como o jogo do bicho. Outrora eram citados dois ou três sujeitos que tendo feito promessas de viver honestamente sem trabalhar, viviam a morder. Agora,

ingly risky. A person commits his life and sometimes gets nothing from it, or gets a few years in prison. There is no doubt it's a handsome profession, intelligent, brave, because it's the only one where theft is a crime—that's true. But extremely risky. When I left detention, I thought for a long time. Which whistle will I play now?"

"It was hard."

"More than you think. I had to choose between the professions in which you do nothing."

"Oh! Mad child! They're abundant in Rio. As a protégé of the Muhammad of the Levites, the formidable Pinheiro, you, Agostinho Batata, had just one of those labor–intensive jobs..."

"I don't need protectors. So, sad and philosophically, I took to trudging the Avenue. Would I set up a newspaper for single editions with various titles and several front pages after official publications? Would I blackmail people? Would I be the lover of a rich old woman or wealthy harlot? Would I serve as secretary to some influential politician? Would I present my candidacy for mayor or deputy? All this takes time..."

"And it costs a bit of money to start."

"I had none..."

"Painful lagging."

"I spent a day without eating. But I resisted the craving in order to satisfy the other, for pickpocketing. No! Stealing, never! Rio doesn't need one to use these violent means: Rio is big, and the jail is small."

"Then...?"

"It was then that I discovered the comfortable profession in fashion now more than ever: to ask for money, to bite..."

I stepped back cautiously. Agostinho smiled, moving forward.

"Don't panic. It's common, it's more than common, it's like *jogo do bicho*.[1] It's said that two or three individuals who had made promises

1. *Jogo do Bicho* [Animal Lottery], is a type of numbers game with 25 sets of numbers each represented by a different animal (*bichos*). It has been made illegal since the end of the 1940s but is still common.

esses sujeitos são os remotos patriarcas da cavação suave. Conheço tipos desde os elegantes até os mal arranjados, que não querem outro emprego. Que digo? Já fiz conhecimento com duas famílias profissionais da "dentada" desde o chefe até o moleque copeiro. A esposa de capa preta e o ar triste chama a gente aos corredores e noticia que tem um cadáver em casa. As meninas fazem missa pedida. Os rapazes pedem emprego e enquanto não vem o emprego, alguma coisa. O chefe de um desses lares é solene, alto, de sobrecasaca. A média é de vinte mil réis por dia. O homem pede como se cobrasse e já pensa em construir uma casinha no subúrbio...

— É espantoso!

— Qual espantoso. O que é preciso é uma certa habilidade; e conhecimentos, isto é, conhecer os outros. Há os d'ares despreocupados: "terás por acaso uma de cinco?" Há os d'ares envergonhados, indo ao lado da vítima e baixo: "deixe ver algum para o jantar." Há os impertinentes, atrás dos homens conhecidos, aborrecendo–os até eles darem: "Sou um seu admirador; pode contar comigo até a morte." Há os exploradores da sensibilidade feminina: "Dê–me a senhora alguma coisa, conheço tanto seu marido e sua filha..." É infinito o número. E não é preciso esforço algum: é andar e repetir a mesma cantilena.

— Afinal isso é uma variedade do mendigo.

— Não diga isso, meu caro senhor. O mendigo é outra coisa. É verdade que o número tem também crescido extraordinariamente e eu contei ainda ontem, numa hora de Castelões, vinte e três garotos, sete capengas, dez cegos, quinze sem moléstia aparente. Mas o mendigo é repugnante.

— O mordedor é o mendigo do país do *tão bom como tão bom*, do *não pode!* E do *sabe com quem está falando*?

— Corto relações se continua.

— É uma opinião, que não admito. Nada de insultos. Sabe lá quantos cavalheiros e alguns até distintos vivem hoje de morder?

to living honestly without working, made a living off biting. Now, these guys are the ancient patriarchs of the soft scheming. I know some types from elegant to done for, they don't want another job. What can I say? I've already made acquaintance with two "biting" professional families, from the boss to the mess boy. The saddened wife, in a black cloak, calls people in the corridors and announces that she has a corpse in the house. The girls pray by order. The boys ask for jobs, and while they're unemployed, they ask for anything. The head of one of these families is solemn, tall, wears a frock coat. The average is twenty thousand *réis*[2] a day. The man asks as if he's charging and already thinks of building a house in the suburbs..."

"It's amazing!"

"Quite amazing. What is needed is a certain skill, and knowledge; that is, knowing others. There are those with unconcerned manners: 'Do you have a fiver by chance?' There are those with ashamed manners, going next to the victim and speaking low: 'Let me see some "bread" for dinner.' There are those with naughty manners, behind the well–known men, annoying them until they give away: 'I'm your admirer; you can count on me to death.' There are those who exploit the female sensibility: 'Give me something, Mrs.; I know both your husband and daughter...' The number is infinite. And it doesn't take much effort: it's just go around and singing the same ploy."

"In the end, it's a variety of beggar."

"Don't say that, my dear Sir. The beggar is something else. It's true that their number has also grown remarkably, and yesterday I counted, within a castellan's hour, twenty–three boys, seven cripples, ten blind, fifteen with no apparent malady. But the beggar is repulsive.

The biter is the beggar of the country of the 'as good as,' the 'it cannot be!' And the 'do you know who you're talking to?'"

2. Brazilian currency of the period, *réis* (plural of *real*). One *conto de réis* was equivalent to 1,000.000 réis. Measured against the relative price of gold, one *conto de réis* would be equivalent to approximately USD 35,000 (December 2016).

Depois é a civilização. Há vinte anos em vez de ser mordedor, moço bonito ou agente de negócios eu tive a tolice de estrear–me na ladroeira franca. Erro. Hoje só um parvo dedica–se à carreira de ladrão simples, ladrão sem mais nada. É o mesmo do que querer carregar carvão nas ilhas: é o fim certo sem futuro. O senhor que é um homem razoável, sabe perfeitamente o grande erro da propriedade. O erro da propriedade foi a razão de todas a guerras. Os senhores feudais eram, como eu, gravateiros selvagens. Por causa do erro da propriedade, os homens brigaram violentamente. Mas é uma descoberta moderna e definitiva que a violência é sempre prejudicial. Os gatunos de estrada rareiam e aparecem os gatunos de salão. Quando, entretanto, o homem, está calmo reflete, e refletindo verifica que tirar sem que os outros vejam ainda é grave. Então criou–se a ladroeira com a aquiescência geral. Todos roubam. É o momento do roubo pela maciota...

— Mas você está doido, Batata.

— A maioria pelo menos. O capital é uma hipótese circulante...

— Pelo amor de Deus, não digas tolices.

— Eu poderei provar que o dinheiro que dá é o ganho sem trabalho. Há de certo dez mil modos de finta pública, de tramoias, de negociatas, dessas cavações em que o sujeito aparece dizendo: estou aqui para ser roubado! e apanha todos os seus larápios... Esses são de resto os ativos. Os mordedores são passivos. Esperam que se lhes dê, para não ter a menor responsabilidade. Hoje, desafio a que me prendam. E. entretanto, faço honestamente, os meus seiscentos por mês.

Cumprimentei Agostinho Batata pela sua evolução moral. Excelente rapaz! Quem diria que acabava domesticado, aproveitando os sistemas de cavações em moda, mordendo molemente, ele que tirava à força? Agostinho sorria satisfeito.

Saí impressionado. Oh! O trabalho aumenta, mas à proporção que aumenta e o dinheiro entra, o número de parasitas cresce espantosamente. Já não é precisa a violência. O ataque é feito suavemente. A árvore

"I'll break off our relations if you continue."

"It's an opinion that I don't admit. No insults, please. Who knows how many gentlemen, some even distinguished, live off biting today? Then, it's civilization. Twenty years ago instead of being a biter, a pretty boy, or a business agent, I committed the folly of debuting in open thievery. A mistake. Today only a fool is dedicated to the career of a simple thief, thieving and nothing else. This is the same as to want to load coal on the islands: it's a certain end without a future. You Sir, who are a reasonable man, know perfectly the big mistake of property. The mistake of property was the reason for all wars. The feudal lords were, like me, wild 'headlockers.' Because of the mistake of property, men quarreled violently. But it's a modern and definitive discovery that violence is always harmful. The highway robbers become rare, and the ballroom thieves appear. When, however, man is calm, he reflects, and in reflecting he observes that taking without others seeing is still serious. So thievery with the general acquiescence was created. Everybody steals. This is the time of the robbery by cunning..."

"But you're insane, Batata."

"The majority at least. Working capital is a hypothesis..."

"For God's sake, don't talk nonsense."

"I can prove that the money that works is the money made without work. There are some ten thousand ways of public feint, scams, scheming in which the fellow shows up saying: 'I'm here to be robbed!' and convinces all thieves... These are in fact active. The biters are passive. They expect that you give to them, so they don't have the slightest responsibility. Today, I challenge anyone to arrest me. And, however, I honestly earn my six hundred a month.

I congratulated Agostinho Batata for his moral evolution. Good lad! Who knew he would be domesticated, taking advantage of the fashionable scheming systems, biting softly, he who once took it by force? Agostinho smiled, satisfied.

frondosa está cheia de parasitas. Era de desaminar. Nessa mesma noite fui a um *club* e dei de observar um moço bonito.

O jovem era realmente elegantíssimo. Cada gesto seu indicava o hábito das coisas finas, o talhe do seu *frack*, o corte do seu colarinho, a maneira de pôr a gravata eram para um entendido outras tantas indicações de fornecedores notáveis de Londres e de Paris e de distinção instintiva. Estávamos num desses *clubs* em que se joga e saíamos mesmo da estupidíssima sala do *baccarat*, onde as *cocottes* perdiam dinheiro fácil. O gordo coronel Silvano, fumando um charuto tremendo, interrompeu–me com um jornal na mão.

— Estás a ver mais uma dos moços bonitos?

— Que fizeram?

— Agora comem de graça nos *restaurants*. Que achas?

Eram duas da manhã. Disse–lhe aborrecido:

— Acho uma ação heroica.

E afastei–me, tomei do chapéu. Quase ao mesmo tempo o jovem elegante fez o mesmo, de modo que na rua nos encontramos lado a lado.

— Não faz uma boa noite, disse ele.

— Para um homem civilizado, o bom ou o mau tempo são indiferentes. Perdeu?

— Eu nunca jogo senão o dos outros.

— Ah! É então...

— Sou simplesmente um moço bonito. É a minha profissão. E se me aproximei do senhor foi por ter ouvido a resposta ao coronel Silvano. Esta gente decididamente ignora que aquilo que eles pejorativamente denominam moço bonito—é o ornamento essencial das perfeitas civilizações. E o que é mais: nenhum deles percebe que o nosso atraso não permite senão uma vaga adaptação e reflexos realmente deploráveis.

— Vejo que é inteligente.

— Muito obrigado.

— Quer um charuto?

I left impressed. Oh! The work increases, but at the ratio it increases and the money comes in, the number of parasites grows remarkably. Violence is no longer needed. The attack is done smoothly. A leafy tree is full of parasites. It was discouraging. That same evening I went to a club and noticed a pretty boy.

The young man was really very elegant. His every gesture indicated the habit of fine things, the whittle of his tail coat, the cut of his collar, the way he wore his tie, were to an expert further evidence of notable suppliers in London and Paris, and of instinctive distinction. We were in one of those clubs where you gamble, and we went out of the very stupid baccarat room, where *cocottes*[3] easily lost money. The fat colonel Silvano, smoking a huge cigar, interrupted me with a newspaper in his hand.

"Have you seen another one of these pretty boys?"

"What did they do?"

"They now eat for free in restaurants. What do you think?"

It was two in the morning. Annoyed, I told him:

"I think it's a heroic act."

And I moved away and got my hat. At almost the same time the pretty boy did the same, so that on the street we met side by side.

"It's not a good night." he said.

"For a civilized man, good or bad weather are indifferent. Did you lose?"

"I never play other than with someone else's money."

"Ah! So, you are..."

"I'm just a pretty boy. It's my profession. And if I've approached you, Sir, it was upon hearing your answer to Colonel Silvano. These people are definitely unaware that what they pejoratively call a pretty boy is the essential ornament of perfect civilizations. And what's more: none of

3. French for "prostitute, or promiscuous woman."

— Peço desculpa para dizer que só fumo havana.

— Faz muito bem. Este por acaso é e bom.

— *Thank*...

Paramos a acender os charutos no lume do seu isqueiro—um isqueiro d'ouro com rubis como agora em Paris lançou a moda o Brulé. E soprando para o ar o fumo claro, eu disse:

— Com que então na infância da arte?

O jovem sorriu.

— Pois claro! Que é um moço bonito? É um rapaz de educação e princípios finos, que detestando o trabalho e não tendo fortuna pessoal, procura, sem escolher meios, conservar boa cama, boa mesa, boas mulheres e mesmo uma roda relativamente boa. A moral é uma invenção relativa. A moral é o vestido de ir às compras da hipocrisia. Se esse moço bonito estivesse na França e tivesse antepassados, esperaria um dote fazendo rapaziadas como o visconde de Courpière e o cadete Coutras do Abel Hermant. Como porém está num país que de fidalguia só tem a vontade *snob* de possuí–la, esse rapaz está ameaçado da cadeia, como qualquer gatuno sem inteligência. Os negociantes honrados, todas as classes honradas do país abrem o olho atento com medo dos planos, que em geral não dão grandes resultados. Não acha?

— Perfeitamente.

— Digo lhe estas coisas, porque de fato o julgo acima da moral.

— Estudei um pouco a filosofia de Nietzsche e como o amigo deve saber já o Remy de Gourmont definiu essa filosofia: a filosofia da montanha.

— Pois na montanha são largos os horizontes. Ainda bem. Ninguém aqui quer compreender que o moço bonito é um ornamento da civilização. O senhor compreenderá. Que é o moço bonito afinal na sua raiz? Parasita. As parasitas só se grudam às arvores em plena força,

them realize that our backwardness doesn't allow anything other than a vague adaptation and really deplorable reflexes."

"I see you're smart."

"Thank you very much."

"Do you want a cigar?"

"I'm sorry to say that I only smoke Havana."

"You do very well. This happens to be, and it's good."

"*Thank...*"

We stopped to light the cigars on the fire of his lighter—a gold lighter with rubies like the fashion launched in Paris by Brulé. And, blowing light smoke into the air, I said:

"So you are in the infancy of the art?"

The young man smiled.

"Of course! What is a pretty boy? He's a young man of knowledge and fine principles who, hating to work and having no personal fortune, looks for, without choosing means, keeping good bed, good food, good women and even a relatively good circle. Morality is a relative invention. Morality is hypocrisy's dress for going shopping. If this pretty boy was in France and had ancestors, he'd expect an endowment making follies like Abel Hermant's Monsieur de Courpière and Cadet Coutras.[4] However, as he is in a country which has only the snob desire to possess nobility, this young man is under threat of arrest, like any unintelligent thief. The honorable dealers, all the country's honored classes, open their watchful eye, afraid of plans which generally don't achieve great results. Don't you think?"

"Perfectly."

"I tell you these things because in fact I consider you to be above the moral."

4. Abel Hermant (1862–1950) was a French novelist, playwright, essayist and writer who wrote *Monsieur de Courpiére Marié* (1906) and *Chronique du cadet de Coutras* (1909)

e não poupam a seiva dos troncos alheios para brilhar na sua beleza. Assim o moço bonito.

— Exato.

— O moço bonito é o *pendant* da *cocotte* de luxo. Com os dois tudo marcha—o próprio Deus.

— Para a cadeia?

— Para o prazer, para a maior movimentação do dinheiro, para a agitação civilizada. Eu parto do princípio que ninguém é honesto, honesto exemplarmente do começo ao fim da vida. Aqui porém onde as *cocottes* ganham tanto e tem tanta consideração, o moço bonito vê–se cercado de hostilidades. Que pode fazer um moço bonito no Rio? Pouquíssimas ações brilhantes e com muito trabalho. Receber dinheiros de viúvas, fazer–se condutor de *paios* às casas das *cocottes*, domar violentamente uma senhora que lhe passe o *arame*, morder aqui e ali, viver na ânsia do dia seguinte. Imagine que eu precisava de dinheiro agora...

— É uma hipótese?

— Absoluta. Se fosse trabalhador, iria amanhã a um prestamista que mo daria com um juro indecentíssimo. Se fosse mendigo, esmolaria. Sendo moço bonito, a simplicidade desaparece. É uma complicação. Ou armo o grupo ou arranjo uma cena. Às vezes a cena e o grupo falham e é preciso inventar outros. Um moço bonito é sempre um gênio de calçada e imagine o senhor um desses pobres rapazes deitando–se pela madrugada sem ter a certeza de fazer a barba e perfumar–se, de almoçar e dar o seu giro pelas pensões d'artistas, sem a segurança do colarinho limpo.

— É horrível!

— Um colarinho do Tramlett por lavar!

— Que desastre! Verdade é que há agora os de papel, cujo preço é seis vinténs..."

— Conheço; elegância de Buenos Aires, deplorável. Entretanto, meu caro, o moço bonito deita–se e dorme. E na *purée*, absolutamente

"I studied a little of Nietzsche's philosophy and as my friend may already know, Remy Gourmont[5] defined this philosophy: the philosophy of the mountain."

"For on the mountain the horizons are broad. Fortunately. No one here wants to understand that the pretty boy is an ornament of civilization. You understand. What is the pretty boy at his root after all? A parasite. The parasites only cling to the trees at full strength, and don't spare the sap of other men's trunks to shine in his beauty. Thus is the pretty boy."

"Exactly."

"The pretty boy is the pendant of the luxury *cocotte*. With the two, everything progresses—even God Himself."

"Toward jail?"

"Toward pleasure, toward the greater mobility of money, toward civilized agitation. I assume that no one is honest, exemplarily honest from start to end of life. But here, where *cocottes* earn so much and have so much consideration, the pretty boy finds himself surrounded by hostilities. What can a pretty boy do in Rio? Very few great actions, and with hard work. Receive money from widows, become a guide for the gullible to the houses of the *cocottes*, violently tame a lady who spends her money on him, 'bite' here and there, living in anxiety for the next day. Imagine that I needed money now..."

"Is it a hypothesis?"

"Absolutely. If I were hard–working, tomorrow I would go to a moneylender who would give it to me at an indecent interest. If I were a beggar, I'd ask for alms. Since he's a pretty boy, simplicity disappears. It's a complication. I either form a group or make a scene. Sometimes the scene and the group fail and we need to invent other things. A pretty boy is always a sidewalk genius, and imagine one of those poor young men lying at dawn without being sure of shaving and putting perfume

5. Remy de Gourmont (1858–1915) was a French Symbolist poet, novelist, and influential critic.

sans le sou ei–lo a guiar automóveis a tomar aperitivos, a farejar a Besta Dourada.

— Bonita a imagem.

— É a maneira literária de indicar a vítima. Mas como o meio é limitado, as caras são sempre as mesmas, a roda *chic* irrevogavelmente sem aumento, o moço bonito atira–se ao anônimo, às classes menos desprovidas e acaba em complicações com a polícia, cujos serviços estavam ao seu dispor dias antes. Eis porque achei a sua frase sensatíssima. Com a estreiteza do meio, a incompreensão da grande corrente civilizada que exige a *cocotte* e o moço bonito—o moço bonito é um herói.

Estávamos no cais da Glória à espera de um *tramway*. O *dandy* remirou as unhas lustrosas:

— A humanidade é ferozmente egoísta. A sociedade esquece, e tanto que nos nega apoio. Porque de fato analise a vida dos homens que têm hoje cinquenta anos, analise a dos jovens trabalhadores com um pouco de psicologia. Bem raros serão aqueles que uma vez na vida não foram moços bonitos e bem raros são os que não tiveram já pelo menos o desejo rápido de o ser...

— O cavalheiro é profundo.

— Sou um desiludido, e não vivo aqui, vivo em Paris.

— Ah!

— Faço como a maior parte dos moços bonitos que se arriscavam a ir para a Correção aqui. Emigrei para a Cidade Luz. É a única cidade onde o homem é pago para divertir–se. Tenho lá nos Campos Elísios rés–do–chão elegante, onde ficam alguns brasileiros ricos.

Como tenho muitas relações nas diversas colônias—a brasileira, a argentina, a egipciana, nos melhores *restaurants* dão–me 20% sobre as despesas dos meus amigos. Quando vou só—como grátis. E isto no Café de Paris, na Abbaye do Albert, em todos os *restaurants* da noite. As *cocottes* para lhes arranjar bons *michés* transatlânticos estão nos

on, having lunch and his stroll by the artists' boarding houses, without the security of a clean collar."

"It's terrible!"

"An unwashed Tremlett[6] collar!"

"What a disaster! Truth is that there are now paper ones which cost six *vinténs*...[7]

"I know; elegance from Buenos Aires, deplorable. However, my dear, the pretty boy lies down and sleeps. And 'pulped,' absolutely penniless, there he is driving cars, drinking aperitifs, searching for the Golden Calf."

"A handsome image."

"It's the literary way to hint at the victim. But as the environment is limited, the faces are the same, the chic circle irrevocably without increase, the pretty boy throws himself to the anonymous, to the least deprived classes, and ends in complications with the police, whose services had been available to him days before. This is why I found your remark extremely sensible. With the narrowness of the environment, the misunderstanding of the great civilized power which demands the *cocotte* and the pretty boy—the pretty boy is a hero."

We were on Glória[8] pier waiting for a tram. The dandy looked at his glossy nails again:

"Humanity is fiercely selfish. Society forgets, and so much that it denies us support. Because in fact, examine the lives of men who are now fifty, examine the young workers, with a little psychology. Very rarely are the ones who once in their lifetime weren't handsome young men, and very rare are the young men who didn't at least have the desire to be one..."

"The gentleman is profound."

6. João do Rio is possibly referring to Washington Tremlett (1846–1923), a shirt and tie maker from London, UK.

7. One *vintém*, a copper coin worth twenty *réis*.

8. Today's Marina da Glória, in the Centre of Rio de Janeiro.

meus braços pelo mesmo preço dos pratos dos *restaurants.* Uma casa de automóveis fez–me presente de um excelente auto com o competente motorista para *aguicher* os meus amigos, *rastaqueras* ricos doidos pelo automobilismo. Os fornecedores vestem–me como comissão da freguesia que lhes levo. Os meus amigos são loucos por mim e deixam–se sangrar. De modo que eu vivo docemente, e até às vezes viajando, em passeios pela Riviera, em excursões automobilísticas a Itália, em voos rápidos a Londres, onde sempre vou para o Savoy... Não se admire. Nestas condições há uma dúzia de jovens brasileiros em Paris.

Nem todos estão na alta, mas os que não vão a Abbaye vão ao Royal e passam muitíssimo melhor do que aqui...

— Quando parte?

— Estou à espera de um negociante de gado argentino, com o qual vou para o Egito. Somos ele, eu e a Blondinete.

— Amante dos dois...

— Dele...

— Creia que é um belo rapaz.

— Faço o possível para *rançonner* o burguês com certa linha. Aqui isso seria material e moralmente impossível.

— Nós estamos num atraso medonho!

— É o que eu digo!

— Em que *bond* vai?

— Vou a pé.

— Pois prazer em cumprimentá–lo.

— E lá estamos ao dispor, em Paris. Naquele divino trecho dos Campos Elísios...

É sempre melhor do que a Avenida, onde se discute e se fala nos jornais de alguns civilizados que jantam grátis contra a vontade dos famigerados hoteleiros.

E seguiu a pé, elegantemente pela Rua da Glória, caminho da Civilização—de que é um ornamento do capitel.

"I am disillusioned, and I don't live here, I live in Paris."

"Ah!"

"I do like most handsome young men who risked going to jail here. I emigrated to the City of Light. It's the only city where a man is paid to have fun. I have there, on the Champs–Élysées, an elegant ground floor, home to some wealthy Brazilians. As I have many relationships in the many colonies—Brazilian, Argentine, Egyptian—in the best restaurants they give me 20 percent off my friends' bills. When I go alone, I eat for free. And this happens at Café de Paris, at L'Abbaye Albert, in all the night *restaurants*. The *cocottes* are in my arms for the same price as the restaurants dishes so that I can find them a good transatlantic John. A car dealership gifted me an excellent vehicle with a competent driver to allure my friends, rich parvenus crazy about racing. Suppliers dress me up as a commission for the customers I take to them. My friends are crazy about me and let themselves be bled. So I live sweetly, and sometimes even traveling, strolling by the Riviera, on automobile trips to Italy, on quick flights to London, where I always go to the Savoy... Don't be surprised. Under these conditions there are a dozen of young Brazilians in Paris. Not all are at the top, but those who don't go to L'Abbaye, go to the Royal and do a great deal better than here..."

"When do you leave?"

"I'm waiting for an Argentine cattle dealer, with whom I go to Egypt. It's going to be him, me, and the Blondinette."

"Their lover..."

"His..."

"You can believe you're a pretty boy."

"I do my best to swindle the bourgeois of a certain lineage. Here it would be materially and morally impossible."

"We are in a dreadful backwardness!"

"That's what I say!"

"Which tram are you taking?"

E foi então que eu vi que nós trabalhamos furiosamente para a conquista da Civilização, mas ainda não a conseguimos. Precisamos de mais duzentos anos, e na árvore colossal do labor a maravilha esplêndida do parasitismo...

"I am going by foot."

"It was a pleasure to meet you."

"And we are at your service, in Paris. That divine stretch of the Champs–Élysées..."

It's always better than the Avenue, where people discuss and talk about the newspapers of some civilized people who dine for free against the will of the notorious hoteliers.

And he went on foot, elegantly along Rua da Glória, path of Civilization—which is an ornament of the capital.

And then I saw that we worked furiously for the conquest of Civilization, but we haven't yet achieved it. We need another two hundred years, and the splendid wonder of parasitism in the colossal tree of work...

Original publication: *A Teoria do Roubo Macio*. Rio de Janeiro: *A Notícia*, 19–20.02.1910, N.42, p.3.

As Impressões do Bororó

Os índios retomam o seu lugar. O Brasil, segundo alguns jacobinos ferozes, naturalmente filhos de estrangeiros, pertence–lhes de direito. Quando Pedro Álvares Cabral descobriu a grande terra, que encontrou nela? Índios. Índios, alguns ferozes, outros de um pouco caso, considerada mansidão, verdadeiramente digno de nota. Quando os portugueses precisaram de gente para os guiar caminho do interior, com quem se acharam? Com os índios! E é preciso convir que os brancos, resolvidos a civilizar os peles vermelhas, os bororós, os tupinambás, os tupiniquins e outras tribos de nomes curiosos, escravizando–as e ensinando–lhes a religião de Cristo, matando–as, exterminando–as e discutindo em seguida se o índio tinha ou não alma—não procederam com uma correção muito aproveitável para exemplo do futuro...

O índio fugiu para o interior e ficou pouco amável. Nós os brancos: brancos relativamente como todas as coisas misturadas—tomamos conta dessas maravilhas, estabelecemos o Progresso, fizemos várias proezas, mas no fundo convencidos de que estamos a usurpar a casa alheia. Sim, porque afinal de contas, o Brasil é dos índios. E tanto o Brasil é

The Bororó's Impressions

The Indians resume their place. Brazil, according to some ferocious Jacobins, children of foreigners for sure, is theirs by right. When Pedro Álvares Cabral discovered the great land, what did he find in it? Indians. Indians—some fierce, others with such a disdain, considerate meekness, truly noteworthy. When the Portuguese needed people to guide their way inland, who did they turn to? The Indians! And we must admit that the whites, determined to civilize the red skins, the Bororós,[1] the Tupinambás,[2] the Tupiniquins,[3] and other tribes of curious name, enslaving them and teaching them the religion of Christ, killing them,

1. The term Bororó (according to their official homepage) means "village yard" in the native language. It's no coincidence that the traditional circular layout of the house makes the courtyard the center of the village and ritual space of these people, characterized by a complex social organization and the richness of their ceremonial life.

2. The term Tupinambá means "the oldest" or "the first," and refers to both an indigenous nation comprised of the Tamoios, Temiminós, Tupiniquins, and the Tupinambás themselves. The Tupinambá people have an approximate population of 7,000 in a 47,300 hectare territory, recognized by FUNAI (Fundação Nacional do Índio—National Indian Foundation), in southern Bahia.

3. The Tupiniquins (also called Topinaquis, Tupinaquis, Tupinanquins and Tupinikins) is a Brazilian indigenous group belonging to the Tupi nation. Until the sixteenth century, they lived in the south of Bahia and the coast of São Paulo, between Santos and Bertioga. They currently live in the municipality of Aracruz, in the coastal state of Espírito Santo. They were the indigenous group which first came into contact with the Portuguese fleet of Pedro Alvares Cabral on April 23, 1500.

dos índios, que, ao pensar em simbolizar o Brasil, logo os desenhistas pintam um jovem índio de casaca, claque alto e tanga emplumada.

Assim, de vez em quando, através da história, encontra–se sempre a crepitar o fogo sagrado do amor pelo índio. Ah! Nós amamos o antigo dono da terra natal. Amamos muito! Apenas, como seria demasiado dar o governo do país a um cacique, contemplar o primeiro pajé das selvas amazônicas com os palácios do Cardeal, distribuir os empregos elásticos da guarda civil entre os Pinheiros Machados do sertão, os Ubirajaras de desconhecidos aldeamentos, tomamos a norma geral de ir às tabas, forçar os pobres animais a trabalhar para nós, batendo–lhes sem dó nem piedade, mudando–lhes o nome do Deus, vestindo–os de calças, infiltrando–lhes as nossas belíssimas qualidades ruins, e quase sempre acabando ou por trazer para a cidade um bando de cretinos ou por estabelecer conflitos tremendos, em que por sinal perdemos às vezes. Mas convencidos de que o Brasil é dos índios.

Como nunca tive a coragem civilizadora da professora Daltro, só consigo aproximar–me dos autênticos proprietários deste país, quando por cá aparece alguma caravana de sujeitos de nariz esborrachado, a pedir ao Papai Grande instrumentos agrários. Essas caravanas são conduzidas por jesuítas dedicados. Um desses, durante a exposição, trouxe o bando de índios formado em orquestra—memorável e dolorosa banda de música em que se condensavam todas as bandas más, desde as bandas recreativas da roça à banda de música alemã! E desse contato com os índios, tive a impressão de que os pobres diabos têm o espírito da ironia desenvolvidíssimo. Não podendo com os seus malfadados civilizadores, flecham–nos de ironias mordazes. Hei de me lembrar sempre de um valoroso capitão, hospedado no páteo da Polícia Central,

exterminating them, and then arguing whether the Indians had souls or not—they didn't proceed with a correctness very usable as an example for the future...

The Indian fled inland and was unfriendly. We, the whites—relatively white, as all things mixed—took care of these wonders, established progress, performed several feats, but deep down we were convinced that we were usurping someone else's house. Yes, because after all, Brazil belongs to the Indians. And Brazil belongs to the Indians so much, that, when thinking about symbolizing Brazil, the artists immediately paint a young Indian in a coat, opera hat, and feathered loincloth.

So, from time to time, throughout history, we find ourselves crackling the sacred fire of love for the Indian. Ah! We love the former owner of the homeland. We love them very much! It's just that, as it would be too much to hand the country's power to a chieftain, to grant the first shaman of the Amazon jungle with the Cardinal's palaces, to distribute the gendarme's elastic jobs among the Pinheiros Machados[4] of the hinterland, the Ubirajaras[5] of unknown villages, we took the general standard of going to the *tabas*,[6] forcing the poor animals to work for us, beating them mercilessly, changing the name of their god, dressing them with trousers, infusing them with our splendid ill qualities, and almost always ending up either bringing a bunch of cretins to the city or establishing tremendous conflicts, which by the way we lost sometimes. But we were convinced that Brazil belongs to the Indians.

As I never had the civilizing courage of the teacher Daltro,[7] I can only get close to the authentic owners of this country when some caravan of squashed nose types, asking the Great Daddy for agricultural instruments, appears around here. These caravans are led by dedicated Jesuits. One

4. José Gomes Pinheiro Machado (1851–1915) was a Brazilian politician, and a most influential figure of the old Republic (1889–1930), known as "the republic's High Constable."

5. João do Rio uses a main character from one of José Martiniano de Alencar's (1829–1877) books, *Ubirajara* (1874), as a metaphor for brave Indians.

6. Indigenous village or settlement.

7. Leolinda de Figueiredo Daltro (1859–1935) was a Brazilian teacher, feminist and Indianist from Bahia.

há uns dez anos. O capitão era velho e soleníssimo. Dormia, havia oito dias, de colarinhos, gravata e *frack*, com as botas na mão. Fui encontrá–lo, rodeado de *reporters*, que o entrevistavam como entrevistariam o indigitado autor de um crime célebre, um viajante notável ou uma atriz de nomeada. O capitão dava as suas impressões sobre o mar, cuja água era salgada—(grande riso dos assistentes!)—sobre Tupã carregador que era o *bond* elétrico e outras sinistras bobagens. A tribo civilizada fazia uma verdadeira dança de *scalp*, dilacerando–o de perguntas a que o selvagem não podia responder. Afinal, no meio dos entrevistadores estava um negrinho de oito a dez anos, a quem o cacique agrário fixava de vez em quando. Indaguei.

— Gosta de crianças, capitão?

O cacique bocejou:

— Não gosta não. Já comi, mas não gosta. Melhor mais grande e branco.

O selvagem já comera crianças, era antropófago...

Os outros com que depois falei de certo ainda não tinham chegado ao excesso de comer os civilizadores guizados, mas não compreendiam absolutamente nada de civilização, selvagens dentro das fatiotas urbanas, como os mais selvagens.

À primeira manifestação impetuosa de sentimentos punham–se a aglutinar gritinho, e a maioria dos nossos confortos causava–lhes uma imensa vontade de rir. Que pensariam eles das autoridades, dos *reporters*, dos presidentes? Mas para que indagar? Vinte dias depois de chegados, esses pobres entes eram abandonados, literalmente abandonados. Nunca soube ao certo da volta de uma dessas missões de índios domesticados, mas previa que, se alcançassem de novo a floresta virgem, deviam retomar o ódio antigo, com prazer.

of these, during the exposition,[8] brought the bunch of Indians forming an orchestra—a memorable and painful music band in which all the bad bands are condensed, from the recreational bands of the countryside to the bands of German music! And from this contact with the Indians, I had the impression that the poor devils have an extremely developed spirit of irony. Not coping with their ill–fated civilizers, they shot them with arrows of biting irony. I will always remember a valiant captain, staying at the headquarters of the Central Police about ten years ago. The captain was old and most solemn. For eight days he slept in shirts, ties and tail–coat, with his boots in his hand. I found him surrounded by reporters who were interviewing him as they'd interview the indignant author of a celebrated crime, a notable traveler, or a renowned actress. The captain was giving his impressions of the sea, whose water was salty—(big laughter from the assistants!)—about the Tupã[9] carrier that the electric bond was, and other sinister nonsense. The civilized tribe had a real scalp dance, tearing him apart with questions to which the savage couldn't answer. After all, among the interviewers was a black boy eight to ten years of age, at whom the agrarian chieftain fixated his eyes from time to time. I asked:

"Do you like children, Captain?"

The chieftain yawned:

"No, I don't. I've eaten them, but I don't like them. Bigger and whiter are better."

The savage had already eaten children. He was an anthropophagus...

Others to whom I spoke later surely hadn't yet gone to the excess of eating stewed civilizers, but they understood absolutely nothing of civilization, savages wearing urban garments, just like the most savage.

At the first impetuous manifestation of feelings they start to giggle, and most of our comforts give them a great desire to laugh. What would they think of the authorities, reporters, presidents? But why ask? Twenty days

8. João do Rio is probably referring to the *Exposition Universelle* of 1889 in Paris, a world exhibition which had the Eiffel Tower, recently inaugurated, as its main symbol. The exposition held in Rio de Janeiro only happened in 1922, after de Rio's death, to celebrate the centenary of independence.

9. Tupã, Tupa, Tenondete, or Tupave, is considered, by the Guaraní people, to be the creator of the universe.

Não retomaram, entretanto. E felizmente. Porque neste momento um movimento governamental resolveu o problema do seu aproveitamento colonizando–os.

— Sim, senhor. Esse país é seu. Nós tomamos conta disso. Basta de vadiação, porém. Venha para cá prestar–nos serviços!

E diante desse movimento interessantíssimo da nossa parte, segundo informam as notícias várias, o sertão, onde existe campo de índio, está a vibrar de contentamento. Em Goiás, no Paraná, em Mato Grosso, no Amazonas, os índios sentem–se colonos, com tanto direito como a maioria dos habitantes passados, presentes e futuros deste grande país.

A própria cidade começa a ter índios demais. Os jornais dão notícias desenvolvidas a respeito da chegada de caciques sórdidos; não se entra por uma secretaria sem encontrar em cada sala um lote de índios—dos *verdadeiros brasileiros* como dizem os jacobinos. A princípio, para que não dizê–lo, eu tinha um medo sério dessas manadas nomosilvícolas. Pensava–os incapazes de pensar, de agir, de fazer outra coisa que não fosse atacar o próximo. Via porém tanta gente com cara de índio que certa vez encontrando num bonde com certo sujeito talhado pelo mesmo molde, atirei–me a ele.

— Bom dia. Então como vai isso?

— Como?

— Você não é um dos colonos índios do Coronel Rondon?

— Perdão. Sou realmente colono.

— Do Rondon.

— Não senhor, do Japão. Sou japonês e há dez anos vivo aqui.

Essa lamentável confusão resolveu–me a encontrar um índio e a ouvi–lo falar. Era uma questão fechada. Precisamente os jornais davam com retrato a chegada de uma família de cacique de Mato Grosso, cujo filho mais velho, interrogado por um repórter, respondera com enfado.

after arriving, these poor creatures were abandoned, literally abandoned. I've never heard for sure of the return of one of these missions of domesticated Indians, but I could foresee that, if they reached the virgin forest again, they should resume the old hatred, with pleasure.

They didn't resume, however. And fortunately. Because right now a government motion solved the problem of their good use by colonizing them.

"Yes, sir. This country is yours. We take care of it. Enough of vagrancy, however. Come here to provide us with services!"

And before this extremely interesting movement on our part, as reported in several pieces of news, the hinterland where the Indian camps are is thrilled with satisfaction. In Goiás, Paraná, Mato Grosso, Amazonas, Indians feel like settlers, with as much right as most inhabitants of the past, present and future of this great country.

The city itself is beginning to have too many Indians. The newspapers give full news stories about the arrival of sordid chieftains. One cannot enter an office without finding in each room a bunch of Indians—the real Brazilians, as the Jacobins say. At first, I might say, I had a serious fear of these nomadic sylvan herds. I thought of them as unable to think, to act, to do something else besides attack others. I would, however, see so many people with an Indian countenance that once, seeing a fellow carved in the same mold, in a streetcar, I jumped at him.

"Good day. So how's it going?"

"What?"

"Aren't you one of Colonel Rondon's[10] Indian settlers?"

"Pardon. I am indeed a settler."

"Rondon's."

"No sir, from Japan. I am Japanese and have lived here for ten years."

This unfortunate confusion made me decide to find an Indian and to hear him speak. It was a decided issue. Precisely the newspapers were reporting, with a picture, the arrival of a chieftain's family from Mato Grosso, whose eldest son, questioned by a reporter, replied wearily:

---

10. Cândido Mariano da Silva Rondon, better known as Marechal Rondon (1865–1958), was a Brazilian military explorer of the hinterlands.

— Não sei nada. Fala com Rondon, fala com ele...

Atirei–me ao hotel, onde se instalara o príncipe.

Vou divertir–me pensei. E mandei levar–lhe o meu cartão. Instantes depois, o criado fez–me entrar para um salão delicado e íntimo. No centro do salão estava um jovem bororó. O jovem bororó estendeu o braço cumprido. Na extremidade desse braço cumprido havia uma larga mão respeitável que apertou a minha. O bororó, de pijama de seda e meias cor de vinho bocejava largamente. Acordara, certo, pouco tempo antes.

— Sente–se você, fez, caindo num divã. Que há de novo?

Sentei–me, aceitei uma cigarreta *pointe d'or* e por entre as espirais perfumosas, informei:

— Nada de muito novo. O assunto palpitante continua a ser a proteção. Era exatamente esse o motivo de minha visita: saber a impressão que lhes tem deixado a cidade.

O jovem bororó sorriu com todos os seus dentes.

— Para que falar de nós? Eu detesto o reclamo. Isto é bom para os Caruso, a Sarah Bernhardt, o Luiz Mancinelli. Você não pode imaginar como a celebridade me pesa.

— E aos outros?

— Falo por todos. Alguns ficaram até tão cansados que morreram. A celebridade é fatigante. Fatigante e banal. Não posso compreender como entre os bárbaros europeus e vocês seus descendentes se pode viver numa tal tensão de mentiras permanentes. Verdade que mentira é ilusão, ilusão é desejo de realidade, e no fim da maior pilhéria do reclame há sempre o nobre desejo de ser melhor. Se eu falasse de mim...

— E dos outros?

— Falo por todos. Se eu falasse de mim, intimamente, com ordem expressa de você não publicar as minhas opiniões capazes de

"I don't know anything. Talk to Rondon, talk to him..."

I ran to the hotel, where the prince was a guest.

I'm going to enjoy myself, I thought. And I had my card taken to him. Moments later, the servant had me enter a delicate and intimate lounge. In the center of the room was a young Bororó. The young Bororó put out his long arm. At the end of this long arm there was a wide reputable hand which shook mine. The Bororó, in silk pajamas and burgundy socks, yawned widely. He had awakened, for sure, shortly before.

"Sit," he said, falling on a couch. "What's new?"

I sat down, accepted a gold–tipped cigarette, and through the fragrant spirals, I told him:

"Nothing very new. The throbbing issue remains the protection." This was precisely the reason for my visit: to know the impression the city has given them.

The young Bororó smiled with all his teeth.

"Why talk about us? I hate the publicity. That's good for Caruso, Sarah Bernhardt, Luigi Mancinelli. You cannot imagine how celebrity weighs on me."

"And the others?"

"I speak for everyone. Some were so tired that they even died. Celebrity is exhausting. Exhausting and banal. I cannot understand how the barbarian Europeans and you, their descendants, can live amongst such tension of permanent lies. It's true that lying is illusion, illusion is the desire to reality, and at the end of the greatest joke of the publicity there is always the noble desire to be better. If I spoke of myself..."

"And of the others?"

"I speak for everyone. If I spoke of myself, intimately, with the express demand that you don't publish my views, which capable of offending the brave men of the land, of course I'd only speak the truth, and it wouldn't be interesting. What do you want? Life is always like that. You learned long ago because of Father Malan[11] and his band, because of the kind Col-

11. Dom Antonio Maria Malan (1864–1931), was the first Salesian Bishop in Brazil (1914).

suscetibilizarem os homens de valor da terra, naturalmente só falaria verdade, e não seria interessante. Que quer? A vida é sempre assim. Vocês ficaram sabendo há tempos por causa do padre Malan com a sua banda, por causa do amável coronel Rondon com as linhas telegráficas, por causa do Teixeira Mendes e de Augusto Comte, que o Brasil ia proteger o silvícola. Vai daí, era certa a chegada de várias levas de brasileiros...

Que exotismo! Bradaram os neurastênicos urbanos. E começaram a pensar logo em alguns indivíduos mais nus que as cantoras de cafés concertos. Também para vocês era exotismo o bororó, como seriam exóticos um mandarim possuidor da jaqueta amarela, um turco, ou simplesmente uma senhora de chapéu muito grande.

Ora, precisamente na nossa cidade, nós somos quase todos filhos de caciques...

— Ah! Muito bem! De caciques!

— Não me interrompa. Você não sabe o que é um cacique, e aliás, com isso, acompanha a maioria. Ouça. É melhor.

Nós somos todos filhos de um formidável cacique, filho do Sol e neto da Lua.

— Porque neto da Lua?

— Pela razão simples de que a Lua é muito mais velha que o Sol. Os nossos parentes fizeram civilizações grandiosas antes da entrada violenta dos bárbaros transatlânticos. Nós mesmos tínhamos instituído as bases do direito das gentes na guerra e na paz, não pensávamos no divórcio graças à poligamia e a compreensão helênica de que a mulher no lar é a primeira serva.

— Perdão, Penélope...

onel Rondon with the telegraph lines, because of Teixeira Mendes[12] and Auguste Comte, that Brazil would protect the sylvan. Then, the arrival of several waves of Brazilians was certain...

"'What exoticism!' cried the urban neurasthenics. And soon they began to think of some individuals more naked than the singers in concert cafes. Also, for you the Bororós were an exoticism, as exotic as a mandarin possessing of the yellow jacket would be, or a Turk, or just a lady with a very big hat.

"Well, precisely in our city, we are almost all children of chieftains..."

"Ah! Very well! Of chieftains!"

"Don't interrupt me. You don't know what a chieftain is, and incidentally, thereby, you follow the majority. Listen. It's better.

"We are all children of a formidable chieftain, son of the Sun and grandson of the Moon."

"Why grandson of the moon?"

"For the simple reason that the moon is much older than the Sun. Our relatives built imposing civilizations before the violent arrival of the transatlantic barbarians. We ourselves had set the foundations of the peoples' rights in war and in peace. We didn't think about divorce thanks to polygamy and the Hellenic understanding that the women in the home are the first servant."

"Forgive me, Penelope..."

"Don't interrupt me. You might know that we are of Greek–Asian origin, coming to this region long before the Trojan fall. I must know the kinfolk. Very well. With this understanding, we reached poetry, which is the pillar of a civilization. But the whites, this excessive race, finished it all off fiercely. My father, and the father of forty–eight brothers of mine with twenty–two faithful wives, realized that the only way to escape was to go from warrior chieftain to industrial chieftain, to pastoral agriculture chieftain. He immediately accepted the invasion of cheesecloth settlers called Salesians..."

---

12. Raimundo Teixeira Mendes (1855–1927) was a Brazilian philosopher and mathematician, author of the Republican National flag with its logo "Ordem e Progresso" (Order and Progress).

— Não me interrompa. Você deve saber que nós somos de origem grego–asiáticos, vindos para esta região muito antes da queda de Troia. Eu devo conhecer a parentada. Ora muito bem. Com esta compreensão, chegáramos a poesia, que é o capitel de uma civilização. Mas os brancos, essa raça sem medida, tudo acabou ferozmente. Meu pai, e pai de quarenta e oito irmãos meus com vinte e duas esposas fiéis, percebeu que o único meio de escapar, era passar de cacique guerreiro a cacique industrial, a cacique agrícola pastoril. Aceitou imediatamente a invasão dos colonos de estamenha chamados salesianos...

— Inteligente!

— Está compreendendo? Meu pai era uma águia. Esses colonos fizeram no nosso meio o papel dos gregos no império romano, ensinando–nos várias coisas. Graças a eles admirei a missa, esse interessante "almoço religioso", li Wagner, ouvi trechos de *Parsifal* e a emoção curiosa do *Vem cá, mulata!* Li os psicólogos desde Ribot até o Manuel Bomfim, folheei álbuns de caricatura, estudei várias línguas pelo método Berlitz, assinei jornais, fui no sertão leitor assíduo do *Femina*, do *Tico Tico*, do *Binóculo...*

— E os outros?

— Já disse que falo por todos. Enfim, consegui uma educação que não digo igual à dos bárbaros pela razão mais simples de que a minha é maior. Conheço a ciência, a filosofia, a arte, as religiões europeias e a ciência, a arte, a filosofa e a religião bororós: vejo por consequência dobrado.

— Evidentemente, concordei convencido de que sonhava.

— Depois é uma questão de raça.

— Como assim?

"Clever!"

"Do you understand? My father was an eagle. These settlers played, in our midst, the role of Greeks in the Roman Empire, teaching us many things. Thanks to them I have appreciated the Mass, this interesting "religious lunch;" I've read Wagner; I've listened to excerpts from Parsifal and the curious thrill of *Vem cá, mulata!*;[13] I've read the psychologists, from Ribot[14] to Manuel Bomfim;[15] I leafed through sketch albums. I've studied several languages through the Berlitz method; I've subscribed to newspapers; I was, in the backwoods, a regular reader of Femina,[16] *Tico Tico*,[17] *Binóculo...*[18]"

"And the others?"

"I told you already that I speak for everyone. Anyway, I got an education that I don't say is equal to that of the barbarians for the simplest reason that mine is greater. I know European science, philosophy, arts, and religion; and the Bororós' science, arts, philosophy and religion: as a result, I see twice as much."

"Evidently," I agreed, convinced that I was dreaming.

"Then there's a matter of race."

"What do you mean?"

"We are princes of race. If we didn't hold this superiority, we wouldn't feel so at ease being supported by others..."

The young Bororó rose, smiling terribly with all his teeth. I was humiliated.

---

13. A Carnival march music written by Arquimedes de Oliveira (1870–1930) in 1902 for the Carnival society "Democráticos Carnavalescos," and made popular in 1906 when it was recorded by Mário Pinheiro (1880–1923) and Pepa Delgado (1887–1945) with new verses by Manuel Bastos Tigre (1882–1957).

14. Théodule-Armand Ribot (1839–1916), was a French psychologist, known for the Ribot's Law regarding retrograde amnesia.

15. Manoel Bomfim (1868–1932) was a Brazilian doctor, psychologist, pedagogue, sociologist, and historian.

16. *Femina*, a French women's magazine published from 1901 to 1954.

17. The magazine *O Tico Tico* was the first and most important magazine targeted to children and youth in Brazil, launched by journalist Luís Bartolomeu de Souza e Silva (1864–1932) in 1905. It ran until 1962.

18. *O Binóculo* was a section which discussed the Belle Époque locals' customs in the newspaper *Gazeta de Notícias* written by Alberto Figueiredo Pimentel (1869–1914), a Brazilian novelist, chronicler, diplomat, short story writer, poet, and journalist.

— Nós somos príncipes de raça. Não tivéssemos essa superioridade e não estaríamos tão à vontade sustentados pelos outros...

O jovem bororó ergueu–se sorrindo terrivelmente com todos os seus dentes. Eu estava humilhado.

Toda a familiaridade fugira. Estava na ponta da poltrona, jogara para o cinzeiro o cigarro e olhava o bororó como imaginara que o bororó olhasse para mim.

— E tem se divertido, Alteza?

— Nem tanto. O nosso *manager* vela por nós como Mentor por Telêmaco ou o Frank Brown pelos seus *jockeys.*

Ele tem muito medo daquilo em que vocês tem estragado o melhor da vida e a que chamam o Amor. Mas, de vez em quando, uma escapada...

Enfim, viajei, vi cidades, verifiquei como vocês são basbaques...

— São apenas essas as suas impressões?

— Não. Tenho algumas outras. A primeira é que há falta de gente em comparação ao que dizem os jornais. Quando passeio pela Beira–Mar tenho a impressão do deserto; quando entro num teatro prende–me o frio que se deve sentir nas *steppes.* É desolador. Quanto aos homens, são todos perfeitamente idiotas. A maneira porque olham para nós é extremamente cômica. Imagine você se não fôssemos menos inteligentes com a tolice de nos julgarmos superiores! Como poderíamos andar na rua vendo tanto carioca! Imagine você—depois de comparar com o que fazem eles vendo–nos passar...

— Também S. Alteza e os seus manos são netos da Lua?

— Mas eles não o sabem, e quem não sabe não vê. De resto, o bororó é mais do que Voltaire, porque Voltaire sentia–se embaraçado com o universo e nenhum de nós ainda sentiu esse embaraço. Nem nós nem o nosso impertinente *manager.*

— Mas que filósofo é S. Alteza!

All familiarity fled. I was on the edge of the sofa. I tossed my cigarette into the ashtray and looked at the Bororó as I imagined the Bororó looked at me.

"And have you been having fun, Your Highness?"

"Not so much. Our manager watches over us like Mentor[19] over Telemachus[20] or Frank Brown over his jockeys."

He's very afraid of what you have spoiled, which is the best thing in life, and you call Love. But occasionally, an escapade...

Anyway, I traveled, I saw cities, I confirmed that you are all dunces...

"Are these your only impressions?"

"No. I have a few others. The first is that there is a lack of people in comparison to what the newspapers say. When you walk along the Beira–Mar I have the impression of a desert; when I enter a theater I get caught by the cold one must feel in The Steppes. It's heartbreaking. As for men, they are all perfectly idiotic. The way they look at us is extremely comical. Imagine if we were less intelligent with the folly of considering ourselves superior! How could we walk down the street seeing so many *Cariocas*![21] Imagine—after comparing what they do after seeing us walking by..."

"Are Your Highness and his brothers also grandsons of the moon?"

"But they don't know, and who doesn't know doesn't see. Besides, the Bororó is more than Voltaire, because Voltaire was puzzled by the universe, and none of us have felt this puzzlement. Neither we nor our naughty manager."

"What a philosopher Your Highness is!"

---

19. In the Odyssey, Mentor was the son of Alcimus. In his old age Mentor was a friend of Odysseus, who placed Mentor and Odysseus' foster–brother Eumaeus in charge of his son Telemachus. He was also in charge of Odysseus' palace, when Odysseus left for the Trojan War.

20. Telemachus is a figure in Greek mythology, the son of Odysseus and Penelope, and a central character in Homer's *Odyssey*.

21. Someone, or something, from the city of Rio de Janeiro. It's a mid–19th century Brazilian word derived from the Tupi (language spoken in Brazil by the Tupi Indians) word "kari'oka," meaning "house of the white man.'"

— Não me chame de Alteza. Dá–me um ar de príncipe europeu em decadência, e neste país de exagero parece mal.

— Como hei de tratá–lo então?

— Não me trate. Eu chamo–me simplesmente o bororó. Se quiser saber o meu nome todo indague do colono que é um cartaz vivo.

— Que juízo mau faz de nós!

— Eu? Pois julga–os exagerados? Pois se é verdade. A impressão geral dos bororós é que os bárbaros só se interessam pelo que é inteiramente inútil. Outro dia, eu que tinha sabido só, perdi–me diante de um cinematógrafo em que avidamente a multidão entrava. Entrei. A multidão guinchava, ria e batia palmas, porque no tal cinematógrafo apareciam algumas mulheres apenas vestidas de meia. Há coisa mais tola? Na minha terra elas andavam assim sem que nenhum de nós perdesse tempo em olhá–las. Ontem perdi o tempo indo à Câmara e a um café cantante. Na Câmara uns cavalheiros diziam coisas perfeitamente sem sentido, no café cantante uma companhia inteira no palco palestrava em fraldas de camisa. E havia gente grave a ver aquilo. É a civilização! É a inutilidade. Um bororó não compreende esse prazer. Pasmo de como se perde o tempo.

— O bororó também?

— Se a época é a da falta de tempo!

— Admirável.

— E deixe–me dizer–lhe que os tais palácios, e as invenções da mecânica e da eletricidade industriais não conseguiram entusiasmar–me.

Um criado apareceu, ia ser servido o almoço, e o bororó tinha ainda o banho, a toilette, o exercício do tacape que faz todo o dia num quarto fechado com os manos, untados de óleos e de cocar de plumas

"Don't call me Highness. It gives me an air of an European prince in decline, and in this country of exaggeration this looks bad."

"How shall I address you then?"

"Don't address me. My name is simply the Bororó. If you want to know my full name, ask the settler, who is a living placard."

"What a bad judgment you make of us!"

"Me? So you find it to be exaggerated? But it's true. The Bororós's overall impression is that the barbarians only care about what is entirely useless. The other day, I was alone, got lost in front of a movie theatre into which the crowd entered eagerly. I entered. The crowd squealed, laughed and clapped, because in that movie theatre a few women were dressed only in stockings. Is there anything more foolish? Where I come from women go by like that without any of us losing any time looking at them. Yesterday I wasted time going to the Chamber and to a concert café. In the Chamber some gentleman said perfectly pointless things, in the concert café a whole company was on stage interacting in shirttails. And there were serious people watching that. It's civilization! It's useless. A Bororó doesn't understand this pleasure. We're amazed by how you waste time."

"The Bororó also?"

"If it's the era of lack of time!"

"Admirable."

"And let me tell you that such palaces, and mechanical and electrical inventions and of industry have failed to enthuse me."

A servant appeared; lunch would be served, and the Bororó still had to take a bath, do his toilette, exercise with the cudgel, which he does every day in a closed room with the buddies, anointed with oils and wearing a headdress of variegated feather. Moreover he had forgotten his prayer to Our Lord Tupã,[22] and had band practice just after lunch—because the Bororó plays the trombone. In view of this he stood up.

22. Tupã ("thunder" in Tupi–Guarani) was historically referred to as the God of the Tupi–Guarani by the missionaries. But in fact the natives believed Tupã to be a supernatural form of devil, who controlled thunder and lightning, hence the weather and its events, which can lead to destruction and death, causing fear and respect for that reason.

variegadas. Além do mais esquecera a sua oração a Tupã Nosso Senhor e logo depois do almoço tinha ensaio da banda—porque o bororó toca trombone. À vista disso ergueu–se.

— E mulheres, bororó?

O bororó olhou para os lados receoso.

— É a única coisa que me parece melhor. Mas também exageradas. Grandes chapéus, muitos vestidos, muitas rendas.

— É a moda.

O jovem bororó riu antropofagamente com todos os seus dentes.

— Filho do Canal do Mangue, por Jaci o juro: elas devem ser melhores sem nada disso...

Não gostei de ser filho do Canal do Mangue. Fechando a cara, indaguei.

— Mas precisamente, grande filho das selvas, você não veio cá apenas fazer censuras.

O bororó ficou sério:

— Ah! Não! Queres saber o que vim cá fazer?

— Se não for inconveniente...

O jovem bororó olhou para os lados e alteou a voz. Alteou a voz e proferiu a última frase. E essa frase, oh! senhores! oh! senhoras! oh! rapazes! oh! meninos! foi a noção irônica de um país inteiro, foi a troça mais completa ao momento, aos homens, às coisas, foi um resumo integral do país, foi todo o Brasil encarado por um Mark Twain prático, foi sesquipedal. O índio alteou a voz e terminou:

— Vim buscar uma patente da Guarda Nacional!

"And the women, Bororó?"

The Bororó looked around apprehensively.

"It's the only thing that seems to me to be better. But also exaggerated. Big hats, many dresses, much lace."

"It's the fashion."

The young Bororó laughed anthropophagically with all his teeth.

"Son of Canal do Mangue,[23] I swear by Jaci:[24] they might be better off without any of that..."

I didn't like being the son of Canal do Mangue. Frowning I asked.

"But precisely, great son of the jungle, you didn't come here just to censure."

The Bororó got serious:

"Ah! No! You want to know what I came here to do?"

"If it's not inconvenient..."

The young Bororó looked around and raised his voice. He raised his voice and spoke the last sentence. And this sentence, oh! gentlemen!, oh! ladies!, oh! fellows!, oh! boys!, was the ironic notion of an entire country, it was the most complete mockery to the era, to men, to all things, it was a full summary of the country, it was the whole of Brazil seen by a practical Mark Twain, it was sesquipedalian. The Indian raised his voice and finished:

"I've come for a National Guard commission!"

Yes, glorious representative of a race that we'll colonize, yes, descendant of illustrious warriors, already glorified by the deceased Gonçalves Dias[25] and other deceased and living poets, yes, the former lord of the cudgel, the headdress, the bast fiber, the *inúbia*,[26] yes! Your genius managed to lapidate the whole country in one sentence.

23. Up to the 19th Century, in the area where Cidade Nova is today, there was a huge mangrove forest, called Mangue de São Diogo. In 1860 the Imperial Government inaugurated the canal in order to sanitize the area, with a narrow channel to receive rainwater and streams which ran into the mangrove.

24. Jaci (from Tupi, *îasy*, "lua") is the Goddess of the Moon in the Tupi mythology.

25. Antônio Gonçalves Dias (1823–1864) was a Brazilian Romantic poet, ethnographer, lawyer, linguist, and playwright.

26. Indigenous wood war horn or trumpet.

Sim, glorioso representante de uma raça que nós vamos colonizar, sim, descendente de guerreiros ilustres, já glorificados pelo defunto Gonçalves Dias e por outros poetas falecidos e vivos, sim, ex–senhor do tacape, do cocar, da embira, da inúbia, sim! O teu gênio apanhou numa frase lapidar o país inteiro.

Sim! Para valer alguma coisa é preciso uma patente, uma patente de invenção, de uma autoridade, ilusória, para entrar na civilização com dignidade, mesmo como colono, é preciso um posto! Como considerar–se brasileiro sem uma patente, como pensar em ser eleitor sem galões, como agir sem o bordado de uma hierarquia hipotética?

Não há mortal brasileiro que não seja pelo menos sargento, sargento de uma brigada elevada pelo número, absolutamente fantástica, mas brigada nacional. Um índio, convencido de que vai retomar o Brasil, assimilando–se ao meio, só poderia começar pedindo uma patente. Antes do mais, a patente. Tê–la–á de certo, assim como todos os outros índios formados numa nova brigada que a espontânea brigada do Trotte de Britto com os apinajés da D. Deolinda já desvairadamente anunciara por estas ruas civilizadas! Tê–la–á! E só assim o problema índio ficará resolvido pelo único grande sistema elevador das classes, o sistema de patente. Os pósteros, venerando esse índio de ontem num grande monumento, de certo positivista, erigido na praça pública, talvez não façam a inteira justiça à nobre ideia de Rodolfo Miranda. Mas, fatalmente exagerarão o papel do índio vidente, que, abrindo a porta a mais dez mil coronéis, cinco mil capitães e oitocentos mil alferes, fez entrar definitivamente para a civilização todos os silvícolas e mesmo as selvas com a palavra que sustem as sociedades, com as três sílabas mágicas, com a—patente.

Yes! It takes a commission to be worth something, a fake commission from an authority, illusory, to enter the civilization with dignity, even as a settler, a title is required! How to be considered a Brazilian without a commission, how to think of being a voter without military galloons, how to act without the embroidery of a hypothetical hierarchy?

There is no Brazilian being who isn't at least a sergeant, sergeant of a brigade heightened by the number, absolutely fantastic, but a national brigade. An Indian, convinced that he's going to take Brazil back, assimilating to the environment, could only start asking for a brevet commission. First of all, the commission. He will have it for sure, like all other Indians who form a new brigade, which the spontaneous brigade of Trotte de Britto with D. Deolinda's[27] *apinajés*[28] has wildly announced by these civilized streets! He will have it! And only that way will the Indian problem be solved by the sole great class climbing system, the brevet system. The posterity, venerating this Indian of yesterday with a large monument, positivist for sure, erected in the public square, may not do full justice to the noble idea of Rodolfo Miranda.[29] But they will inevitably exaggerate the role of the Indian seer, who, opening the door to another ten thousand colonels, five thousand captains and eight hundred thousand lieutenants, finally got all the savages, and even the jungles, into civilization with the word that sustains societies, with the two magic syllables, with the—brevet.

27. Deolinda is one of the names used by Lima Barreto (1881–1922) (Brazilian writer) to refer to Leolinda de Figueiredo Daltro (1859–1935), a Brazilian teacher, feminist and Indianist born in Bahia. In 1910, together with other feminists, she founded the Feminine Republican Party. In 1917 she led a march demanding the extension of voting rights to women. She defended the integration of Indians, also paraded with them in 1909, campaigning for Hermes da Fonseca (1855–1923), who became President of Brazil from 1910 to 1914.

28. The Apinajé (also Apinayé, Apinalé and Apinajés) are an indigenous people inhabiting lands on the banks of the Araguaia and Tocantins rivers in the state of Tocantins, eastern–central Brazil.

29. Rodolfo Nogueira da Rocha Miranda (1862–1943) was a Brazilian politician and Minister of Agriculture during Nilo Peçanha's (1867–1924) presidency (1909–1910), he was also one of the masterminds behind the creation of the Serviço de Proteção aos Índios (SPI) [Indians Protection Service] (1910–1967).

E eu saí aturdido com o bororó, as suas ideias, o canal, o exagero, Jaci e um retrato do jovem civilizadamente selvagem que o próprio neto da Lua me concedera, apesar do seu horror ao Reclamo—para publicar nos jornais.

And I left stunned by the Bororó, his ideas, the manner, the exaggeration, Jaci, and a portrait of the young, wild, civilized man that the actual grandson of the Moon had given me, despite his dread of publicity, to publish in the newspapers.

Original publication: *As Impressões do Bororó*. Rio de Janeiro: *A Notícia,* 04.10.1908, p.3.

O Sr. Patriota

Encontrei ontem o Patriota. O Patriota é um homem considerável. Ninguém sabe porque o cerca um tão curioso prestígio, mas ninguém lhe nega a grande consideração a que tem direito personalidades de monta. Conheço–o há muito tempo. De físico varia às vezes. É em certos momentos jovem, com a cara suarenta, o cabelo por cortar, o olhar cintilante. Em outros surge velho, de grandes barbas, brandindo o guarda–chuva. Quase sempre, porém, aparenta ter de quarenta a cinquenta anos. Mas o seu moral não varia como não variam as roupas, que segundo o filósofo tem uma secreta correspondência com o moral. Veste mal, muito mal. Parece esfregado d'óleo tão reluzente está, e com dignidade, com ênfase, como um profeta, clama em favor da pátria. É no país inteiro o único homem que compreende o patriotismo sem interesse e ama verdadeiramente o Brasil. Como? Sabendo tudo sempre péssimo e clamando por medidas de extrema violência. Depois de ouvi–lo—e

Mr. Patriot

I met the Patriot yesterday. The Patriot is a handsome man. No one knows why such curious prestige surrounds him, but no one denies him the great consideration to which personalities of value are entitled. I've known him a long time. Sometimes he physically changes. He's young at certain moments, with a sweaty face, uncut hair, a sparkling gaze. In others he looks old, long beard, brandishing an umbrella. Almost always, however, he appears to be between forty and fifty years old. But his morals, like his clothes, which according to the philosopher have a secret correspondence with his morals, don't change. He dresses badly, very badly. He seems to be rubbed in oil so shiny he's; and with dignity, with emphasis, like a prophet, he cries in favor of the homeland. He's the only man in the whole country who understands patriotism without interest and truly loves Brazil. How? Always knowing everything that's bad and calling for measures of extreme violence. After listening to him—and everyone has heard him—no one dares to consider him less than intangible, as to him everybody is lost, sexually immoral and dishonest; no one dares to think about the country's progress because he

toda gente já o ouviu—ninguém se atreve a considerá–lo menos que intangível, porque para ele todos são perdidos, devassos e desonestos, ninguém ousa pensar no progresso do país porque ele o corta com o gládio negro do impossível; ninguém tenta uma palavra que não seja de aplauso às suas ideias porque ele fala como inspirado por um poder superior. É radical, é esplendido, é divino.

É o único homem que pensa sempre da mesma forma, o único homem coerente porque pensa sempre mal dos outros homens, das outras coisas, só compreendo uma intenção boa e honesta: a própria.

Muitas vezes, depois de escutar religiosamente o Patriota, tive a ousadia de refletir nos seus decretos e nas suas imperiosas verdades. Se cumpríssemos esses decretos no exterior teríamos há muito tempo declarado guerra ao Peru, à Bolívia, à República Argentina, à Alemanha e à França. Apenas. Nenhum dos tratados de limites que o notável cartógrafo Sr. Rio Branco realizou, tem o seu assentimento. A compra do Acre foi uma humilhação, a intervenção dos Estados Unidos em questões de política sul–americana é irritante, a Alemanha procede deslealmente criando–nos no sul o domínio germânico, a França não tem o direito de discutir as nossas preferências na questão dos instrutores militares, posto que a sua vontade seja contra os instrutores de qualquer nacionalidade. Com a Itália, é devido à baixeza e à fraqueza dos nossos políticos que a lei Prinetti ainda não foi revogada, posto que a sua opinião seja inteiramente avessa à imigração. Com a Argentina o seu ódio é quase um delírio sagrado. A Argentina serviu–se dos nossos guerreiros no Paraguai e não pôde suportar a nossa evidente superioridade. Só haveria um meio de liquidar a rivalidade: era reduzi–la a nada numa tremenda guerra, porque os brasileiros tem a coragem dos japoneses,

cuts it with the black gladius of the impossible; no one attempts a word other than to applaud his ideas, because he speaks as if inspired by a higher power. He's radical, splendid, divine.

He's the only man who always thinks the same way, the only coherent man because he always thinks ill of other men, of other things. He only understands one good and honest intention: his own.

Oftentimes, after religiously listening to the Patriot, I had the audacity to reflect on his decrees and compelling truths. If we'd complied with these decrees abroad we'd have declared war on Peru, Bolivia, Argentina, Germany and France long time ago. Only. None of the border treaties that the remarkable cartographer Mr. Rio Branco[1] carried out have his assent. The purchase of Acre was a humiliation, the U.S. intervention in South American politics issues is annoying; Germany proceeds unfairly creating the Germanic domain in the south; France has no right to discuss our preferences on the issue of military instructors, since their will is against instructors of any nationality. As for Italy, it's due to the baseness and weakness of our politicians that the Prinetti Law[2] hasn't yet been revoked, since his opinion is entirely averse to immigration. With Argentina his hatred is almost a sacred delirium. Argentina made use of our warriors in Paraguay and couldn't stand our evident superiority. There would be only one means of settling the rivalry: to reduce it to nothing in a tremendous war, because the Brazilians have the courage of the Japanese, despite the Patriot abhorrence for the Japanese, considering its colonization in Brazil a serious danger.

Internally the Patriot is even more serious.

---

1. José Maria da Silva Paranhos Júnior, the Baron of Rio Branco (1845–1912), was a Brazilian lawyer, diplomat, geographer and historian. Alongside Assis Brazil (1857–1938) and José Plácido de Castro (1873–1908), he played a prominent role in the Issue of Acre, which culminated in the signing of the Petrópolis Treaty (1903) between Brazil and Bolivia, ending the conflict of the two countries on the territory of the State of Acre, which became part of the Brazilian territory by economic compensation and small territorial concessions.

2. The Prinetti Decree, which in reality was an Ordinance, approved by the General Emigration Commissioner in Italy in 1902, forbade subsidized emigration to Brazil. It was a result of a report on working conditions on Brazilian farms. It denounced the situations experienced by immigrants on the coffee plantations, with an emphasis on the post–abolition period.

apesar do Patriota abominar os japoneses considerando um grave perigo a sua colonização no Brasil.

Internamente o Patriota ainda é mais grave.

Não há um homem que preste, não há um ato do governo que não seja considerado um verdadeiro desastre para a causa pública. O Brasil, que ainda não se bateu com todos os países dos quais já devia ter saído vencedor, elevado à ruína pelos seus estadistas, uns ladravazes desavergonhados.

— Então a cidade iluminada a luz elétrica?

— Dizem os estrangeiros, Sr. Patriota, que é a cidade mais iluminada do mundo.

— Também com tantos ladrões, quanto mais luz, melhor. Vejo porém nisso uma verdade.

— Qual, Sr. Patriota?

— As ladroeiras da Light! As batotas do governo essa miséria dos nossos governantes...

Como para achar que uma coisa vai de mal a pior, é preciso fatalmente acreditar que os tempos passados foram melhores, o ilustre Patriota vai transferindo a sua opinião dia a dia, de modo que, graças ao tempo, os patifes de há dez anos são hoje senhores respeitáveis em comparação com os contemporâneos. Firme no tempo da monarquia, o Sr. Patriota era Republicano e clamava contra a inércia bandalha dos ministérios que faziam empréstimos para pagar dividazinhas, sem iniciativa, sem amor ao progresso, inimigos da liberdade porque possuíam a Guarda Negra. Oito dias depois de feita a República, o Sr. Patriota, num gesto de desalento, exclamou:

— Esta não era a República que eu sonhava!

E começou a comparar as instituições, para achar pior a nova.

There isn't a man worth his salt; there isn't a government act that isn't considered a true disaster for the public cause. Brazil, which has not yet confronted all the countries over which it should have emerged as victor, has been elevated to ruins by its statesmen, shameless arrogant thieves.

"And the city lit by electric light?"

"The foreigners say, Mr. Patriot, that it's the brightest city in the world."

"No wonder, with so many thieves, the more light, the better. But I see this as a fact."

"What, Mr. Patriot?"

"The thievery of Light![3] The cheating of the government, the misery of our leaders..."

As if to find that one thing goes from bad to worse, it's inevitable to believe that past times were better. The distinguished Patriot shifts his opinion day by day, so that, thanks to time, the rascals of ten years ago are today's reputable gentlemen compared to their contemporaries. Firm in the time of the monarchy, Mr. Patriot was a Republican and clamored against disreputable inertia of the ministries which made loans to pay petty debts, without initiative, without love of progress, enemies of freedom because they had the *Guarda Negra*.[4] Eight days after the Republic was proclaimed, Mr. Patriot, in a gesture of dismay, exclaimed:

"This isn't the Republic I dreamed of!"

---

3. The Tramway, Light and Power Company (LIGHT) was a Canadian-owned company founded in São Paulo in 1899 under a decree of President Campos Sales (1841–1913).

4. After the abolition of slavery, a certain portion of the black groups engaged in the defense of *Isabelismo*, a sort of cult of Princess Isabel, who was entitled "Redeemer," as if the abolition had been an 'act of personal kindness' of the ruler. One of the most ardent supporters was José do Patrocínio, who sought to mobilize former slaves for the defense of the monarchy, threatened by the growth of groups who wanted to establish a republic in Brazil. This movement culminated in the formation of the Black Guard (1888), a kind of paramilitary troop composed of former black members of the army, whose main purpose was to dissolve Republican rallies by force, hence classified as terrorists. After the Proclamation of the Republic, Patrocínio dissolved the Black Guard and became a Republican.

Se a República não tivesse sido feita, seria preciso inventá-la para que o Sr. Patriota tivesse uma base de comparação. No tempo de Floriano, já o Imperador era um homem extraordinário e Floriano um infame tirano. Hoje Floriano foi um grande homem e nós precisávamos de um Floriano para moralizar a República. Todas as revoltas internas devemo-las ao admirável Patriota, movido pelos mais puros ideais, e a sua superioridade está em condenar os de agora com os de ontem contra os quais já se revoltara. A sua última revolta foi contra a vacina obrigatória. O grande homem, em nome da Pátria—nome sempre sagrado—pretendeu depor um presidente apenas porque esse presidente tinha o desaforo de embelezar e sanear a capital. E esse admirável gesto lhe trouxe o amargor de não ser compreendido.

— Este país está inteiramente perdido.

— Porque, Sr. Patriota?

— Já nem o povo vibra senão na pândega.

— Com efeito.

— Olhe, quer saber?...

— Com prazer.

— Os exemplos de cima corromperam até aos ossos o povo. A época, meu filho, é apenas de cavação. Adeus Pátria!...

E contra os que trabalham, os que se esforçam, os que lutam e pretendem vencer, contra os progressos evidentes do país, o sr. Patriota, à porta de um botequim, clama possesso. São umas bestas, são uns desonestos, são uns patifes. Da vida atual apanhou duas palavras adulteradas pelo calão da terra: cavação e fita. Há uma grande prova de progresso?

— Oh! Oh! O que eles comeram! Que "cavação"!

Há um grande ato em que é impossível ver dinheiro?

And he started comparing the institutions to find that the new one was worst.

If the Republic hadn't been proclaimed, it would have had to be invented so that Mr. Patriot had a basis for comparison. At the time of Floriano,[5] the Emperor[6] was an extraordinary man and Floriano an infamous tyrant. Today, Floriano was a great man and we needed a Floriano to moralize the Republic. We owe all internal revolts to the admirable Patriot, moved by the most pure ideals, and his superiority is in condemning those of now with those of yesterday, against which he had already revolted. His last revolt was against mandatory vaccination. The great man, on behalf of the Homeland—always a sacred name—aspired to depose a president just because this president had the effrontery to beautify and clean up the capital. And this admirable gesture brought to him the bitterness of not being understood.

"This country is entirely lost."

"Why, Mr. Patriot?"

"People don't even cheer anymore unless there's a revelry."

"Indeed."

"Look, you want to know something...?"

"With pleasure."

"The examples from above corrupted the people to the bone. The era, my son, is just for scheming. Farewell Homeland!..."

And against those who work, those who struggle, those who fight and want to succeed, against the evident progress of the country, Mr. Patriot, at the door of a tavern, cries out with rage. They're fools, they're dishonest, they're scoundrels. From the current life he caught two words

5. Marechal Floriano (Vieira) Peixoto (1839–1895) was a military man and Brazilian politician. First vice president and second president of Brazil, chaired the Brazil of 23 November 1891 to 15 November 1894, the period of the Republic Swords. It was called "Iron Marshal" [2] and "Consolidator of the Republic."

6. Pedro de Alcântara João Carlos Leopoldo Salvador Bibiano Francisco Xavier de Paula Leocádio Miguel Gabriel Rafael Gonzaga, or simply Dom Pedro II (1831–1889), nicknamed the Magnanimous, was the second and last Portuguese ruler of the Empire of Brazil, having reigned the country for a period 58 years after his father, Dom Pedro I (1822–1831).

— Não vês? é uma "fita" de primeira ordem...

Quando vejo o sr. Patriota—eu, como toda gente—tenho um arrepio de pavor. O sr. Patriota com o fato sujo, as botas por engraxar e os olhos duplicando a lanterna de Diógenes, causa–me medo.

Se não me vê, fujo. Mas se desconfio que deu comigo, aproximo, faço–lhe zumbaias, encho–o de lisonjas, tentando evitar que o sr. Patriota também me estraçalhe moralmente. E é com timidez, quase humilde, que concordo, sou da sua opinião.

Ontem, dei de cara com o sr. Patriota. Abri os braços.

— Oh! Meu caro amigo...

— Como vai você?...

— Mais ou menos.

— Tenho–o visto pelos jornais.

— Ora eu... E o meu amigo?

— Como vê: mal. Neste país só estão por cima os ladravazes. É uma indecência, um fim de raça. Nunca vi assim, nunca imaginei. Os homens dignos no ostracismo. Os "fitas" e os "comedores" na primeira fila. Já não temos homens. Temos alarves (brutos/selvagens) por traz de cinematógrafos.

— V.Ex.ª Sr. Patriota, sempre com a sua veia...

— Com o meu patriotismo, diga antes. Sou republicano histórico. Posso dizer da República que infelizmente ajudei–a a fazer na jornada de 15 de novembro.

— Infelizmente nada difícil.

— Como nada difícil?

— Por que não houve resistência.

— Sim, realmente. É que os patifes sabiam serem os únicos a aproveitar. Quais são os Republicanos verdadeiros que têm governado? Também, meu amigo, isto está a liquidar.

adulterated by the jargon of the land: scheming and deception. Is there a great proof of progress?

"Oh! Oh! What have they eaten! What 'scheming'!"

Is there a great act where it's impossible to see money?

"Don't you see? It is a 'deception' of the first order..."

When I see Mr. Patriot—I, like everyone else—I have a shiver of dread. Mr. Patriot with the dirty suit, boots needing shining, and eyes doubling the Diogenes lantern,[7] causes me fear.

If he doesn't see me, I run away. But if I suspect that he saw me, I approach. I bow and scrape, cover him with flattery, trying to prevent Mr. Patriot from tearing me to pieces morally. And shyly, almost humbly, I agree; I am of his opinion.

Yesterday, I ran into Mr. Patriot. I opened my arms.

"Oh! My dear friend..."

"How are you?..."

"So–so."

"I have seen it in the newspapers."

"Well, I... And my friend?"

"As you see: bad. In this country only the utter thieves are on top. It's indecent, the end of mankind. I've never seen it so, never imagined. Worthy men ostracized. The 'deceivers' and the 'parasites' in the front row. We haven't got men anymore. We have brutes/savages behind the cinema theatres."

"Your Excellency, Mr. Patriot, always with your vein..."

"With my patriotism, you should say. I am a historic republican. I can unfortunately say that I helped build the Republic; I helped it to make its journey on 15 November.

"Unfortunately nothing difficult."

"How come nothing difficult?"

"Because there was there no resistance."

---

7. A reference to Diogenes of Sinope (c. 404–323 BCE), a Greek Cynic philosopher best known for holding a lantern to better see the faces of the citizens of Athens claiming he was searching for an honest man.

— Isto o que?

— O Brasil.

— V.Ex.ª acha?

— Claro. Somos a risota do estrangeiro e viramos centro dos cavadores sem escrúpulos. Ah! Perdemos o sentimento sagrado da Pátria!... O país está nas mãos de mercenários, de vis ganhadores, e o futuro se apresenta negro de problemas insolúveis.

— Mas com as estradas de ferro, o aumento das rendas, a afluência de capitais estrangeiros, tantos empreendimentos, a paz sul–americana garantida?

— Fitas, meu amigo, fitas...

— Mas a opinião?

— A opinião dos jornais pagos.

— Até o *Diário Oficial*?

— São coisas que não saem do papel, de decretos, de palhaçada para enganar os tolos.

— Ah!

— Quando não é apenas o esbanjamento dos dinheiros públicos, a crise megalomânica dos estadistas de ocasião espalhando o suor do povo amoedado.

— Na verdade.

— Não é possível que a nossa Pátria estremecida caminhe muito tempo à beira desse precipício criado pela inépcia filauciosa e a arrogância dos históricos de última hora... É a baixeza, a liquefação dos caráteres—aqui, nos estados sob o domínio ganancioso e amordaçado das oligarquias, em todo esse Brasil, do Amazonas ao Prata...

— Do Rio Grande ao Pará.

— O Sr. brinca?

"Yes, in fact. It's that the scoundrels knew they were the only ones to enjoy it. What are the true Republicans who have been ruling? Also, my friend, this is to be settled."

"This what?"

"Brazil."

"Does Your Excellency think so?"

"Of course. We are the mocking laugh of the foreigners, and we became the centre of unscrupulous schemers. Ah! We've lost the sacred sense of the Homeland!... The country is in the hands of mercenaries, vile ruthless fellows, and the future looks black with unsolved problems."

"But with the railways, the increase in income, the inflow of foreign capital, many enterprises, is the South American peace assured?"

"Deceptions, my friend, deceptions..."

"But opinion?"

"The opinion of paid newspapers."

"Even the *Federal Register*?"

"These are things which don't go beyond the papers, decrees, buffoonery to deceive the fools."

"Ah!"

"When it's not just the squandering of public money, the megalomaniacal crisis of the opportunistic statesmen spreading the sweat of the moneyed people."

"In fact."

"It's impossible that our shaken Homeland goes a long way on the edge of the abyss created by the filthy ineptitude, and the arrogance of the last–minute records... It's the baseness, the liquefaction of characters—here, in the states under the rule of greedy and gagged oligarchs, in all of Brazil, from the Amazon to the Prata...[8]"

"From Rio Grande to Pará."

"Are you joking, sir?"

8. The Prata (Plata in Spanish) River at the southern border of Brazil.

— Oh! Nunca! Continuei apenas uma frase poética.

O Sr. Patriota ficou serio e gravemente:

— Mesmo porque recebo com o desprezo os que não sabem amar o seu país. Fique certo, entretanto de uma coisa.

— Qual?

— É que eu, que ainda nunca tive empregos nem gordas propinas, sei, apesar de tudo, amar a minha Pátria e que estou sempre na estacada para defendê–la.

Era à porta de um botequim. Na rua cheia passava gente nervosa e apressada a trabalhar; onde os olhos pousavam viam movimento, vida, labor, agitação de homens movendo–se para a conquista do conforto. Eram, no dizer do Patriota os inimigos da Pátria. Ele, parado à porta de um botequim, estava convencido de ser o mais útil cavalheiro, o único útil neste país perdido. E eu senti que estava ainda mais furioso porque, apesar dos seus acessos de insultos, sentia–se cada vez mais seduzido na onda de vida nova que tudo avassalava.

Então, aliviado, estendi–lhe a mão:

— Pode contar comigo a seu lado.

O Sr. Patriota olhou–me, e num ímpeto:

— Sério?

— Lealmente.

— Pois então ajuda–me. Vê se me arranjas um emprego modesto em que não se trabalhe muito. Há vários. Há verdadeiros escândalos! É uma vergonheira. E só nomeiam imbecis e patifes. Que diabo! Eu sou Republicano histórico, eu sou brasileiro, eu amo a minha Pátria. Uma pensão da verba secreta da polícia, hein? Os governos precisam ser justos. Quando posso saber da resposta?

E com as duas mãos apertando a minha:

— Mostre que neste país ainda há homens! Serei dedicadíssimo...

"Oh! Never! I only continued a poetic phrase."

Mr. Patriot became serious and gravely said:

"Precisely because I greet with contempt those who don't love their country. Rest assured, however, of one thing."

"What?"

"That I, who still have never had jobs or fat bribes, I know, after all, how to love my homeland, and I'm always in the stockade to defend it."

We were at the door of a tavern. In the busy street people went by nervously and hurrying to work. Wherever one's eyes set, one saw movement, life, labor, the agitation of men moving toward the conquest of comfort. They were, in the words of the Patriot, the enemies of the Homeland. He, standing at the door of a tavern, was convinced he was the most helpful gentleman, the only useful gentleman in this lost country. And I felt he was even angrier because, despite his outburst of insults, he felt increasingly seduced by the wave of new life which dominated all around.

Then, relieved, I offered him my hand:

"You can count on me at your side."

Mr. Patriot looked at me, and in a rush:

"Oh really?"

"Loyally."

"Well, then help me. See if you get me a modest job, where we don't work too much. There are many. There are real scandals! It's a disgrace. And they only appoint imbeciles and scoundrels. What the hell! I am a historical Republican, I am Brazilian, I love my Homeland. A pension of the secret funds of the police, huh? Governments need to be fair. When do I know the answer?"

And with both hands squeezing mine:

"Show that in this country there are still men! I will be very dedicated..."

Estou ainda comovido com o encontro. E com medo redobrado. O Sr. Patriota é caipora. Não arranjo o emprego que tão patrioticamente desejo, o governo continua ser uma miséria. Mas eu? Eu se não o arranjar, serei para sempre o maior dos imbecis velhacos que infelicitam a desgraçada Pátria do Sr. Patriota. E afinal é desagradável ser isso, quando seria tão fácil ser o contrário.

I am still moved by the encounter. And with redoubled fear. Mr. Patriot is hapless. I don't get the job I so patriotically desire; the government continues to be a misery. But I? If I don't get him the job, I'll always be the greatest rogue imbecile who displeases the unfortunate Homeland of Mr. Patriot. And after all, it's unpleasant to be that, when it would be so easy to be the opposite.

Original publication: *O Sr. Patriota*. São Paulo: *O Comércio de São Paulo*, 04.09.1910, p.1.

Um Grande Estadista

Na nevrose dos últimos momentos de governo, o Palácio Presidencial tem uma extraordinária agitação de gente que quer ser recebida, de gente que fala baixo e fala alto—mil pretensões, mil enganos, mil ilusões. Com um tato muito delicado, há quase meio mês o presidente que se vai não habita o Palácio. Com uma distinção que o eleva, há quinze dias não resolve graves problemas mas apenas os comunica ao que virá... É noite. Os funcionários tem um ar de fadiga, impossível de esconder após quatorze horas de trabalho consecutivo sob a luz fixa das lâmpadas elétricas. Muita gente ainda. Há no salão de espera, há nos corredores, há na secretaria, há nas salas contíguas à sala dos despachos, há mesmo nesse vasto quadrilátero onde se resolvem os destinos da Nação.

Mas o presidente entra. Acompanha–o o chefe da casa militar. Entra a sorrir, com uma palavra amável para cada um. Não está cansado. Nunca esteve cansado. É a mesma impressão de saúde e de juventude.

A Great Statesman

In the neurosis of the last moments of government, the Presidential Palace has got an extraordinary bustle of people who want to be received, of people who speak softly and loudly—a thousand pretensions, a thousand mistakes, a thousand illusions. With a very delicate touch, for almost half a month the President who will be leaving hasn't lived in the Palácio.[1] With a distinction that heightens him, for a fortnight he hasn't solved serious problems but only communicates with whoever shows up... It's night. The staff has an air of fatigue, impossible to hide after fourteen consecutive hours of work under the steady light of the electric lamps. Many people still there. They're in the waiting room, in the corridors, in the office, in adjoining rooms to the hall of orders, even in this vast quadrangle where the fate of the Nation is decide.

1. João do Rio is referring here to Palácio do Catete, then headquarters of the Brazilian President Nilo Procópio Peçanha (1867–1924). He was Governor of Rio de Janeiro State (1903–1906), then Vice-President of Brazil in 1906. He became President in 1909 following the death of President Afonso Pena (1847–1909) and served until 1910. He was the only disputably afro descendent President of Brazil.

Deixa o Governo como se para ele entrasse. Senta–se. Há na mesa rumas de papeis a assinar. O trabalho é rápido, enquanto continua a conversar e a atender os que chegam. Foi assim no primeiro dia de Catete. É assim nos últimos.

"*Placez une energie exaltée devant un champ d'ativité imense: elle brúlera d'entreprendre. L'initiative est un des traits constitutifs du caractère americain.*"

Temos diante de nós o Presidente americano, o Presidente–administrador, o jovem estadista, o despertador das energias do país. Cada vez que foi elevado ao poder revela esse ímpeto de empreendimento e iniciativa. Como supremo magistrado da Nação fez um dos mais intensos períodos de progresso da vida nacional. Ao deixar o poder, há em torno dele uma pletora de esperança e de seiva. Nem um desânimo. Vê–se que diante daquela energia exaltada não se fechará o campo imenso da atividade. Ele tem a inteligência, a segurança, o entusiasmo e a experiência imediata da vida "capaz de resolver os problemas que mais desconcertam a inteligência pura." Ele vê num relance e por inteiro o que os outros nunca vêem de todo em vários dias. E a sua fisionomia, transpirando a satisfação de ter cumprido o seu dever, incute a confiança, uma confiança que se deposita nele para o vago bem comum, insopitável e imediata, antes que o cérebro reflita.

Esse governo que assim termina com tal elegância moral e crescerá na memória do país à proporção que for passando o tempo surgiu de um fato imprevisto.

Foi um acaso a repentina elevação à presidência da República do vice–presidente.

Muitos mostraram admiração pelo modo por que o seu governo no dia imediato agia com a certeza e segurança de quem se preparara para a chefia do país.

But the president enters. Accompanied by the head of the military office. He comes in smiling, with a kind word for everyone. He's not tired. He's never been tired. He's got the same healthy and youthful appearance. He leaves Government as if coming into it. He sits. There are piles of papers to sign on the table. The work is fast, whilst he continues to talk and give an ear to those arriving. His first day at Catete was like this. It's the same in the last days.

"Placez une énergie exaltée devant un champ d'activité immense: elle brûlera d'entreprendre. L'initiative est un des traits constitutifs du caractère américain."[2]

We have before us the American President, the President–administrator, the young statesman, the awakener of the country's energy. Every time he is raised to power he reveals this impetus of enterprise and initiative. As chief magistrate of the Nation he headed one of the most intense periods of progress of the national life. When leaving power, there is a plethora of hope and energy around him. Not a single discouragement. One can see that before that exalted power there will be no closing the immense field of activity. He has the intelligence, confidence, enthusiasm, and the immediate life experience "capable of solving the problems which perplex the clearest intelligence." He sees at a glance and as a whole what others never see at all in several days. And his face, sweating with the satisfaction of having done his duty, instills confidence, a confidence that settles in him for the vague common good, uncontrollable and immediate before the brain reflects.

This government, which ends with such moral elegance and will grow in the nation's memory to the proportion that time goes by, emerged from an unexpected fact.

The sudden rise of the Vice President of the Republic happened by chance.

---

2. Excerpt from Firmin Roz's *L'énergie Américaine: évolution des États–Unis*, chapter III, Psychologie de l'Américain, by Paul Adam. (p.339). "Place an excited energy before an immense scope: it will burn to undertake. Initiative is one of the constitutive traits of the American character."

Era apenas um homem culto e jovem, um temperamento de estadista e de verdadeiro patriota conhecedor das necessidades da Nação. Os que o acompanham desde o primeiro momento, quando a notícia da morte de Afonso Pena foi sabida no Senado, tiveram a justa medida do seu valor e da compreensão que esse homem tinha do poder: não a empáfia louca dos conselheiros, não a vaidade da gloríola social, mas o sentimento integral da imensa responsabilidade que lhe caía sobre os ombros aliada à esperança de cumprir o seu dever. Era o governo de um país novo cuidando do seu progresso moral, mental e prático. Deixava de ter os ódios comuns para ser o primeiro magistrado da Nação. A sua primeira vontade foi para manter a constituição no ponto relativo à separação da Igreja e do Estado, ponto que os presidentes conselheiros, indo à missa ao domingo e permitindo a invasão dos frades estrangeiros, a pouco e pouco pareciam esquecer. O seu primeiro movimento político foi de congraçamento.

Nunca tivemos uma época política mais agitada e mais perigosa. A primeira reunião do ministério foi um ato de coragem em pleno palácio invadido pelos políticos e os interessados de toda espécie e de ambos os partidos. Ato de coragem calma e tranquila. A sua situação na política não podia ser outra. A princípio procurou esquivar–se às lutas partidárias, neutro. A política exigia que ele tomasse um partido ou que escolhesse outro candidato. Foram mesmo oferecer–lhe a presidência para o novo quatriênio. S. Ex.ª respondeu:

— Não me afasto uma linha do meu dever.

E não se afastou. Ataques, violências, insultos, discursos oposicionistas não o demoveram. A multidão—a mesma que em delírio seguia Ruy Barbosa para aplaudir Hermes da Fonseca à sua chegada da Europa—gritou debaixo das janelas de palácio. Ele que não se tinha envolvido na escolha de candidatos, deixou que o pleito se realizasse entre os dois candidatos. Mas não se lhe notara jamais uma violência

Many showed admiration for the manner in which his government, on the same day, acted with the certainty and safety of those who had prepared to rule the country.

He was just an educated young man, with a statesman's temperament and a true patriot knowledgeable of the needs of the Nation. The ones who have accompanied him from the first moment, when the news of the death of Alfonso Pena[3] became known in the Senate, they got the due measure of his value and this man's understanding of power: not the mad arrogance of the counselors, not the vanity of social gloriole, but the full sense of the immense responsibility that fell over his shoulders together with the hope of fulfilling his duty. It was the government of a new country taking care of its moral, mental and practical progress. He left common hatreds behind to become the first magistrate of the Nation. His first wish was to keep the constitution on point regarding the separation between church and state, a point which the counselor presidents, going to Mass on Sundays and allowing the invasion of foreign friars, little by little seemed to forget. His first political movement was one of reconciliation.

We never had a busier and more dangerous political era. The first meeting of the ministry was an act of courage, the palace itself invaded by politicians and stakeholders of all kinds and from both parties. An act of calm and quiet courage. The political situation couldn't be different. At first he tried to avoid the partisan struggles, being neutral. Politics demanded him to take a party or to choose another candidate. They even offered him the presidency for the new quadrennium. His Excellency replied:

"I don't turn away one single line from my duty."

And he didn't turn away. Attacks, violence, insults, opposed speeches didn't discourage him. The crowd—the same that in a delirium followed

3. Afonso Pena (1847–1909) was a Brazilian politician who served as the president of Brazil from 1906 to 1909. Before his political career, Pena was a lawyer, cool researcher and member of the Supreme Court of Brazil. He was the first president to die in office.

contra o povo, contra a liberdade nesse governo de vigor, de energia e de brilho. Os jornais de oposição disseram–lhe horrores. Continuaram a dizer com inteira liberdade.

Os deputados na Câmara procuravam todos os meios de ataque. Puderam continuar. A agitação das ruas foi durante meses formidável. Os politiqueiros de vinganças, com exemplos no bolso desde Floriano ao Sr. Rodrigues Alves, iam propôr–lhe o estado de sítio. Não houve uma só violência da política, apesar da agitação, contra a agitação, o espírito do estadista irradiou em todos os departamentos da administração.

Ele foi o administrador. A sua obra no Estado do Rio era de resto anunciadora do que poderia fazer com o Brasil inteiro. Em seis meses de administração, o Sr. Nilo salvara o Estado de uma formidável crise financeira. Na sua segunda mensagem ao Congresso, S. Ex.ª dizia: "Depois de onze anos de deficit sucessivos pôde a administração declarar que encerrou o balanço do ano findo com um saldo aproximado de mil e quinhentos contos de réis. Todas as verbas de receita do orçamento tiveram aumento." E isso era conseguido incentivando a produção particular, protegendo a indústria, acordando as forças vivas do Estado.

Foi o Sr. Nilo Peçanha, depois das reformas realizadas com uma coragem de ferro, tendo modificado inteiramente o organismo político do estado e dando conta desse prodígio de cirurgia econômica, o primeiro político brasileiro capaz de dizer esta frase que resume na sua ironia o mais nobre dos programas políticos:

— De política, como se entende geralmente, nada vos disse porque dela não cogitei e a ela não servi.

Serviu ao seu Estado, porém. E veio servir depois ao Brasil. A sua ação fecundíssima,—o brilho entusiástico junto à ponderação, o ímpeto juvenil querendo fazer e fazendo em meses o que outros não tinham conseguido em quatriênios sucessivos—são o desdobramento das ideias do presidente do Estado do Rio há seis anos, são a cristalização

Rui Barbosa[4] to applaud Hermes Fonseca[5] on his arrival from Europe—screamed below the palace windows. He, who had not got involved in the choice of candidates, let the election to take place between the two candidates. But no one ever noticed in him an act of violence against the people, against freedom within this government of vigor, energy and brightness. Opposition newspapers have said horrific things about him. They continued to speak with complete freedom.

The Chamber Members sought every means of attack. They were allowed to continue. The agitation in the streets was formidable for months. The vengeful politicasters, with such examples from Floriano[6] to Mr. Rodrigues Alves[7] in their pockets, proposed a state of siege on him. There was not a single act of political violence, despite the agitation, against the agitation, the spirit of the statesman beamed in all administrative departments.

He was the administrator. His work in the State of Rio was in all harbinger of what could do in the entirety of Brazil. In six months of administration, Mr. Nilo saved the State from a tremendous financial crisis. In his second message to Congress, His Excellency said: "After eleven successive years of deficit, the administration can declare that it has ended the year's balance sheet with an approximate credit balance of fifteen hundred *contos de réis*.[8] All revenue budget funding has increased." And that was achieved by encouraging private production, protecting industry, awakening the state's prime powers.

---

4. Rui Barbosa de Oliveira (1849–1923) was a Brazilian polymath, having excelled primarily as a lawyer, politician, diplomat, writer, philologist, translator and speaker.

5. Hermes Rodrigues da Fonseca (1855–1923) was a Brazilian officer and politician. Nephew of Deodoro da Fonseca (1827–1892), the first Brazilian President, he was the country's Minister of War in 1906. In 1910, he was elected as the 8th President of Brazil, serving until 1914.

6. Marshal Floriano Peixoto Vieira (1839–1895) was a Brazilian Marshal and politician. He was the first Vice President of Brazil during Marshal Deodoro da Fonseca's government (1889–1891). After the President's resignation he took office as the second President of Brazil (1891–1894).

7. Francisco de Paula Rodrigues Alves (1848–1919) was a Brazilian lawyer, politician, Empire Advisor, President of the province of São Paulo, President of the state of São Paulo, Minister of Finance and fifth President of Brazil (1902–1906).

8. Brazilian currency of the period, *réis* (plural of *real*). One *conto de réis* was equivalent to 1,000.000 *réis*. Measured against the relative price of gold, one conto de réis would be equivalent to approximately USD 35,000 (December 2016).

das ideias do deputado a constituinte, condensam o mesmo sopro de generosidade e de esforço pelo bem público.

A sua única mensagem ao Congresso diz:

— O quatriênio que está para findar realiza em relação à viação férrea as aspirações que surgiram na juventude da nossa nacionalidade e que, honrando a visão clara dos antepassados, testemunha os espíritos de fidelidade e de perseverança que tem presidido à formação do progresso do país.

A extensão total da viação férrea da República já inaugurada era de 1.227.135 quilômetros. S. Ex.ª inaugurou até os últimos dias mais de 900.000 quilômetros. O seu desejo de trazer os estados do interior ao mar, ele os realizou com as vias férreas que vêm até ao porto. E ligou o Sul da República, ligou o Rio a Montevidéu pelo caminho de ferro e a cada estado deu essa força de progresso que é a locomotiva.

A sua única mensagem diz: "Praticando uma política de rigorosa restrição das despesas públicas, pôde o Governo nos meses ultimamente decorridos, iniciar as remessas para a Europa de fundos que atingiram a importância superior a 9.000.000 libras esterlinas."

E fez o resgate do empréstimo de 1879 e fez o pagamento antecipado da nossa dívida externa e fez o pagamento da nova esquadra e do novo material do Exército e realizou a conversão dos juros de 5 por cento para 4 por cento.

Só essa obra seria a de um quatriênio que se imporia à gratidão pública. Quando a Caixa de Conversão, abarrotada de ouro, chegava ao limite máximo, prevendo uma situação financeira irregular, o Sr. presidente em mensagem ao congresso pediu urgência para se votar a nova taxa.

O Congresso fazia politiquinhas e sacrificou o país à teimosia de uma obstrução lamentável. Nem por isso o trabalho do presidente ficou diminuído.

Mr. Nilo Peçanha was—after the reforms undertaken with nerves of iron, having entirely changed the political body of the state and realizing this miracle of economic surgery—the first Brazilian politician who can say this sentence, which sums up in its irony the noblest of political programs:

"Of politics, as usually understood, I said nothing to you because I never thought about it and never served it."

He served his State, however. And then he came to serve Brazil. His most fruitful action—the enthusiastic glow together with rumination, the juvenile impetus wanting to do and doing in months what others had failed in successive quadrennia—is the unfolding of the ideas of the President from the State of Rio for six years, the crystallization of the ideas of the constituent deputy, which condense the same breath of generosity and effort for the public good.

His only message to Congress says:

"The quadrennium which is just ending realizes, with regard to the railway system, aspirations that emerged in the youth of our nationality and which, honoring the clear vision of our ancestors, witness the spirit of fidelity and perseverance that has presided over the formation of the country's progress."

The total length of the railway system already inaugurated in the Republic was of 1,227,135 kilometers. As of recent days, His Excellency has opened more than 900,000 kilometers. With the railways that come to the ports, he has fulfilled his desire to bring the states of the interior to the sea. And he linked the South to the Republic, linked Rio to Montevideo by railway track, and to every state he has given this force of progress which is the locomotive.

His only message is: "Practicing a policy of strict restriction of public spending, the Government could, in the last few months, start the remittance of funds to Europe, which reached an amount greater than 9,000,000 pounds sterling."

And he rescued the 1879 loan; and he made an advance payment of our foreign debt; and made the payment for the new squadron, and the new

E esse labor é de resto imenso e múltiplo:

A obra financeira, chamando as correntes do capital estrangeiro.

A política dos caminhos de ferro como a base da sua ação no país pela penetração, a redução de fretes, e as linhas trazidas até aos portos de mar, ligando o Brasil à civilização.

A conquista da terra com a resolução do problema da seca nos estados do Norte e o saneamento da baixada, do Estado do Rio, obras já iniciadas.

A obra urbana com a iluminação elétrica, o remodelamento dos subúrbios e dos seus meios de transporte; o desenvolvimento dos bairros pelas reduções do preço das passagens e das cargas, a reconstituição do mais belo parque do mundo.

A obra dos estados.

A execução do Ministério da Agricultura, Indústria e Comércio, que foi o grande incentivo e é o despertar agrícola industrial do país, a absorção do estrangeiro na sua atividade, o verdadeiro patriotismo.

Nesse ano febril de afirmação, o Sr. Nilo Peçanha não desejava só ser o administrador incomparável, mas também mostrar a sua compreensão da atitude internacional do Brasil, e compreensão das relações entre o governo federal e os estados.

Nas relações com os estados, nenhum presidente mostrou uma tal energia em assegurar a união dos estados pelo respeito aos princípios cardeais da Constituição e às leis da República. A reposição em Sergipe, a reposição no Amazonas são atos que marcam um homem e a sua atitude transformado em guarda do Sr. Backer no seu próprio Estado só mais aumenta o brilho do estadista que sabe pôr a Constituição acima de interesses pessoais.

material for the Army; and held the conversion of 5 percent interest to 4 percent.

This work alone would take a quadrennium, which would impose on the public gratitude. When the Caixa de Conversão,[9] packed with gold, reached the ceiling, anticipating a rough financial situation, Mr. President urged a vote on the new tax rate in a message to Congress.

The Congress conducted petty politics and sacrificed the country with the stubbornness of an unfortunate obstruction. Not even then the work of the President was diminished.

And nevertheless, this work is immense and multiple:

The financial work, gathering the fluxes of foreign capital.

The railway policy as the basis of his action in the country by penetrating the interior of the country, reducing freight, and lines brought down to sea ports, connecting Brazil to civilization.

The conquest of land with the resolution of the problem of drought in the states of the North and sanitation of the Baixada,[10] of the State of Rio, projects already begun.

Urban projects with electric lighting, remodeling of suburbs and their means of transport; the development of neighborhoods by price reduction of tickets and taxes, the reconstitution of the most beautiful park in the world.[11]

The work of the States.

The implementation of the Ministry of Agriculture, Industry and Commerce, which was a major incentive and is the awakening of the country's

---

9. The Conversion Fund was created by Law No. 1575, of December 6, 1906, during the government of President Afonso Pena, to help tackle the crisis which hit the coffee market—important product for the Brazilian economy—by maintaining the exchange rate balance of the Brazilian currency whilst trading with other nations.

10. Officially known as Baixada Fluminense, Rio's lowlands, is located on Guanabara Bay, between the City of Rio de Janeiro (South) and Serra dos Órgãos (North). It encompasses the municipalities of Duque de Caxias, Nova Iguaçu, São João do Meriti, Nilópolis, Belford Roxo, Queimados and Mesquita.

11. João do Rio refers here to Quinta da Boa Vista, renovated by Nilo Peçanha's government (1910) as a public park where the National Museum, the City Zoo and the Museum of Fauna are located. It the royal residence from 1822 to 1889. The area was landscaped in 1869, according to the project of French landscape designer Auguste François Marie Glaziou (1828–1906).

Os atos mostram mais que os discursos. As insolências dos discursos de oposição levou–as o vento. Tudo quanto se lhe pode atribuir morre diante dos fatos iniludíveis: o Sr. Dória está em Sergipe; o Sr. Bittencourt está em Manaus; e o Sr. Backer continua a infelicitar o Estado do Rio.

E, se assim nas relações internas o Sr. Nilo Peçanha deixa um sulco de respeito indelével, na política interamericana teve a sorte de apagar com a visita de Sáenz Peña um longo período de pretensiosos ressentimentos de parte a parte, entre o Brasil e a Argentina, período em que certas individualidades ligaram a vaidade pessoal aos destinos das respetivas pátrias, confundindo lamentavelmente as duas coisas.

Mas a caraterística desse governo já denominado: o Governo das iniciativas, a caraterística desses meses de febre de progresso e de nobres ideias é que foi pela primeira vez—Oh! Sim! Como uma porção de casos mais!—um Governo democrata, um governo em que o presidente presidia pelo povo.

Os seus princípios democratas longe de se pedestalizarem com o alto posto, como sói acontecer com os homens guindados apenas pela sorte, tornaram–se a sua única satisfação própria. Ele só tinha uma preocupação: o povo. Os seus atos, o seu formidável trabalho, aquela atividade febril que fará o novo presidente ter no seu quatriênio quatro a cinco inaugurações por mês, eram o desejo de servir ao país e por consequência de agradar ao povo. O falecido Peña teve uma frase pretensiosa: “Quem manda sou eu.” O Sr. Rodrigues Alves cujo governo foi o de um admirável prefeito, disse num momento crítico: “O meu lugar é aqui.” A frase do estadista Sr. Nilo Peçanha é sempre uma pergunta:

— E o povo?

Assim, o Sr. Nilo Peçanha fez da presidência da República um verdadeiro posto de sacrifício e um lugar de ensinamento da lei, do direito, da justiça e do desinteressado amor à pátria. Como na Suíça, nos Estados Unidos, o presidente deixou de ser um bicho raramente

agro industry, the absorption of foreigners into its activity, the true patriotism.

In this feverish year of affirmation, Mr. Nilo Peçanha didn't just want to be the incomparable administrator, but also to show his understanding of the international attitude towards Brazil, and his comprehension of the relationship between the federal government and the States.

In relations with the States, no president has shown such energy in ensuring the union of the States through respect to the cardinal principles of the Constitution and to the laws of the Republic. The restitution in Sergipe, in Amazonas,[12] are acts that mark a man, and his attitude turned into protector of Mr. Backer[13] in his own State only increases the brilliance of the statesman who knows how to put the Constitution above his personal interests.

The acts reveal more than the speeches. The insolence of the opposition's speeches went with the wind. All that one can attribute to him dies in face of undeceivable facts: Mr. Dória[14] is in Sergipe; Mr. Bittencourt[15] is in Manaus; and Mr. Backer continues to disgrace the State of Rio.

And, if Mr. Nilo Peçanha leaves an indelible mark of respect on internal relations, in Inter–American politics he was fortunate enough to erase, with the visit of Sáenz Peña,[16] a long period of pretentious reciprocal resentments between Brazil and Argentina, during which certain individualities linked personal vanity to the fate of their respective homelands, unfortunately confusing the two things.

But the characteristic of this government already named: the Government of initiatives, the characteristic of these months of the fever of

12. João do Rio is alluding to the government's restitution to power of the governors of the States of Sergipe and Amazonas, in 1906 and 1910, respectively.

13. Alfredo Augusto Guimarães Backer (1851–1937) was a Brazilian doctor and politician who governed the State of Rio de Janeiro from 1906 to 1910, when he was deposed a day before the end of his mandate.

14. José Rodrigues da Costa Dória (1857–1938) was a Brazilian physician and politician. He was Governor of the State of Sergipe, from 1908 to 1911.

15. Antonio Clemente Ribeiro Bittencourt (1853–1926) was a Brazilian Freemason and politician. He was one of the signatories of the first constitution of the State of Amazonas, Mayor of Manaus in 1891, and Governor of Amazonas from 1908 to 1913.

16. Roque Sáenz Peña Lahitte (1851–1914) was the President of Argentina from 1910 to 1914, when he died in office.

visível para ser o cidadão que recebe e atende todo mundo. O Sr. Nilo Peçanha vinha para a sala de despachos às 9 horas da manhã e atendia aos políticos, aos ministros como a simples particulares até às 6 horas da tarde. Às vezes ainda descia após o jantar e só das 12 horas em diante recolhia aos seus aposentos para estudar as questões graves. No dia seguinte às 6 da manhã viam–no a galopar no parque, já tendo feito os exercícios de higiene que lhe davam aquele inquebrável vigor, e de novo às 9, com o seu sorriso e a sua frase ponderada e bondosa, lá estava na sala de despacho.

Um íntimo do Catete dizia certa vez:

— Nunca vi aqui tanta linha, posso mesmo dizer que nunca o Catete me pareceu assim o palácio da Presidência; mas também posso afirmar que nunca ele foi tanto do povo. Entra quem quer; fala quem quer com o presidente. Se desejassem atentar contra a sua vida era facílimo.

E com efeito. Contam dessa liberdade várias anedotas. De uma feita, à tarde, o presidente foi tomar um pouco de ar ao parque e sem surpresa viu dois estrangeiros que tranquilamente fotografavam aspectos da linda paisagem. Os estrangeiros nem lhe prestaram atenção. Continuaram. Afinal, um, armado de um guia, começou a discutir com o outro, e vendo aquele grave senhor de chapéu de Chile, escarpins acompanhado de um cachorro, foram a ele.

— Não é aqui o Jardim Botânico? indagaram em inglês.

— Não, senhor.

— Mas tem a álea das palmeiras! interrompeu o outro.

— Ah! Sim, fez o presidente sorrindo, tem, mas o do Jardim Botânico é muito maior. Não deixem de ir ver.

— Então, isto aqui?

— É o parque reservado do Palácio da Presidência.

— Como?

progress and noble ideas, is that it was for the first time—Oh! Yes! As in many more cases!—a Democratic government, a government in which the President ruled for the people.

His Democratic principles, far from assuming the pedestal of the top post, as usually happens with men raised up only through luck, have become his only self–gratification. He had only one concern: the people. His actions, his formidable work, that feverish activity that will make the new president have four to five openings per month on his quadrennium, was the desire to serve the country and consequently to please the people. The late Peña had a pretentious phrase: "I'm the one who runs this show." Mr. Rodrigues Alves, whose government was that of a brave mayor, said in a critical moment: "My place is here." The phrase of Mr. Nilo Peçanha is always a question:

"And what about the people?"

So, Mr. Nilo Peçanha made the presidency a post of real sacrifice and a place of teaching of law, rights, justice and selfless love of country. As in Switzerland, in the United States, the president was no longer a creature seldom visible to be the citizen, one who meets and answers to everyone. Mr. Nilo Peçanha came to the dispatch room at 9 in the morning and met the politicians, the ministers, as simple individuals until 6 in the evening. Sometimes he would still go down after dinner, and only from midnight would he retire to his quarters to study the serious issues. The next day at 6 a.m. we could see him galloping in the park, having already done the hygienic practices which give him that unbreakable vigor, and again at 9 a.m., with his smile and his thoughtful and kind words, there he was in the presidential office.

Someone close to Catete once said:

"I've never seen such refinement here. I can even say that Catete never seemed so much like a Presidential Palace; but I can also say that it has never belonged so much to the people. Whoever wants to goes in; whoever wants to talks with the President. If they wished to attempt against his life it would be very easy.

And indeed. They tell many anecdotes of this freedom. On one occasion, in the afternoon, the President was taking some air at the park and

O do guia folheava nervosamente o pequeno volume, e de repente vendo um retrato e encarando o presidente:

— Mas, perdão, é V. Ex.ª o próprio presidente!

— É o próprio presidente! exclamou o outro confuso.

O Sr. Nilo Peçanha sorria bondosamente.

— E tenho muito gosto que continuem a ver o parque.

O inglês que se desfazia em cumprimentos não se conteve porém.

— Então, no Brasil é assim?

Doutra feita, uma senhora a cujo marido ia um ministro fazer uma injustiça resolveu em dia de despacho falar ao presidente. Foi com a filha, ambas em cabelo. Era difícil naquele dia aproximar-se alguém. A pobre senhora esperou no corredor, junto à porta, de uma às seis. Os contínuos diziam ser impossível. Num ímpeto, afinal, ela pôs a mão na porta e entrou. O presidente lia, cercado de papéis. Levantou-se imediatamente e com a maior cordura:

— Que deseja, minha senhora?

Nunca essa senhora imaginara ser recebida assim. A comoção fazia-a tremer. O presidente ouvia-a. Quando ela acabou, disse:

— Pode ir tranquila, minha senhora. E para o oficial de gabinete: Mande chamar o ministro, íamos cometer um ato menos justo.

Contam que no Estado do Rio a sua chegada anunciada a qualquer cidade era motivo de júbilo popular.

— O Nilo vem!

Como presidente da República, onde foi, a população logo o envolveu em amor, e logo, incansavelmente, ele atendeu, dispondo do poder para o bem, a mil coisas. Foi assim na Tijuca, querendo e fazendo, foi assim em Petrópolis. A soma de melhoramentos impostos pela sua vontade estão aí. Petrópolis já se transformou num arrabalde do Rio. A

unsurprisingly saw two foreigners who were quietly photographing aspects of the beautiful landscape. The foreigners didn't pay any attention to him. They continued. At last, one, equipped with a guide, started arguing with the other, and when they saw the distinguished gentleman wearing a Chupalla hat[17] and scuffs, accompanied by a dog, came to him.

"Isn't this the Botanical Gardens?" they inquired in English.

"No, sir."

"But it has the alley of palm trees!" interrupted the other.

"Ah! Yes," the president said smiling, "it has, but the Botanical Gardens is much bigger. Don't forget to go see it."

"So, what is this here?"

"It's the private park of the Presidential Palace."

"What?"

The one with the guide nervously flipped through the small volume, and suddenly seeing a picture and facing the president:

"But, forgive me, You Excellency is the President himself!"

"It's the President himself!" cried the other, confused.

Mr. Nilo Peçanha smiled kindly.

"And I am very happy that you continue to look at the park."

The Englishman, who paid many compliments, but couldn't hold it back said, however.

"So, this is how it is in Brazil?"

Another time, a lady whose husband was going to be wronged by a minister decided to talk to the President on a dispatching day. She went with her daughter, both hatless. It was difficult for anyone to see him that day. The poor lady waited in the hallway by the door, from 1 to 6 p.m.. The office boys said it was impossible. On an impulse, at last, she put her hand on the door and entered. The President was reading, surrounded by papers. He immediately got up and most politely said:

"What do you want, ma'am?"

---

17. The *chupalla* is a traditional Chilean horseman's hat made of straw. Many people in rural areas of Central Chile use it as well. In addition, it is often used when dancing the cueca (a Chilean folk dance) and during Chilean rodeos.

Tijuca teve as passagens reduzidas, as estradas cuidadas, os pequenos proprietários rurais com meios de transporte barato e rápido para as suas mercadorias.

Pode–se dizer, apenas escudado nos fatos, que com esse labor formidável o Sr. Nilo Peçanha cuidava também da vida social. As suas recepções ficaram como exemplos de finura, de elegância e de entrelaçamento das classes representativas do país. Ele conseguiu juntar a essas festas o próprio elemento mundano, arredado de festas oficiais desde a monarquia. E pela primeira vez, num país democrático, o povo teve espetáculos gratuitos em todas as casas de espetáculo, o povo teve festas para seu prazer.

Mesmo sem ter nos olhos o daltonismo da simpatia, esse estadista mostra uma figura de tão largo destaque e de uma projeção moral tão intensa que se não lhe pode ser indiferente. O Brasil tem uma estrela ocasional. O Sr. Nilo Peçanha culto, fino, patriota, tem também essa estrela. Mas não basta ter estrela. É preciso ajudá–la. E esse homem, elevado com uma rapidez pasmosa à mais alta posição do país por um curto prazo de tempo, conseguiu imprimir a sua individualidade à direção, desfez a rotina e teve no Brasil novo, no Brasil de depois da Avenida Central, um governo realmente extraordinário.

Pode–se dizer que, investido do alto cargo, do cargo dado aos generais e a dois conselheiros antes dele,—o professor de diplomacia, o ardente deputado e o presidente excepcional do Estado do Rio—condensou todas as energias para a obra colossal e não descansou mais um minuto.

Realmente, não descansou. O público viu–o trabalhar. Era de manhã à noite e era em cada departamento da administração esse mesmo trabalho sugerido pela sua vontade. Não houve período de política

She never imagined being received so well. The shock made her tremble. The President listened to her. When she was over, he said:

"You can go in peace, ma'am." And to the cabinet official he said: "Send for the minister, we were going to commit a less righteous act."

They say that in the State of Rio his arrival was announced at any town as a cause for popular rejoicing.

"Nilo Peçanha is coming!"

As President of the Republic, wherever he went, the population soon surrounded him with love, and soon, tirelessly, he answered to a thousand things, using his power for the good. It was like that in Tijuca,[18] wanting and doing, and the same in Petrópolis.[19] The sum of improvements imposed by his will is there. Petrópolis has already become a suburb of Rio. Tijuca had its fares reduced, roads looked after, small farmers given cheap and quick means of transport for their goods.

It can be said, based only on facts, that with this formidable work Mr. Nilo Peçanha also took care of the social life. His receptions were examples of finesse, elegance and interlacing of the representative classes of the country. He managed to bring to these parties the worldly element itself, absent from official parties since the monarchy. For the first time, in a democratic country, the people had free spectacles in all entertainment venues; the people had parties for their pleasure.

Even without the color blind friendliness in his eyes, this statesman displays a figure of such intense prominence and moral projection that one cannot be indifferent to him. Brazil has an fortuitous star. Mr. Nilo Peçanha cultured, refine, patriot, also has that star. But it's not enough to have a star. It's necessary to help it. And this man, rising with astounding speed to the highest position of the country for a short period of time, managed to print his individuality on the management, broke the routine

18. A neighbourhood of the Northern Zone of the city of Rio de Janeiro.

19. Also known as The Imperial City of Brazil, is a municipality in the northeast of the State of Rio de Janeiro.

mais agitado, desde 1893 na República. E na ameaça das revoltas, na continuidade das arruaças, na agitação primeira dos partidos em crises epilépticas previsoras do adesismo lastimável, como político firmou com um vigor inquebrável mesmo à solicitação de amigos os princípios do respeito à Constituição, curvando–se a ela até contra os justos interesses próprios, e os superiores e altos sentimentos da tolerância e da liberdade, consentindo sem o sítio nos maiores excessos de uma oposição que o atacava por ele não ter intervindo na eleição presidencial apenas, enquanto na Argentina Alcorta eternizava o sítio, e em várias Repúblicas sul–americanas os chefes das nações à menor insegurança empregavam a supressão de garantias.

E—fenômeno que todos sentirão eloquentíssimo à proporção que o tempo for passando—nesse período de arruaça, de rolo, de ânimos exaltados, com uma coragem enorme, porque não há coragem maior do que defender a liberdade do inimigo, pondo acima das divergências ocasionais da política a sua pátria, sustentando, com sacrifício da própria pessoa, a tranquilidade e a segurança do país, intervindo nos estados com uma retidão e uma consciência que nenhum presidente Republicano teve antes (porque todos têm no seu ativo vários governadores engolidos), esse presidente do período mais agitado da República, fez desse período o início da vida intensa, o fim da rotina, a transformação dos velhos moldes administrativos, foi o criador de um Brasil que se reconhecia, foi o Administrador.

E o Administrador possuidor do misterioso talismã da vontade, ao aceno do qual todas as coisas obedeciam e todas as energias acordavam. Só uma das suas obras valeria um quatriênio. Numa dúzia e meia de meses não descansou porém um dia.

and had in the new Brazil, in the Brazil after the Avenida Central,[20] a really extraordinary government.

One can say that invested with the high position, the position given to generals and two directors before him,—the diplomacy professor, the fiery MP and the exceptional President of the State of Rio—he concentrated all energies on colossal work and didn't rest another minute.

Really, he didn't rest. The public saw him work. It was from morning to night, and through his will that same work was suggested in every government department. There has been no more agitated political period in the Republic since 1893. And under threat of riots, continuance of uproars, initial agitation of political parties in epileptic seizures foreseeing the pitiful "adhesiveness,"[21] as a politician he braced, with an unbreakable force, even at the request of friends, the principles of respect for the Constitution, bowing before it even against his righteous own interests. And the superior and high feelings of tolerance and freedom, consenting, without the siege, in the greatest excesses of an opposition that attacked him because he hadn't intervened in the presidential election, whilst in Argentina Alcorta[22] eternalized the siege, and in several South American Republics the leaders of the nations, at the slightest uncertainty applied the suppression of privileges.

And—phenomenon that everyone will feel extremely eloquent in proportion to time as it passes—during this period of uproar, of brawls, of flared tempers, with tremendous courage—because there is no greater courage than to defend the freedom of the enemy—putting his homeland above the political disagreements of the moment; upholding, with the sacrifice of his own self, the tranquility and security of the country, intervening in the States with such righteousness and an awareness that no Republican President had before (because all others have had various gobbled

20. Nowadays known as Avenida Rio Branco, it was a symbol of modernity when it was inaugurated by Rio's Mayor (1902–1906), Francisco Pereira Passos (1836–1913), in 1904.

21. The Brazilian word *adesismo* refers to the political tendency of adhering oneself to new situations.

22. José Maria Cornelio Figueroa Alcorta (1860–1931) was the seventh President of Argentina, from 1906 to 1910.

O segredo da sua política unionista e forte, da sua política muito diversa da politiquice comezaina dos partidinhos, era a consolidação interna do país, o seu fortalecimento pelo despertar das suas vivas energias naturais, ligando–o à civilização inteiramente pelas estradas de ferro, querendo–o rico pela sua agricultura, auxiliando eficazmente a sua indústria e projetando–o assim como o grande país de amanhã à barra das nações, sem rivalidades e sem pretensões. E fez. Fez estradas de ferro. Dominou a terra. Pôs em execução o ministério que é o sonho dos países novos e que o nosso, dito essencialmente agrícola, não tinha, praticando agricultura em família. Consolidou o nosso crédito. Chamou a atenção de todos os países para o nosso, com as rendas crescendo, a população a aumentar vertiginosamente, um sopro ardente de entusiasmo americano sacudindo a vida nacional, e assim colocou o seu país sob o prisma da simpatia, principalmente das Repúblicas sul–americanas—obra sua, exclusivamente sua porque era a aplicação de ideias suas em discursos, alguns dos quais proferidos há mais de doze anos, obra coroada no seu governo pela visita de Sáenz Peña.

Mas, o Sr. Nilo Peçanha, ia entregar o poder ao seu sucessor constitucional. Mais três dias apenas. Então, vendo–o assim, alguém perguntou–lhe:

— E que pensa V. Ex.ª do futuro?

— Não tenhamos as ideias antigas de ver sempre o país à beira do abismo e de ser contra, sempre contra todas as coisas boas ou más. O Brasil não para mais no caminho novo. É o grande país do futuro. Deixo o poder com uma grande esperança e uma grande fé na civilização proximamente dominadora deste imenso pedaço de terra, possuidor de todas as riquezas e destinado aos maiores triunfos.

Estava jovem, estava como se todo o seu trabalho não o tivesse cansado. Seria impossível pensar que esse homem forte, depois de uma imensa e forte obra, o presidente democrata e o grande presidente ia

up governors in their cabinets). This President, of the most agitated period of the Republic, made from this period the beginning of intense life, the end of the routine, the transformation of old administrative molds He was the creator of a Brazil that was recognized. He was the Administrator.

And Administrator, master of the mysterious talisman of the will, to whose nod all things obeyed and all energies awoke. One of his works alone would be worth a quadrennium. But in a dozen and a half months he didn't rest for a day.

The secret of his strong, unionist policy, his policy very different from the shabby, guzzling politicking of mediocre parties, was the internal consolidation of the country, its strengthening through the awakening of its living natural energy, connecting it to civilization entirely by railways, wanting it rich through its agriculture, effectively helping its industry and projecting it as the great country of tomorrow to the threshold of other nations, without rivalries or pretensions. And he did it. He built railways. He conquered the land. He implemented the ministry which is the dream of new countries, and which ours, said to be essentially agricultural, didn't have, putting into practice family agriculture. He consolidated our commercial credit. He caught the attention of all countries to ours, with rising incomes, the dramatic increase in population, a burning breath of American enthusiasm shaking the national life, and so he put his country through the prism of affinity, mainly of the South American Republics—his work, only his because it was the application of ideas from his speeches, some of which were proffered more than twelve years before, work crowned in his government by the visit of Sáenz Peña.

But Mr. Nilo Peçanha was going to hand over the power to his constitutional successor. Three more days only. So seeing him, someone asked:

"And what you think of the future, Your Excellency?"

"Let's not have the old ideas of always seeing the country on the brink of ruin and being against, always against, all things good or bad. Brazil doesn't stop on the new path anymore. It's the great country of the future. I leave the power with great hope and great faith in the near dominant civilization of this huge piece of land, possessor of all wealth and aimed at the greatest triumphs."

apear–se da vida pública. Todos o olhavam nesse último suspiro de governo, que ele fez agitado, febril, apoteótico como um começo de quatriênio. E ninguém duvidava do futuro, daquele futuro em que ele sorridentemente confia com o seu labor, o seu espírito e o seu consciente patriotismo. Não se mostrava uma melancolia. Em cada lábio havia o sorriso da esperança certa. E ele próprio, tal a sua juventude, vibrando no calmo gesto do estadista, era a insopitável e confiante esperança da pátria nova.

He was still young; he was as if all his work hadn't tired him. It would be impossible to think that this strong man, after a huge and vigorous effort, the Democrat President and the greatest President, was going to leave public life. Everyone looked at him in that last breath of government, which he led exciting, feverish, as glorious as a start of a quadrennium. And no one doubted the future, that future in which he smilingly trusts with his work, his mind and his conscious patriotism. There was no melancholy shown. On every lip there was the smile of certain hope. And he himself—such was his youth, vibrating in the quiet gesture of statesmanship—was the uncontrollable and confident hope of new homeland.

Original publication: *O Presidente da República: Íntimo. Rio de Janeiro: A Illustração Brazileira,* 01.12.1909, N.13, pp.236–240.

O Fim de um Símbolo

No último *garden party* de uma associação de caridade, eu percorria com a diretora da festa, dama de excessivas virtudes filantrópicas, os diversos divertimentos, quando, em afastado recanto, uma barraquinha afestoada de metim vermelho chamou a nossa atenção.

— É o *Guignol*, um autêntico mandado vir de Paris. Mas não imagina, meu caro amigo, como tudo custa nesta horrível cidade. Não havia ninguém para mover as *marionnettes*. É crível?

Levantei as mãos para o céu, com o gesto de quem achava a falta clamorante e inacreditável. A senhora diretora animou-se:

— É o que lhe digo. Só a muito custo é que conseguimos um velho tipógrafo, que fala várias línguas, julga ser um prodígio de graça e começou por não trabalhar com os bonecos vindos de Paris. É o jacobino das *marionnettes*. Chama-se Baptista. Dizem que foi o criador do João Minhoca.

The End of a Symbol

In the last garden party of a charity association, I went through the various amusements with the director of the festival, a lady of excessive philanthropic virtues, when in a remote corner a stall festooned in red satinet drew our attention.

"It's the Guignol,[1] an authentic brought from Paris. But you won't believe, my dear friend, how everything is difficult in this horrible city. There was no one to manipulate the marionettes. Is it believable?"

I raised my hands to heaven, with the gesture of those who thought the shortcoming to be clamorous and unbelievable. The lady director perked up:

"That's what I tell you. Only with great difficulty—it's that we got an old typographer, who speaks several languages, who believes himself a prodigy of grace and at first didn't work with the puppets brought from

1. The most prominent puppet character in France, where his name became synonymous with puppet theatre. It represents the workers in the silk industry of France.

— Que diz, minha senhora? O João Minhoca por traz daqueles panos vermelhos e nós aqui sem ir admirar o alegre agitador da nossa meninice? V. Ex.ª há de permitir mas eu entro.

— Há lá dentro crianças e bonecos.

— As duas únicas criações de Deus que se pode amar sem receio.

Depois desta frase evidentemente amarga, mergulhei no metim. Era um canto do parque com grandes árvores verdes e bancos pintados. Ao fundo o teatrinho, na plateia um sonoro bando de crianças, meninas loiras com grandes chapéus e *mitaines* alvas, petizes enfardelados em roupas à marinheira, amas solenes de touca. Um riso jovial alegrava o ar.

— Que estão a representar? Perguntei a uma pequenita que trepara no banco para melhor ver.

— É o pretinho, respondeu ela, é o *Minhoca*...

— *Mlle*, corrigiu ao lado a *nounou*, *Mlle*, diga direito. Estão a representar *O Guarani*.

Mas não era preciso a informação. Por traz de uma árvore, vestido de índio, eu via a cara malandra e preta de *João Minhoca*, que espiava e fugia para tornar a espiar. E não sei porque, no riso das crianças, tão claro riso que mais parecia o trinado dos pássaros, comecei a rir como não ria há dez anos. Estava em cena um boneco branco. O boneco era o *Aventureiro* e cantava a célebre canção com um burlesco tal, uma ironia tão disparatada, tão infantil que a pequenada toda gargalhava da obra do venerável Alencar e do venerável Carlos Gomes.

A canção era simplesmente inacreditável. Uma só voz roufenha, uma voz de ventríloquo grasnava, casquinava as palavras com um fogo impetuoso.

Paris. He's the Jacobin of the marionettes. He's called Baptista.[2] They say he was the creator of João Minhoca.[3]

"What are you saying, madam? João Minhoca is behind those old red cloths and we here not going to admire the cheerful agitator of our childhood? Your Excellency might allow me to go in."

"There are children and puppets inside."

"The only two creations of God that one can love without fear."

After this evidently bitter phrase, I plunged into the satinet. It was in a corner of the park with large green trees and painted benches. In the background there was the little theater. In the audience there was an audible bunch of kids, blond girls with big hats and bright white mittens, boys bundled in sailor's clothes, nannies wearing solemn coifs. A jovial laugh cheered up the air.

"What are they performing?" I asked a little one who climbed the bench to better see it.

"It's the little Black guy," she said, "it's Minhoca..."

"Mlle," corrected the nanny next to us, "Mlle, say it right. They are representing *The Guarani*."[4]

But the information wasn't necessary. Behind a tree, I saw, dressed as an Indian, the naughty, black face of João Minhoca, who peeped and hid and peeped again. And I don't know why, with the children's laughter, such clear laughter that it sounded like the chirping of birds, I began to laugh as I hadn't laughed in ten years. A white puppet was on stage. The puppet was the Adventurer and sang the famous song with such burlesque, such foolish irony, such childishness that all the little ones laughed at the venerable work of Alencar and Carlos Gomes.[5]

---

2. In 1882, the typographer João Baptista Avalle presented his Theatro João Minhoca to the public for the first time. He created typically Brazilian puppets.

3. A Black abolitionist character who, parodying politics, 'walked' around Rio de Janeiro and Brazil challenging the slave system. João Minhoca became such a famous character that in Brazil all puppets were recognized by his name, like the Guignol in France.

4. *O Guarani: Romance Brasileiro* (The Guarani: Brazilian Romance) is a famous Brazilian novel written in 1857 by José de Alencar (1829–1877), a Brazilian lawyer, politician, novelist, and dramatist.

5. Antônio Carlos Gomes (1836–1896) was the first New World composer whose work

Oh! Que graça!
Fazer nada,
Estar na cama
Descansar!

A pequenada desfechava em palmas e o fantoche, duro, impassível, malandro, parecia ser o próprio a dizer todas as barbaridades do disparate.

De pastinhas, embonecado
Pela rua de Sabão
Principiando nosso azeite
Bebendo vinho "bão"

E continuaria na impetuosidade da música se de repente *João Minhoca*, de um pulo, não lhe caísse em cima:—Espanhol de uma figa vais ver o china-seco! Ceci não é para o teu beiço!

Havia rolo, havia apitos, havia gritos, as crianças enchiam o ar dos timbres argentinos do seu riso. Em *João Minhoca* sorriam apenas esboçados, todos os instintos dos espectadores, e eu tive vontade de ir ao bastidor ver de perto esse símbolo irreverente.

João Minhoca foi absolutamente nacional nesta cidade de colônias e imitações. A arte de animar bonecos existiu sempre desde os mais remotos tempos. O homem devia ter reproduzido as próprias formas e os próprios gestos para ousar depois imaginar a dos deuses. Já nos hipogeus do Egito apareciam uns fantoches acompanhando a morte e, no vale do Nilo, sob a dinastia dos Tutmés os mecânicos que moviam os bonecos chamavam-se solenemente *neurospastas.* Em Atenas nos teatros de Baco a arte sutil de fazer viver as angústias da vida por pequenos atores de madeira de tal modo agradava que até disso se

The song was simply unbelievable. One nasily voice, the voice of a squawking ventriloquist, scornfully laughed the words with a furious fire.

> Oh! What a blessing!
> Doing nothing,
> Being in bed
> Resting!

The little ones fired the clapping, and the puppet itself, hard, impassive, mischievous, seemed to be the one saying all the barbarities of the absurdity.

> With a crest, dolled up
> Through the slippery street
> Beginning our oil
> Drinking "purty-good" wine

And he would have continued in the impetuosity of the music if João Minhoca hadn't suddenly jumped on top of him: "Despicable Spaniard, you will go to the *China Seco*![6] Ceci[7] is out of your league!"

There was tumult, there were whistles, there were cries, children filled the air with the silvery tone of their laughter. In João Minhoca there was just the outline of a smile with all the instincts of the spectators, and I felt like going backstage to see this irreverent symbol up close.

João Minhoca was absolutely national in this city of colonies and imitations. The art of animating puppets has always existed since ancient times. Men might have reproduced their very forms and gestures to then dare to imagine the gods. In the crypts of Egypt a puppet already appeared following death, and in the Nile valley, under the Thutmosid Dynasty,[8] me-

---

was accepted in Europe. He turned *The Guarani* into an opera performed in Italian and called Il Guarany (1870).

6. China Secco was the name given to top of Morro da Favella (later named Morro da Providência) where crime and murders were carried out. Appears in a chronicle alleged to João do Rio, and published (unsigned) as A morada dos gatunos e desordeiros, at *Gazeta de Notícias*, #141, 21 May 1903, pp.1–2.

7. Short for Cecília, the female protagonist of *O Guarani*.

8. It may refer to several individuals from the 18th Egyptian Dynasty, and it's an Anglicization of the Egyptian name *dhwty–ms*, usually translated as "Born of the god Thoth."

fez um monopólio usufruído por Potinos. Em Roma o *segillionus* e o *imaguncula* interpretavam nos bairros escuros cenas livres capazes de atordoar Plauto, e desde a idade média, em que o fantoche desce dos altares para representar os mistérios, cada povo, cada país tem o seu boneco, símbolo dos seus costumes. Todas as províncias da Itália arvoram esse fantoche com um nome diverso nas feiras dos *pupi* e dos *bonifrates*. *Punch* ridiculariza os ingleses depois de ser um dos *puppets* que representavam para a rainha Elisabeth as tragédias de Shakespeare, e a Alemanha mostra às crianças o *Hanswurst*, como a Índia o *Ranguin*, a França *Polichínel*, e a Turquia *Karagueuz*, o depravado pai do teatro islâmico. Nós tivemos *João Minhoca* que foi a nossa vida no que ela tinha de pessoal—com as suas rasteiras, os negrinhos malandros, o calão, a ironia despreocupada, e, quando já nos habituávamos a perdê–lo também como temos perdido todas as tradições poeticamente inúteis, eu ia encontrar a face esperta do mariola, fazendo rir as crianças de hoje como fizera rir as de ontem!

Uma grande comoção prendia–me ao banco entre a álacre e cristalina jocundidade das crianças, mas, de súbito, duas bombas estouraram enchendo o palco minúsculo de fumo e quando o fumo se dissipou, ao clarão vermelho dos fogos de bengala eu vi *João Minhoca* de joelhos conduzindo Maricota para o infinito, entre as palmas verdes da palmeira. Tinha terminado *O Guarani* e o demônio preto de novo se perdia.

Fiquei na plateia deserta agora. Começava a chover. Vagarosamente o pano do teatro subiu e nessa quase escuridão apareceu a cara bonacheirona de um velho de óculos.

chanics who manipulated the puppets were solemnly called neurospastes.[9] In Athens, in the theaters of Bacchus, the subtle art of depicting the anguish of life through small wooden actors was so pleasing that even that became a monopoly enjoyed by Pothinus.[10] In Rome's dark neighborhoods, the *segillionus* and the *imaguncula*[11] performed free scenes capable of stunning Plautus;[12] and since the Middle Ages, when the puppet came down the altars to represent the mysteries, every people, every country, has its puppet, symbol of their customs. All provinces of Italy hoist this puppet with a different name in the puppet and marionette fairs. Punch[13] ridicules the English after being one of the puppets which performed Shakespeare's tragedies to Queen Elizabeth; and Germany presents Hanswurst[14] to the children, like India presents Ranguin,[15] and France Polichinelle,[16] and Turkey Karagöz,[17] the depraved father of the Islamic theater. We had João Minhoca, who

9. Literally meaning "string pullers" in Greek, this is the ancient name given to puppeteers in the works of Herdotus and Xenophon, for example.

10. Pothinus or Potheinos was a eunuch, regent to Pharaoh Ptolomy XIII (c.62–47 BC), known for using his powers of persuasion and influence (puppetry) to turn Ptolemy against his sister, Cleopatra (c.70–30 BC), which started a civil war; and also for having Pompey (c.106–48 BC) decapitated and his head presented to Julius Caesar (c.100– 44 BC).

11. Latin for "little image, statuette."

12. Titus Maccius Plautus (c.254–184 BC), commonly known as Plautus, was a Roman playwright of the Old Latin period.

13. From *Punch and Judy*, a show which has roots in the 16th–century Italian *commedia dell'arte*, is a traditional, popular, and usually very violent puppet show featuring Pulcinella (Mr. Punch) and his wife, Judy, who was originally called Joan.

14. It was a popular coarse–comic figure of German–speaking impromptu comedy. He is "a half–doltish half–cunning partly stupid partly knowing, enterprising, cowardly, self–indulgent and merry fellow who, in accordance with circumstances accentuated one or other of these characteristics."

15. Reference not found. João do Rio is possibly referring to the alleged origin of puppetry, the Vidushaka, who, in classical Sanskrit drama, is the equivalent of the court's jester of the European tradition. It was both a clown and a commentator on passing political and social events. Of trivial mien, he was the master of frivolity, sarcasm, wit and wisdom.

16. It's a classical character that originated in the *commedia dell'arte* of the 17th century, which was later called Guignol.

17. Meaning *black–eyed* in Turkish, he is the lead character of the traditional Turkish shadow play, popularized during the Ottoman period and then spread to most nation–states that comprised the Ottoman Empire and most prominently in Turkey and Greece.

— É o senhor o inventor do *João Minhoca*?

— Sim meu senhor, sim sou eu, ou antes fui. Olhe que se molha. A festa acaba com chuva. Antes assim. Não me aborreço mais. É a última vez que trabalho. Entre.

Acedi ao convite. Convidava–me um artista que na sua ascendência tinha os nomes de Basoche e Pagotin, e nessa caixa de teatro eu iria de certo encontrar menos vaidade e menos pintura que nos teatros considerados sérios. Havia uma quase penumbra no pequeno espaço. Uma arca aberta deixava ver uma infinidade multicor de fatos de bonecos. Numa prateleira, arrumados e graves, o Aventureiro, D. Diogo, Maricota e João Minhoca olhavam sem ver a treva que crescia.

— São estes os bonecos?

— Tenho doze: João Minhoca, Maricota, um galã, um velho, uma velha, a donzela, a sogra, satanás e a caveira.

— A caveira?

— Como é possível a vida sem a morte? Todos eles foram feitos em 1880 por um entalhador hábil. As cabeleiras fazia–as o Baptista a cinco mil réis, as roupas uma costureira dos teatros. São os restos do Teatro de João Minhoca, baiano da freguesia de Santo Antônio, além do Carmo. Vou dar tudo isso.

Sorriu com melancolia, atirou dentro da área o Satanás.

— Já não se pode representar! Eu me sentei no único banco vago.

— Escreveu o seu repertório, Sr. Baptista?

— O meu repertório? Tolices, invenções para fazer rir as crianças, troças às peças em moda... para que? Tenho umas vinte peças: *Os Milhões*

represented our personal life with its tripping, rogue darkies, slang, carefree irony—and, just as we were getting used to losing it the same way we have lost all the poetically useless traditions, I would find the sly face of the rascal, making today's children laugh as he had the ones of yesterday!

A great commotion was holding me to the bench among the cheerful, crystalline playfulness of the children, but, suddenly, two bombs burst, filling the tiny stage with smoke. And when the smoke cleared, in the red glow of the Bengal light I saw João Minhoca on his knees leading Maricota[18] to infinity, among the green leaves of the palm tree. *The Guarani* had ended and the black demon was lost again.

I was in the now deserted theater. It was beginning to rain. Slowly the theater cloth rose and in that near darkness, the good–natured face of an old man wearing glasses appeared.

"Are you the inventor of João Minhoca, sir?"

"Yes, sir, yes I am, or rather was. Watch out, you're going to get wet. The party ends with rain. Better this way. I don't bother anymore. It's the last time I work. Come in."

I agreed to the invitation. The person inviting me was an artist who, in his ancestry, had the names of Basoche and Pagotin, and in that theater box I would certainly find less vanity and less make–up than in theaters considered serious. There was an almost twilight in the small space. An open chest revealed multicolored puppet suits. On a shelf, tidy and serious, the Aventureiro, D. Diogo, Maricota and João Minhoca[19] watched without seeing the growing darkness.

"Are these the puppets?"

"I have twelve, João Minhoca, Maricota, a leading man, an old man, an old woman, a young woman, a mother–in–law, Satan and the skull."

"The skull?"

18. The female protagonist in João Minhoca's stories.

19. All characters created by João Baptista Avalle for the Theatro João Minhoca—Companhia Authomatica.

do Diabo, O Guarani, As proezas do João Minhoca, Aida, A defunta viva, Drama no alto mar, Os Huguenottes, O marquês de Pombal, Os Piratas, Barbeiro de Sevilha, A Romã Encantada, D. Joanita de Molho Pardo, Boccacio, A Cabana de Belém, Os Moedeiros Falsos. Talvez hoje não possa reproduzir as pilhérias do outro tempo. Fazia mágicas, comédias, óperas, representava revistas—só. Dizem que há volumes de teatro para criança. Nunca os li. O *João Minhoca* nasceu de um acaso. O Recreio chamava-se, em 1880, *Brasilian-Garden*. Para o *Brasilian-Garden* chegara uma companhia de fantoches do senhor Lupi. Lupi tinha bonecos, mas não tinha vozes. Podia haver nesse tempo a senhora Pepa pronta a vestir todos os papéis de uma revista inteira mas o Fregoli era desconhecido. Um amigo do empresário inculcou-me: "Há na tipografia do Jornal um rapaz chamado Baptista que imita todas as vozes, assobios e sons de instrumentos. Aproveita-o." Lupi mandou chamar-me, oferecendo dois mil réis por noite. "Nessa não caio," disse eu, "ganho cinco no *Jornal.* Olhe, experimentemos uma noite. Se agradar paga-me o mesmo que o *Jornal.*" Como eu ia nervoso e que sucesso! O Theatro ficava repleto todas as noites e eu, ganhando apenas cinco mil réis, sentia na garganta a sensação de estar sendo explorado.

— Das sensações más é sempre a pior.

— Quando Lupi partiu levando os fantoches e a bolsa cheia, eu comecei a pensar. Fazer um teatro com bonequinhos brasileiros, arranjar uns tipos bons. Mas quem seria capaz de adiantar capitais para uma grande companhia de fantoches? Reduzi as proporções do desejo, reduzi-as a uma dúzia de bonecos de dois palmos. Quem moveria os bonecos? Eu. Quem escreveria as peças? Eu. Quem falaria? Eu. Um

"How is life possible without death? They were made in 1880 by a skilled carver. The wigs are made by Baptista for five thousand *réis*,[20] the clothes by a theater seamstress. These are remnants of the Theatro João Minhoca, *baiano*[21] from parish of Santo Antônio, Além do Carmo.[22] I will give all away."

He smiled wistfully and threw Satan inside the area.

"One can no longer perform!" I sat in the only empty seat.

"Did you write your own repertoire, Mr. Baptista?"

"My repertoire? Nonsense, inventions to make children laugh, mockery to those plays in fashion... for what? I have some twenty plays: *The Devil's Millions*, *The Guarani*, *João Minhoca's Feats*, *Aida*, *The Living Dead Woman*, *Drama on the High Seas*, *The Huguenots*, *The Marquis of Pombal*, *Pirates*, *Barber of Seville*, *The Enchanted Pomegranate*, *Mrs. Joanita Blood Sauce*, *Boccaccio*, *The Bethlehem's Cabin*, *The Counterfeiters*. Maybe today I cannot reproduce the bantering of days gone by. I used to do magic, comedies, operas, I performed revues—just. They say there are children's theater books. I've never read them. João Minhoca was born by chance. Recreio[23] was named Brazilian Garden in 1880. Mr. Lupi's puppet company came to the Brazilian Garden. Lupi had puppets, but he didn't have the voices. There could be at this time a Mrs. Pepa ready to perform all the roles of an entire revue, but Fregoli was unknown. A businessman friend recommended me: "There is a young man named Baptista in the typography of the Journal that mimics all voices, whistles and sounds of instruments. Make use of him." Lupi sent for me, offering two thousand *réis* per night. "I won't fall for it," I said, "I make five in the Journal. Look, we'll try something one night. If I work well, you pay me the same as the Journal." How I was nervous,

20. Brazilian currency of the period, *réis* (plural of *real*). One *conto de réis* was equivalent to 1,000.000 *réis*. Measured against the relative price of gold, one conto de *réis* would be equivalent to approximately USD 35,000 (December 2016).

21. A native or inhabitant of the State of Bahia, in the Northeast of Brazil.

22. A neighborhood in Salvador, capital of Bahia.

23. Called Theatro Recreio in its finals days in 1933, this theater was located near Praça Tiradentes, in the Centre of Rio de Janeiro. It opened in 1877 as Theatro Variétés, and change to Theatro Variedades (1878), Theatro Brazilian Gardens (1879), and finally Theatro Recreio Drammatico (1880).

mês depois eu inventava *João Minhoca*, baiano da freguesia de Santo Antônio...

Não se pergunta ao gênio como chegou a conceber o prodígio. Diante do gênio, que modestamente falava, não lhe perguntei a concepção de *João Minhoca*. Disse–lhe apenas umas palavras simples.

— Eu aprecio muito os seus bonecos.

— Toda a gente os apreciou! fez o velho. Eu entrei na Guarda–Velha. O Machado, dono da *brasserie* em que se tomava cerveja a sete vinténs o copo mais os tremoços, cedeu–me grátis um canto do jardim. Eu anunciei *Os Milhões do Diabo* e às 6 horas da tarde a Guarda–Velha apanhava uma enchente formidável. O Machado estava contente. Eu alugara um homem para pedir níquéis aos consumidores. O público riu a morrer, aplaudiu e depositou no prato tremoços e pontas de cigarros. Isso assim não serve, resmunguei cá comigo. No outro dia a mesma coisa. Então combinei com o Machado fazer uma separação pagando–se duzentos réis a entrada. Contratara a orquestra e anunciei *As Proezas do João Minhoca* em que o negrinho dançava pela primeira vez no Rio uma dança depois famosa—o fandaguassu. Fiz nessa tarde sessenta e sete mil réis! E depois foi sempre assim. O dinheiro entrava–me pelas algibeiras. Dei para gastá–lo a rodo. Jogava, era roubado pelos cobradores, e, no fim para envergonhar os outros sérios, foi o *João Minhoca* o primeiro teatro que fardou os seus porteiros.

— Exemplo digno, que até hoje é mal seguido...

— O meu teatro tinha cartazes com desenhos e gente notável o foi ver. Uma vez, que *João Minhoca* cantava a *Aída* apareceram na plateia

and what a success! The Theatro was packed every night, and I, making only five thousand *réis*, felt in my throat the feeling of being exploited."

"Of the bad feelings, it's always the worst."

"When Lupi departed with the puppets and the full purse, I started thinking. Make a theater with Brazilian puppets, get some good types. But who would be able to advance capital for a big company of puppets? I reduced the proportions of the desire, reduced them to a dozen two–foot–high puppets. Who would manipulate the puppets? Me. Who would write the pieces? Me. Who would talk? Me. A month later I invented João Minhoca, *baiano* from parish of Santo Antônio, Além do Carmo..."

One doesn't ask the genius how he came to design the prodigy. Before the genius, who spoke modestly, I didn't ask him about the conception of João Minhoca. I told him just a few simple words.

"I greatly appreciate your puppets."

"Everyone enjoyed them!" said the old man. "I entered the Guarda–Velha.[24] Machado, the owner of the brasserie in which one could have a beer for seven *vinténs*,[25] with lupine beans, spared me a corner of the garden for free. I announced *The Devil's Millions* and at 6 in the evening the Guarda–Velha had a formidable crowd. Machado was pleased. I hired a man to ask nickels from the customers. The audience almost died laughing, applauded and deposited lupine and cigarette butts on the plate. This is not working, I muttered to myself. Next day it was the same thing. Then I arranged with Machado to build a partition, and people would pay two hundred *réis* entry. I hired the orchestra and announced *João Minhoca's Feats*, in which the blackie danced for the first time in Rio a dance made famous afterwards—the *fandanguaçu*.[26]

---

24. One of the first breweries in Rio de Janeiro, at Rua da Guarda Velha, current Rua Treze de Maio, where people went to dance and attend café–concert performances.

25. One *vintém*, a copper coin, was worth twenty *réis*.

26. *Fandanguaçu* (Fandango + Açu = 'large' in Tupi–Guarani) is one of the names given to the Fandango in Brazil. It's a very noisy dance, practiced in almost all of the country. From Europe, specifically Spain and Portugal, it became influenced by other cultures and has very peculiar characteristics in each region. On the coast, from the southern state of Rio de Janeiro to Paraná, in the 20th Century, the fandango was known as a musical genre. Its main instrument is the viola. In the Northeast it is also known for Marujada.

Castelmary, Robeso, Rossi, e Durand. Rossi saiu por último e quando o negrinho cantava a parodia da ária do último ato da ópera:

Adeus bananas e cajás

Gritava na plateia, a rir:—*Per dio! Buffone questo Joon Minhoco...* Oh! Meu senhor, que vida de glória! As imitações apareceram logo, o *Theatro Infantil*, o *Philomena Borges*; mas caíram todos. Os jornais falavam de mim, os empresários célebres descompunham–me! Foi por essa ocasião que deixei a Guarda–Velha e parti para Petrópolis a dar espetáculos no salão do Hotel Bragança. O sucesso seguiu–me, o salão estava sempre cheio apesar de se cobrar caro porque a Câmara, a Coletoria e outras repartições esfolavam–me com os impostos. Um dia vieram–me dizer: Você deve convidar S. Majestade.—O imperador? para ver os meus pobres bonecos? Está maluco? Não vou.—Nessa mesma tarde apareceu o altíssimo Paiva:—Por que não vais convidar S. Majestade?—Deus me livre!—Vai, é a praxe. S. Majestade tem desejo de assistir ao espetáculo... Que fazer? Senti um aperto no coração não sei se de satisfação se de medo mas no outro dia fui ao palácio. Entrei pelo jardim, fui dar nos fundos do edifício e aí encontrei uma velha de olhar bondoso. Por onde se fala com S. Majestade?—Vai por ali, meu filho...—Em meio do caminho encontrei um mordomo.—S. Majestade?—É por ali, disse ele.—Mas a velha que está no fundo do jardim diz que é por aqui. O mordomo abriu numa gargalhada.—A velha é S. Majestade a Imperatriz...

— Baptista, a sua história é maravilhosa. Deve começá–la sempre como nas lendas encantadas.—Era num país em que a soberana chamava nos jardins os humildes de filhos...

I made sixty–seven thousand *réis* that afternoon! And then it was always like that. The money came to my pockets. I started to spend it plentifully. I gambled, I was robbed by debt collectors; and in the end in order to shame the serious ones, João Minhoca was the first theater to dress up its porters."

"Worthy example, which is poorly followed until today..."

"My theater had posters with drawings, and remarkable people went to see it. Once, when João Minhoca sang *Aida,* Castelmary,[27] Robeso, Rossi, Durand[28] appeared in the audience. Rossi came out last and then the blackie sang a parody of the aria of the last act of the opera:

Goodbye bananas and hog–plums

He shouted from the audience, laughing: *Per dio! Buffone questo Joon Minhoco...*[29] Oh! My lord, what a life of glory! The imitations soon appeared, the *Theatro Infantil*, the *Philomena Borges*; but all fell. The newspapers spoke of me, the celebrated entrepreneurs insulted me! It was around that time that I left the Guarda–Velha and left for Petropolis to give performances in the hall of Hotel Bragança. Success followed me. The room was always full in spite of the overcharging because the Council, the Revenue and other offices flayed me with taxes. One day someone came to me to say: You should invite His Majesty.—The Emperor? To see my poor puppets? Are you crazy? I won't.—That same afternoon the highest Paiva appeared:—Why don't you ask His Majesty?—God forbid!—Go, it's the custom. His Majesty wishes to see the show... What to do? I felt a pang in my heart, I know not whether of satisfaction or fear, but next day I went to the palace. I entered the garden, I went to the building in the back and there I found an old lady with kind eyes. 'Where do we talk to His Majesty?' 'Go in there, my child...' Along the way I met a butler. 'His Majesty?' 'That way,' he said. 'But the old

27. João do Rio is possibly referring to Armand Castelmary (1834–1897), a French operatic bass, who died onstage at the Metropolitan Opera House, in New York, during a performance of *Martha* by Friedrich von Flotow.

28. João do Rio is possibly referring to Marie–Auguste Massacrié–Durand (1830–1909), a French organist, publisher, and composer of classical music.

29. João do Rio's way of saying in Italian: "For God's sake! Such a buffoon this João Minhoca."

— Eu conto a verdade. Quando o mordomo disse isto embarafustei pela primeira porta meio apatetado. Dei numa sala em que todos estavam de casaca e me mediam de alto a baixo. Eu estava envergonhadíssimo. Apareceu o Paiva, passou a mão pelo meu ombro e eu ouvi, enquanto todos se perfilavam, uma voz que bradava:—S. Majestade! Na escada foi aparecendo o imperador. Eu tremia e recuava. Afinal murmurei colado à parede:—Tenho a subida honra de convidar V. Majestade a assistir ao meu espetáculo de bonecos.

— Sim, sim; terei prazer, fez o monarca com uma vozinha fina, passando adiante...

Desapareci e anunciei o espetáculo honrado com a augusta presença de SS. MM. e AA. II. Todo o corpo diplomático apareceu, depois de ter lido o anúncio.

— É a função desse corpo, Baptista.

— Que noite! O trono tinha sido armado em caixões cobertos de veludo, a orquestra era composta dos três irmãos Alberti. Eu imaginava um monólogo de *João Minhoca*: *Viagem a Volta do Mundo no Balão Júlio César*. A Imperatriz quando falei de Nápoles começou a rir. O Imperador, a princípio conteve-se mas depois sorriu. Que lhe dizer mais? Estaria recompensado do valor que me apregoavam apenas com a sua presença.

Anoitecera de todo, o Baptista acendera uma vela. Fora a chuva tamborinava nas plantas.

— E depois? indaguei.

woman in the back of the garden says here.' The butler started laughing. 'The old woman is Her Majesty, the Empress...'"

"Baptista, your story is wonderful. You should always start it like in the fairy tales. 'It was in a country where the sovereign called the humble people in the gardens 'children'...'"

"I tell the truth. When the butler said this I burst through the first door half disoriented. I entered a room in which everyone wore tail coats and measured me from top to bottom. I was extremely ashamed. Paiva appeared, ran a hand over my shoulder, and I heard, as everyone stood up straight, a voice that cried: 'Your Majesty!' The Emperor was appearing on the stairs. I shivered and retreated. Finally, glued to the wall, I muttered: 'I have the great honor to invite Your Majesty to attend to my puppet show.'"

"Yes, yes; I will be glad," said the monarch with a thin little voice, walking along...

I disappeared and announced the show, honored with the august presence of TM. and TIH.[30] The entire diplomatic corps appeared after reading the advertisement.

"It is the function of this corps, Baptista."

"What an evening! The throne had been fitted over wooden boxes covered in velvet; the orchestra was composed of the three Alberti brothers. I imagined a monologue for João Minhoca: *Travel Around the World in the Julius Caesar Balloon*. The Empress started laughing when I spoke of Naples. The Emperor at first held back but then smiled. What else to say? I would be rewarded of the value people claim I have just with their presence."

Night had fallen. Baptista lit a candle. Outside, the rain drummed over the plants.

"And then?" I asked.

"Then came the Polytheama[31] in the summer of 1883, debuting with the *Drama on the High Seas*, and I started the tours. In four years, dis-

30. Acronyms for Your Majesties and Their Imperial Highnesses, respectively.

31. Theatro Polytheama Fluminense (1880), was located in the Center of Rio de Janeiro. It was never reopened after being consumed by a fire in 1894.

— Depois vim para o Polytheama no verão de 1883, estreando com o *Drama no Alto Mar* e comecei as *tournées.* Em quatro anos, fora todas as ladroeiras de que era vítima, tive de lucro cento e cinquenta contos. Comecei as viagens pela Barra do Piraí, percorri Minas, São Paulo, Rio de Janeiro. Em Santos, no Rink, os camarotes de seis mil réis, eram vendidos por cem, em Juiz de Fora as cadeiras custavam dois mil réis, em Vassouras *João Minhoca* foi tomado por abolicionista. Os barões de Cananéia, Amparo e Massambará julgaram que o negrinho pregava o desrespeito ao branco e mandaram os escravos impedir o espetáculo. Com o dinheiro de *João Minhoca* montei um estabelecimento comercial e arruinei–me. Quando quis recomeçar, na República, os bonecos pagavam tantos impostos como os teatros sérios e a invasão estrangeira, o *guignol* aparecera. Mas eu contei a minha história! É como um testamento. *João Minhoca* deu hoje o seu último espetáculo. Já não tenho voz, já não tenho graça...

Agarrou Maricota, o Aventureiro, D. Diogo, atirou–os com fúria à arca. Só *João Minhoca*, reluzente como um deus africano, ficara, *João Minhoca* que resumira a vida de uma cidade, na rasteira, no namoro, na política, no teatro, na chalaça, *João Minhoca* capoeira, fidalgo, inventor de balões, abolicionista! Baptista pegou–o com raiva.

— E tu também!

Atirou–o sobre os outros. O boneco parecia rir.

Fechou a arca. Sentou–se como querendo esmagar com o próprio peso o seu teatro e o imperecível riso de João.

— Duas frases eu as guardo até hoje desse período de glória. A primeira escreveu–a Luiz de Castro, o urso branco, no *Jornal*:—O *João Minhoca* é a salsaparrilha do nosso teatro!

— Hoje seria preciso um depurativo mais forte.

counting all the embezzlement that I was victim of, I had one hundred and fifty *contos* profit. I started traveling around Barra do Pirai,[32] travelled trough Minas Gerais, São Paulo, Rio de Janeiro. In Santos, at the Rink,[33] the six thousand *réis* theatre boxes were sold for a hundred, in Juiz de Fora[34] the seats cost two thousand *réis*, in Vassouras[35] João Minhoca was taken as abolitionist. The barons of Cananéia,[36] Amparo[37] and Massambará[38] thought that the blackie preached disrespect towards the whites and sent slaves to stop the show. With João Minhoca's money I set up a commercial establishment and ruined myself. When I wanted to restart, in the Republic the puppets were paying as much taxes as the proper theaters and the foreign invasion, the Guignol appeared. But I told my story! It's like a will. João Minhoca today performed his last show. I no longer have voice; I'm no longer funny..."

He grabbed Maricota, the Aventureiro, D. Diogo, threw them angrily into the ark. Only João Minhoca, gleaming like an African god, stayed out, João Minhoca who had summed up the life of a city, in its treachery, flirt, politics, theater, mockery, João Minhoca *capoeira*,[39] nobleman, inventor of balloons, abolitionist! Baptista grabbed him angrily.

"And you too!"

He threw him over the others. The puppet seemed to laugh.

He closed the ark. He sat down as if to crush his theater and João's imperishable laughter with his own weight.

"Two sentences I keep to this day from that period of glory. The first was written by Luiz de Castro,[40] the white bear, in the *Journal*: 'João Minhoca is the sarsaparilla of our theater!'"

---

32. A municipality in the northwest of the state of Rio de Janeiro.

33. The Skating Rink was the second theater in Santos, a coastal city of São Paulo, and one of the most important ports in South America. It opened in 1879, and served as a place for spectacles (skating, dancing, theater, bull racing, circus shows) until 1889.

34. A municipality in the southwest of the state of Minas Gerais.

35. A city in the northweast of the state of Rio de Janeiro.

36. The southernmost city of the state of São Paulo.

37. A city north of São Paulo.

38. A rural district of Vassouras.

39. The same as *capoeirista*, a person who practices Capoeira, the Brazilian martial art with roots originating from Angola and the Congo.

40. Luiz Joaquim de Oliveira Castro (1863–1920) was a essayist, music critic,

— A outra, disse–me o Imperador, à beira do Piabanha:—O seu teatro, Baptista, é muito interessante. Volto a vê–lo hoje.

— Esses dois homens guardavam a clara inteligência dos helenos, meu pobre amigo. Só os espíritos grandemente raros compreendem a sutileza dos símbolos populares.

Mas a minha frase não foi ouvida. Um cavalheiro elegante, de guarda–chuva a pingar, irrompera:

— Oh! Homem, ainda aqui? Precisamos fechar o jardim. Os seus bonecos custam a despir–se. Safa!

Depois, dando comigo:

— Aposto que esteve a falar do imperador e a atacar o *Guignol.* Esse Baptista! Meu caro despache os seus bonecos. No Rio já não temos nem rasteiras nem moleques. Despache os bonecos e vá dormir.

Baptista sorria, endireitando os óculos. Eu saíra para a escuridão da noite. E sempre me pareceu sob a chuva, que o céu chorava, na indiferença obtusa daquela festa elegante, a morte irreparável do boneco símbolo da nossa vida e da alegria das crianças de ontem.

"Nowadays it would take a stronger depurative."

"The other sentence the Emperor told me on the banks of the river Piabanha: 'Your theater, Baptista, is very interesting. I'll see it again today.'"

"These two men retained the clear intelligence of the Hellenes, my poor friend. Only the greatly rare spirits understand the subtlety of the popular symbols."

But my sentence wasn't heard. An elegant gentleman, umbrella dripping, broke in:

"Oh! Man, are you still here? We need to close the garden. Your puppets take a long time to undress. Get going!"

Then, seeing me:

"I bet he was talking about the emperor and attacking the Guignol. Oh Baptista! My dear, hurry your puppets. In Rio we no longer have either tricksters or urchins. Hurry your puppets and go sleep."

Baptista smiled, straightening his glasses. I had gone out into the darkness of the night. And in the rain it always seemed to me that the heavens were crying, at the obtuse indifference of that elegant party, the irreparable death of the puppet symbol of our life and the joy of the children of yesterday...

Original publication: *O Fim de Um Symbolo*. Rio de Janeiro: *Revista Kósmos*, Year II, N.6, June 1905, pp.36–38.

---

chronicler and playwright, who wrote extensively to the newspapers *Gazeta de Notícias* and *A Notícia*.

O Homem Que Queria Ser Rico

O homem que queria ser rico foi um dia à Fortuna.

— Fortuna, disse ele, eu tinha vontade de ter dinheiro, porque o dinheiro é até agora o melhor elemento de felicidade. Não digas que eu tenho ambição desmedida. Tenho ambição igual à de toda gente, nem mais nem menos. E talvez a causa dessa vontade seja a resultante do pavor, do terror de ver–me um dia impossibilitado de trabalhar, a morrer de fome. Os ignorantes chamam–te de cega. És irônica, apenas. Dás aos idiotas o dinheiro. E dás aos inteligentes também. Dás ao maior número. O mundo parece–me uma grande negociata, donde só eu não me arranjo! Fortuna, não rias! Faze–me ganhar dinheiro, faze–me!

O homem que queria ser rico estava de joelhos.

A Fortuna cessou de rir.

— Meu caro, o teres dinheiro é uma questão da vontade do Destino. A minha roda, como todas as rodas, mesmo as mais mecanicamente

The Man Who Wanted to Be Rich

The man who wanted to be rich went to Fortune one day.

"Fortune," he said, "I want to have money, because money is so far the best element of happiness. Don't say I have excessive ambition. I have ambition like everyone, neither more nor less. And maybe the cause of this desire is the result of the fear, the horror of finding myself one day unable to work, starving. The ignorant call you blind. You're only ironic. You give idiots money. And you give it to intelligent people as well. You give it to the greatest number. The world seems to me to be a great swindle, where I'm the only one who doesn't do well! Fortune, don't laugh! Make me earn money, make me!"

The man who wanted to be rich was on his knees.

Fortune ceased to laugh.

certas, roda para onde ele quer. Pode haver bandalheira, mas é por sua vontade.

— Então eu... Fortuna, soluçou o pobre homem.

— Tu propriamente não és infeliz, senão porque queres ser rico. Tenta–o pois. Às vezes o Destino deixa se enternecer...

— Como?

— Fazendo o que os outros fazem...

O homem que queria ser rico amava o luxo e era honesto. Desprezou o luxo e começou a encarar a honestidade como um escrúpulo pernicioso. Tinha amigos talvez, se é possível que neste mundo vindo de Caim e Abel haja amizades. Tinha simpatias. Resolveu ver no homem apenas um bicho a explorar. De manhã, ao acordar, andando pelas ruas durante o dia, ao almoço, ao jantar, ao dormir, a preocupação de arranjar dinheiro verrumava–lhe o cérebro. Era preciso uma grande soma, uma soma para o banco! E, curvado sobre o trabalho ou à caça dele, a ideia apunhalava–o: dinheiro!

O dinheiro vinha, mas vinha pouco, à custa do seu suor. O homem juntava as pequenas notas até fazer uma grande e nesse dia delirava.

— Não a troco nem que esteja para morrer! Na semana que vem talvez arranje outra! É alguma coisa: um conto! Quando tiver dez ponho–os no banco!

Mas na semana seguinte havia atrasos de pagamentos, rejeitavam–lhe serviço, havia o imprevisto e ele tinha de trocar a única nota—porque tanto falava em contos de réis que os fornecedores não lhe deixavam a porta. Verdade é que o contratempo vinha com esperança. Um sujeito aproximava–se.

— Quer você fazer um negócio?

Era sempre uma questão de influência, de jogos de dinheiro, de desonestidade. O homem que queria ser rico comprometia–se logo sem a menor vergonha.

"My dear, thou having money is a matter of Destiny's will. My wheel, like all wheels, even the most mechanically true, runs where it wants. There may be knavery, but that's its will."

"So I… Fortune," sobbed the poor man.

"You're not exactly unhappy, other than because you want to be rich. Try it then. Sometimes Destiny is moved to compassion…"

"How?"

"Doing what others do…"

The man who wanted to be rich loved luxury and was honest. He scorned luxury and began to regard honesty as a pernicious scruple. Maybe he had friends, if it's possible that there are friendships in this world coming from Cain and Abel. He had affinities. He decided to see in man only an animal to exploit. In the morning, upon waking, walking the streets during the day, at lunch, at dinner, when sleeping, the worry of getting money tortured his brain. He needed a large sum, a sum for the bank! And, bent over work or in pursuit of it, the idea stabbed him: money!

Money came, but little, at the expense of his sweat. The man gathered the little notes to make a big one, and that day he was delirious.

"I don't change it even if I am at death's door! Next week I might get another! It's something: one *conto*![1] When I have ten I'll put them in the bank!"

But the following week there were late payments, people rejected his service, there was the unexpected, and he had to break his only note—because he spoke so much of *contos de réis* that the suppliers didn't leave his door. It's true that the setback came with hope. A fellow approached.

"Do you want to do business?"

1. Brazilian currency of the period, *réis* (plural of real). One *conto de réis* was equivalent to 1,000.000 *réis*. Measured against the relative price of gold, one *conto de réis* would be equivalent to approximately USD 35,000 (December 2016).

— Qual! O trabalho honrado não dá fortuna a ninguém! Trabalha–se para não morrer de fome e enriquecer os outros. O negócio é tudo!

E vinham–lhe à mente histórias fabulosas de cavalheiros a que a advocacia administrativa dera fortuna, ladrões do estado milionários, propostas aceitas com gordas comissões.

— Ora, se não aceito! Aceito! Amanhã mesmo...

E mentalmente ia calculando os negócios: daqui um conto, dali três, d'acolá vinte. Talvez uma vez pudesse fazer quarenta contos. Quantos companheiros do seu tempo de menino, quase analfabetos, estavam ricos, com automóveis, prédios. Ter dinheiro, poder não fazer nada com a existência garantida, agir conforme a fantasia própria!

Porque a amante o roubasse um pouco à ideia fixa, abandonou–a, e, muita vez, nos grupos ficava como esquecido, impotente para conter a onda tumultuosa de pensamentos, de plano, de ideias para arranjar o dinheiro—que o desvairava quase.

Mas os negócios não se realizavam. Uns depois da proposta passavam adiante sem satisfação; outros eram tomados mais gordamente pelos de fora. E essa gente que o ludibriava e figurava no grande baile dos panamás de toda ordem—sorria apertava–lhe a mão como se não tivesse preocupações graves.

Que diferença!

No seu cérebro as circunvoluções entumeciam–se; o desespero, a vergonha, a ambição giravam–lhe em vertigem dentro do crânio. O pobre homem que queria ser rico voltava ao labor sério.

— Que se há de fazer? Não nasci para as trapalhices. Ao menos o trabalho dá para se viver!

Então, como um furo de grampo atravessava–lhe o cérebro a ideia: e se não pudesse mais trabalhar? E teria de toda a vida fazer o mesmo, sem cansar, quando tudo cansa, quando o próprio aço quebra de cansado? Ah! Era preciso ser rico, era preciso arranjar dinheiro, maços de notas

It was always a matter of influence, money games, dishonesty. The man who wanted to be rich committed himself right away without shame.

"What! Honorable work doesn't make anyone a fortune! People work to keep from starving and enrich others. Business is everything!"

And there came to his mind fabulous stories of gentlemen for whom the administrative law had made a fortune, the millionaire state thieves, proposals accepted with fat commissions.

"Why, if I don't accept! I accept! Tomorrow..."

And he mentally calculated the businesses: one *conto* here, three there, a *vintém*[2] there. Maybe once he could make forty *contos*. How many acquaintances of his boyhood, almost illiterate, were rich, with cars, buildings. Having money, being able to do nothing with the existence guaranteed, acting according to his own fantasy!

Because his lover stole a little of his fixed idea, he abandoned her; and, many times, he was as forgetful when in the groups, powerless to contain the tumultuous wave of thoughts, of plans, of ideas to get money—which almost drove him mad.

But businesses weren't done. Some, after the proposal went ahead without satisfaction; others were vigorously taken by outsiders. And these people who deceived him and showed up in the great variety of Panama balls—smiled shaking his hand as if they had no serious concerns.

What a difference!

In his brain the convolutions swelled up. The despair, shame, ambition spun in vertigo inside his skull. The poor man who wanted to be rich would go back to serious work.

"What is to be done? I wasn't born for swindles. At least the work yields enough to live!"

So, like a staple hole, the idea went through his brain: what if he could not work anymore? And he would have to do the same through

---

2. One *vintém*, a copper coin, was worth twenty *réis*.

a render. E ele teria, ele havia de ter, porque querer e força de vontade são as duas alavancas do mundo.

Extenuava–se de novo no trabalho. Às pessoas que aparentavam riqueza ou que tinham mostrava sempre a jactância de igual em sorte. Os sujeitos que tiravam a grande na loteria, os roleteiros e bolsistas felizes, os meninos com dote, os empreiteiros milionários, os tipos amigos íntimos das altas posições causavam–lhe ironias e desprezo.

— Também eu hei de ter!

E os anos iam passando. O homem que queria ser rico não notava que perdera o cabelo, que já corcovava e que de fato não tinha vivido na vida normal. Não se divertira nos bailes, não dançara, não pulara, não cantara, não assobiara. Nem assobiara quando o assobio é o mais libertário transporte permitido pela educação. As mulheres, os prazeres, os carinhos da amizade não os tivera. De manhã à noite só a grande vontade de ser rico, de ter dinheiro, não muito, qualquer coisa, o bastante para ter tempo de entrar na vida. E suando, arfando, batendo a enxada no terreno sáfaro, os seus olhos viam sem ver, por diante dele passar a torrente da existência feita de risos, de lágrimas, de fúrias de ambições, de desesperos, apenas sem aquele carácter de excepção.

Um dia, ao sair de casa, o homem topou uma carteira. Abriu–a. Tinha um cheque ao portador sobre um banco. Encostou–se a uma parede, alucinado. E nem um segundo passara, diante dele um cavalheiro correto, dizia:

— Muito obrigado! Felizmente o senhor achou–a.

— É sua?

— Perdi–a há dez minutos. Estava louco! Obrigado.

O homem que queria ser rico viu que lhe tomavam a fortuna e sem coragem de reagir quedou–se, desiludido. Era impossível! Evidentemente era impossível! Quanta gente acha carteiras, quanta gente as rouba mesmo sem as restituir? A ele, só a ele que queria ser rico é que acontecia tamanho caiporismo! Teria de ser toda vida um

life, tirelessly, when everything gets tired, when steel itself breaks down in tiredness? Ah! He had to be rich; he had to get money, wads of profitable bills. And he would have, he had to have, because want and willpower are the two levers of the world.

He exhausted himself at work again. He always showed the arrogant pretension of similar luck to people who had or seemed to have wealth. The fellows who won the big lottery, roulette players, and happy stockbrokers, endowed boys, millionaire contractors, the types close friends in high positions, all caused him sarcasm and contempt.

"I'll have it, too!"

And the years passed. The man who wanted to be rich didn't notice that he had lost his hair, that he already become hunched over and that in fact he hadn't lived a normal life. He didn't have fun at the balls, didn't dance, didn't jump around, didn't sing, didn't whistle. He didn't even whistle, when the whistle is the most libertarian ecstasy permitted by manners. Women, pleasures, the affection of friendship—he hadn't had them. From dawn to dusk he only had the strong desire to be rich, to have money, not much, anything, enough to have time to get into life. And sweating, panting, pounding the hoe onto the barren ground, his eyes saw without seeing. Before him passed the stream of existence made of laughter, tears, rages of ambitions, despair, only without that exceptional nature.

One day, leaving home, the man ran into a wallet on a bench. He opened it. It had a bearer check. He leaned against a wall, delirious. And not a second had passed before a proper gentleman before him said:

"Thank you very much! Fortunately you found it, sir."

"Is it yours?"

"I lost it ten minutes ago. I was crazy! Thank you."

The man who wanted to be rich saw someone taking his fortune, and, not daring to react, he stood quietly, disillusioned. It was impos-

pobretão, indo cada vez mais para a miséria, andando a pé quando sonhava automóveis, morando em bibocas quando imaginava palácios, vestindo panos grossos quando desejava o contacto de tecidos preciosos. Foi andando trôpego pela rua, enveredou por um jardim, sentou–se num banco, muito triste. Que fazer mais? Resignar–se? Não pensar mais em ser rico? A essa ideia rilhou os dentes (grinded his teeth), torceu os braços de raiva! Oh! Não poder fazer o que queria, não conseguir o seu fim!

— Porque entregaste a carteira? perguntou–lhe uma voz.

Voltou–se e viu a Fortuna, que sorria amavelmente, porque o sorriso da Fortuna é como o das meretrizes, sem significação de simpatia.

— Não me fales! Não me fales! Podias ter sido ao menos leal comigo! Vê. Estou velho, magro, corcovado, extenuado, sem cabelo, sem viço, sem ideias. Só penso numa coisa: em fazer dinheiro, e cada vez mais raro o dinheiro nas minhas mãos, eu sinto, estás a ouvir? Sinto que tudo quanto passa se pode converter em moedas para quem tem sorte! É o final da moléstia. Não posso mais.

— Mas tu tens sido infeliz?

— Ainda o perguntas!

— Vejo–te sempre com algum dinheiro.

— Algum dinheiro que diminui, não cresce, mingua, não aumenta, encurta. Algum dinheiro, sempre algum dinheiro para dar–me a angustiosa ideia de que se vai sumir de todo para nunca mais voltar. Algum dinheiro!... Era melhor não ter nenhum, era melhor viver sem uma moeda de cobre para não ter a esperança. Esse dinheiro que me dás em troca do suor da minha agonia é o chumbo que me prega ao desespero!

Então a Fortuna sorriu piedosamente.

— Tens razão. Mas que se há de fazer? Os manuais de enriquecer são mentiras. Para fazer dinheiro é preciso não pensar apenas em fazer dinheiro. O dinheiro está no fim das coisas ou no começo. Não se deve

sible! Evidently it was impossible! How many people find wallets, how many people even steal them, without returning them. Such dumb luck only happened to him, the one who wanted to be rich! He would have to be a wretch his whole life, increasingly reaching poverty, walking as he dreamed of cars, living at hovels as he imagined palaces, wearing thick cloth when he wanted the touch of precious fabrics. He hobbled down the street, made his way into a garden, sat on a bench, very sad. What else to do? Resign? Not think about being rich anymore? At this idea he ground his teeth, twisted his arms in anger! Oh! Not being able to do what he wanted, not getting things his way!

"Why did you return the wallet?" a voice asked him.

He turned and saw Fortune, who smiled politely, because the smile of Fortune is like the whores', without meaningful compassion.

"Don't talk to me! Don't talk to me! You could have at least been loyal to me! Look. I'm old, skinny, hunchbacked, exhausted, bald, withered, idealess. I only think of one thing: to make money, and increasingly rarely money comes to my hands, it seems. Are you listening? I feel that whatever happens can be converted into coins for those who have luck! It's the end of suffering. I can't do it anymore.

"But have you been unhappy?"

"Do you still ask!"

"I always see you with some money."

"Some money which diminishes, doesn't grow, wanes, doesn't increase, lessens. Some money, always some money to give me the distressing notion that it will go away good, never to return. Some money!... It was better not to have any, it was better to live without a copper coin so as not to have hope. This money that you give me in exchange for the sweat of my agony is the lead which takes me to despair!"

Then Fortune smiled piously.

"You are right. But what's to be done? The enrichment manuals are lies. To make money one must not only think of making money. Money

ser nem muito trabalhador nem muito ladrão. Mas é preciso ser as duas coisas a propósito, vivendo. Tu esqueceste de viver. Sem viver não se aproveita a ocasião. Aquela carteira não era da pessoa que t'a tomou. Se soubesses viver, não a terias entregue. Fica sabendo, meu caro, que não basta querer ser rico para o conseguir. É preciso saber guardar as carteiras e interessar–se pelos que as perderam.

— A Fortuna não deve filosofar.

— É a única coisa que não custa.

O homem que queria ser rico, simplesmente rico, sem outra qualidade, curvou a cabeça, ergueu–se, e deixou o banco onde estivera com a Fortuna. Ao sair, olhou para trás e ainda a viu, que lhe dizia adeus.

Nesse mesmo dia, ao passar por umas obras, caiu–lhe um andaime em cima, quebrando–lhe uma perna. Remetido para o hospital, o homem exigiu do dono do andaime uma indenização louca. Obteve–a. Estava com dinheiro grosso.

E desde então começou de enriquecer, convencido de que o que tem de ser tem muita força e que não são os que procuram a fortuna os que mais depressa a obtém...

is in the ends or in the beginnings of things. One should be neither too much of a worker nor too much of a thief. But for that purpose one must be both, by living. You have forgotten to live. Without living one doesn't take the opportunity. That wallet didn't belong to the person who took it from you. If you knew how to live, you wouldn't have returned it. Learn, my dear, that it's not enough to want to be rich to succeed at it. You need to know how to keep the wallets and have interest in the ones who lost them."

"Fortune should not philosophize."

"It's the only thing that doesn't cost a thing."

The man who wanted to be rich, simply rich, without any other quality, bowed, stood up, and left the bench where he had been with Fortune. On leaving, he looked back and still saw her, saying goodbye.

That same day, as he was passing a construction site, a scaffolding fell on top of him, breaking his leg. Referred to the hospital, the man demanded the owner of the scaffolding a mad compensation. He got it. It was big money.

And since then he began to enrich, convinced that what must be has great strength, and that it's not those who seek fortune who get it faster...

Original publication: *O Homem Que Queria Ser Rico*. Rio de Janeiro: *A Notícia*, 30–31.10.1909, N.252, p.3.

Um Mendigo Original

Morreu trás–anteontem, às 7 da tarde, de uma congestão, o meu particular amigo, o mendigo Justino Antônio.

Era um homem considerável, subtil e sórdido, com uma rija organização cerebral que se estabelecia neste princípio perfeito: a sociedade tem de dar–me tudo quanto goza, sem abundância mas também sem o meu trabalho—princípio que não era socialista mas era cumprido à risca pela prática rigorosa.

A primeira vez que vi Justino Antônio num alfarrabista da rua de S. José, foi em dia de sábado.

Tinha um *frack* verde, as botas rotas, o cabelo empastado e uma barba de profeta, suja e cheia de lêndeas. Entrou, estendeu a mão ao alfarrabista.

— Hoje, não tem.

— Devo notar que há já dois sábados nada me dás.

— Não seja importuno. Já disse.

An Original Beggar

He died three days ago, at 7:00 in the evening, of a congestion, my personal friend, the beggar Justino Antônio.

He was a handsome, subtle, and sordid man with a rigid brain organization that was established on this perfect principle: society has to give me all that it enjoys without abundance but without my work—a principle which wasn't socialist but was precisely fulfilled through rigorous practice.

The first time I saw Justino Antônio in a second-hand bookshop on Rua de São José, it was a Saturday.

He wore a green tailcoat and ragged boots, matted hair and prophet's beard, dirty and full of nits. He entered, put out his hand to the bookseller.

"Today, there's nothing."

"I should note that there it's already been two Saturdays since you gave me anything."

"Don't be annoying. I already told you."

— Bem, não te zangues. Notei apenas porque a recusa não foi para sempre. Este cidadão, entretanto, vai ceder–me quinhentos réis.

— Eu!

— Está claro. Fica com esta despesinha a mais: quinhentos réis aos sábados. É melhor dar a um pobre do que tomar um chopp. Peço, porém, para notares que não sou um mordedor, sou mendigo, esmolo, esmolo há vinte anos. Tens diante de ti um mendigo autêntico.

— E por que não trabalha?

— Porque é inútil.

Dei sorrindo a cédula. Justino não agradeceu, e quando o vimos pelas costas, o alfarrabista indignado prorrompeu contra o malandrim que com tamanho descaro arrancava os níquéis à algibeira alheia. Achei original Justino. Como mendigo era uma curiosa figura perdida em plena cidade, capaz de permitir um pouco de fantasia filosófica em torno da sua ideogênica dignidade. Mas o mendigo desaparecera, e só um mês depois, ao sair de casa, encontrei–o à porta.

— Deves–me dois mil réis de quatro sábados, e venho ver se me arranjas umas botas usadas. Estas estão em petição de miséria.

Fi–lo entrar, esperar à porta da saleta, forneci–lhe botas e dinheiro.

— E se me desses almoço?

Mandei arranjar um prato farto, e com a gula de descrevê–lo, fui generoso.

— Vem para a mesa.

— A mesa e o talher são inutilidades. Não peço senão o que necessito no momento. Pode–se comer perfeitamente sem mesa e sem talher.

Sentou–se num degrau da escada e comeu gravemente o pratarraz. Depois pediu água, limpou as mãos nas calças e desceu.

— Espera aí, homem. Que diabo! Nem dizes obrigado.

"Well, don't get angry. I only noticed because the refusal was not forever. This citizen, however, will give me five hundred *réis*."[1]

"Me!"

"It's clear. You keep this other small expense: five hundred *réis* on Saturdays. It's better to give to a poor than to drink a draft beer. I ask you, however, to note that I'm not a sponger, I am a beggar. I beg. I've begged for twenty years. You have before you a genuine beggar."

"And why don't you work?"

"Because it's useless."

I gave him the note, smiling. Justino didn't thank me, and when we saw his back, the angry bookseller burst out against the scoundrel who took nickels from strangers' pockets with such barefacedness. I found Justino original. As a beggar he was a curious figure lost in the middle of the city, able to allow some philosophical fantasy around its ideogenical dignity. But the beggar had disappeared, and only a month later, leaving home, I met him at the door.

"You owe me two thousand *réis* for four Saturdays, and I come to see if you can get me some used boots. These are in pretty bad shape."

I told him to come in, wait at the door of the waiting–room. I provided him boots and money.

"And if you gave me lunch?"

I ordered him a hearty dish, and with the gluttony of describing him, I was generous.

"Come to the table."

"Table and cutlery are useless. I don't ask but for what I need right now. One can eat perfectly without table and without cutlery."

He sat on a rung of the ladder and seriously ate the big plate. Then he asked for water, wiped his hands on his pants and went down.

"Hold on, man. What the hell! You don't even say thank you."

---

1. Brazilian currency of the period, *réis* (plural of real). One *conto de réis* was equivalent to 1,000.000 *réis*. Measured against the relative price of gold, *one conto de réis* would be equivalent to approximately USD 35,000 (December 2016).

— É inútil dizer obrigado. Só deste o que falta não te faria. E deste por vontade. Talvez fosse até por interesse. Deste–me as botas velhas como quem compra um livro novo. Conheço–te.

— Conheces–me?

— Não te enchas, vaidoso. Eu conheço toda a gente. Até para o mês.

— Queres um copo de vinho?

— Não. Costumo embriagar–me às quintas; hoje é segunda.

Confesso que o mendigo não me deixou uma impressão agradável. Mas era quanto possível novo, inédito, com a sua grosseria e as suas atitudes de Sócrates de ensinamentos. E diariamente lembrava a sua figura, a sua barba cheia de lêndeas... Uma vez vi–o na galeria da Câmara, na primeira fila, assistindo aos debates, e na mesma noite, entrando num teatro do Rocio, o empresário desolado disse–me:

— Ah! Não imaginas a vazante! É tal que mandei entrar o Justino.

— Que Justino?

— Não conheces? Um mendigo, um tipo muito interessante, que gosta de teatro. Chega à bilheteira e diz: "Hoje não arranjei dinheiro. Posso entrar?" A primeira vez que me vieram contar a pilhéria achei tanta graça que consenti. Agora, quando arranja dez tostões compra a senha sem dizer palavra e entra. Quando não arranja repete a frase e entra. Um que mal faz?

Fui ver o curioso homem. Estava em pé na geral, prestando uma sinistra atenção às facécias de certo cômico.

— Justino, porque não te sentas?

— É inútil. Vejo bem de pé.

— Mas o empresário...

— Contento–me com a generosidade do empresário.

— Mas na Câmara estavas sentado.

— Lá é a comunhão que paga.

Insisti no interrogatório, a falar da peça, dos atores, dos prazeres da vida, do socialismo, de uma porção de coisas fúteis, a ver se o mendigo

"It's needless to say thank you. You only gave what you can manage without. And by your own will. Perhaps it was even by interest. You gave me the old boots like those who buy a new book. I know you."

"Do you know me?"

"Don't be conceited, vainglorious. I know everybody. See you next month."

"Would you like a glass of wine?"

"No. I often get drunk on Thursdays; today is Monday."

I must confess that the beggar didn't leave me a nice impression. But he was as new, as unprecedented as possible, with his rudeness and his Socratic teaching attitudes. And every day I remembered his figure, his beard full of nits... Once I saw him in the Council gallery, front row, watching the debates; and that same night, entering a theatre at Largo do Rocio,[2] the desolate impresario told me:

"Ah! You cannot imagine the emptiness! It is such that I let Justino enter."

"Which Justino?"

"You don't know him? A beggar, a very interesting type, who likes theater. He goes to the box office and says, 'Today, I didn't get money. Can I come in?' The first time they told me the joke I found it so funny that I let him in. Now, when he gets ten *tostões*[3] he purchases the ticket without a word and goes in. When he doesn't get it, he repeats the phrase and enters. What harm does it do?"

I went to see the curious man. He was standing in the gallery, paying sinister attention to the witticisms of a certain comedian.

"Justino, why don't you sit down?"

"It's useless. I see well standing."

"But the impresario..."

"I content myself with the generosity of the impresario."

"But in the Council you were sitting."

2. Nowadays Praça Tiradentes (Tiradentes Square), in the Centre of Rio de Janeiro, which still houses two traditional theatres, Carlos Gomes e João Caetano.

3. Brazilian coin of a hundred *réis*, an insignificant amount.

falava. Justino conservou–se mudo. No intervalo convidei–o a tomar uma soda, por não ser quinta–feira.

— Soda é inútil. Estás a aborrecer–me. Vai embora.

Outra qualquer pessoa ficaria indignadíssima. Eu curvei resignadamente a cabeça c abalei vexado.

A voz daquele homem branca, fria, igual, no mesmo tom, era inexorável.

— É um tipo o teu espectador, disse ao empresário.

— Ah!... ninguém lhe arranca palavra. Sabes que nunca me disse obrigado?

Eu andava precisamente neste tempo a interrogar mendigos para um inquérito à vida da miséria urbana e alguns dos artigos já haviam aparecido. Dias depois, estando a comprar charutos, entra pela tabacaria a dentro, o homem estranho.

— Queres um charuto?

— Inútil. Só fumo às terças e aos domingos. Os charuteiros fornecem–me. Entrei para receber os meus dois mil réis atrasados e para dizer que não te metas a escrever a meu respeito.

— Por que?

— Porque abomino a minha pessoa em letra de forma, apesar de nunca a ter visto assim. Se fizeres a feia ação, sou forçado a brigar contigo, sempre que te encontrar.

A perspetiva de rolar na via pública com um mendigo, não me sorria. Justino faria tudo quanto dissera. Depois era um fenômeno de hipnose. Estava inteiramente dominado, escravizado àquela figura esfingética da lama urbana, não tinha forças para resistir à sua calma e fria vontade. Oh! Ouvir esse homem! Saber–lhe a vida!

Como certa vez entretanto, à 1 hora da noite, atravessasse o equívoco e silencioso Jardim do Rocio, vi uma altercação num banco. Era o tempo em que a polícia resolvera não deixar os vagabundos dormirem nos

"There it's the communion that pays."

I insisted on questioning him, talking about the play, the actors, the pleasures of life, of socialism, of a many futile things, to see if the beggar spoke. Justino stood in silence. In the interval I invited him to have a soda, because it's not Thursday.

"Soda is useless. You are bothering me. Go away."

Anyone else would be indignant. I bowed resignedly and scampered away, vexed.

The voice of the man, white, cold, even, in the same tone, was inexorable.

"He's a type, your spectator," I said to the impresario.

"Ah... no one snatches a word from him! You know he's never said thank you to me?"

I was precisely, at this time, interviewing beggars for an inquiry into the life of urban poverty and some of the articles had already been published. Days later, I was buying cigars, the strange man walks into the tobacco shop.

"Would you like a cigar?"

"Useless. I only smoke on Tuesdays and Sundays. People give me the cigars. I came to get my two thousand *réis* in arrears and to tell you not to dare to write about me."

"Why?"

"Because I abhor myself in block letters, despite never having seen it like that. If you perpetrate the ugly action, I'm forced to fight with you, whenever I meet you."

The prospect of wallowing in the streets with a beggar didn't make me smile. Justino would do all he had said. Besides, he was a phenomenon of hypnosis. I was entirely subdued, enslaved by that sphinx–like character of the urban mud; I had no strength to resist his calm and cool willpower. Oh! Hear this man! Getting to know his life!

Like once when, at 1:00 in the morning, I walked through the dubious and quiet Jardim do Rocio and saw an altercation at a bench. It

bancos. Na noite de luar, dois guardas civis batiam–se contra um vulto esquálido de grandes barbas. Acerquei–me. Era ele.

— Vamos, seu vagabundo.

— É inútil. Não vou.

— Vai à força!

— É inútil. Sabem o que é este banco para mim? A minha cama de verão há doze anos! De uma hora em diante, por direito de hábito, respeitam–na todos. Tenho visto passar muito guarda, muito suplente, muito delegado. Eles vão–se, eu fico. Nem tu, nem o suplente, nem o comissário, nem o delegado, nem o chefe serão capazes de me tirar esse direito. Moro neste banco há uma dúzia de anos. Boa noite.

Os civis iam fazer uma violência. Tive de intervir, convencê–los, mostrar autoridade, enquanto Justino, recostado e impassível, dizia:

— Deixa. Eles levam–me eu volto.

Afinal os guardas acederam, e Justino deitou–se completamente.

— Foi inútil. Não precisava. Mas eu sou teu amigo.

— Meu amigo?

— Certo. Nunca te pedi nada que te pudesse fazer falta e nunca te menti. Fica certo. Sou o teu melhor amigo, sou o melhor amigo de toda a gente.

— E não gostas de ninguém.

— Não é preciso gostar para ser amigo. Amigo é o que não sacrifica.

E desde então comecei a sacrificar–me voluntariamente por ele, a correr à policia quando o sabia preso, a procurá–lo quando o não via e desesperado porque não aceitava mais de dois mil réis da minha bolsa, e dizia, inexorável, a cada prova da minha simpatia.

— É inútil, inteiramente inútil!

Durante três anos dei–me com ele sem saber quantos anos tinha ou onde nascera. Nem isso. Apenas ao cabo de seis meses consegui saber que fumava aos domingos e às terças, embebedava–se às quintas, ia ao teatro às sextas e às segundas, e todo dia à Câmara. Nas noites de

was the time when the police decided not to let the vagrants sleep on the benches. In the moonlit night, two civil guards were fighting against a gaunt figure with long beard. I went closer. It was him.

"Let's go, you bum."

"It's useless. I won't go."

"You're going by force!"

"It's useless. Do you know what this bench is for me? My summer bed for twelve years! From 1:00 a.m. onwards, by right of habit, everybody respects it. I have seen many guards fade away, many deputies, many sheriffs. They move on, I stay. Neither you nor the deputy, nor the commissioner nor the sheriffs nor the chief will be able to take that right away from me. I've lived on this bench for a dozen years. Good evening."

The guards were going to take some violent action. I had to intervene, convince them, show authority, while Justino, leaning back, impassive, said:

"Leave. They take me and I'll be back."

At last the guards gave in, and Justino lay down completely.

"It was useless. You didn't need to. But I am your friend."

"My friend?"

"Right. I never asked for anything that you couldn't have managed without, and I never lied to you. That's right. I'm your best friend; I'm everyone's best friend."

"And you don't like anyone."

"No need to like someone to be friends. A friend is one who doesn't burden."

And since then I began to devote myself voluntarily for him, running to the police when I learned he had been arrested, looking for him when I didn't see him around, and desperate because he didn't accept more than two thousand *réis* from my wallet, and said, inexorable, with every proof of my affection:

"It's useless, completely useless!"

chuva dormia no chão! numa hospedaria; em noites secas no seu banco. Nunca tomava banho, pedia pouco, e ao menor alarde de generosidade, limitava o alarde com o seu desolador: é inútil. Teria tido vida melhor? Fora rico, sábio? Amara? Odiara? Sofrera? Ninguém sabia! Um dia disse–lhe:

— A tua vida é exemplar. És o Buda contemporâneo da Avenida.

Ele respondeu:

— É um erro servir d'exemplo. Vivo assim porque entendo viver assim. Condensei apenas os baixos instintos da cobiça, exploração, depravação, egoísmo em que se debatem os homens se na consciência de uma vontade que se restringe e por isso é forte. Numa sociedade em que os parasitas tripudiam—é inútil trabalhar. O trabalho é de resto inútil. Resolvi conduzir–me sem ideias, sem interesse, no meio do desencadear de interesses confessados e inconfessáveis. Sou uma espécie de imposto mínimo, e por isso nem sou malandro, nem mendigo, nem um homem como qualquer—porque não quero mais do que isso.

— E não amas?

— Nem a mim mesmo porque é inútil. Desses interesses encadeados resolvi, em lugar de explorar a caridade ou outro gênero de comércio, tirar a percentagem mínima, e daí o ter vivido sem esforço com todos os prazeres da sociedade, sem invejas e sem excessos, despercebido como o invisível. Que fazes tu? Escreves? Tempo perdido com pretensões a tempo ganho. Que gozas tu? Teatros, jantares, festas em excesso nos melhores lugares. Eu gozo também quando tenho vontade, no dia de porcentagem no lugar, que quero—o menor, o insignificante—os teatros e tudo quanto a cidade pode dar de interessante aos olhos. Apenas sem ser apontado e sem ter ódios.

— Que inteligência a tua!

— A verdadeira inteligência é a que se limita para evitar dissabores. Tu podes ter contrariedades. Eu nunca as tive. Nem as terei. Com o meu sistema, dispenso–me de sentir e de fingir, não preciso de ti nem de

For three years I met him without knowing how old he was or where he was born. Not even that. Only after six months did I get to know that he smoked on Sundays and Tuesdays; on Thursdays he got drunk; went to the theater on Fridays and Mondays, and to the Council every day. On rainy nights he slept on the floor! At an inn; on dry nights, on his bench. He never bathed; he asked for little, and at the smallest show of generosity, he limited the fanfare with his bleak: it's useless. Would he have had a better life? Was he rich, wise? Would he have loved? Hated? Suffered? No one knew! One day I said to him:

"Your life is exemplary. You're the contemporary Buddha of the Avenue."

He replied:

"It's a mistake to serve as an example. I live like this because I decided to live like this. I've only condensed the baser instincts of greed, exploitation, depravity, selfishness with which men are struggling in the consciousness of a limited will. That's why it's strong. In a society where parasites rejoice, it's useless to work. Working is otherwise useless. I decided to lead my life without ideas, without interest, amidst the unleashing of confessed and unmentionable interests. I am some kind of minimum tax, so I'm neither trickster, nor beggar, nor a man like any other—because I don't want more than that."

"And don't you love?"

"Not even myself, because it's useless. From these linked interests I've decided instead to explore charity or another kind of trade, taking the minimum percentage, and hence having lived effortlessly with all the pleasures of society, without envy and without excesses, unseen like the invisible. What are you doing? Do you write? Time wasted with the intentions of gaining time. What do you enjoy? Theaters, dinners, too many parties in the best places. I also enjoy myself when I feel like, on days of discounts at places, when I want—the smallest, most insignificant—the theaters and all that the city can provide that's interesting to the eye. Only without being pointed at and without hatred."

ninguém, retirando dos defeitos e das organizações más dos homens o subsídio da minha calma vida.

— É prodigioso.

— É um sistema, que serias incapaz de praticar, porque tu és como todos os outros, ambicioso e sensual.

Quando soube da sua morte corri ao necrotério a fazer–lhe o enterro. Não era possível. Justino tinha deixado um bilhete no bolso pedindo que o enterrassem na vala comum "a entrada geral do espetáculo dos vermes".

Saí desolado porque essa criatura fora a única que não me dera nem me tirara, e não chorara, e não sofrera e não gritara, amigo ideal de uma cidade inteira fazendo o que queria sem ir contra pessoa alguma, livre de nós como nós livres dele, a dez mil léguas de nós, posto que ao nosso lado.

E também com certa raiva—porque não dizê–lo?—porque o meu interesse fora apenas o desejo teimoso de descobrir um segredo que talvez não tivesse.

Emfim, morreu. Ninguém sabia da sua vida, ninguém falou da sua morte. Um bem? Um mal?

Nem uma nem outra coisa, porque, afinal na vida tudo é inteiramente inútil...

"What intelligence!"

"True intelligence is that which limits itself to avoid disappointments. You can have setbacks. I've never had them. Nor will I have them. Within my system, I avoid feeling and pretending. I don't need you or anyone else. I take the subsidy of my life from men's flaws and bad organization."

"It's prodigious."

"It's a system which you would be unable to practice because you are like everyone else, ambitious and sensual."

When I heard of his death I ran to the morgue to deal with his burial. It wasn't possible. Justino had left a note in his pocket asking to be buried in the mass grave, "the general entrance to the spectacle of worms."

I left devastated because this creature was the only one who hadn't given to or taken from me, and he didn't cry, didn't suffer and didn't shout, ideal friend of an entire city doing what he wanted without going against anyone, free of us as we were free of him, ten thousand leagues from us, nevertheless at our side.

And also with a certain anger—why not say it?—because my interest was only the stubborn desire to discover a secret that might not have existed.

Anyway, he died. No one knew of his life, no one spoke of his death. A bliss? A curse?

Neither one nor the other, because, after all, in life everything is entirely useless...

Original publication: *Um Mendigo Original.* Rio de Janeiro: *A Notícia*, 08–09.05.1909, N.103, p.3.

O Último Burro

Era o último bonde de burros, um bondinho subitamente envelhecido. O cocheiro lerdo descansava as rédeas, o recebedor tinha um ar de final de peça e o fiscal, com intimidade, conversava.

— Então paramos?

— É a última viagem.

Estávamos numa rua triste e deserta. Viéramos do movimento alucinante de centenas de trabalhadores que em outra, à luz de grandes focos, plantavam as calhas da tração elétrica e víamos com uma fúria satânica ao cabo da rua silenciosa, outras centenas de trabalhadores batendo os trilhos.

Saltei, um pouco entristecido. Olhei o burro com evidente melancolia e pareceu-me a mim que esse burro, que finalizava o último ciclo da tração muar, estava também triste e melancólico.

O burro é de todos os animais domésticos o que mais ingratidões sofre do homem. Bem se pode dizer que nós o fizemos o pária dos bichos. Como ele tivesse a complacência de ser humilde e de servir, os poetas jamais o cantaram, os fabulistas referem-se a ele com desprezo

The Last Mule

It was the last mule–drawn tram, a suddenly aged little streetcar. The laggard coachman rested the reins; the receiver had an air of the end of a theater play, and the inspector, with intimacy, chatted.

"So, do we stop?"

"It's the last trip."

We were on a sad and empty street. We had come from the mind–bending motion of hundreds of workers who, on another street, under huge lights, planted the gutters of the electric rail, and we could see, at the end of the quiet street, hundreds of workers striking the tracks with satanic fury.

I alighted a bit saddened. I looked at the mule with obvious melancholy and it seemed to me that this mule, which finished the last cycle of mule traction, was also sad and melancholic.

Amongst domesticated animals, the mule is the one which suffers the most ingratitude from man. One could well say that we made it the outcast amongst animals. As it had the pleasure of being humble and

transparente, e cada um resolveu nele encontrar a comparação de uma qualidade má.

— É teimoso como um burro! dizem, e de um sujeito estúpido:— que burro! Cada bicho é um símbolo e o burro ficou sendo o símbolo da falta de inteligência. Mas ninguém quis ver que no burro o que parece insuficiência de pensar é candura d'alma, e ninguém tem a coragem de notar a inocência da sua dedicação.

Eu tenho uma certa simpatia por esse estranho sofredor. Há homens infinitamente mais estúpidos que o burro e que entretanto até chegam a ser ricos e a ter camarote no Lyrico. Há bichos muito menos dotados de inteligência e que entretanto ganharam fama. A raposa é espertíssima, quando no fundo é uma fúria irrefletida, o boi é filosófico, o cavalo só falta falar, quando de fato regulam com o burro, e a infinita série de inutilidades do lar desde os gatos e fraldiqueiros aos pássaros de gaiola tem a admiração pateta dos homens, quando essa admiração devia pender para o caso simples e doloroso do burro.

O burro é bom, é tão bom que a lenda o pôs no estabulo onde se pretende tenha nascido um grande sonhador a que chamam Jesus. O burro é resignado. Ele vem através da história prestando serviços sem descansar e apanhando relhadas como se fosse obrigação. Não é um, são todos. Eu conheço os burros de carroça, com o couro em sangue, suando, a puxar pesos violentos, e conheço os burros de tropa na roça, e os burros de *bonds*, magros e esfomeados. São fatalmente fiéis e resignados. Não lhes perguntam se comeram, se dormiram, se estão bem. Eles trabalham até rebentar, e até a sua morte é motivo de pouco caso. Para demonstrar nos conflitos, que não houve nada, sujeitos em fúria dizem para os curiosos:

— Que olham? Morreu um burro!

O burro é carinhoso e familiar. Ide vê–los nas limitadas horas de descanso. Deitam–se e rebolam na poeira como na grama, e beijam–

serving, the poets never sang about it, the fabulists refer to it with clear contempt, and each person decided to find in it the comparison to a bad quality.

"He's stubborn as a mule!" people say of a stupid fellow: "What an ass!" Each animal is a symbol, and the mule became the symbol of a lack of intelligence. But nobody wanted to see that in the mule that which seems to be insufficient of thought is candor of the soul, and no one has the courage to notice the innocence of its dedication.

I have a certain sympathy for this strange sufferer. There are men infinitely more stupid than the mule who nevertheless are even rich and have a box at Theatro Lyrico.[1] There are animals far less endowed with intelligence and nevertheless gained fame. The fox is very sly, whilst in truth it's an unthinking fury; the ox is philosophical; the horse only lacks speech, when in fact it falls in with the mule, and the infinite number of home inutilities, from cats and lap–dogs to caged birds, get men's goofy admiration, when this admiration should lean toward the simple and painful case of the mule.

The mule is good, so good that legend puts it in the stables where people assume was born a great dreamer they call Jesus. The mule is resigned. It comes through history providing services without resting and getting whipped as if it's an obligation. It isn't one, it's all. I know the wagon mules, with bloody skin, sweating, pulling violent weights; and I know the mule trains in the boondocks; and the streetcar mules, skinny and famished. They are fatally faithful and resigned. They don't ask them if they've eaten, slept, if they are well. They work until they burst, and even their death is a reason for disdain. To demonstrate that nothing was going on during a conflict, raging fellows would say to curious people:

"What are looking at? A mule has died!"

1. Theatro Lyrico or Teatro Lírico (1871–1934), the main opera house in Rio de Janeiro at the time, was the name given to Teatro D. Pedro II, after independence.

se, beijam–se castamente, sem outro motivo, chegando até por vezes a brincar.

O burro é triste. O seu zurro é o mais confrangente grito de dor dos seres vivos; o ornejar de um gargolejar de soluços. O burro é inteligente. Examinai os burros das carroças de limpeza pública às horas mortas, nas ruas desertas. Vai o varredor com a pá e a vassoura. É burro de resignação. Vai o burro a puxar a carroça. É o varredor pela inteligência. São bem dois amigos, conhecem–se, conversam, e quando o primeiro diz ao segundo:

— Xô, para!

Logo o burro para, solidários na humilde obra, comem os dois coitados.

Esse exemplo é diário. A história cita o burro do sábio Ammonius em Alexandria, que assistindo as aulas preferia ouvir um poema a comer um molho de capim.

O burro é pacífico. Se só houvesse burros jamais teria havido guerras. E para mostrar o cúmulo da paciência desse doce animal, é preciso acentuar que quase todos gostam de ouvir música. Um abade anônimo do século VII tratando do homem e dos animais num livro em que se provava terem os animais alma, diz que foram os animais a ensinar ao homem tudo quanto ele desenvolveu depois. O burro ensinou o labor contínuo e resignado, o labor dos pobres, dos desgraçados. Todo os bichos podem trabalhar, mas trabalham ufanos e fogosos como os cavalos ou com a glória abacial dos bois. O burro está na poeira, lá embaixo, penando e sofrendo. Por isso quando se quer dar a medida imensa dos esforços de um coitado, diz–se:

— Trabalha como um burro!

Pobre quadrúpede doloroso! Não tem amores, não tem instintos revoltados, não tem ninguém que o ame! Quando cai exausto, para o levantar batem–lhe; quando não pode puxar é a murros no queixos que o convencem. De fato, o homem domesticou uma série de animais para ser

The mule is affectionate and familial. Go see them in their limited hours of rest. They lie down and roll around in the dust or grass, and they kiss each other, they kiss chastely, for no other reason. Sometimes they even play.

The mule is sad. Its braying is the most distressing cry of pain of all living beings; its neighing is gurgling of sobs. The mule is intelligent. I've examined the mules of the public cleaning carts in the dead of night in deserted streets. The sweeper goes with shovel and broom. He's a mule of resignation. Then comes the mule pulling the cart. It's the sweeper for its intelligence. They are two good friends. They know each other. They talk, and when the first says to the second:

"Whoa, stop!"

Soon the mule stops. In solidarity in their humble work, the two poor things eat together.

This is a daily example. History sites the mule of the wise Ammonius[2] in Alexandria, which attending his lessons preferred to hear a poem than eat a bunch of grass.

The mule is peaceful. If there were only mules there would have never been wars. And to show the limit of this sweet animal's patience, it must be emphasized that almost all of them like to listen to music. An anonymous abbot of the 7th Century, writing about humans and animals in a book that proved that animals have a soul, says that it was the animals that taught mankind all that they developed later. The mule taught continuous and resigned work, the work of the poor, the wretched. All animals can work, but they work proud and fiery like the horses, or with the abbatial glory of the bulls. The mule is in the dust, way below, enduring and suffering. Hence, when one wants to show the immense extent of the efforts of a wretch, he says:

---

2. Ammonius Grammaticus (c. 319–396 AD), was a Greek grammar professor in Alexandria at the close of the 4th Century, who allegedly rode his donkey to his lectures where it would sit attentively listening to its master's teachings. Socrates (c. 380–439 AD) was one of his pupils.

deles servo. Esses animais são na sua maioria uns refinados parasitas, com a alma ambígua de todo parasita, tenha pelo ou tenha pele ou tenha penas. Os grandemente úteis dão muito trabalho. Só o burro não dá. E ninguém pensa nele!

Aqui, entre nós, desde o Brasil colônia, foi ele o incomparável auxiliador da formação da cidade e depois o seu animador. O burro lembra o Rio de antes do Paraguai, o Rio do segundo império, o Rio do começo da República. Historicamente, aproximou os pontos urbanos, conduzindo as primeiras viaturas públicas. Atrelaram–no à gôndola, prenderam–no ao bonde. E ele foi a alma do bonde durante mais de cinquenta anos, multiplicando–se estranhamente em todas as linhas, formando famílias, porque eram conhecidos os burros do Jardim Botânico, os lerdos burros da S. Cristovão, os magros e esfomeados burros da Carris.

O progresso veio e tirou–os fora da primeira. Mas era um progresso prudente, no tempo em que nós éramos prudentes. Vieram os alemães, vieram os assaltantes americanos, e na nuvem de poeira de tantas ruas abertas e extirpadas, carros elétricos zuniram matando gente aos magotes, matando a influência fundamental do burro. Eu via o último burro que puxara o último *bond* na velha disposição da viação urbana. E era para mim muito mais cheia de ideias, de recordações, de imagens do que estar na Câmara a ouvir a retórica balofa dos deputados.

Aproximei–me então do animal amigo.

Certo, o burro é desses destinados ao olvido imediato. Entre a força elétrica e a força das quatro patas não há que escolher. Ninguém sentirá saudades das patas, com o desejo de chegar depressa. O burro do *bond* não terá nem missa de sétimo dia após uma longa vida exaustiva de sacrifícios incomparáveis. Que fará ele? Dava–me vontade de perguntar–lhe, no fim daquela viagem, que era a última:

— Que farás tu?

"He works like a mule!"

Poor painful quadruped! He has no loves, no outraged instincts, no one who loves him! When he falls exhausted, to get him up, they beat him; when he cannot pull, it's punches on the chin that convince him. In fact, man domesticated a number of animals to be their servant. These animals are mostly refined parasites, with the ambiguous soul of all parasites, with skin, fur, or feathers. The highly useful make a lot of trouble. Only the mule doesn't. And no one thinks of him!

Here, among us, since colonial Brazil, the mule has been the incomparable helper of the city's formation and later its animator. The mule reminds us of Rio before the Paraguay River, Rio of the second empire, Rio of the beginning of the Republic. Historically, he brought urban points together, leading the first public vehicles. They harnessed him to the gondola,[3] tied him to the streetcar. And he was the soul of the streetcar for over fifty years, strangely multiplying on all lines, forming families, because the mules were known—the ones of the Botanical Garden, the sluggish mules of São Cristovão, the lean and hungry mules of the Carris.[4]

Progress came and took them out of the first. But it was a prudent progress, at a time when we were prudent. The Germans came, the American robbers came, and in the cloud of dust of so many open and cut off streets, electric cars zoomed around killing people in piles, killing the fundamental influence of the mule. I was seeing the last mule that pulled the last streetcar in the old layout of the urban road system. And it was for me much more full of ideas, memories, images than to be in the Council listening to the puffy rhetoric of the deputies.

Then I approached the animal friend.

---

3. An old type of carriage or small bus, with capacity for 9 people, drawn by donkeys in the streets of Rio de Janeiro.

4. Companhia de Carris de Ferro da Cidade à Boavista na Tijuca was inaugurated in 1859, its donkey power was replaced by steam in 1862, but the company, failing to overcome financial difficulties, went bankrupt in 1866.

Resta–lhe o recurso dos varais das carroças. Burro de *bond* além de especializado numa profissão formava a casta superior dos burros. Sair do *bond* para o varal é decadência. Também as carroças são substituídas por automóveis rápidos que suportam muito mais peso. E ninguém fala dos monoplanos. Dentro de alguns anos monoplano e automóvel tornarão lendárias as tropas com a poesia das madrinhas... Como as espécies desaparecem quando lhes falha o meio e não as cuidam os homens, talvez o burro desapareça do mundo nas condições dos grandes sáurios. Em breve não haverá nas cidades um nem para amostra.

As crianças conhece–lo–ão de estampas. Em três ou quatros séculos ver um burro vivo será mais difícil do que ir a Marte.

Oh! A tremenda, a colossal ingratidão do egoísmo humano! Nós outros só damos importância ao que alardeia o serviço que nos presta e aos parasitas. O burro na civilização é como um desses escravos velhos e roídos, que não cessou um segundo de trabalhar sem queixumes. Vem o aparelho novo. Empurram–no.

— Sai–te, toleirão!

E ninguém mais lembra os serviços passados.

Eu mesmo seria incapaz de pensar num burro tendo um elétrico, apesar de considerar o doce e resignado animal o maior símbolo de uma paciente aglomeração existente em toda parte e a que chamam povo—povo batido de cocheiros, explorado por moços de cavalariça, a conduzir malandros e idiotas, carregado de cargas e de impostos. Naquele momento desejava saber o que pensava o burro. Mas de certo ele talvez não soubesse que era o último burro que pela última vez puxava o último bondinho do Rio, finalizando ali a ação geral do burro na viação e na civilização urbanas. Tudo quanto pensara era de fato literatura mórbida, porque nem os burros por ela se interessariam nem os homens teriam a gratidão de pensar no animal amigo, mandando fazer–lhe um monumento ao menos. O homem nem sabia, pois o caso não fora anunciado. Aquele burro representativo talvez pensasse apenas

Sure, the mule is one of those destined for immediate oblivion. Between the electricity and the strength of four legs there is no choice. No one will miss the legs, with a desire of arriving quickly. The mule of the streetcar won't have a seventh day mass after a long exhaustive life of incomparable sacrifices. What's he going to do? I felt like asking it at the end of that trip, which was the last:

"What will you do?"

All that was left for it was the shafts of wagons. The streetcar mule, besides being specialized in a profession, formed the highest caste of mules. Leaving the streetcar for the shafts is a decline. Also, the coaches are replaced by fast cars which carry much more weight. And no one speaks of monoplanes. Within a few years monoplane and car will make the mule trains legendary with the poetry of the patronesses... As species disappear when their means fail them and men don't take care of them, perhaps the mule will disappear from the world under the conditions of the huge saurians. Soon there won't be even a single sample in the cities.

Children will know it from pictures. In three or four centuries it will be more difficult to see a living mule than to go to Mars.

Oh! The tremendous, the colossal ingratitude of human selfishness! We only realize the importance of what boasts the service it provides and of parasites. The mule within civilization is like one of those old gnawed slaves who didn't stop for a second, working without whining. The new device comes along. They push it.

"Get out, you dunce!"

And no one remembers the past service anymore.

I myself would be unable to think of a mule when having electricity, although considering the sweet and resigned animal the greatest symbol of a patient agglomeration existing everywhere to which they call people—the beaten people of coachmen, exploited by stables of young men, driving scoundrels and idiots, loaded with cargo and taxes. At that

na baia—que é o ideal na vida para os burros e para todas as outras espécies vivas.

Assim, sentindo por ele a angustiosa, a torturante, a despedaçante sensação da grande utilidade que se faz irrevogavelmente inútil, eu estava como a vê–lo boiar na maré cheia da velocidade, como os detritos que vão ter à praia, como os deputados que deixam de agradar às oligarquias, como os amigos dos governos que caem, como os sujeitos desempregados. Quanta coisa esse burro exprimia!

Então peguei–lhe a queixada, quis guardar–lhe a fisionomia, posto que ele teimasse em não me a deixar ver bem. Mas como, na outra rua, retinisse o anúncio de um elétrico estuguei o passo, larguei o burro sem saudade—eu também!—sem indagar ao menos para onde levariam esse animal encarregado de ato tão concludente das prerrogativas da sua espécie, sem mesmo lembrar que eu vira o último burro do último bondinho na sua última viagem urbana...

E assim é tudo na vida apressada.

time I wanted to know what the mule thought. But of course he may not have known that he was the last mule which for the last time was pulling the last streetcar in Rio, ending the mule's general activity in the urban streets and civilization. All that I thought was indeed morbid literature, because even the mules wouldn't be interested in it, nor would men have the gratitude of thinking about their animal friends, at least having a monument made for them. Man didn't even know, because the case had not been announced. That representative mule might be thinking only about the stall—which is the ideal in the life to the mules and all other living species.

So, feeling for him the agonizing, torturing, shattering sense of the great utility which becomes irrevocably useless, I could see it floating at the high tide of velocity, like the debris that will take to the beach, like the deputies who fail to please the oligarchs, like the friends of falling governments, like the unemployed fellows. How much that mule expressed!

Then I grabbed his jaw. I wanted to remember his face since he insisted on not letting me see it well. But as, in another street, the announcement of a cable car echoed, I hurried my steps, I dropped the mule without nostalgia—I, too!—not even asking where they would take this animal charge with conclusive act of the prerogatives of its kind, without even remembering that I had seen the last mule of the last streetcar on his last urban trip...

And so it is everything in the hurried life.

Original publication: *O Último Burro*. Rio de Janeiro: *A Notícia*, 04–05.09.1909, N.205, p.3.

O Dia de um Homem em 1920

Dentro de três meses as grandes capitais terão um serviço regular de *bonds* aéreos denominados *aerobus*. O último invento de Marconi é a máquina de estenografar. As ocupações são cada vez maiores, as distâncias menores e o tempo cada vez chega menos. Diante desses sucessivos inventos e da nevrose de pressa hodierna, é fácil imaginar o que será o dia de um homem superior dentro de dez anos, com este vertiginoso progresso que tudo arrasta...

O Homem superior deitou-se às três da manhã. Absolutamente enervado por ter de aturar uma ceia com *champagne* e algumas *cocottes* milionárias, falsas da cabeça aos pés porque é falsa a sua cor, são falsas as olheiras e sobrancelhas, são falsas as pérolas e falsa a tinta do cabelo nessa ocasião, por causa da moda, em todas as belezas profissionais *beige foncé*. Acorda às seis, ainda meio escuro por um movimento convulsivo dos colchões e um jato de luz sobre os olhos produzido pelo despertador eléctrico último modelo de um *trust* pavoroso.

— Caramba! Já seis!

The Day of a Man in 1920

In three months the big capitals will have a regular air tram service called aerobus. Marconi's[1] latest invention is the stenography machine. Occupations are increasing, distances are shorter, and time is ever scarcer. Given these successive inventions and the neurosis of the hodiernal haste, it's easy to imagine what will be the day of a superior man in ten years, with this vertiginous progress that's sweeping everything away...

The superior Man lay down at three in the morning. Absolutely unnerved by having to put up with a champagne supper and some millionaire *cocottes*, fake from head to toe, because their color is fake, their dark circles and eyebrows are fake, their pearls are fake and their hair dye is fake at this occasion, because of the fashion in all the dark beige

1. No references could be found of Italian inventor and electrical engineer, Guglielmo Marconi's (1874–1937) invention of the stenography machine. His most famous invention, for which he was awarded a Nobel Prize in 1909, was the radio transmission, which became standard equipment in the shipping industry, helping save more than 700 lives by summoning RMS Carpathia to the scene of RMS Titanic's sinking in 1912.

Aperta um botão e o criado–mudo abre–se em forma de mesa apresentando uma taça de café minúscula e um cálix também minúsculo do elixir nevrostênico. Dois goles; ingere tudo. Salta da cama, toca noutro botão, e vai para diante do espelho aplicar à face a navalha maravilhosa que em trinta segundos lhe raspa a cara. Caminha para o quarto de banho, todo branco, com uma porção de aparelhos de metal. Aí o espera um homem que parece ser o criado.

— Ginástica sueca, ducha escocesa, jornais.

Entrega–se à ginástica olhando o relógio. De um canto, ouve–se uma voz fonográfica de leilão.

— Últimas notícias: hoje, à 1 da manhã incêndio quarteirão leste, 40 prédios, 700 feridos, virtude mau funcionamento Corpo de Bombeiros. Seguro prédios 10 mil contos. Ações Corpo baixaram. Hoje 2.12 um *aerobus* rebentou no ar perto do Leme. Às 12 e 45 presidente recebeu telegrama encomenda pronta Alemanha, 500 aeronaves de guerra. O cinematógrafo Pão de Açúcar em sessão contínua estabeleceu em suportes de ferro mais cinco salas. Anuncia–se o *crack* da Companhia da Exploração Geral das Zonas Aéreas do Estreito de Magalhães. Em escavações para o Palácio da Companhia do Motu Contínuo foi encontrado o esqueleto de um animal doméstico nas civilizações primitivas: o burro.

Instalou–se neste momento por quinhões, a Sociedade Anônima das Cozinhas Aéreas no *Turkestan.* O movimento ontem nos trens subterrâneos foi de três milhões de passageiros. As ações baixam. O movimento de *aerobus* de oito milhões havendo apenas vinte desastres. O recorde da velocidade: chega–nos da República do Congo com três dias de viagem apenas no seu aeroplano de *course* o notável embaixador Zambeze. Foi lançada na Cafraria a moda das *toilettes* pirilampe feitas de *tussór* luminoso. Fundaram–se ontem trezentas companhias, quebraram quinhentas, morreram cinco mil pessoas. Com a avançada idade de 38 anos, o marechal Ferrabraz deu ontem o seu primeiro tiro acertando

professional beauties. It's still half dark when he is awakened at six by a convulsive movement of the mattress and a flash of light on the eye produced by the latest model of a dreadfully reliable electric alarm clock.

"Yikes! It's already six!"

He presses a button, and the nightstand opens shaped like a table presenting a tiny cup of coffee and also a tiny chalice of neurasthenic elixir. Two sips; he takes it all. He jumps out of bed, touches another button, goes before the mirror, and uses the wonderful razor that in thirty seconds shaves his face. He walks to the bathroom, all white, with loads of metal equipment. There awaits a man who seems to be a servant.

"Swedish gymnastics, Scottish shower, newspapers."

He does his exercises watching the clock. In a corner, one hears an auction–like recorded voice.

"Latest news: today, at 1 a.m., fire at east block, 40 buildings, 700 wounded, because of a malfunction of the Fire Department. Insure buildings 10,000 *contos*.[2] Shares for *Corpo* fell. Today, at 2.12 am an aerobus burst in the air near Leme.[3] At 24:45h President received telegram, order ready Germany, 500 warplanes. The Pão de Açúcar cinematographer in continuous session established five more rooms on iron supports. Announcement of the breakdown of the Companhia da Exploração Geral das Zonas Aéreas do Estreito de Magalhães. During the excavations for the Palácio da Companhia do Motu Contínuo the skeleton of a domestic animal in primitive civilizations was found: the mule.

The Anonymous Society of Air Cuisines was set up into shares at this moment in Turkestan. The movement of the underground trains yesterday was of three million passengers. The stock market fell. The movement of the aerobus was of eight million with only twenty crashes. Record speed: The remarkable ambassador Zambezi arrives here, from the Republic of Congo, on a trip of only three days in his racing air-

2. Brazilian currency of the period, *réis* (plural of *real*). One *conto de réis* was equivalent to 1,000.000 *réis*. Measured against the relative price of gold, one *conto de réis* would be equivalent to approximately USD 35,000 (December 2016).

3. Neighborhood of Rio de Janeiro.

por engano na cara do seu maior amigo o venerando coronel Saavedra. Impossível a cura, aplicou–se a eletrocução...

Dez minutos. O Homem superior está vestido. O jornal para de falar. O Homem bate o pé e desce por um ascensor ao 17º andar onde estão a trabalhar quarenta secretários.

Há em cada estante uma máquina de contar, e uma máquina de escrever o que se fala. O Homem superior é presidente de cinquenta companhias, diretor de três estabelecimentos de negociações lícitas, intendente geral da Compra de Propinas, chefe do célebre jornal *Electro Rápido* com uma edição diária de seis milhões de telefonógrafos a domicílio, fora os quarenta mil fonógrafos informadores das praças, e a rede gigantesca que liga às principais capitais do mundo em agências colossais. Não se conversa, O sistema de palavras é por abreviatura.

— Desminta S. C. Aéreas. Ataque governo senil vinte nove anos. Some. Escreva.

Os empregados que não sabem escrever, entregam à máquina de contar a operação enquanto falam para a máquina de escrever.

Depois o homem superior almoça algumas pílulas concentradas de poderosos alimentos, sobe ao 30 andar num ascensor e lá toma o seu *coupé* aéreo que tem no vidro da frente em reprodução cinematográfica os últimos acontecimentos. São visões instantâneas. Ele tem que fazer passeios de inspeção às suas múltiplas empresas com receio de que o roubem, receio que aliás todos tem um dos outros. O secretário ficou encarregado de fazer oitenta visitas telefônicas e de sensibilizar em placas fonográficas as respostas importantes. Antes de chegar ao *bureau* da sua Companhia do Chá Paulista, com sede em Guaratinguetá, o aparelho Marconi instalado no forro do *coupé* comunica:

— Mandei fazer quinze vestidos *tussór* luminoso. Tua Berta.

— Ordem Paquin dez vestidos pirilampos. Condessa Antonia.

— Asilo dos velhos de trinta anos fundado embaixatriz da Argélia dia completou 12 aniversário, pede proteção.

plane. It was launched in Kaffraria the fashion of firefly *toilettes* made of bright tussah silk. Yesterday three hundred companies were founded, five hundred went broke, five thousand people died. With the advanced age of 38, Marshal Ferrabraz shot a gun for the first time yesterday, accidentally hitting his best friend, the venerable Colonel Saavedra, in the face. Impossible to cure, electrocution was applied...

Ten minutes. The superior Man is dressed. The news stops talking. The Man stamps his foot and goes down a lift to the 17th floor where forty secretaries are working.

There is a counting machine on every shelf, and a typewriter to register what one says. The superior Man is the president of fifty companies, director of three establishments of legal negotiations, general intendant of fees purchase, chief of the famous newspaper *Electro Rápido* with a daily edition of six million home telegraphones,[4] not mentioning the forty thousand informant phonographs of the public squares, and the giant network connecting the major capitals of the world through colossal agencies. People don't talk; the words system is through abbreviation.

"Refute S. C. Airlines. Attack senile government twenty–nine years. Sum up. Write.

Employees who cannot write give the operation to the counting machine while talking to the typewriter.

Then the superior Man lunches on some concentrated superfood pills, goes to the 30th floor in a lift and there takes his air coupe which has the latest developments playing in a film in the windshield. These are instantaneous images. He has to make inspection tours of his many companies for fear that they steal from him, a fear that everyone, by the way, has of everyone else. The secretary was in charge of making eighty telephone visits and recording the important answers on phonographic plates. Before arriving at the bureau of his Paulista Tea Company, based

4. The Telegraphone was the first device capable of recording sound magnetically onto a thin steel wire. Its inventor, Danish engineer Valdemar Poulsen (1869–1942), got its patent in 1898. During the 1900 World's Fair in Paris, Poulsen had the chance to record the voice of Emperor Franz Josef of Austria, which is believed to be the oldest surviving magnetic audio recording.

— Governo espera ordem negócio aeroplanos.

— Casa 29 das Crianças Ricas informa falecimento sua filha Emma.

— Guerra cavalaria aérea riograndense cessada fantasma Pinheiro miragem.

O Homem superior aproveita um minuto de interrupção do trânsito aéreo pelo silvo do velocipaereo do civil de guarda da Inspetoria de Veículos no Ar e responde sucessivamente:

— Sim, sim, sim. Perfeito. Enterro primeira classe comunique Mulher Superior, Cortejo Carpideiras Eléctricas. Oculte notícia cavalaria entrevista fantasma.

E continua a receber telegramas e a responder quer ao ir quer ao voltar da companhia onde se produz um quilo de chá por minuto para abafar a produção da república chinesa, porque todas as senhoras, sem ter nada que fazer (nem mesmo com os maridos), levam a vida a tomar chá—o que segundo o Conselho Médico embeleza a cútis e adoça os nervos. Esse Conselho de certo, o Homem comprou por muitos milhões e foi até aquela data o único Conselho de que precisou. A ciência *super omnia*...

Ao chegar de novo ao escritório central das suas empresas, tem mais a notícia da greve dos homens do mar contra os homens do ar. Os empregados das docas revoltam-se contra a insuficiência dos salários: 58$500 por dia de cinco horas desde que os motoristas aéreos estão ganhando talvez o dobro. O Centro Geral Socialista, de que o Homem superior é superiormente sócio benemérito, concorda que os vencimentos devem ser igualados numa cifra maior que a dos homens do ar. Qual a sua opinião? É preciso pensar! Sempre a questão social! Se houvesse uma máquina de pensar? Mas ainda não há! Ele tem que resolver, tem que dar a sua opinião, opinião de que dependem exércitos humanos. Ao lado da sua ambição, do seu motor interno deve haver uma bússola, e ele se sente, olhando o ar, donde fugiram os pássaros, igual

in Guaratingueta,[5] the Marconi equipment installed on the ceiling of the coupé reports:

"I've ordered fifteen bright tussah silk dresses. Yours, Berta."

"Order ten Paquin[6] firefly dresses. Countess Antonia."

"Asylum of the thirty–year old founded ambassador of Algeria day 12th anniversary, asks for protection."

"Government awaits airplanes business order."

"House 29 of Rich Children informs death your daughter Emma."

"War air cavalry *riograndense*[7] ceased ghost Pinheiro mirage."

The superior Man takes a minute of interruption from the air traffic by the hiss of the aerovelocipede of the civil guard of the Aerial Vehicle Inspectorate and responds in turn:

"Yes, yes, yes. Perfect. Communicate burial first class to Superior Woman, Parade of Electrical Female Professional Mourners. Hide news cavalry interview ghost.

And he continues receiving telegrams and responding, either going to or returning from the company which produces one kilogram of tea per minute to stifle the production of the Chinese republic, because all the ladies, with nothing to do (even with their husbands) lead a life drinking tea—which according to the Medical Board beautifies the skin and sweetens the nerves. This Board, the Man certainly bought for many millions and was until this date the only Board that he needed. Science *super omnia*...[8]

Upon arriving back at the central office of his companies, he's got more news of the strike of seamen against airmen. Employees of the docks rebel against inadequate wages: 58$500,[9] for five hours a day, since the air drivers are earning perhaps twice that. The Socialist Gen-

---

5. A municipality of the State of São Paulo, Brazil.

6. Jeanne Paquin (1869–1936) was a leading French fashion designer, known for her resolutely modern and innovative designs.

7. From Rio Grande do Sul, a state in the south of Brazil.

8. Latin for "above all."

9. Another way of writing: *Cinquenta e oito mil e quinhentos réis* = fifty–eight thousand and five hundred *réis*.

a um desses animais de aço e carne que se debatem no espaço. Não é gente, é um aparelho.

Então, esquecido das coisas frívolas, inclusive do enterro da filha, telefona para o atelier do grande químico a quem sustenta vai para cinco anos na esperança de realizar o sonho de Lavoisier: o homem surgindo da retorta; e volta a trabalhar, parado, mandando os outros, até à tarde.

Depois, sobe a relógio, ducha–se, veste uma casaca. Deve ter um banquete solene, um banquete de alimentos breves, inventado pela Sociedade dos Vegetaristas, cuja descoberta principal é a cenoura em confeitos.

O Homem superior aparece, é amável. A sua casa de jantar é uma das maravilhas da cidade, toda de cristal transparente para que poderosos refletores eléctricos possam dar aos convidados por meio de combinações babeis, impressões imprevistas; reproduções de quadros celebres, colorações cambiantes, fulgurações de incêndio e prateados tons de luar. No *coup du milieu*, um sorvete amargo que ninguém prova, a casa é um iceberg tão exato que as damas tremem de frio; no *cognac* final, que ninguém toma por causa do artritismo, o salão inteiro flamba num incêndio de cratera. Para cada prato vegetal há uma certa música ao longe que ninguém ouve por ser muito enervante.

As mulheres tratam negócios de modas desde que não têm mais a preocupação dos filhos. Algumas, as mais velhas dedicam–se a um gênero muito usado outrora pelos desocupados: a composição de versos. Os homens digladiam–se polidamente, a ver quem embrulha o outro. O Homem superior, de alguns, nem sabe o nome. Indica–os por uma letra ou por um número. Conhece–os desde o colégio. Insensivelmente, acabado o jantar, aquelas figuras sem a menor cerimônia partem em vários aeroplanos.

— Já sabes da morte Emma?

— Comunicaram–me, diz a Mulher superior. Tenho de descer à terra?

eral Centre, of which the superior Man is a superiorly emeritus partner, agrees that the salaries must be matched in a figure higher than that of the airmen. What is your opinion? You have to think! Always the social question! And if there was a thinking machine? But there isn't yet! He has to decide, he has to give his opinion, the opinion from which human armies depend on. Alongside his ambition, his internal motor, there must be a compass, and, watching the air which the birds had fled from, he feels just like one of those animals of steel and flesh that are struggling in the air. It's not people, it's a device.

Then, forgetting the frivolous things, including his daughter's funeral, he calls the atelier of the great chemist, who he's sponsored for some five years in the hope of realizing the dream of Lavoisier: man emerging from the retort; and he returns to work, motionless, delegating the others, until evening.

Then he punctually goes up, showers, puts on a dress–coat. He shall have a solemn feast, a feast of quick foods, invented by the Lactovarians Society, whose main finding is the carrot comfit.

The superior Man appears. He's kind. His dining room is one of the wonders of the city, all crystal clear so that the powerful electric spotlights can give the guests, through babel combinations, unexpected impressions—reproductions of celebrated paintings, changing hues, fire flares and silver shades of moonlight. The *coup du milieu*,[10] a sour ice cream no one tries. The house is such an iceberg that the ladies shiver. At the end, cognac, which no one takes because of the arthritis, the entire hall flambés in a crater of fire. For each vegetable dish there is some music in the distance that no one listens to because it's so enervating.

Women talk about the fashion business since they no longer have to concern themselves with children. Some, the older, are dedicated to a genre once very much used by the unemployed: the composition of

10. From French, *le coup du milieu* can be roughly translated as "a shot (or hit) at the halfway point." In the context of fondue, *le coup du milieu* is a small glass of spirits, usually kirsch, that is drunk halfway through the meal and is supposed to aid digestion and stimulate a faltering appetite.

— Acho prudente. Os convites são feitos, hoje, pelo jornal.

— Pobre criança! E o governo!?

— Submete–se.

— Ah! Mandei fazer...

— Uns vestidos pirilampos?

— Já sabes?

— É a moda.

— Sabes sempre tudo...

O Homem superior sobe no ascensor para tomar o seu *coupé* aéreo. Mas sente uma tremenda pontada nas costas.

Encosta–se ao muro branco e olha–se num espelho. Está calvo, com uma dentadura postiça, e corcova. Os olhos sem brilho, os beiços moles, as sobrancelhas grisalhas.

É o fim da vida. Tem 30 anos. Mais alguns meses e estalará. É certo. É fatal. A sua fortuna avalia–se numa porção de milhões. Sob os seus pés fracos um Himalaia de carne e sangue arqueja. Se descansasse?... Mas não pode. É da engrenagem.

Dentro do seu peito estrangularam–se todos os sentimentos. A falta de tempo, numa ambição desvairada que o faz querer tudo, a terra, o mar, o ar, o céu, os outros astros para explorar para apanhá–los, para condensá–los na sua algibeira, impele–o violentamente. O Homem rebenta de querer tudo de uma vez, querer apenas, sem outro fito senão o de querer, para aproveitar o tempo reduzindo o próximo. Faz–se necessário ir à via terrestre que o seu rival milionário arranjou em pontes pênsis, com jacarandás em jarras de cristal e caneleiras artificiais. Nem mesmo vai ver as amantes. Também para que?...

De novo toma o *coupé* aéreo e parte, para voltar tarde, de certo, enquanto a Mulher superior, embaixo, na terra procura materialmente conservar a espécie com um jovem condutor de máquinas de 12 anos, que ainda tem cabelos.

verses. Men battle out politely to see who can deceive the other. The superior Man doesn't even know the names of some. He indicates them by a letter or a number. He has known them since high school. Insensibly, when dinner is over, those figures unceremoniously depart in multiple airplanes.

"Do you already know of Emma's death?

"I was told," says the superior Woman. "Do I have to come down to Earth?"

"I think it's prudent. Invitations are made today in the newspaper."

"Poor child! And the government!?"

"It surrenders."

"Ah! I ordered..."

"Some firefly dresses?"

"Do you already know?"

"It's the fashion."

"You always know everything..."

The superior Man rises on the lift to take his air coupe. But feels a tremendous stab in the back.

He leans against the white wall and looks himself in a mirror. He is bald, with false teeth, and hump. The eyes dull, the lips limp, the eyebrows gray.

It's the end of life. He's 30 years old. A few more months and he'll drop dead. It's certain. It's fatal. His fortune is evaluated in a bunch of millions. Under his weak feet a Himalaya of flesh and blood pants. If he rested?... But he cannot. He's part of the system.

Inside his chest all feelings strangle. The lack of time, in a misguided ambition that makes him want everything, the land, the sea, the air, the sky, the other stars to exploit, to get them, to condense them in his pocket, pushes him violently. The Man bursts of wanting everything at once, just wanting, with no other aim than to want, to enjoy time belittling/reducing the others. It's necessary to go by a ` terrestrial road that his millionaire rival made with suspension bridges, with rosewood trees

Vai, de repente com um medo convulsivo de que o coupé abalroe um dos formidáveis aerobus, atulhados de gente, em disparada pelo azul sem fim, aos roncos.

— Para? indaga o motorista com a vertigem das alturas.

— Para frente! Para frente! Tenho pressa, mais pressa. Caramba! Não se inventará um meio mais rápido de locomoção?

E cai, arfando, na almofada, os nervos a latejar, as têmporas a bater, na ânsia inconsciente de acabar, de acabar, de acabar, enquanto por todos os lados, em disparada convulsiva, de baixo para cima, de cima para baixo, na terra, por baixo da terra, por cima da terra, furiosamente, milhões de homens disparam na mesma ânsia de fechar o mundo, de não perder o tempo, de ganhar, lucrar, acabar...

in crystal jars and artificial cinnamon–bark trees. He won't even go see his lovers. Also, what for?...

Again, he takes the air coupe and departs, to return late, whilst the superior Woman underneath, on Earth, endeavors to materially conserve the species with a 12 years old machinist, who still has got hair.

Will suddenly with a convulsive fear that the coupe will collide with one of the formidable *aerobus*, crammed with people, rocketing through the endless blue, roaring.

"Where to?" asks the driver with the vertigo of heights.

"Ahead! Ahead! I'm in a hurry, faster. Blimey! Aren't they going to invent a faster means of transportation?"

And he falls, gasping, on the cushion, his nerves throbbing, his temples pounding in the unconscious urge of finishing, finishing, finishing, whilst everywhere around, in a convulsing stampede, from bottom up, from top down, on Earth, under the Earth, above the Earth, furiously, millions of men charge with the same eagerness of shutting the world, of not losing time, gaining, profiting, finishing...

Original publication: *O Dia de Um Homem em 1920*. Rio de Janeiro: *A Notícia*, 24–25.07.1909, N.169, p.5.

Agradecimentos

A tradutora e o editor gostariam de agradecer ao Ministério da Cultura e Fundação da Biblioteca Nacional do Brasil pelo apoio que tornou este livro possível. A todas as pessoas que, direta ou indiretamente, colaboraram para a execução e divulgação deste projeto.

Agradecimentos também são devidos aos editores sêniores Ralph Hunter Cheney e Denise Dembinski, que dedicaram seus olhos afiados às palavras, estilo e design deste livro.

Os sinceros agradecimentos de Ana Lessa-Schmidt vão também para Helmut Schmidt, Terezinha Maria Moreira, Mauro Alexandre Lessa Lima, e Fernando Loureiro, por sua paciência, apoio e conselhos inestimáveis.

Acknowledgements

The translator and editor would like to thank Brazil's Ministry of Culture and Fundação da Biblioteca Nacional for the support that made this book possible. To all the people who, directly or indirectly, collaborated for the execution and the dissemination of this project.

Thanks are also due senior editors Ralph Hunter Cheney and Denise Dembinski, who applied their sharp eyes to the words, style, and design of this book.

Ana Lessa-Schmidt's many thanks also goes to Helmut Schmidt, Terezinha Maria Moreira, Mauro Alexandre Lessa Lima, and Fernando Loureiro, for their invaluable patience, support and advice.

Ana Lessa-Schmidt

Ana Lessa-Schmidt, PhD, é linguista e tradutora. Ela pesquisa e ensina Estudos Culturais brasileiros nas áreas de Pós-conflito, Cultura Visual (Cinema e Fotografia), Literatura, Música e Artes, e também Língua Portuguesa. Ela concentra sua carreira e interesse de reearch na literatura lusófona, música e cinema onde examina representações de identidade nacional no Brasil, Angola, e Portugal. Ela já havia traduzido os escritores brasileiros Machado de Assis em *Ex Cathedra: Histórias de Machado de Assis,* e *Miss Dollar: Stories by Machado de Assis;* e também João do Rio: *Religions in Rio* (*As Religiões no Rio*, 1904) em edições bilingues.

Ana Lessa-Schmidt

Ana Lessa-Schmidt, PhD, is a linguist and translator. She researches and lectures Brazilian Cultural Studies in the areas of Post-Conflict, Visual Culture (Cinema and Photography), Literature, Music and Arts, and also Portuguese Language. She concentrates her career and research interest on Lusophone literature, music, and cinema where she looks into representations of national identity in Brazil, Angola, and Portugal. She has previously translated, in bilingual editions, Brazilian writers Machado de Assis for *Ex-Cathedra: Stories by Machado de Assis,* and *Miss Dollar: Stories by Machado de Assis*; and also João do Rio's anthology *Religions in Rio* (*As Religiões no Rio*, 1904) in bilingual editions.

Bryan McCann

Bryan McCann é Catedrático do Departamento de História e Professor de História Brasileira na Universidade de Georgetown, em Washington, DC. Ele é autor de *Hard Times in the Marvelous City* (Duke University Press, 2014), *Hello, Hello Brazil: Popular Music in the Making of Modern Brazil* (Duke University Press, 2004), e inúmeras outras obras sobre a história e cultura brasileiras.

Bryan McCann

Bryan McCann is Chair of the History Department and Professor of Brazilian History at Georgetown University in Washington, DC. He is the author of *Hard Times in the Marvelous City* (Duke University Press, 2014), *Hello, Hello Brazil: Popular Music in the Making of Modern Brazil* (Duke University Press, 2004) and numerous other works on Brazilian history and culture.

www.ingramcontent.com/pod-product-compliance
Lightning Source LLC
Chambersburg PA
CBHW022003080426
42733CB00007B/460

* 9 7 8 0 9 9 8 2 7 3 0 8 2 *